MARIE LANGER

MUTTERSCHAFT UND SEXUS

KÖRPER UND PSYCHE DER FRAU

MARIE LANGER

I

VON WIEN BIS MANAGUA

Wege einer Psychoanalytikerin

II

DAS GEBRATENE KIND

UND ANDERE MYTHEN

Die Macht unbewußter Phantasien

III

MUTTERSCHAFT UND SEXUS

Körper und Psyche der Frau

MARIE LANGER

III

MUTTERSCHAFT UND SEXUS

KÖRPER UND PSYCHE DER FRAU

Aus dem Spanischen von

Vera Saller

Kore

CIP-Titelaufnahme der Deutschen Bibliothek

Langer, Marie:
Mutterschaft und Sexus: Körper u. Psyche d. Frau / Marie Langer. Aus d. Span. von Vera Saller. – Freiburg (Breisgau): Kore, 1988
Einheitssacht.: Maternidad y sexo <dt.>
ISBN: 3-926023-10-4

In Zusammenarbeit mit medico international

Holbeinstr. 12, D-7800 Freiburg i. Br. 0761/702034
Deutsche Erstveröffentlichung
Titel der spanischen Ausgabe:
Maternidad y sexo
Estudio psicoanalítico y psicosomático
(erweiterte und aktualisierte Ausgabe 1964)
Aus dem Spanischen von Vera Saller
Lektorat und Betreuung: Gabriela Walterspiel
Ediciones Paidós, Barcelona – Buenos Aires.
1. Auflage Buenos Aires 1953
Titelbild von Joseph Beuys: *Maedchenzyklus*, mit freundlicher Genehmigung von Eva Beuys

Umschlaggestaltung: Wiesinger, Cam
Satz: Kore CamPose – aus der Palatino
Druck: SIPIEL, Milano
Printed in Italy

ISBN: 3-926023-10-4

Meiner kleinen Tochter Annemarie

INHALT

VORWORT
ZUR DEUTSCHEN AUSGABE
VON INGEBORG FULDE

Maternidad y Sexo von Marie Langer ist erstmalig 1951 in Argentinien erschienen. So bleibt es verständlicherweise nicht aus, daß manche der Thesen dieses Buches – 37 Jahre später – befremdlich, vereinfacht oder auch überholt erscheinen. Nachdem in den vergangenen 15 Jahren, angeregt durch die «Neue Frauenbewegung» in den industrialisierten Ländern eine Fülle von Artikeln und Büchern zum Thema «Frau» erschienen sind, stellt sich in besonderer Weise die Frage, wodurch das Erscheinen dieses Buches jetzt gerechtfertigt sein mag und was es trotz mancher Einschränkung, die es zweifellos hat, auch heute noch so lesenswert macht.

Die revolutionärste Disziplin in der Wissenschaft, zu der sich eine junge Medizinstudentin in den 30er Jahren hingezogen fühlen konnte, war zweifellos die Psychoanalyse mit ihrer anderen und völlig neuen Art, Beweggründe menschlichen Handelns zu verstehen. Die radikalste Position, gesellschaftliche Strukturen zu analysieren und zu verändern, fand sich bei den Kommunisten. In beiden Bewegungen war Marie Langer vertreten, zu beiden fühlte sie sich hingezogen. In einer Zeit der Vernichtung alles dessen, was Humanität und menschliche Kulturentwicklung bedeutete, beschränkte sie sich nicht auf die kontemplative Analyse des Geschehenen, sondern griff handelnd in das politische Geschehen ein.

Marie Langer schrieb, diskutierte und hielt Vorträge nicht nur aus dem vielen Psychoanalytikern eigenen Anliegen heraus, ihre Rolle und ihr Verständnis vom analytischen Prozeß klarer zu sehen und sich aus-

zutauschen; sie war immer eher davon beflügelt, mit ihren Büchern und ihren öffentlichen Äußerungen Einfluß zu nehmen, damit sich im alltäglichen Leben für die psychische Entwicklung schädliche und ungerechte Umweltbedingungen verändern lassen. Lange bevor die Studentenbewegung der 68er Jahre vom «Subjektiven Faktor» sprach, war für sie die machtvolle Wirkung unserer unbewußten Wünsche und Abhängigkeiten selbstverständlich; beim Lesen der Kapitel über Schwangerschaft, Geburt und das Stillen bekommt man das Gefühl, an einer gegenwärtigen Diskussion über medizinische Technik und die Entmündigung der Frau durch die moderne Geburtshilfe teilzunehmen. Der Bezug in diesem Buch auf die seinerzeit diskutierten anthropologischen Theorien von Margaret Mead und die von Marie Langer an den Anfang gestellte allgemeine Diskussion über soziale und kulturelle Einflüsse auf die moderne Frau mögen uns zwar heute vereinfacht und wissenschaftlich unscharf erscheinen, sind aber im Kontext der politischen Verhältnisse in Argentinien 1951 durchaus anders zu lesen: In «Von Wien bis Managua» erzählt Marie Langer, daß ein noch wesentlich ausführlicherer Teil über Marxismus und die Sowjetunion, der sich in der ersten Auflage des Buches befand, bereits in der zweiten Auflage auf Drängen des Verlagsdirektors gestrichen werden mußte.

In den 20er und 30er Jahren gab es innerhalb der Psychoanalytischen Vereinigung bereits eine lebhafte Diskussion über die Besonderheiten der sexuellen Entwicklung und Identitätsbildung von Frauen – ein Zeichen dafür, daß Freuds eigene Überlegungen über die Weiblichkeit nicht nur ihm selbst als unzureichend erschienen. Die umfangreichsten und am meisten verbreiteten Bücher über diese Thematik, die zwei Bände von Helene Deutsch Psychologie der Frau und Marie Bonaparte «Female Sexuality» hielten sich allerdings im wesentlichen recht eng an den bereits vorgegebenen Bezugsrahmen; die Nähe zu Freud und die Anlehnung an ihn waren wohl noch notwendig. Auch «Maternidad y Sexo» ist sowohl auf dem Hintergrund von Marie Langers persönlicher Geschichte und Interessen als auch im Zusammenhang mit ihrer psychoanalytischen Umwelt entstanden. Von 1942 an war sie als Gründungsmitglied und Lehranalytikerin der Argentinischen Psychoanalytischen Vereinigung engagiert. Hier wurden die Gedanken der nach England emigrierten Abraham-Schülerin und Kinderanalytikerin Melanie Klein rasch aufgenommen und verbreitet; gleichzeitig gab es eine Forschungsrichtung mit großem Interesse an Themen der Psychosomatik. Freud hatte gezeigt und gelehrt, daß es neben der äußeren Realität eine innere Realität gibt, die sich nach bestimmten psychologischen Gesetzmäßigkeiten entwickelt und arbeitet. Melanie Klein hatte nun im Anschluß an Freud den Reichtum der inneren Phantasiewelt und weitere Mechanismen der Bewältigung frühkindlicher Erfahrungen und Ängste herausgearbeitet.

Für Leserinnen und Leser dieses Buches, die mit der psychoanalytischen Theoriebildung nicht so vertraut sind, möchte ich darauf hinweisen, daß die Theorien Melanie Kleins, wie z. B. das von Marie Langer häufig benutze Konzept der «guten und bösen» Mutter nicht bedeuten, daß Aspekte einer wirklichen Mutter aufgezählt werden, die sich dann in einem moralischen Sinne als gut oder schlecht in ihrer Mütterlichkeit verhalten hat, sondern daß es sich um die innere Verarbeitung der unmittelbaren körperlichen Erfahrung des Säuglings und Kleinkindes sowie seiner frühen Abhängigkeit von einem anderen Menschen handelt. So wie das kleine Kind auf den bösen Tisch haut, wenn es sich daran gestoßen, sich weh getan hat und den Gegenstand dafür verantwortlich macht, ist die Mutter der frühen Lebensjahre im Erleben des Kindes zuständig für alle Gefühle und Spannungen: die bösen und die guten, die gefährlichen und die beruhigenden, die befriedigenden und die frustrierenden. Eigene bedrohliche und unbewältigbare Affekte von Wut, Schmerz und Angst werden in die Mutter hineingelegt; die «böse Mutter» ist das machtvolle Bild der daraus folgenden Ängste, Ausdruck der Grunderfahrung der psychologischen und biologischen Abhängigkeit, durchwebt mit den Stürmen der eigenen Emotionen und Begierden, die uns immer wieder überraschend treffen. Die böse Mutter existiert in jedem von uns, denn wir waren alle einmal klein und unersättlich, kannibalistisch und tobsüchtig. Vielleicht mag diese Erkenntnis ein wenig dazu beitragen, uns begreifbar zu machen, warum es doch vergleichsweise selten vorkommt, daß in der menschlichen Psyche individuell und sozial die Liebe über den Haß siegt, die Vernunft über die Leidenschaft. Wer will schon mit diesen Teilen seines Innenlebens konfrontiert werden? Und Frauen – besonders Müttern – werden solche häßlichen Gefühle sicher am wenigsten zugestanden, geschweige denn, daß sie in der

Lage sind, sie sich selber zuzugestehen. So beginnt die Kette der Verdrängungen und Verwerfungen dessen, was wir nicht von uns wissen wollen, und setzt sich fort in unserem Liebesleben, der Beziehung zu den eigenen Kindern und der Fähigkeit, Neugier und Kreativität zu entwickeln und ein Leben lang Fragen stellen zu können. Als uns unbekannte innere Stimmen können Aspekte des Bildes der «bösen Mutter» zu Verfolgern werden, tauchen als merkwürdige Verbote auf und überfallen uns als plötzliche Panik. Überwiegt der Einfluß einer projektiven Abwehr, sehen wir uns von feindlichen Mächten in unserem sozialen Umfeld umgeben, die uns immer Böses wollen. Die affektive Kraft dieser Befürchtungen verdichtet sich manchmal in unserem Körper, Symptome werden eingesetzt, um bedrohliche Ängste in Schach zu halten, wo wir scheinbar in unserem bewußten Erleben sicher über unsere Wünsche Bescheid zu wissen meinen.

Mit einer reichen klinischen Erfahrung und einer Fülle von faszinierend zu lesenden Fallgeschichten entwickelt Marie Langer in ihrem Buch Hypothesen zur Entschlüsselung dieses geheimnisvollen Bereichs zwischen den seelischen Konflikten und körperlichen Reaktionen, die Frauen zum Anlaß nehmen, eine Analytikerin aufzusuchen. Bei ihrem Bemühen nach wissenschaftlicher Genauigkeit und Gründlichkeit kann es nicht ausbleiben, daß wir manchmal den Eindruck leicht ermüdender Wiederholung gewinnen. Auch dieses psychologische Phänomen des Wiederholungszwanges, des immer wieder neuen Auftretens alter Ängste mit anderen Symptomen und in verwirrenden Zusammenhängen ist nicht überraschend. Das genaue Studium der Fallgeschichten zeigt deutlich, welch vielfältige psychische Funktionen Symptome erfüllen können, mit welchem Facettenreichtum die Phantasien über unsere Eltern, deren Beziehung zueinander, unseren Platz in der Familie, die Rolle der Sexualität und unsere Körperlichkeit ausgestattet sind. Neurosen und funktionelle Störungen entstehen dann, wenn die einzelne Frau keine für sich gelungene, gute wie böse Anteile integrierende Lösung ihrer individuellen Erlebnisweisen herausbilden kann und/oder die realen familiär erlebten Traumata in Verbindung mit der kulturellen Umwelt keine Lösung ermöglichen. So sind die Dramen der Patientinnen von Marie Langer unter verschiedenen Blickwinkeln zu lesen und zu entschlüsseln: Als Geschichten, die manchmal schon dann beginnen, wenn das Geschlecht des Säuglings im Unbewußten der Mutter und des Vaters unverarbeitete Ängste und Ablehnung hervorruft; Geschichten der Töchter von Frauen, deren Ehen unglücklich sind und die die Enttäuschung und den Haß auf den Mann weiter vermitteln; Geschichten von Töchtern, deren Väter in ihrem eigenen Narzißmus befangen nur Raum für die Verlängerung ihres Selbst in einem Sohn haben; Geschichten von Töchtern, die das Gefallen ihrer Väter finden und die Rache einer feindlichen und neidischen Mutter fürchten; Geschichten von erstgeborenen Töchtern, die vertrieben aus dem Paradies der Einzigartigkeit durch die Geburt von Geschwistern nur unzureichende Kompensation in ihren Begabungen und ihrem Stolz als Älteste fanden.

In Identifikation mit den verwirrenden Bildern der inneren Elternfiguren symbolisieren Frauen die Spuren ihrer seelischen Dramen durch Symptome ihres Körpers. Die psychoanalytische Arbeit versucht, diesen inneren Kämpfen nachzugehen und deren verloren gegangenen Sinn zu entschlüsseln. Im glücklichen Fall gelingt es, den als fremd und krank empfundenen Körper – den nicht zufälligen Gegenspieler des bewußten Wollens und Wünschens – wieder in Verbindung zu bringen mit den gefühlsbeladenen unbewußten Konflikten und den Frauen dadurch zu ermöglichen, ihre eigene Sprache zu finden, damit sie ihre Weiblichkeit erleben wollen und können. In einer Zeit, in der in den Gesellschaften ohne materielle Not die Ideologie der technischen Beherrschbarkeit seelischer und körperlicher Vorgänge und die Loslösung von Kindheit aus dem Gefüge einer eindeutigen familiären Verwurzelung ihre wahnwitzigen Blüten treibt – In-vitro-Fertilisation, Leihmutterschaft – halte ich das Buch von Marie Langer, in dem mit Hilfe psychoanalytischer Untersuchungsarbeit den mühsamen Wegen individueller psychischer Gestaltungen Raum gegeben wird, für höchst aktuell und nachdenkenswert.

Freiburg, im Juli 1988 *Ingeborg Fulde*

VORWORTE
ZUR SPANISCHEN AUSGABE

Dieses Buch basiert hauptsächlich auf der direkten psychoanalytischen Beobachtung von Konflikten und Schwierigkeiten, die Frauen mit ihrer Weiblichkeit haben. Als Frau hat mich dieses Thema immer interessiert. Deshalb habe ich Störungen der Zeugungsfunktionen bei meinen Analysandinnen, später auch in Falldarstellungen anderer Analytiker, die mit mir ihre Fälle besprachen, besondere Aufmerksamkeit geschenkt. Schließlich haben mir viele Kollegen ihre psychoanalytischen Beobachtungen zu solchen Störungen mitgeteilt. In der psychonalytischen Forschung drängt sich diese Methode der klinischen Materialsammlung geradezu auf, da der Analytiker der langen Behandlungsdauer wegen mit viel weniger Patienten zu tun hat als jeder andere Arzt. Bei der Erklärung und theoretischen Einordnung der weiblichen Störungen war mir die Lektüre der Schriften von Helene Deutsch und Melanie Klein eine wertvolle Hilfe. Angeregt durch die interessanten Forschungsergebnisse der Anthropologin Margaret Mead, habe ich verstehen gelernt, inwieweit diese Störungen durch kulturelle Faktoren verursacht sein können.

Ich hatte den Plan für dieses Buch schon gefaßt, als mir auffiel, daß die Fragestellung für mich mit einer anderen zusammenhängt, und zwar mit einem Thema, das mich ebenfalls ganz persönlich beschäftigt beziehungsweise beschäftigt hat: Hindert Berufsarbeit die Frau an der Verwirklichung ihrer Mutterschaft, und wenn ja, inwieweit schränkt sie sie ein? Vor langer Zeit war mir diese Frage sehr vertraut, denn in meiner Jugend hatte ich oft mit Freundinnen und Kolleginnen darüber disku-

tiert. Später mußte ich das Problem praktisch lösen und habe darüber die Fragestellung selbst ganz vergessen. Das Buch mit dem beunruhigenden Titel «Modern Women, the lost Sex» brachte mich darauf, von neuem darüber nachzudenken, ob Mutterschaft und Berufsarbeit vielleicht doch unvereinbare Gegensätze seien. Lundberg und Farnham, die Autoren dieses Buches, sind der Meinung, mit dem Wandel ihrer Rolle in Familie und Gesellschaft gehe die Weiblichkeit der modernen Frau verloren. Eingeschränkte Kinderzahl, Ausbildung und Berufsarbeit der Frau bilden ihrer Meinung nach einen Circulus vitiosus, mit dem sie sich immer weiter von der Bestimmung ihres Geschlechtes, das heißt, von ihrer Weiblichkeit, entfernt. Ich habe darüber nachgedacht, habe beobachtet, analysiert und gelesen und bin zu dem Schluß gekommen, den ich am Ende dieses Buches vorstellen werde.

Meine Hauptthese aber gehört, so scheint mir, in dieses Vorwort: Biologisch wäre es der Frau möglich, alle zwei Jahre ein Kind zu bekommen oder sogar in noch kürzeren Abständen. Ihre Triebe basieren auf dieser biologischen Struktur. Unsere Kultur hat sich jedoch in vielen Bereichen weit von der vollen und direkten Befriedigung der Triebe entfernt. Deshalb wünscht sich die Frau bewußt nicht mehr so viele Kinder. (Ich spreche selbstverständlich von der Frau in unserer Gesellschaft.) Die Autoren von «Modern Women, the lost Sex» haben recht, wenn sie behaupten, die Frau sei in ihren mütterlichen Trieben frustriert, auch wenn ihr das nicht bewußt sei. Der unbefriedigte Teil ihrer Triebe falle der Verdrängung anheim und äußere sich in verschiedenen Symptomen (Frigidität, psychosomatische Störungen usw.). Aber bestünde die Lösung wirklich darin, zur Großfamilie von früher zurückzukehren und den Aktionsradius der Frau von neuem strikt auf das Haus zu beschränken? Ob man das für gut oder schlecht hält, spielt eigentlich keine Rolle, denn es ist ohnehin nicht realisierbar, weil es der Richtung, in der sich unsere Gesellschaft entwickelt, diametral entgegenläuft. Aber es gibt eine Lösung für dieses Problem, die der allgemeinen Entwicklung entspricht. Die Frau kann die schädliche Verdrängung eines Teils ihrer Triebe vermeiden, indem sie sie sublimiert und entsprechende Aufgaben übernimmt. Das Mittel besteht demnach nicht darin, die soziale Aktivität der Frau zu unterdrücken. Im Gegenteil, diese soll beim Mädchen gefördert und gebildet werden, so daß es als erwachsene Frau fähig ist, einen Teil seiner mütterlichen Triebe zu sublimieren. Auf diese Weise könnte die Frau ihre Weiblichkeit akzeptieren und die verbleibende Triebenergie in einem befriedigenden Sexualleben und einer glücklichen Mutterschaft mit weniger psychosomatischen Störungen realisieren.

Während der Arbeit an diesem Buch bemerkte ich, daß ein drittes Thema mit der vorliegenden Fragestellung, der Erklärung der weiblichen psychosomatischen Störungen, eng verknüpft ist: die kritische Überarbeitung der psychoanalytischen Theorie zur Weiblichkeit. Meine Dankbarkeit gegenüber Freud und seinem Werk ist so groß – wie alle Analytiker habe ich durch die eigene Analyse den unglaublichen Gewinn, den sie für Gesundheit und Erkenntnis bedeutet, an mir selbst erfahren –, daß ich es in einem gewissen Sinn als Sakrileg empfinde, in einigen Punkten von seinen Ansichten abzuweichen. Die Vorstellungen, die ich in Zweifel ziehe, sind jedoch nicht grundlegend, und auch er selbst hielt sie nicht für vollendet. In einem seiner letzten und wichtigsten Beiträge dazu bezeichnete er das psychoanalytische Wissen über die Weiblichkeit als «unvollständig und fragmentarisch». Damit ließ er alle Möglichkeiten offen für neue Gesichtspunkte, Diskussionen und Vorstellungen.

Zum Schluß möchte ich all jenen danken, die mir beim Schreiben dieses Buches geholfen haben: meinem Mann, Dr. Max Langer, und Dr. Heinrich Racker dafür, daß sie das Manuskript gelesen und kritisiert haben, Frau R. Raskovsky für ihre sprachlichen Korrekturen, D. J. Vogelmann für seine technische Beratung und all meinen Kollegen und Analysandinnen, die in der einen oder anderen Form mit mir zusammengearbeitet haben.

Buenos Aires, 1951 — *Marie Langer*

«Mutterschaft und Sexus» ist vergriffen. Soll es mit einem erklärenden Vorwort versehen und neu aufgelegt werden? Kann das Buch überhaupt ohne Überarbeitung und Aktualisierung neu herausgegeben werden? Schwerlich. Die Gesellschaft verändert sich so schnell in diesem entscheidenden Jahrhundert. Und wir ändern uns selbst ja auch, zum Glück!

Das Buch auf den aktuellen Stand zu bringen, würde viel Arbeit und sehr viel Zeit kosten. Und Zeit haben wir so wenig, heute, in Argentinien, Zeit zum Lesen und zum Schreiben... Ich habe mich deshalb entschieden, «Mutterschaft und Sexus» einfach neu herauszugeben. Vom psychoanalytischen Standpunkt aus gesehen, besitzt es in seiner Gesamtheit nach wie vor Gültigkeit. Sicher wäre es nötig, einiges zu revidieren. So sollte man zum Beispiel das Thema der Frigidität neu überdenken. Die Frage, ob der vaginale Orgasmus wirklich der einzig gültige sei, sollte gestellt werden (vgl. dazu Masters und Johnson und die neue Generation der Feministinnen). Aber das ist nicht das Hauptproblem. Die Schwäche des Buches liegt im Ideologischen, einem Bereich, mit dem ich mich zwar lange, bevor ich Mutterschaft und Sexus geschrieben habe, schon auseinandersetzte. Aber ich wußte damals nicht, wie ich ihn mit dem psychoanalytischen Standpunkt hätte verbinden können. Seit kurzer Zeit jedoch erscheint es mir als ein großes Versäumnis, daß ich den sozialen Aspekt, den Kampf für Veränderung, beiseite gelassen habe. In der Zwischenzeit habe ich zusammen mit vielen anderen Erfahrungen gemacht und weiß es besser.

Einige sagen, man soll die verschiedenen Aspekte, Politik und Psychoanalyse, nicht vermischen. Das stimmt sicher, aber wir sollten – wie mein Freund Castilla del Pino sagen würde – darauf hinarbeiten, die verschiedenen Teilaspekte zu einem Ganzen zusammenzufügen.

Für die Fragestellung, die uns hier interessiert, heißt das: Um von der heutigen Frau sprechen zu können, müssen wir sie als Angehörige einer bestimmen Klasse identifizieren und den historischen Moment, in dem wir leben, berücksichtigen. Mit dieser Einschränkung kann «Mutterschaft und Sexus», so wie es vor Jahren geschrieben worden ist, erneut aufgelegt werden. Ich verpflichte mich aber, die Fragestellung so bald wie möglich wiederaufzugreifen und das, was ich in dem Buch versäumt habe, anzufügen.

Buenos Aires, 1972 — *Marie Langer*

THEORETISCHER TEIL

I

TYPISCHE PROBLEME DER FRAUEN HEUTE

Ich lege hier ein weiteres Buch über die Frau vor. Es ist eines unter vielen, und ich sehe mich deshalb gezwungen, sein Erscheinen zu rechtfertigen. Ich beschreibe und analysiere darin die häufigsten Störungen der weiblichen Fortpflanzungsfunktionen[1]. Trotz der Fortschritte in der Medizin in den letzten Jahrzehnten haben diese offensichtlich zugenommen. Das verpflichtet uns, sie aus einem neuen Blickwinkel zu betrachten. Wir wählen dazu als Forschungsmethode und oft auch als Therapie die Psychoanalyse. Grundlegende These dieses Buches ist folgende: Die Gesellschaft unterwarf die Frauen früher strengen sozialen Restriktionen und schränkte ihre Sexualität (im engeren Sinn) ein; die Entwicklung ihrer mütterlichen Aufgaben und Fähigkeiten hingegen wurde gefördert. In der Folge häuften sich hysterische und andere psychoneurotische Symptome; an psychosomatischen Störungen der Fortpflanzungsfunktionen scheinen sie hingegen relativ selten gelitten zu haben. Heute ist das anders. Seit dem letzten Jahrhundert haben die Frauen in unserer Kultur sexuelle und soziale Freiheiten erworben, die noch drei Generationen früher völlig undenkbar gewesen wären. Dafür belasten aber die kulturellen und ökonomischen Umstände die Mutterschaft mit schweren Einschränkungen. Die Folge ist, daß die typischen neurotischen Bilder verschwinden, die «grande hystérie» gibt es nicht mehr, aber psychosomatische Störungen nehmen in alarmierendem Umfang zu. Oder, einfacher und anschaulicher gesagt: Unsere Großmütter kletterten auf einen Stuhl, wenn sie eine Maus sahen, rafften die Röcke zusammen und schrien um Hilfe, aber im allgemeinen hatten sie keine Schwierigkeiten beim Stillen ihrer Kinder. Heute können die Frauen Auto fahren, steuern Krankenwagen und Flugzeuge, aber oft können oder wollen sie ihre eigenen Kinder nicht stillen. Ich möchte die Schwierigkeiten, die Frauen mit den weiblichen Funktionen haben, untersuchen: Probleme der Menstruation, der Empfängnis, der Fruchtbarkeit, des Stillens usw.

Noch vor dreißig Jahren wären diese Probleme höchstens Gegenstand einer gynäkologischen oder geburtshilfekundlichen Arbeit geworden. Niemandem wäre es in den Sinn gekommen, sich unter einem psychopathologischen Gesichtspunkt mit ihnen auseinanderzusetzen. Zwar hat Freud bereits Ende des letzten Jahrhunderts eine junge Frau behandelt[2], die ihr Kind nicht stillen konnte und die er mit Hilfe der Hypnose geheilt hat, das heißt mit psychologischen Mitteln; auch die erste psychosomatische Studie über Menstruations- und Geburtsstörungen erschien bereits 1923 von Josef Eisler[3]. Aber es war nur eine kleine Gruppe Mediziner, die zu jener Zeit bereit war, die Probleme angemessen zu erklären und zu behandeln. Die große Mehrheit ahnte nicht im entferntesten, daß man die «organischen» Krankheiten unter psychosomatischen Gesichtspunkten betrachten müßte. Heute ändert sich unsere Einstellung dieser Problematik gegenüber. Wir beginnen zu begreifen, daß die meisten Störungen der Zeugungsfähigkeit der Frauen neurotischen Ursprungs sind und bei Frauen vorkommen, die in ihrem Alltag keinerlei Anzeichen nervöser Erkrankungen zeigen. Auch die Mehrzahl der Fälle, die ich in diesem Buch schildern werde, waren nicht «Patientinnen» im engeren Sinn; sie hatten sich nicht in psychoanalytische Behandlung begeben, um von typischen Neurosen geheilt zu werden, sondern es waren Frauen, die mit ihrer Weiblichkeit Konflikte hatten.

Um die Probleme der Frauen von heute besser zu verstehen, ist es nötig, sich die historische Entwicklung vor Augen zu führen und unsere Gesellschaft mit anderen zu vergleichen. Obgleich sich die Situation für die Frauen jäh und unerwartet verändert zu haben scheint, ist sie doch Ergebnis eines langen Prozesses, in dem viele Faktoren zusammengespielt haben.

In unserer westlichen und patriarchalischen oder, wie Zilboorg sagt, *«phallozentrischen Gesellschaft»*[4], war die Frau jahrhundertelang dem Mann gänzlich unterworfen. Die Französische Revolution mit ihrem Gleichheitspostulat zog erstmals die vermeintliche Naturgegebenheit und Unveränderbarkeit der Verhältnisse in Zweifel. In den Familienstrukturen der Mittel- und Oberschichten änderte sich aber unmittelbar nach der Französischen Revolution für die Frauen gar nichts. In den unteren Schichten dagegen war ihre Stellung von dem Leitspruch dieser Revolution gar nicht so weit entfernt. In den Bauern- und Handwerkerfamilien partizipierten die Frauen schon immer an der Arbeit des Mannes, alle hatten gleichermaßen eingeschränkte Rechte. Die Frau war zwar in die häusliche Produktion miteinbezogen, aber der Übergang zur Betreuung der Familie und zur Erziehung und Ernährung der Kinder war fließend, die Trennung von Wohnen und Arbeiten noch nicht vollzogen.

Die Ziele der Französischen Revolution, die Napoleon in ganz Europa verbreitete, verwirklichten sich erst durch die industrielle Revolution. Die Umorganisation der Arbeitswelt und der technische Fortschritt führten zu einer deutlichen Zunahme der Fabrikarbeiterschaft. Die Manufaktur- und Fabrikarbeiter verließen zunehmend das Haus, um Geld zu verdienen; die Frauen folgten den Männern bald. Reine Not, nicht Rivalität mit dem Mann trieb die Frauen in die Fabriken. Selbst die Kinder mußten dort arbeiten, damit die Familie überhaupt überleben konnte. Erst nach den sozialen Kämpfen, in denen eine neue Arbeitsschutzgesetzgebung durchgesetzt wurde, hörte die Kinderarbeit auf. Doch das Schicksal der Frauen und das Familienleben hatten sich dabei vollkommen verändert. Während die Kinder vorher schon früh im Haus mithelfen konnten, wurden sie jetzt den Frauen eher zur Last. Wenn eine Frau müde von der Arbeit nach Hause kam, mußte sie sich in der Freizeit – und die war knapp genug – den Kindern und dem Haushalt widmen.

Auf dem Land änderte sich das Leben langsamer und auf zweierlei Weise: Einmal durch die Migration der bäuerlichen Bevölkerung in die großen städtischen Zentren, die bis zum heutigen Tag anhält. Für die Familien hatte dies Konsequenzen und brachte viele Probleme mit sich: Sie waren entwurzelt, lebten oft in Elendsvierteln, es gab Prostitution, uneheliche Kinder usw. Zum anderen nahm die Technisierung in der Landwirtschaft mehr und mehr zu – vor allem in den Industrieländern, wobei sich die Situation der Bauernfamilie tendenziell der der Arbeiterfamilie anglich.

In den Mittel- und Oberschichten dagegen blieb die Situation bis zum Ersten Weltkrieg unverändert. Einziges Aktionsfeld der Frauen war der Haushalt und die Kleinfamilie, ihre einzige und ausschließliche Funktion das Gebären und Aufziehen der Kinder. Ökonomisch waren die Frauen bis dahin immer abhängig gewesen, zuerst von ihren Vätern, später von ihren Ehemännern. Plötzlich wurden die Frauen in den kriegsführenden Ländern dazu angehalten, in allen Bereichen die Plätze der Männer einzunehmen, und erfüllten erfolgreich all die Aufgaben, zu denen ihnen bis dahin der Zugang verwehrt geblieben war. Mit der Integration in den Arbeitsprozeß übernahmen sie die volle Verantwortung und wurden unabhängiger. Als der Krieg zu Ende war, erwies sich der Prozeß als irreversibel.

Die Begeisterung, mit der 1914 die Frauen aus den Mittelschichten dem Ruf der Obrigkeit, den heimischen Herd zu verlassen und ins Erwerbsleben einzutreten, folgten, hatte ihren Grund nicht nur in ihrem Patriotismus: Die Frauen waren psychisch und materiell bereit dazu. Ihre Mütter, die fast andauernd schwanger gewesen waren und viele Kinder großzuziehen hatten, hätten nicht so reagiert. Aber zu Beginn unseres Jahrhunderts hatten die Frauen nicht mehr so viele Kinder und kamen sich in ihrem leeren Haus überflüssig vor. Die Fortschritte in der Medizin hatten dazu geführt, daß die Kindersterblichkeit zurückgegangen war, den Paaren standen wirksame Empfängnisverhütungsmittel zur Verfügung; sogar die Abtreibung war ohne größere physische und legale Risiken möglich geworden. Erleichtert wurden die Veränderungen durch den – für die ersten Jahrzehnte dieses Jahrhunderts charakteristischen – Rückgang des religiösen Einflusses und den Aufschwung des Marxismus, des Erben der Gleichheitsforderungen der Französischen Revolution.

Als der Erste Weltkrieg zu Ende war, trafen die heimkehrenden Männer auf eine ökonomisch unabhängige Frau. Sie war sich ihres Werts voll bewußt, trug das Haar kurzgeschnitten à la garçonne und beanspruchte für sich die gleichen sexuellen Freiheiten wie der Mann. Nun drohte die Sexualität an Bedeutung zu verlieren und zum Selbstzweck zu werden; denn der Geschlechtsakt brauchte, wenn die Frauen es nicht wollten, keine biologischen Folgen mehr zu haben.

Die neuen Errungenschaften der Frauen räumten mit dem seit Beginn der Geschichte bestehenden Vorurteil ihrer intellektuellen und emotionalen Minderwertigkeit auf. Die Frauen zeigten, und sie zeigten es in den folgenden Jahren immer nachdrücklicher, daß sie mit den Männern konkurrieren konnten.

Dieser Wandel brachte aber nicht nur ökonomische und soziale Schwierigkeiten mit sich, sondern stiftete auch in den Köpfen der Menschen große Verwirrung. Das alte Vorurteil von der Minderwertigkeit der Frau hat verschiedene Funktionen, und es wird von sozialen und psychologischen Tatsachen gestützt. Psychisch wird es an Ereignissen aus der frühesten Kindheit festgemacht. Es entspringt dem Groll des Kindes, der Eifersucht und dem Neid, Gefühle, die es wegen seiner vollkommenen Abhängigkeit von seiner Mutter empfindet. Das Kind beneidet die Mutter um den Bauch, in dem seine Geschwister heranwachsen, und um die Brust, mit der sie sie ernährt. Es verspürt auch Neid wegen der Lust und der Kinder, die sie vom Vater geschenkt bekommt. All die frühen Gefühle bleiben im Unbewußten aktiv. Sie dienen als psychologische Ursache ihrer minderwertigen Stellung, die die Frauen selbst resigniert akzeptiert hatten. Heute aber, da diese sozial akzeptierte Form der Entlastung entfällt, geben diese verdrängten Gefühle sowohl innerhalb wie auch außerhalb der Paarbeziehungen Anlaß zu vielfältigen Konflikten.

Das Vorurteil stützte und stabilisierte die Gesellschaft. Es schränkte die Aktionsfelder beider Geschlechter ein. Obwohl es den Frauen schadete, vermittelte es ihnen zugleich auch Sicherheit und erleichterte sowohl ihnen als auch den Männern, sich in ihren genau definierten Rollen sicher zu fühlen. Die Auffassung darüber, was eine Frau und ein Mann zu tun und zu lassen habe, war so festgelegt, daß Krafft-Ebbing, ein großer Sexualwissenschaftler des letzten Jahrhunderts, es bei einer Frau als Indiz für ihren vermännlichten Charakter wertete, wenn sie Pfeife rauchte oder wenn ihr Bier und Cigarillos schmeckten. Als sich die Meinung, Frauen seien minderwertig, als blankes Vorurteil entlarvte, waren sowohl Männer als auch Frauen verunsichert. Sie begannen, an ihren Rollen, ihren Rechten und Pflichten in einer sich verändernden Gesellschaft zu zweifeln.

Die Frau der Nachkriegszeit rebellierte gegen ihre Mutter, gegen ihren Vater und gegen ihren Mann. Sie hatte viel erreicht, aber in einer phallozentrischen Gesellschaft waren auch ihre Erfolge phallozentrisch orientiert. Mit ihrer sexuellen Freiheit und ihren Sublimierungen kam sie sich wie ein Mann vor. Der Mann hatte das Gefühl, als habe die Frau ihm etwas weggenommen; je weniger weiblich sie sich empfand, desto mehr fürchtete er um seine Männlichkeit. Aber die Zeiten änderten sich. Was die Frauen erreicht hatten, wurde immer weniger als Rebellion aufgefaßt; der Umstand, daß sie arbeiteten oder kurze Haare hatten, verlor den Charakter einer Herausforderung. Die Eltern der folgenden Generation akzeptierten bereits, daß ihre Töchter studierten und arbeiten wollten.

Aus psychoanalytischer Sicht stellt sich die Frage, ob eine Frau, die arbeitet, ohne daß es finanziell unbedingt nötig wäre, es tut, weil sie mit dem Mann rivalisiert – dann wäre Penisneid die Ursache –, oder weil es aufgrund der Sublimierung mütterlicher Triebe eine authentische Berufung gibt?

Wie die Antwort ausfällt, hängt davon ab, für welches Individuum oder für welche Gruppe sie gegeben werden soll. Die Relativität unserer Meinungen und Werte verbietet es, eine allgemein verbindliche Antwort zu geben. Deshalb finde ich es sinnvoll, unsere Gesellschaft mit anderen zu vergleichen, um herauszufinden, was von dem, was wir als typisch weiblich bezeichnen, biologisch determiniert und was kulturell bedingt ist.

Alle Theorien, die sich mit der Frühgeschichte der Menschheit beschäftigen, gehen, so unterschiedlich sie auch sonst sein mögen, davon aus, daß es einmal ein Matriarchat gegeben hat, von dem heute in primitiven Kulturen noch Spuren zu finden sind. Im Matriarchat genießen die Frauen bestimmte soziale Vorrechte, die Vaterschaft wird faktisch nicht anerkannt. Eine Folge davon ist, daß sowohl die verwandtschaftlichen Beziehungen als auch die Vererbung ausschließlich über die mütterliche Abstammungslinie geregelt werden. Doch während die Existenz eines Matriarchats nicht bezweifelt wird, gibt es in den verschiedenen Theorien die unterschiedlichsten Ansichten darüber, wie das soziale Leben und der Alltag damals ausgesehen haben mag, wie der Mann die soziale Vormachtstellung erringen und das Patriarchat, in dem wir bis heute leben, errichten konnte. Nach Engels ist die erste Arbeitsteilung die zwischen Mann und Frau – und dies wegen der Zeugung der Kinder. Der erste Klassenantagonismus der Geschichte, die erste Unterdrückung einer Klasse durch eine andere, entstand mit dem Patriarchat, mit der Unterwerfung der Frauen durch die Männer. Der Frau wurde eine ganz eng begrenzte soziale Rolle zugewiesen. Die Ergebnisse anthropologischer Untersuchungen verschiedener primitiver Gesellschaften zeigen, daß die Vormachtstellung der Frauen auf ihren biologischen Funktionen und auf dem davon abgeleiteten psychologischen Einfluß basiert.

Nehmen wir zum Beispiel die Arapesh, ein Volk in Neu-guinea, deren soziales Leben Margaret Mead in *Geschlecht und Temperament in drei primitiven Gesellschaften*[5] meisterhaft beschrieben hat. Die Arapesh leben in einer patriarchalischen Gesellschaft, die noch Spuren matriarchaler Organisation aufweist. Sie sind arm, sanftmütig und arbeitsam. Sie halten Männer und Frauen für gleich intelligent und glauben, daß sie das gleiche Temperament besitzen. Trotzdem sind es die Männer, die die Verantwortung tragen. Sie übernehmen auch bestimmte Aufgaben, wie zum Beispiel den religiösen Kult und künstlerische Tätigkeiten, die den Frauen verboten sind. Sie glauben, daß es der weiblichen Fruchtbarkeit schaden könnte, wenn die Frauen sich mit dem Übersinnlichen befaßten. Deshalb werden die Frauen in diesem Sinne streng geschützt. Um zu verstehen, warum der Mann für die Frau die Verantwortung trägt, reicht diese Erklärung jedoch offensichtlich nicht aus. Ein anderer Umstand ist hierfür von Bedeutung: Bei den Arapesh werden die Mädchen verlobt, wenn sie ungefähr sechs Jahre alt sind; wenn sie acht Jahre alt sind, werden sie von ihrem zukünftigen Ehegatten in sein Haus geführt. Sie leben dann im Haus des Verlobten, der zusammen mit seiner Familie von da an für ihren Unterhalt sorgt. Wenn sie die Geschlechtsreife erreicht haben, werden verschiedene Initiationsriten vorgenommen, deren Höhepunkt ein Fastenritual ist.

Während die junge Braut in der Menstruationshütte fastet, bereitet ihr der Bräutigam eine Suppe aus verschiedenen Kräutern mit ritueller Bedeutung. Am Ende der Zeremonien gibt der junge Mann seiner Frau einen in ein Blatt eingewickelten Löffel. Wie eine Mutter hilft er ihr beim Essen, führt ihre Hand zum Mund, ganz so, als füttere er ein Baby. Nach dem zweiten Löffel beginnt sie, alleine zu essen, als ob sie erst jetzt die Kraft dazu hätte. Von dem Moment an werden die beiden von der Gruppe als Mann und Frau angesehen. Es bleibt ihnen überlassen, die Ehe zu vollziehen, wann immer sie wollen.

In der Verlobungszeit erwirbt sich der Mann in bezug auf die Frau demnach Rechte, indem er ihr gegenüber die Rolle einer Mutter übernimmt. Er führt sie zu einem Zeitpunkt in sein Haus, an dem sie noch sehr jung ist. Margaret Mead schreibt, daß er sich bei einem Streit mit seiner Ehefrau nie auf sein Recht als Mann beruft. Um sie gehorsam zu machen, sagt er zu ihr: *«Ich habe das Sagofeld bestellt, die Yamswurzeln gepflanzt und das Känguruh erlegt, die Deinen Körper genährt haben. Warum holst Du kein Brennholz?»*[6] Der Mann hat Anspruch auf die Frau, weil er sie durch eigene Opfer hat wachsen und gedeihen lassen, genauso wie der Fötus in der Mutter wächst, indem er sich von ihr ernährt.

In einer Gesellschaft wie die der Arapesh, die sich in ihren Strukturen noch nicht wesentlich vom Matriarchat entfernt hat, begründen die Männer ihre – noch nicht lang erworbene – Autorität, indem sie ihren Frauen gegenüber die mütterliche Rolle einnehmen. Gleiches geschieht auch in bezug auf die Kinder. Während der ersten Wochen einer Schwangerschaft ist der Mann verpflichtet, den Koitus so häufig wie möglich zu vollziehen – man glaubt, der Samen ernähre den Fötus in der Gebärmutter. Der Samen läßt das Kind gedeihen, genau so, wie der Mann vorher seiner Verlobten zum Wachstum verholfen hat. Später identifiziert sich der Mann ganz intensiv mit seiner schwangeren Frau. Vor und nach der Geburt akzeptiert er die gleichen Tabus und Einschränkungen wie sie.[7] Das bedeutet, daß er versucht, ihre Gebärfähigkeit so weit wie möglich zu teilen. Wir können daraus folgern, daß er auf seine Frau neidisch ist und daß er weiß, daß es die Mutterrolle ist, die Einfluß, Autorität und Zuwendung verschafft.

Bei den Einwohnern der Marquesasinseln konnte Abraham Kardiner[8] eine völlig andere Situation beobachten. Die Marquesas, ein aussterbendes Volk, sind starke, große Menschen, impulsiv und stolz. Die Männer essen Menschenfleisch. Obwohl die Region, in der sie leben, normalerweise Nahrung im Überfluß bietet, gibt es als Folge unregelmäßiger Dürreperioden auch Zeiten, in denen die Marquesas hungern. Was auf den ersten Blick auffällt, ist die zahlenmäßige Ungleichheit zwischen Männern und Frauen. Es gibt zweieinhalbmal mehr Männer als Frauen. Den Auskünften der Bewohner zufolge ist das normal, obwohl sie – wie dies bei anderen Primitiven häufig der Fall ist – keine Mädchentötungen vornehmen. Als Folge daraus entsteht die Polyandrie: In einer Hausgemeinschaft lebten das Familienoberhaupt mit seiner Frau und zwei oder drei Nebengatten zusammen. In einer sehr reichen Gemeinschaft können neben dem Häuptling mit seiner Hauptfrau zwei weitere Ehefrauen und bis zu elf oder zwölf Nebenmänner zusammenwohnen. Alle Männer haben Anrecht auf sexuellen Verkehr mit den Frauen. Es gibt keine Eifersucht. Im Gegenteil, es kann sogar das Bestreben eines Häuptlings sein, eine schöne Frau für seine Gemeinschaft zu bekommen, damit ihr noch mehr Männer als willkommene Arbeitskräfte folgen. Die Frauen arbeiten nur wenig. Im Haus sind sie mächtig: Sie haben die Wahl, sich die Männer auszusuchen, und haben durch die Möglichkeit, den einen Mann dem anderen sexuell vorzuziehen, nicht nur das Familienoberhaupt, sondern auch die Nebenmänner sozusagen in der Hand. Eine Schwangerschaft verleiht ihnen noch mehr Macht und Prestige. Der erstgeborene Sohn ist der zukünftige Erbe und vom Zeitpunkt der Geburt an zumindest theoretisch Stellvertreter des Familienoberhaupts. Das erstgeborene Mädchen kann die gleiche Stellung einnehmen. Die Frauen können prinzipiell die gleichen sozialen Positionen einnehmen wie die Männer, sie können sogar Häuptling eines Stammes werden. Das einzige Amt, das ihnen verwehrt ist, ist das des Zeremonialpriesters. Die sozialen Verhältnisse bei den Marquesas sind von dem, was wir kennen, sehr verschieden. Auf den ersten Blick sieht es so aus, als habe die Frau ein viel leichteres Leben als der Mann. Die Familienstruktur hat aber viele Nachteile für die Frau. So ist sie fast ausschließlich Sexualobjekt des Mannes, sie wird von ihm geliebt, aber seiner ohnmächtigen Abhängigkeit wegen auch gehaßt. Um ihn zu befriedigen, muß sie auf die Erfüllung ihrer mütterlichen Befriedigung verzichten. Die Mütter stillen ihre Kinder höchstens, bis sie vier Monate alt sind. Dann wird das Kind der Pflege der Nebenmänner überlassen. Darüber hinaus werden der Frau ihre Rechte als Mutter noch mit einem anderen Brauch genommen, mit der Adoption: Wenn ein mächtiger Häuptling ein Kind adoptieren möchte, kann er es von irgendeiner anderen Hausgemeinschaft, in der eine Frau schwanger ist, fordern. Verweigert die betreffende Gemeinschaft den Wunsch und händigt das Kind nicht zwei bis vier Monate nach der Geburt aus, kommt dies einer schweren Beleidigung des Bittstellers gleich und zieht eine grausame Rache nach sich. Die Kinder werden deshalb im allgemeinen den Adoptivvätern ausgehändigt, und die betreffende Mutter muß vollständig auf ihr Kind verzichten.

Ich fasse zusammen: Die Marquesasfrau ist dem Mann gegenüber sexuell in einer privilegierten Position, im sozialen Leben ist sie fast gleichberechtigt. Aber es ist ihr verwehrt, die Mutterschaft zu genießen, sie muß schon wenige Monate nach der Geburt auf ihre Kinder verzichten. Sie kann sie nicht lieben, und sie kann von ihnen keine Zuneigung empfangen. Als Folge dieser psychologischen und sozialen Konstellation lehnt die Frau die Schwangerschaft ab, was sich in verhütenden Praktiken, Abtreibungen, niedrigen Geburtenraten, die sonst unter ähnlichen Völkern sehr selten sind, manifestiert. Schwangerschaft und Geburt werden als sehr gefährlich angesehen, und die Sterblichkeit unter Schwangeren und Gebärenden auf den Marquesasinseln ist auch viel höher, als daß sie sich allein durch mangelhafte hygienische Zustände erklären ließe. Eine weitere Folge der Ablehnung der Mutterschaft ist ein hysterisches Phänomen, das sich meines Wissens bei anderen primitiven Frauen nicht finden läßt, das bei den Marquesasfrauen aber sehr verbreitet ist: die unbewußt simulierte Schwangerschaft, die Scheinschwangerschaft.

Die inneren Konflikte der Inselbewohner zeigen sich in ihrem Aberglauben. Weil sie in frühester Kindheit von ihren Müttern frustriert wurden und sich als erwachsene Frauen um ihre mütterlichen Funktionen betrogen sehen und ihrerseits böse Mütter werden, schufen sie zwei Arten von übernatürlichen Wesen: die «Fanauas» und die «Vehinihai». Fanauas sind die Geister toter Männer, die einer bestimmten Frau dienen. Wenn eine Frau einer anderen, einer Rivalin, etwas antun will, sendet sie ihr ihren Fanaua, damit er den Fötus in der Gebärmutter zerstöre – so erklären sie sich das Verschwinden des Fötus bei der Scheinschwangerschaft –, oder er tötet die Frau selbst bei der Geburt. Die Vehinihai, die «wilden Frauen», können den Fötus ebenfalls zerstören, und sie rauben kleine Kinder, um sie zu verschlingen. Wie man sehen kann, haben die Frauen auf den Marquesasinseln von ihren Geschlechtsgenossinnen das Schlimmste zu befürchten.

Betrachten wir die Situation des Mannes: Auch er leidet – wie das Mädchen – als Kind unter der Abwesenheit seiner Mutter, die ihn stillen und ihm die Milch und die Liebe, die er vermißt, geben könnte. Als Erwachsener wird sein Wunsch, eine Frau zu lieben und sie vollständig zu besitzen, enttäuscht. Er ist sexuell in einer schmerzlichen Abhängigkeitsposition, denn er weiß, daß sich seine Frau, sobald er sie nicht mehr befriedigen kann, einem anderen zuwendet. Deshalb ist er darauf bedacht, sie gut zu behandeln. Im Grunde haßt er sie aber und versucht, die auf ihren biologischen Fähigkeiten gründende Macht an sich zu reißen. Das unbewußte Bild, das er von ihr hat, zeigt sich in den Mythen. Die menschenfressenden Vehinihai erscheinen als wunderschöne junge Mädchen verkleidet. Wenn es ihnen gelingt, einen Mann zu verführen, läuft er Gefahr, verschlungen zu werden, wenn er sie nicht fortwährend sexuell befriedigt. Die Männer verstehen sich untereinander sehr gut. Sie unterdrücken ihre Eifersucht, um sich gegen die Frauen zusammenzuschließen, und zeigen sie höchstens im Alkoholrausch. Untereinander praktizieren sie Fellatio. Man kann diese Praxis so deuten: Einer der Männer nimmt die Rolle der Mutter ein, einer Mutter, die besser ist als seine eigene gewesen ist, welche Milch – der Samen nimmt im Unbewußten diese Bedeutung an – und Liebe gibt. Der andere nimmt die Position des Kindes ein und kann so seine frustrierten kindlichen Wünsche befriedigen. Der männliche Wunsch, die mütterliche Rolle zu spielen, äußert sich auch noch anders: Der Mann versorgt die Kinder. Er verschafft sich Prestige, indem er große Mengen an Nahrungsmitteln an einem Festessen verschwendet. Auch sind die Männer sehr geschickte Handwerker, und Kardiner deutet den großen Wert, den sie den von ihnen geschaffenen Objekten geben, als Symbol für ihre Wertschätzung der biologischen Fortpflanzung.

Auf den Marquesasinseln, so interpretiere ich die Verhältnisse, sind die Männer den Frauen gegenüber unsicher und von ihnen abhängig, was zum Teil an der numerischen Ungleichheit der Geschlechter liegt. Sie arrangieren sich mit dieser Situation und verleihen den Frauen viele Vorrechte, damit sie ihnen die gewünschte sexuelle Befriedigung gewähren. Die Macht der Frauen beruht auf zwei Faktoren, auf der Fähigkeit, die Männer zu befriedigen und darauf, daß sie fähig sind, Kinder zu bekommen. Je stärker in einer Kultur die sexuelle Anziehungskraft der Frauen kultiviert wird, desto mehr versuchen die Männer, sie in ihrer Fähigkeit zur Mutterschaft einzuschränken, damit ihre Macht nicht noch größer wird. Da die Kinder häufig adoptiert werden, wird den Frauen die Frucht der Schwangerschaft, das Kind, geraubt, und die Männer setzen sich an die Stelle der Frauen, indem sie das Adoptivkind selber erziehen. Damit vermindern sie bei den Frauen den natürlichen Wunsch, schwanger zu werden. Aber auch wenn ein Kind nicht adoptiert wird, wird der Mutter die Lust vorenthalten, dem Kind Liebe zu geben und sie auch von ihm zu bekommen; sie kann sich seiner Zuneigung auch für die Zukunft nicht versichern. Die Frau scheint mit ihrer Situation zufrieden und genießt ihre sozialen und sexuellen Privilegien. Aber sie unterwirft sich dem Mann, indem sie ihm einen großen Teil ihrer mütterlichen Aufgaben überläßt und die Mutterschaft ablehnt. Da Mädchen wie Junge von der Mutter so frustriert werden, nimmt ihre Gestalt im Glauben den Platz der immer fordernden Menschenfresserin ein.

Die beiden Kulturen, die ich beschrieben habe, sind so anders als die, in der wir leben, daß sie sich kaum vergleichen lassen. Die Arapesh habe ich beschrieben, um zu zeigen, wie der Mann seine Vormachtstellung erwirbt, indem er sich gegenüber Frau und Kindern die mütterliche Rolle aneignet. Er achtet die gebärende und stillende Frau und identifiziert sich durch sein Verhalten mit ihr. Es scheint, als sei er neidisch auf das Muttersein; er versucht, die Frau in ihrer Rolle zu ersetzen.

Daß jemand Selbstmord begeht, ist in unserer Zivilisation häufig, kommt bei den Arapesh jedoch nicht vor. In einer Gesellschaft, in der die Kinder angenommen und aufgehoben werden, wird jemand, wenn er erwachsen ist, das Leben, das ihm die Mutter gegeben hat, nicht so extrem ablehnen, auch wenn er sich in einer sehr schwierigen Situation befindet. Da die Kinder bei den Arapesh mit viel mütterlicher Liebe von beiden Eltern umsorgt werden, kennen sie keinen Selbstmord. Bei den Marquesas muß die Frau als Preis für ihre soziale Gleichheit und ihre privilegierte sexuelle Situation, so meine Deutung, auf die affektive

Befriedigung, die die Mutterschaft ihr bieten könnte, verzichten. Sie muß, wie an der niedrigen Geburtenrate zu sehen ist, ihre Fruchtbarkeit mit verschiedenen Mitteln einschränken.

Ich komme später noch auf die Ähnlichkeiten zurück, die zwischen jener Kultur und der unsrigen bestehen; an dieser Stelle möchte ich nur folgendes erwähnen: Meine Hauptthese ist ja, daß die Frauen, da sie heute größere sexuelle und soziale Freiheiten genießen, nicht mehr an den typischen neurotischen Krankheitsbildern wie zum Beispiel der großen Hysterie leiden; da sie aber in ihrer Rolle und Funktion als Mütter eingeschränkt werden, leiden sie an psychosomatischen Störungen der Fortpflanzungsfunktionen. Bei den Frauen auf den Marquesasinseln beobachten wir in einem völlig anderen kulturellen Rahmen das gleiche Phänomen mit den gleichen Konsequenzen: Scheinschwangerschaften treten häufig auf, Schwangerschaft und Geburt werden der hohen Sterblichkeit wegen gefürchtet. Dies ist insofern erstaunlich, als andere, mit den Marquesas vergleichbare Kulturen keine Störungen der Schwangerschaft kennen und die Sterblichkeitsrate bei der Geburt – wenn man die miserablen hygienischen Bedingungen mitberücksichtigt – gering ist. Auch ist unter den Marquesas, bei denen die Neugeborenen wegen der niedrigen Geburtenrate zwar sehr geschätzt, aber dennoch kühl und ohne Mutterliebe aufgenommen werden, der Selbstmord ein bekanntes und häufig vorkommendes neurotisches Phänomen.

Margaret Mead untersuchte die Arapesh und andere primitive Völker, um herauszufinden, bis zu welchem Punkt das, was wir heute als männlich und weiblich begreifen, biologisch bedingt sei. Sie wollte feststellen, bis zu welchem Punkt wir die kulturellen Folgen mit dem, was Männern und Frauen angeboren ist, verwechseln.

Wie bereits gesagt, sind die Arapesh ein sanftes und bescheidenes Volk, ohne klare psychologische Unterschiede zwischen den Geschlechtern; Männer wie Frauen haben einen passiven, mütterlichen Charakter, den wir als typisch weiblich charakterisieren würden. Die zweite Kultur, die Margaret Mead untersucht hatte, war die der Mundugumor, eines wilden und anmaßenden

Volkes, das noch bis vor kurzem kannibalisch gewesen war und Kopfjägerei betrieben hat. Auch sie kennen keine psychologische Unterscheidung zwischen den Geschlechtern. Männer wie Frauen sind mutig, unabhängig und treten den Neugeborenen ablehnend gegenüber: Beide Geschlechter haben einen «männlichen» Charakter. Obwohl die Mundugumor patriarchalisch organisiert sind, werden männliche Neugeborene oft getötet, weil die Väter nicht daran interessiert sind, zukünftige Rivalen zu ernähren und aufzuziehen. Schwangerschaft und Erziehung der Kinder werden im allgemeinen als sehr lästig empfunden. Margaret Mead konnte während ihres Aufenthaltes bei den Mundugumor nur eine einzige Frau beobachten, die sich mütterlich verhielt. Sie mußte sie als gescheitert und den Normen ihrer Gesellschaft nicht angepaßt ansehen. Ihr Schicksal war es, neurotisch zu werden. In der gleichen Situation befand sich ein Mann, der ebenfalls gut, sanft und nachgiebig, das heißt mütterlich war. Bei den Arapesh hatte Margaret Mead ebenfalls unangepaßte Individuen beiderlei Geschlechts beobachtet, die impulsiv waren, was ihnen ermöglicht hätte, sich bei den Mundugumor ohne Schwierigkeiten anzupassen.

Da Margaret Mead ihre Forschungen machte, um die psychosexuellen Ungleichheiten von Männern und Frauen bei anderen als der unsrigen Kultur zu untersuchen, war sie etwas enttäuscht, als sie auf Völker stieß, die weder einen solchen Unterschied noch geschlechtsspezifisches Verhalten kannten. Die gesuchten Ungleichheiten fand sie dann doch, und zwar bei den Tchambuli.

Die Tchambuli sind ein kleiner Stamm, der an den Ufern eines wunderbaren Sees lebt, der durch seine Farbkontraste ganz irreal wirkt. Sie sind patriarchalisch oder zumindest patrilinear organisiert.[9] Trotzdem sind die Frauen das Oberhaupt der Familie. Die Männer widmen sich fast ausschließlich künstlerischen Tätigkeiten wie etwa der Herstellung von reich verzierten Gegenständen, dem Einstudieren der zeremoniellen Tänze, dem Theaterspielen usw. Die Frauen verrichten all die Arbeiten, die die ökonomische Basis der Gesellschaft bilden. Von ihnen wird erwartet, daß sie – im Gegensatz zum Mann – unbezähmbare sexuelle Bedürfnisse haben. Sie wählen ihre Gatten selber aus, machen sich nicht zurecht, rasieren sich den Kopf usw. Die Männer dagegen pflegen sich sehr, besonders hingebungsvoll kümmern sie sich um ihre komplizierten Frisuren. Männer, die dort sozial unangepaßt sind, würden bei uns als «männlich» gelten; ebenso stehen «weibliche» Frauen dort im Gegensatz zu ihrer Umgebung.

Am Schluß ihres Buches schreibt Margaret Mead, warum sie auf die Idee gekommen ist, die Geschlechterrollen in primitiven Gesellschaften zu untersuchen. In den Vereinigten Staaten herrsche eine Konfusion bezüglich der Geschlechterrollen, und es habe sie interessiert, anhand primitiver Kulturen zu untersuchen, was das authentisch «Männliche» beziehungsweise «Weibliche» sei. Das wirkliche Leben stimme mit den überkommenen Normen, die noch immer als Ideale für die Beziehungen zwischen den Geschlechtern dienen, nicht mehr überein. Die Männer empfänden die Gleichheit der Frauen als erniedrigend. Sie befürchteten, ihre Männlichkeit zu verlieren, wenn sie die soziale Vorherrschaft aufgäben, die Frauen ihrerseits fühlten sich vermännlicht. Ihre neue Rolle, die der unabhängigen Frau, die ihren Unterhalt selbst verdient, die Haushaltskosten selbst bestreitet, komme ihnen usurpatorisch vor, sie rivalisiere in vielen Bereichen mit dem Mann.

Margaret Mead kam zu dem auch für sie verblüffenden Schluß, daß unsere Vorstellungen von dem, was genuin «männlich» beziehungsweise was «weiblich» sei, Produkte der kulturellen und gesellschaftlichen Umstände seien. Sie schreibt: *«Eigenschaften, die als maskulin oder feminin zu gelten pflegen, scheinen demnach mit dem Geschlecht ebenso lose verbunden zu sein wie Kleidung, Kopfputz, äußeres Benehmen, die eine Gesellschaft im Lauf der Zeit jedem Geschlecht zuweist.»*[10] Was die Zukunft unserer eigenen Gesellschaft angeht, so zeigt sich Margaret Mead optimistisch, denn sie denkt, daß wir uns den neuen Bedingungen, die uns die kulturelle Entwicklung auferlegt, anpassen können: *«Wir werden zu der Folgerung gezwungen, daß die menschliche Natur außerordentlich formbar ist und auf verschiedene Kulturbedingungen entsprechend reagiert.»*[11] Diese Formbarkeit hat aber doch ihre Grenzen. Eine Frau, die sich an eine triebfeindliche und unmütterliche Gesellschaft vollständig anpaßt – auf diesen Mechanismus komme ich noch zu sprechen – wird in irgendeiner Weise an den Folgen leiden, wenn es ihr nicht gelingt, ihre beruflichen Ziele mit ihren Liebesproblemen und dem Leben als Mutter zu vereinbaren. Eine glückliche Integration aller Ziele ist oft sehr schwer zu erreichen.

Früher wußte eine Frau, daß Heiraten und Kinderhaben Sinn und Zweck ihres Lebens war. Mutter werden zu wollen, ist heute schon kein selbstverständlicher Wunsch mehr. In unserer Gesellschaft – mit der Frauenarbeit, der Wohnungsnot und den hohen Kosten für die Erziehung der Kinder – wird die Geburt eines Kindes oft mehr als ökonomische und soziale Behinderung erlebt denn als Freude. Die Frau sucht sich eher neue Inhalte, um ihrem Leben einen Sinn zu geben. Das Ideal der Mutterschaft – nach dem früher jede Frau strebte und das mit ihren triebhaften Impulsen übereinstimmte – wird heute von anderen Idealen ersetzt, die je nach Schicht und Umgebung unterschiedlich sind und oft zu der Möglichkeit, Mutter zu werden, in direktem Widerspruch stehen. Früher lasen die Mädchen Romane, die mit der Heirat der Heldin aufhörten, ihre ganzen Phantasien konzentrierten sich auf ihre Zukunft als Ehefrau und Mutter. Heute träumen sie davon, Filmstars zu werden wie Sofia Loren oder berühmte Wissenschaftlerinnen wie Marie Curie oder Kosmonautinnen wie Valentina. Viele Wege sind offen, aber welcher soll beschritten werden? Die Frauen, die nicht aus ökonomischen Gründen arbeiten müssen, sind heute in einem Dilemma. Sollen sie sich für ein traditionelles Leben entscheiden oder berufstätig werden? Die Wahl eines Berufes bedeutet heute nicht mehr wie zu Beginn des Jahrhunderts, daß sie auf das Heiraten und die Möglichkeit, eine Familie zu gründen, verzichten müssen. Es gibt für die Frau der Mittelklasse keine eindeutigen Normen: Wenn sie jedoch versucht, ihr Leben als Ehefrau mit der beruflichen Tätigkeit zu vereinbaren, sieht sie sich vor etliche praktische Probleme gestellt. Sie wird mit Forderungen konfrontiert, wie sie an einen Mann nicht gestellt werden. Sie soll ihren Haushalt tadellos führen, ihren Mann gut versorgen, sie muß mit ihm zusammen ihren Orgasmus haben (von der Frau wird die Fähigkeit zum Orgasmus ja seit einiger Zeit mit gleicher Vehemenz gefordert wie von der männlichen Potenz schon seit jeher). Sie soll sich den Kindern widmen, sie erziehen. Aber gleichzeitig erfüllt auch sie außer Haus ihr Arbeitssoll, genau wie der Mann. Außerdem wird von ihr erwartet, daß sie einen Teil ihrer ohnehin knappen Freizeit ihrem Äußeren widmet. Sie versucht, alle Aufgaben miteinander zu koordinieren, aber es ist ihr nicht möglich, allem gerecht zu werden. Sie spürt das, leidet an ihrer vermeintlichen Unfähigkeit, sie fühlt sich schuldig, schuldig gegenüber ihrem Mann, ihren Kindern, ihren Vorgesetzten: Sie macht sich Vorwürfe, das Notwendige nicht leisten zu können. Soweit zur Situation der Frau, die arbeiten möchte beziehungsweise arbeiten muß. Eine Frau, die es vorzieht, Hausfrau zu sein, deren Mann genug verdient, um die Familie zu ernähren, könnte ein ausschließlich «weibliches» Leben führen. Durch die geringe Kinderzahl der Familien von heute wird ihr Leben allerdings etwas fade. Dazu kommt, daß sowohl die Hausfrauen als auch die Erwerbstätigen die Tatsache, daß sie Mütter sind, unserer mechanistischen Grundhaltung wegen oft gar nicht genießen. Sie befürchten, daß ihre Liebe dem Kind schaden könnte. Es ist deshalb oft die wichtigste Aufgabe von psychoanalytisch ausgebildeten Kinderärzten, den Müttern zu gestatten, ihr Kind zu lieben. Margaret Ribble hat mit *The Rights of Infants*[12] ein wichtiges Buch dazu geschrieben. Sie vermittelt darin den Müttern das, was deren Großmütter seit jeher gewußt haben: daß es nötig sei, den Säugling zu lieben, zu verwöhnen und zu wiegen, ihn im Arm zu halten und Wiegenlieder zu singen. Aber damit die Mütter diese «neuen» Lehren überhaupt annehmen können – sie stehen ja zur Strenge der praktischen Säuglingspflege in scharfem Gegensatz –, baut sie die Liebe in den Stundenplan des Babys ein. Sie behauptet nicht, daß es einfach natürlich sei, daß die Mutter das Kind liebe, sondern sie beruft sich sowohl theoretisch als auch praktisch – aufgrund ihrer reichen Klinikerfahrung – darauf, daß die Kinder für eine optimale psychophysische Entwicklung Liebe brauchen. Die Mütter von heute haben vor unserer hochzivilisierten Gesellschaft mit ihrer übertriebenen Furcht vor Ansteckung und Unordnung resigniert. Sie unterdrücken ihre Zärtlichkeit und zweifeln an ihren eigenen Impulsen. Nur mit der Autorität der Medizin im Rücken raffen sie sich dazu auf, ihnen nachzugeben, und dies oft auf eine pseudorationale Art und Weise, als würden sie ihren Kindern Vitamine verabreichen.

Die Frau, die sich ausschließlich Mann und Kindern widmet, wird auch mit Problemen konfrontiert, die früher nicht bekannt waren. Schon bald erscheint sie in den Augen der anderen weniger attraktiv und interessant. Man gibt ihr zu verstehen, daß sie ja eigentlich nicht arbeite oder daß ihre Arbeit weniger wert sei. Ihren Freundinnen und ihrem Mann gegenüber fühlt sie sich benachteiligt, denn sie verdient kein Geld und trägt finanziell nichts zum Unterhalt bei. Es schmerzt sie, daß ihre Ausbildung brachliegt. Irgendwann wird sie sich langweilen und sich mit nutzlosen Dingen beschäftigen, um ihre Zeit zu füllen und um der eigenen Person mehr Bedeutung zu verleihen. Die Kinder wachsen schnell und sind bald erwachsen. Wenn sie verheiratet sind, leben sie nicht mehr im elterlichen Haus, wie das früher oft der Fall war. Die jungen Frauen und Schwiegertöchter ziehen es vor, ihre Kinder allein und ohne die Hilfe der Großmutter aufzuziehen. Sie bleibt allein in einem leeren Haus, und dies oft in einem Alter – in der Menopause – in dem alles, was sie früher interessiert hat und was ihr Sicherheit gegeben hat, entwertet wird.

Viele Frauen werden erst gar nicht Mütter. 20% der Frauen in den Vereinigten Staaten erreichen heute die Menopause, ohne je Mutter geworden zu sein. Sie sind enttäuscht und unbefriedigt, weil sie einen bedeutenden Teil ihrer Persönlichkeit nicht verwirklichen konnten.

Der Zwiespalt, in dem sich die Frau befindet, kann sich verschieden äußern, sie braucht sich dessen gar nicht einmal bewußt zu sein. Sie kann Schwierigkeiten mit den Kindern haben, sie kann in ihrer Fruchtbarkeit beeinträchtigt sein, oder sie kann es ganz vermeiden, Mutter zu werden, wenn der Konflikt zu groß wird. Auf alle drei Arten drückt sie die Ablehnung der Mutterschaft aus, was auch auf etwas anderes, sehr Wichtiges hindeutet: Die Frau harmoniert nicht mit sich selbst, mit ihrem Geschlecht, mit ihrer Existenz. Man kann dieser Ansicht entgegenhalten, daß die Frau auch eine befriedigende Sexualität haben könne, ohne daß sie Mutter zu werden braucht. Stimmt das wirklich? Oder ist das Mutterwerden wesentlicher Teil ihres Trieblebens? Betrachten wir erst einmal die Situation des Mannes. Es ist offensichtlich, daß die Sexualität beider Geschlechter der Zeugung dient. Aber der Mann empfindet dies im allgemeinen nicht so. Er liebt eine Frau, ist erregt und braucht den sexuellen Akt, seinen biologischen Beitrag zur Zeugung; er kann sich auch wünschen, Vater zu werden, aber gewöhnlich verbindet er seinen genitalen Wunsch nicht direkt mit einer möglichen Vaterschaft. Seine Vatergefühle können nicht als Manifestationen eines Vaterschaftstriebes verstanden werden, sondern sind auf ausschließlich psychische Vorgänge zurückzuführen.

Bei der Frau hingegen sind die biologischen und psychischen Vorgänge immer aufeinander bezogen. Zwischen der Menarche, der ersten Regel des Mädchens, und der Menopause, das heißt während des wichtigsten Teils ihres ganzen Lebens, spielen sich in ihr biologische Vorgänge ab, die auf eine mögliche Mutterschaft bezogen sind. Durch die hormonellen Veränderungen in ihrem Körper (durch die endokrine Funktion der Eierstöcke) wird die Gebärmutterschleimhaut immer wieder darauf vorbereitet, das befruchtete Ei zu empfangen und aufzunehmen. Die Arbeiten von Benedek und Rubenstein[13] lassen keinen Zweifel daran, daß diese biologische Vorbereitung sich auch in entsprechenden psychischen Veränderungen zeigt. Sie beobachteten für die fruchtbaren Tage, das heißt für die Zeit vor dem Eisprung, daß die Frauen erregter waren als in den anderen Phasen ihres Zyklus; die Frauen hatten das Bedürfnis, daß ihr Partner mit ihnen schlafe. Das Bedürfnis zu empfangen, blieb gewöhnlich unbewußt; es drückte sich jedoch ganz deutlich in den Träumen der Frauen aus. Es scheint, daß bei den Frauen ein triebhafter Wunsch besteht, befruchtet zu werden und ein Kind zu empfangen. Unter Gynäkologen ist es bekannt, daß kinderlose Frauen, die sich der Menopause nähern, die sind, die am häufigsten an Gebärmutterneoplasmen[14] leiden. Dieses psychosomatische Phänomen kann gedeutet werden: Wenn der Verzicht auf ein Kind definitiv wird, füllt sich die Gebärmutter mit Gewebe und schafft sich einen armseligen, autoplastischen Ersatz für das gewünschte Kind. Es kann gut sein, daß unter diesen Frauen auch solche sind, die sich bewußt nie gewünscht haben, schwanger zu werden; aber unbewußt haben sie die Situation anders erlebt.

Ich behaupte, daß bei einer Frau, auch wenn sie Verhütungsmittel nimmt und während des Koitus die möglichen Folgen, das heißt das Eintreten einer Schwangerschaft, bewußt ausschließt, unbewußt die Lust, die sie mit ihrem Partner hat, und die Phantasie einer Schwangerschaft und Geburt in Beziehung zueinander stehen. Ich würde sogar noch weitergehen: Sowohl die verspätete Menarche, das vorübergehendes Ausbleiben der Regel (Amenorrhö) als auch Menstruationsstörungen (Dysmenorrhö) stehen immer im Zusammenhang mit Konflikten, die die Mutterschaft betreffen. Man kann nun einwenden, es gäbe doch viele Frauen, die auch als Nicht-Mütter glücklich und zu einem sexuell befriedigenden Leben fähig seien. Wie ich schon sagte, basiert dieses Glück oft auf einer Verdrängung des Konfliktes; in der Menopause, wenn die Frau feststellt, daß es zu spät ist, folgt die Depression.

In anderen Fällen gelingt es der Frau, ohne Kinder glücklich zu sein, wenn sie eine Lebensform findet, die ihr eine befriedigende Sublimierung des Muttertriebes erlaubt. Psychologisch ist es oft gar nicht so wichtig, ob sie ihre Mutterschaft wirklich realisiert. Was zählt, ist ihre Fähigkeit, sie relativ frei von Konflikten zu akzeptieren. Selbst wenn sie ihren mütterlichen Trieb maximal sublimiert, hat die Frau, die nicht Mutter werden konnte, das Gefühl, als habe sie etwas Wesentliches, etwas, was zu ihr gehört, verpaßt.

Für die Frau von heute ist ein altes chinesisches Sprichwort gültig: Um sich ruhig dem Alter und dem Tod nähern zu können, sollte man ein Kind gezeugt, einen Baum gepflanzt und ein Buch geschrieben haben, denn nur so ist man in alle Bereiche, die das Leben bietet, vorgestoßen.

Aber wenn die Frau sich einschränken läßt, weil sie nicht alle Anforderungen erfüllen kann, wenn sie sich in ihren triebhaften Wünschen frustrieren läßt und sich schuldig fühlt, dann sind es mit ihr auch ihr Mann und die Kinder. Die Frau wird neurotisch werden oder unglücklich. Nur wenn sie eine glückliche Mutter ist, in Frieden mit sich selbst, kann sie glückliche Kinder aufziehen. Sie wird ihnen die Grundsicherheit geben, die sie brauchen und die sie für ihr ganzes späteres Leben in der frühen Kindheit erwerben. Diese Sicherheit ist so unglaublich wichtig für sie. Nur mit ihr können sie am morgigen Tag wissen, wie sie in dieser unsicheren Welt zurechtkommen können.

II
PSYCHOANALYTISCHE THEORIEN ZUR WEIBLICHEN SEXUALITÄT

Wir haben von den Schwierigkeiten gesprochen, mit denen Frauen heute konfrontiert sind, und hervorgehoben, daß sich ihre Konflikte oft psychosomatisch äußern. Was trägt die Psychoanalyse zum Verständnis dieser Probleme und Symptome bei? Ich stelle zuerst die grundlegenden Auffassungen Freuds vor und fahre dann mit den Forschungen zur Psychologie der Frau fort.

Freud nutzte die biologischen und neurophysiologischen Kenntnisse, die er während seiner Ausbildung erworben hatte, für seine zukünftigen Forschungen. Auf die klassische Psychologie konnte er sich kaum stützen, da sie ausschließlich Bewußtseinspsychologie war und keine Vorstellung von unbewußten Vorgängen besaß. Die Vertreter der klassischen Psychologie, die später mit Freuds Auffassung vom Unbewußten konfrontiert wurden, bekämpften diese erbittert. Es war aber gerade dieses Konzept, das es Freud ermöglichte, aus der abstrakten Disziplin der Psychologie eine exakte Naturwissenschaft zu machen, deren Wissen ständig erweitert werden kann.

Freud überzeugte sich von der Existenz und dem Einfluß des Unbewußten, indem er psychisch Kranke beobachtete, bei denen sich die Trennung von Bewußtem und Unbewußtem sehr deutlich manifestiert. Dann tat er den entscheidenden Schritt: Er entdeckte einander entsprechende Vorgänge im Seelenleben von Kranken und Gesunden. Er bewies, daß bei Psychotikern, Neurotikern und

Normalen die gleichen Mechanismen wirken, wenn auch unterschiedlich stark und häufig. Er zeigte, daß wir alle bis in die einfachsten und alltäglichsten Handlungen hinein den widersprüchlichen Tendenzen unseres Unbewußten unterworfen sind, von denen unser freier Wille gewöhnlich nichts weiß. Auch im Schlaf tauchen wir in einen Zustand, der dem Delirium nicht unähnlich ist. Die geträumten Bilder werden mit Hilfe der psychoanalytischen Methode verstehbar.

Gab es in der zeitgenössischen Psychiatrie Vorstellungen, die Freud übernehmen konnte?[1] Zum einen gab es die neue, erst von wenigen fortschrittlichen Psychiatern akzeptierte Erkenntnis, wonach die hysterischen Störungen psychisch bedingt seien. Als Freud bei Charcot, Liébault und Bernheim studierte, kam er, wie er selbst schreibt, zu der Überzeugung, *«daß es gewisse latente Gedanken gibt, die nicht ins Bewußtsein eindringen, wie stark sie auch sein mögen.»*[2] Freud nahm zum ersten Mal wahr, daß es das Unbewußte gibt.

Zum anderen fand er die Idee vor, daß der Sexualität im Leben der Menschen eine zentrale Bedeutung zukomme, eine Vorstellung, die ihm im allgemeinen zugeschrieben, wenn nicht gar zum Vorwurf gemacht wird. Sie gehörte jedoch bereits zum Repertoire der Anschauungen mancher Sexualwissenschaftler, Psychiater, Philosophen und Dichter. Nach einer langen Periode ökonomischer Stabilität, in der die Freiheit des Menschen proklamiert worden war, erkannte man jetzt die Begrenztheit eben dieser Freiheit und bezweifelte die Allmacht eines freien Willens, der durch die Macht der sexuellen Triebe, seien sie nun pervers oder normal, begrenzt wird. Von den großen Schriftstellern, den Franzosen Zola, Guy de Maupassant und Marcel Proust, sowie den Russen, die sich durch tiefes psychologisches Verständnis auszeichnen – hauptsächlich Tolstoi und Dostojewsky – wurde das Thema literarisch bearbeitet. Auch die Sexualwissenschaftler Krafft-Ebbing, Näcke, Moll, Forel und Havelock Ellis beschäftigten sich eingehend mit den sexuellen Phänomenen und gaben ihnen den zentralen Platz im Leben der Menschen, der ihnen gebührt. Man wollte auf fromme Illusionen über das Wesen des

Menschen verzichten und ihn so sehen, wie er ist. Durch diese neue neoromantische und individualistische Denkweise wurde die alte formalistische Psychiatrie durch die konkrete Beobachtung von Individuen abgelöst. Die gleiche Tendenz ist auch bei den großen Philosophen der Zeit erkennbar. Schopenhauer beschäftigte sich intensiv mit dem Themenkreis Sexualität. Möglicherweise war er sogar der erste, der erkannte, daß die unbewußten Triebe von solcher Macht sind, daß sie das Bewußtsein beherrschen. Und auch Nietzsches Werk, das ja vor Freud entstanden ist, kann als Geschichte der Triebentwicklung des Menschen gelesen werden. Den größten Teil seiner wissenschaftlichen Werke schrieb Freud, bevor er Nietzsche gelesen hatte. Das ist ein weiteres Indiz dafür, daß die Zeit für seine Entdeckungen reif war und daß er – obwohl die Mehrheit seiner Zeitgenossen ihm großen Widerstand entgegensetzte – Kind seiner Zeit war. Aber Freud war seiner Zeit auch voraus: Während die neoromantischen Strömungen zerstörerische und verstandesfeindliche Tendenzen aufweisen, ist die Psychoanalyse konstruktiv. Sie will heilen, das Individuum besser an die Gesellschaft und die Gesellschaft selbst eher den Bedürfnissen der Individuen anpassen.

Das waren die Vorstellungen aus der zeitgenössischen Philosophie und Psychiatrie, auf die Freud bei seinem Versuch, die menschliche Psyche zu verstehen, zurückgreifen konnte. Seine wissenschaftliche Laufbahn begann er als Neurologe, seine Ausbildung hatte er in der strengen Atmosphäre exakter biologischer Forschung im Laboratorium des großen Physiologen Brücke erworben. Deshalb suchte er starken Rückhalt in der Naturwissenschaft, als er sein Interesse der Psychologie, dem sinnlich nicht Erfaßbaren, zuwandte. Hartmann sagt, daß *«die psychoanalytische Psychologie dadurch charakterisiert (wird), daß sie aus dem Abgrund emporgewachsen ist, welcher eine naturwissenschaftliche, hauptsächlich experimentell verfahrende Psychologie der elementaren seelischen Vorgänge von der ‹intuitiven› Psychologie der Dichter und Philosophen scheinbar unüberbrückbar schied».*[3] Allenfalls konnte Freud von der *«intuitiven»* Psychologie mehr profitieren als von der experimentellen, die rein phänomenologisch orientiert war. Ziel der Psychoanalyse als Forschungsmethode ist hingegen, die Gesetze und Regeln der psychischen Vorgänge zu finden. Damit verwandelte sie die Psychologie in eine Naturwissenschaft. Ihre Forschungen beschreiben fortan nicht mehr nur die äußerliche, phänomenologische Seite des Verhaltens, sondern umfassen auch die komplizierten inneren Vorgänge des Denkens und Fühlens, die dem Verständnis der klassischen Psychologie unzugänglich bleiben mußten.

Um sie beobachten zu können, forschte Freud da, wo sie im Konkreten, im Biologischen verankert sind, im Triebleben mit seinen sexuellen Äußerungsformen. Basis der Psychoanalyse ist folglich Freuds Triebtheorie. Die Libido ist Motor des Denkens, der Handlungen und der Wahrnehmung, sie wird als die dynamische Energie des Sexualtriebes konzipiert. Der Sexualtrieb selbst wird im Grenzbereich zwischen Psychischem und Somatischem angesiedelt. Als dynamischer Faktor innerhalb der Psyche repräsentiert er die organischen Reize.

Ein Aspekt der biologischen Orientierung Freuds wäre somit seine Triebtheorie; ein weiterer wird daran erkennbar, daß er vererbte und konstitutionelle Faktoren als bedeutsam beurteilt. Auch seine Vorstellung von der psychischen Struktur der beiden Geschlechter und von der Bisexualität ist biologisch orientiert. Das betrifft unsere Fragestellung: Was ist an dem, was wir gewöhnlich als «weiblich» und «männlich» begreifen, biologisch determiniert? Es ist ein entscheidendes Verdienst und gleichzeitig Fundament der Psychoanalyse, daß sie Körper und Psyche nicht isoliert begreift, sondern als Einheit sieht. Diese Betrachtungsweise ermöglichte Freud Einsichten, die die Medizin, die Psychologie und große Teile der anderen Wissenschaften revolutionierten. Hartmann sagt dazu: *«Wir stehen nicht an, in dieser Stützung auf die Biologie einen bedeutenden methodischen Vorzug der psychoanalytischen Psychologie zu sehen.»*[4]

Es ist jedoch nicht immer leicht, biologisch determinierte Eigenschaften von den veränderbaren, den kulturellen, zu unterscheiden. Und Freud wurde Mitte des letzten Jahrhunderts geboren! Er wuchs in einer patriarchalischen und scheinbar stabilen

Gesellschaft auf, in der die Rollenteilung zwischen Männern und Frauen und die Überlegenheit des männlichen Geschlechts unhinterfragt waren. Auch in den Wissenschaften war dies ein Grundsatz, der nicht bewiesen zu werden brauchte. Zeitgenossen Freuds, etwa Moebius und Marañon, beschrieben die Frau als unvollständigen Mann. Für Weininger, den Vertreter der Idee der Bisexualität, war die Frau die Antithese des Mannes. Für alle drei aber war die Frau im Vergleich zum Mann ein minderwertiges Wesen. Konsequenterweise schätzten Marañon und Weininger die homosexuelle Frau deshalb höher ein als die weibliche, denn sie ist dem männlichen Ideal näher.

Freud entwickelte seine Ansichten über die Frau vor allem in den Arbeiten, die er im ersten Jahrzehnt dieses Jahrhunderts veröffentlichte; später revidierte er sein damaliges Urteil, wenn auch nur in engen Grenzen.

In erster Linie untersuchte Freud die infantile Sexualität des Mannes. Er beschrieb die sexuelle Entwicklung beim Jungen als «Standard» und war der Überzeugung, daß sie beim kleinen Mädchen genauso verläuft bis zu dem Augenblick, in dem es zum ersten Mal die anatomische Differenz der Geschlechter bemerkt. Das ereignet sich, so Freud, im Alter von drei bis vier Jahren. Das Mädchen reagiere auf diese Entdeckung immer mit einem starken Neidgefühl, es wünsche sich ein männliches Genital, fühle sich minderwertig und empfinde Verachtung für sein eigenes Geschlecht. Es glaube, daß sein Genital verstümmelt sei. Hierbei handle es sich um einen psychischen Vorgang, der von der sozialen Umgebung unabhängig sei. Nach dieser ersten Enttäuschung finde das Mädchen nach vielen ausgestandenen Konflikten langsam dazu, sich mit dem eigenen Geschlecht auszusöhnen. Oft bleibe aber während des ganzen Lebens ein gewisser Groll gegen die eigene Weiblichkeit bestehen. Freud vermutet außerdem, daß der Penismangel, der für ihn fast eine organische Minderwertigkeit darstellt, die psychologische, kulturelle und moralische Unterlegenheit der Frau zur Folge habe.[5] Da aber sowohl männliche als auch weibliche Züge bei beiden Geschlechtern vorhanden sind (Konzept der Bisexualität), stehe diese Minderwertigkeit nicht im

Widerspruch zu affektiven und intellektuellen Begabungen bestimmter hervorragender Frauen, die jedoch zu ihrer männlichen Seite gehören. Die Minderwertigkeit der Frau sei Folge ihrer psychobiologischen Entwicklung und bis zu einem gewissen Grad unabhängig von der familiären und kulturellen Umgebung.

Diese Vorstellung wurde von den Mitarbeitern der ersten Generation, die sich um Freud scharte, übernommen, und es gibt viele Psychoanalytiker, die bis heute damit arbeiten. Es war wohl kein Zufall, daß es Frauen waren, die den defensiven Charakter des Penisneides entdeckten; alle waren einige Jahrzehnte jünger als Freud. Die erste war Karen Horney. Sie hat sich eingehend und leicht polemisch mit dem Penisneid auseinandergesetzt. Später haben Melanie Klein und ihre Schule die psychischen Erlebnisse des ersten Lebensjahres untersucht. Mit dem Konzept der unbewußten Phantasie konnte sie zeigen, daß sowohl der Junge als auch das Mädchen praktisch vom ersten Tag ihres Lebens an entsprechend ihrem biologischen Geschlecht empfinden und reagieren.

Aber die weitergehenden Erkenntnisse von Melanie Klein und anderen Analytikerinnen basierten auf den genialen Entdeckungen Freuds. Sowohl die Analytikerinnen als auch die Patientinnen, mit denen sie sich beschäftigten, gehörten bereits einer anderen Generation an und waren in ihrer Vorstellungswelt nicht mehr eingeengt durch frauenfeindliche Vorurteile.

Im folgenden stelle ich jetzt die psychoanalytische Literatur zur Weiblichkeit detailliert vor. Zuerst aber muß ich erklären, was Freud mit dem Begriff der infantilen Sexualität meint. Er hat sich mit der Sexualität des Kindes befaßt. Aufgrund seiner Erkenntnisse ist er dazu übergegangen, eine Reihe von Triebmanifestationen als sexuell zu begreifen, die vorher nicht als solche verstanden wurden.

Die kindliche Sexualentwicklung wurde von Freud in groben Zügen bereits 1905 in den *Drei Abhandlungen zur Sexualtheorie*[6] vorgestellt. Die Arbeit basiert auf der Analyse Erwachsener, das heißt, sie war bis zu einem gewissen Grad spekulativ. Einige Jahre später jedoch erhielt Freud die Gelegenheit, die Entwicklung einer Kinderneurose bei einem kleinen Jungen direkt zu beobachten. Freud beriet den Vater des Jungen, und mit Hilfe seiner Deutungen konnte der Vater die Störung analysieren und erreichte die vollständige Genesung des Jungen.[7] Die Thesen, die er anhand von Analysen Erwachsener aufgestellt hatte, erwiesen sich damit als richtig: Der Junge hatte bereits ein an Gefühlen, Neigungen und Konflikten reiches Sexualleben.

Nicht nur das erste Kind, das psychoanalytisch beobachtet wurde, war ein Junge; auch in seiner grundlegenden Arbeit *Drei Abhandlungen zur Sexualtheorie* interessiert sich Freud vor allem für die männliche Sexualentwicklung. Er ergänzt seine Darstellung mit seinen Ansichten zur weiblichen Sexualität. Für die Darstellung der Vorgänge in der frühen Kindheit werde ich im folgenden auch Abrahams Auffassung hinzuziehen, nach der bei jeder der Entwicklungsphasen, die das Kind durchläuft, eine frühere und eine spätere Stufe zu beobachten sei.[8]

Vor Freud wurde das Sexuelle mit dem Genitalen gleichgesetzt, weil die Erwachsenen die Sexualität genital erleben.

Mit der Erweiterung des Bedeutungsgehalts des Begriffs der Sexualität wurde es Freud möglich, die Beziehungen zwischen den Genitalien und anderen erogenen Zonen verständlich zu machen und die Entwicklung der kindlichen Sexualität zu beobachten. Er stellte fest, daß die sexuellen Äußerungen der Kinder immer in einer bestimmten zeitlichen Abfolge auftreten. Die ersten Manifestationen, unmittelbar nach der Geburt, werden durch den Mund erfahren. Die sexuelle Lust dieser *«ersten oralen Stufe»* besteht im Saugen: an der Brust, wenn es gestillt wird und es sein elementares Bedürfnis, den Hunger, befriedigt, und beim Lutschen am Daumen oder am Schnuller, wenn die Mundschleimhaut auch ohne Aufnahme von Nahrung stimuliert wird. In den folgenden Phasen verhält es sich ebenso: Das Kind empfindet sexuelle Befriedigung an jenen Organen und Zonen, die für die Selbsterhaltung eine wichtige Rolle spielen. Aber die Libido löst sich schon bald vom Selbsterhaltungstrieb; in der genitalen Lust kann sie sich sogar in direkten Gegensatz zu ihm stellen. Das ersehnte Objekt der oralen Phase ist die mütterliche Brust oder ihr

Substitut, das Fläschchen. Abraham nannte diese Stufe *«prä-ambivalent»*, weil sie den Konflikt zwischen Liebe und Haß noch nicht kennt. Wenn es trinkt, empfindet das Kind noch keine Feindschaft gegen die Brust, die es nährt, und es bemerkt nicht, daß es die Milch zerstört, indem es sie schluckt.

Anders wird dies in der zweiten oralen Stufe, die auch die kannibalische heißt. Die ersten Zähne verwandeln den Charakter des kindlichen Lusterwerbs. Noch immer sucht es die größtmögliche Befriedigung mit dem Mund, aber jetzt nicht mehr, indem es saugt, sondern durch Beißen und Kauen. Es möchte alle Objekte, mit denen es in Berührung kommt, mit seinen Zähnen zerstören. Seine Bezugspersonen behandelt es in seinen Phantasien wie Nahrung. Es möchte sie verschlingen, weil es sie liebt; es möchte sie zerstören und zerkauen, weil es sie haßt und fürchtet. Diese Phantasien, die sich später bei Neurotikern und Psychotikern wiederfinden, sind kannibalisch. Sie sind Teil der Mythen und Märchen wie z. B. bei *Rotkäppchen*. Der Wunsch des Kindes, die geliebten Personen aufzufressen – zu diesem Zeitpunkt erkennt es bereits, daß die Brust nur ein Teil der Mutter ist, und es möchte sich die ganze Person einverleiben –, führt zur Angst, von den anderen aufgefressen zu werden. Der Wunsch zu essen, enthält gleichzeitig Liebes- und Haßstrebungen, das heißt, er ist ambivalent. Die erogene Zone des Mundes wird im Verlauf der kindlichen Entwicklung durch die anale abgelöst. Schon von klein an empfindet das Kind in dieser Zone Lust, verursacht durch die Ausscheidungen oder die Körperpflege der Mutter und durch medizinische Eingriffe, z. B. Klistiere oder Zäpfchen. Aber erst am Anfang des dritten Lebensjahres konzentriert sich das erotische Interesse des Kindes auf den Anus. Die Lust, mit der es die Darmentleerung erlebt, läßt in gewissem Sinne bereits den Koitus vorausahnen: Die Kotsäule entspräche dem Penis und die Analschleimhaut der Vagina. Psychisch überwiegt in der ersten Stufe der Analphase die Lust am Ausstoßen, das Unbewußte setzt das ausgeschiedene Exkrement einem geliebten Objekt gleich. Wieder besteht eine ambivalente Haltung ihm gegenüber. Das Kind will es zurückhalten, um es zu genießen. Da es aber das Objekt auch haßt und fürchtet, erlebt das Kind das Ausstoßen auch als zerstörerischen Akt. Dieser Vorgang – den ich hier ziemlich theoretisch dargestellt habe –, kann verschiedene psychosomatische Störungen verursachen und ist in der Symptomatik auch wiedererkennbar. Im Spontanabort wird die Neigung zum feindseligen Ausstoßen aktiviert; das Kind nimmt dann im Unbewußten der Mutter die Bedeutung der verachteten Exkremente an.

Bei bestimmten Geburtsschwierigkeiten hingegen wird das Kind unbewußt so behandelt, als sei es der kostbare Darminhalt, von dem die Frau sich nicht trennen möchte. Die Behauptung, das Kind werde unbewußt mit Exkrementen gleichgesetzt, mag auf den ersten Blick befremden. Die Gleichsetzung ist aber nur für den Erwachsenen absurd, in der Kindheit ist sie üblich. Mit einer Reihe typischer Theorien über Empfängnis und Geburt erklären sich die Kinder die Sexualität der Erwachsenen. Da ihnen das genitale Sexualleben wenig bekannt ist, passen sie es in ihrer Phantasie den Vorgängen an, mit denen sie sich vertraut fühlen. Sie stellen sich vor, daß eine Befruchtung dadurch zustande kommt, daß man etwas ißt oder sich auf den Mund küßt – Theorien, die in wenig abgewandelter Form in Märchen, Mythen und in Geschichten wiederkehren. Es gibt auch die Phantasie, daß der Fötus im Bauch wächst und daß er wie ein Exkrement durch den Anus ausgestoßen werde.

In der zweiten Stufe der analen Phase wird Lust nicht mehr vornehmlich durch das feindselige Ausstoßen des Objekts erlebt, sondern durch das Zurückbehalten: Das Objekt wird jetzt mehr geliebt und weniger gehaßt als vorher. Nebenbei bemerkt: Die Libido von Erwachsenen, die häufig Durchfall haben, ist auf der ersten analen Stufe fixiert; Personen, die eher an Verstopfung leiden, hingegen auf der zweiten. Fixierung und Regression sind Begriffe aus der Libidotheorie und erweisen sich als äußerst brauchbar, um psychische Krankheiten zu verstehen.

Der Begriff Fixierung kann zweierlei bedeuten: Einmal bezieht er sich auf ein Objekt und besagt, daß eine Person in der Entwicklung des Kindes eine derart wichtige Rolle gespielt hat, daß es, bereits erwachsen, sich unbewußt noch immer danach sehnt, sie wiederzufinden und sie in all seinen Objekten sucht. Zum anderen bezieht er sich auf die Triebbefriedigung: Das Kind durchläuft in seiner Entwicklung verschiedene Phasen prägenitaler Befriedigung. Es kann aber den Schritt zur nächstfolgenden Stufe nicht vollziehen, das heißt, es bleibt fixiert, wenn es in einer bestimmten Phase zu exzessiv befriedigt wurde, wenn ihm die Erfüllung seiner Wünsche in der nächstfolgenden verboten wird oder wenn sie ihm zu große Angst bereitet. Dann wird es an der erlaubten, bekannten Form der Befriedigung festhalten. Ein Beispiel: Mit Beginn der analen Phase intensiviert sich die Entwicklung der Muskelaktivität, denn sie gehört triebgeschichtlich zu ihr. Stellen wir uns eine Mutter vor, die die oralen Wünsche ihres Kindes übermäßig befriedigt hat, ihm aber eine sehr strenge Reinlichkeitserziehung zukommen läßt und es in seinen Spielen und in seinem Bewegungsdrang stark einschränkt. Um die Liebe der Mutter nicht zu verlieren, wird das Kind auf die Vergnügungen, die seiner Entwicklungsstufe entsprächen, verzichten und sich mit den oralen Befriedigungen zufrieden geben. Später wird es, wenn es Angst hat oder enttäuscht wird – genau wie damals, als es den Verlust der mütterlichen Liebe fürchtete –, auf die orale Stufe mit ihren erlaubten Befriedigungen zurückkehren, das heißt regredieren. Es kann pervers werden oder psychotisch. Der Konflikt kann sich auch psychosomatisch äußern, möglicherweise wird es zu Fettleibigkeit neigen. Es wird auf die Stufe jener Triebbefriedigung regredieren, die es in der entsprechenden Phase seiner Libidoentwicklung so genossen und der es im Unbewußten die Treue gehalten hat. Regression meint demnach eine Bewegung in die Richtung, die der normalen Entwicklung entgegengesetzt ist.

Ich habe von der Fixierung auf eine Phase gesprochen, in der das Kind eine übermäßige Triebbefriedigung erfahren hat. Aber – so paradox das auch klingen mag –, es gibt auch eine Fixierung aufgrund erlittener Frustrationen. Man beobachtet häufig, daß Kinder, die in einer bestimmten Phase ihrer Entwicklung keinen Bruchteil der gewünschten Befriedigung bekommen haben, als Erwachsene weiterhin die verweigerte Erfüllung fordern. Sie werden zeitlebens enttäuscht bleiben. Später werde ich auch klinisches Material zu dieser Theorie vorlegen.

Die Fixierung auf der analen Phase kann verschiedene Perversionen zur Folge haben, hauptsächlich Sadismus und Masochismus, aber auch verschiedene Äußerungsformen der Homosexualität.

Die nächste Phase, in die das Kind gegen Ende des vierten Lebensjahres eintritt, ist die genitale oder, genauer, die phallische. In diesem Alter schätzt der Junge den Penis sehr hoch ein und masturbiert häufig. Sein Lustempfinden ist von mehr oder weniger bewußten sexuellen Phantasien begleitet, die sich auf die Mutter oder ihre Substitute beziehen. Da er sich von der Mutter angezogen fühlt, wird er eifersüchtig auf den Vater. Er will ihn ersetzen, er will ihn an seinem sexuellen Leben mit der Mutter hindern und als Rivalen ausschalten, das heißt, er will ihn kastrieren. Diese typische Dreieckskonstellation hat Freud als ödipale Situation charakterisiert. Er bezieht sich auf die klassische Tragödie des Ödipus, der seinen Vater tötete und seine Mutter heiratete, ohne zu wissen, wer sie waren. Das Kind kommt in einen Konflikt, denn es liebt ja seinen Vater auch und ist von ihm abhängig. Es fürchtet seine Strafe. Getreu dem biblischen Gesetz der Talion «*Auge um Auge, Zahn um Zahn*» fürchtet der Junge, daß der Vater ihm genau das antun könnte, was er ihm wünscht: Der Vater könnte ihn als Strafe für seine Masturbation und seine verbotenen Phantasien kastrieren, er könnte ihm das sündige Organ abschneiden. Die Angst bewirkt, daß der Junge auf die Mutter und auf seine sexuellen Aktivitäten verzichtet und das sexuelle Gewissen, das Über-Ich ausbildet.

Die Kastrationsangst des Jungen wird durch die Beobachtung der weiblichen Genitalien verstärkt. Erst jetzt nimmt er den Unterschied zwischen den Geschlechtern richtig zur Kenntnis. Er stellt fest, daß die Frau keinen Penis hat, und vermutet, daß sie als Strafe für eine verbotene genitale Handlung verstümmelt worden sei. Er beginnt, um sein Organ zu fürchten und die Frau als kastriertes Wesen geringzuschätzen und zu meiden.

Bislang habe ich ausschließlich die Entwicklung des Jungen beschrieben, die – folgen wir Freud – bis zur phallischen Phase auch für die Mädchen gilt; er fand, daß es schwierig sei, das Liebesleben der Frau zu untersuchen. In seiner Schrift *Drei Abhandlungen zur Sexualtheorie* behauptet er sogar, daß es durch «*die konventionelle Verschwiegenheit und Unaufrichtigkeit der Frauen in ein noch undurchdringliches Dunkel gehüllt*»[9] sei, und 1923, nach drei Jahrzehnten psychoanalytischer Forschung, sagt er, daß wir nicht über ausreichend Informationen verfügen, um die psychosexuelle Entwicklung des Mädchens zu beschreiben.[10] In seiner fundamentalen Arbeit Der *Untergang des Ödipuskomplexes*[11] hält er noch immer die Behauptung aufrecht, die weibliche Entwicklung liege im Dunkeln. Ich werde aber trotzdem seine Vorstellung von der weiblichen genitalen Entwicklung darstellen, wie er sie hier vertritt: Genau wie der Junge durchläuft das Mädchen erst die orale, dann die anale Phase und erreicht dann die phallische. Anfänglich genießt es die Stimulation der Klitoris wie der Junge die des Penis; der Narzißmus des Mädchens und die sexuelle Erregung sind auf diese Zone konzentriert. Die masturbatorischen Aktivitäten sind begleitet von Phantasien, die sich auf den Vater beziehen. So bekommt es notwendigerweise Konflikte mit der Mutter. Wenn es jetzt Gelegenheit hat, das sexuelle Organ eines Brüderchens oder eines Spielkameraden zu beobachten, reagiert es zuerst mit heftigem Neid. Es möchte auch ein solches Organ haben und fühlt sich durch die rudimentäre Form seiner Klitoris benachteiligt. Es hofft, daß sie mit der Zeit wachsen und ein Penis werden wird; damit bahnt sich der «*Männlichkeitskomplex*» an. Das Mädchen stellt sich auch vor, daß es früher einen Penis gehabt und ihn dann als Strafe für seine sexuellen Spiele eingebüßt habe. Es vermutet, daß andere Frauen, in erster Linie die Mutter, einen Penis besitzen. Während der Junge Angst hat, kastriert zu werden, und auf die Mutter sowie auf die Masturbation verzichtet, um das hochgeschätzte Organ nicht zu verlieren, glaubt das Mädchen, die Kastration bereits erlitten zu haben. Der Frau fehlt deshalb ein wichtiges Motiv für den Verzicht auf die inzestuöse Bindung an den

Vater und die Bildung des moralischen Gewissens, des Über-Ichs. Freud folgert daraus, daß sie weniger moralische Qualitäten besitze als der Mann. Das Mädchen bleibt an den Vater gebunden, immer in der Hoffnung, den ersehnten Penis von ihm zu erhalten. Nach und nach wird aus diesem Wunsch ein anderer: vom Vater ein Kind geschenkt zu bekommen. Erst mit der Zeit bemerkt das Mädchen, daß der Vater seine Wünsche nicht erfüllen kann. Es wendet sich enttäuscht von ihm ab. Nach und nach wird damit der Weg frei für eine andere Objektwahl.

1925 erschien der Aufsatz *Einige psychische Folgen des anatomischen Geschlechtsunterschiedes*[12]. Freud beschäftigt sich hier eingehender mit der Entwicklung des Mädchens. Als Konsequenz seiner Feststellung, daß es keinen Penis hat und die Klitoris für minderwertig hält, ergebe sich seine spätere Neigung zu Minderwertigkeitsgefühlen und Eifersucht, die bei Frauen größer sei als bei Männern. Das Mädchen wende sich auch von seiner Mutter ab, da es ihr die Schuld für seine genitale Minderwertigkeit gebe. Schließlich erklärt er die in der psychoanalytischen Praxis oft beobachtete Tatsache, daß Frauen die Masturbation viel weniger zulassen als Männer: Viele Frauen erinnern sich nicht, als Kinder masturbiert zu haben. Eine gründliche Analyse deckt aber auf, daß die infantile Masturbation nur sehr früh unterdrückt wurde. Die Ablehnung und Unterdrückung der Masturbation sind nach Freud Folge der Entdeckung des Geschlechtsunterschiedes. Die Aktivität, die vorher für das Mädchen so lustvoll war, wird nun schmerzlich und angstbeladen, da sie es an seine Minderwertigkeit erinnert.

In *Das ökonomische Problem des Masochismus*[13] beschäftigt sich Freud mit einem weiteren, in früheren Arbeiten bereits angedeuteten Aspekt der weiblichen infantilen Sexualentwicklung. Er beschreibt die erotischen Wünsche des Mädchens, die sich auf den Vater beziehen: Es phantasiert lustvoll, die Kastration zu erleiden, einen aggressiven Koitus zu erdulden oder zu gebären. Wesentlicher Bestandteil dieser Phantasien ist immer der Schmerz. Das wird von Freud als Äußerung des weiblichen Masochismus gedeutet; seinem Urteil nach eine biologisch bedingte Tatsache.

Volle Aufmerksamkeit widmet Freud der weiblichen Sexualentwicklung erst 1931 in seiner Arbeit *Über die weibliche Sexualität*[14] und dem Vortrag *Die Weiblichkeit*, der in der *Neue(n) Folge der Vorlesungen zur Einführung in die Psychoanalyse*[15] 1933 erschienen ist. Er geht detailliert auf seine Forschungsergebnisse ein, beschreibt die Entwicklung bis zum Eintritt in die ödipale Phase, die Bedeutung des Penismangels und die Folgen, die das angebliche Defizit für die Charakterentwicklung hat. In erster Linie macht er darauf aufmerksam, wie schwierig es sei zu entscheiden, welche psychischen Haltungen dem «Männlichen» und welche dem «Weiblichen» entsprechen. In der Mutter-Kind-Beziehung ist die Mutter aktiv; aus diesem Grund wäre es falsch, männlich und weiblich einfach mit aktiv und passiv gleichzusetzen.

Außerdem sei es schwierig festzustellen, inwieweit die weibliche Passivität angeboren oder kulturell bedingt und anerzogen sei. Ebensowenig könne der in erster Linie bei Frauen anzutreffende Masochismus als Charakteristikum des Weiblichen bezeichnet werden, denn er zeige sich auch bei Männern. Freud läßt dann diese Fragestellung fallen und widmet sich der infantilen Entwicklung der weiblichen Sexualität. Er weist auf eine äußerst wichtige Tatsache hin: Die häufig sehr starke libidinöse Fixierung des Mädchens an den Vater ist bereits die Wiederholung einer früheren Situation, die mit gleicher Intensität der Mutter gegenüber bestanden hat. Diese ursprüngliche Bindung bleibt über weite Strecken in der frühen Kindheit bestehen.

Freud betont einmal mehr, daß das Mädchen sich bis zur phallischen Phase wie ein kleiner Mann fühle und sich auch so verhalte. Die Klitorismasturbation entspreche ganz der Onanie des Jungen. Von seiner Vagina wisse das Mädchen zu diesem Zeitpunkt praktisch nichts. Das sexuelle Verhalten wäre so für beide Geschlechter während der ersten Lebensjahre gleich. Außerdem weist Freud zum ersten Mal auf einen fundamentalen Unterschied zwischen den Geschlechtern hin: Die ersten libidinösen Strebungen des Jungen wie des Mädchens richten sich auf dasselbe Objekt: auf die Mutter oder ein Substitut, auf die Frau, die sie umsorgt und betreut. Aber beim Jungen ist das Geschlecht seines Liebesobjekts das, das normalerweise sein ganzes Leben eine Anziehung auf ihn ausübt. Während der Junge vom ersten Moment an die Frau – das heterosexuelle Objekt – liebt, muß sich das Mädchen von der Mutter lösen und dem Vater zuwenden, um das heterosexuelle Beziehungsmuster zu erreichen. Es muß in seiner libidinösen Struktur drei wichtige Wechsel vornehmen, um sich normal zu entwickeln: Es muß seine Mutter für den Vater verlassen, den größten Teil der Erregbarkeit der Klitoris an die Vagina abgeben und seine aktiven Sexualziele in passive umwandeln. Ein Teil dieser Wechsel vollzieht sich in der phallischen Phase, der andere erst in der Pubertät. Die frühe Kindheit, die präödipale Phase, ist für das Gelingen dieser Wechsel von eminenter Bedeutung. Die Liebesbeziehung zur Mutter ist entscheidend für seine spätere Fähigkeit zur Identifikation mit ihr. Gelingt diese, wird es später selbst eine gute Mutter und Gattin werden. Wenn die Beziehung zur Mutter problematisch war, besteht die Gefahr, daß sich die alten Konflikte mit ihrem Mann wiederholen, indem die Frau in ihm unbewußt das Bild der Mutter sieht. Während der ersten Stufen der Entwicklung wünscht sich das Kind, die Mutter zu befruchten und von ihr befruchtet zu werden, ihr ein Kind zu schenken oder eines von ihr zu bekommen – befremdliche Wünsche für unser Erwachsenenbewußtsein. Für das, was mich besonders interessiert – die Ursache der Störungen weiblicher Fortpflanzungsfunktionen – ist es äußerst wichtig, wie solche Wünsche wahrgenommen, entwickelt und schließich wieder aufgegeben werden.

Freud wirft noch eine andere wichtige Frage auf: Was veranlaßt das Mädchen, sein erstes Liebesobjekt, die Mutter, aufzugeben? Ist es die biologisch bedingte heterosexuelle Anziehung? Ist sie ein ausreichendes Motiv, oder kann man vermuten, daß psychische Vorgänge ablaufen, die das Mädchen dazu zwingen, sich von der Mutter abzuwenden? Freud zählt die Vorwürfe auf, die Frauen ihren Müttern machen, und die Grund genug wären, die ursprüngliche Liebe in Rivalität oder unbewußten Haß zu verwandeln. Das Mädchen erlebt die Körperpflege, die es erotisch und lustvoll empfindet, als Verführungsversuch. Es wirft der Mutter vor, sein sexuelles Verlangen zuerst geweckt, es aber später für seine Masturbation verachtet zu haben. Ein weiterer Vorwurf ist, daß sie es ungenügend gestillt oder der Brust zu früh entwöhnt habe. Oder es fühlte sich von der Mutter verstoßen, weil neue Geschwister zur Welt gekommen sind. Es stimmt, daß Frauen ihren Müttern all dies zur Last legen. Aber hat nicht der Junge die gleichen Enttäuschungen erlitten, ohne sich normalerweise von der Mutter zu entfernen? Was ist es denn, was den Frauen zum Schicksal wird? Das Äußere ihrer Genitalien veranlaßt sie, der Mutter den Penismangel vorzuwerfen. Wenn das Mädchen den Geschlechtsunterschied bemerkt, glaubt es anfänglich, daß nur ihm der Penis fehle und daß seine Mutter einen Phallus besitze. Die geliebte Mutter der frühen Kindheit ist immer die *«phallische Mutter»*. Erst später stellt das Mädchen fest, daß auch der Mutter das wertvolle Organ fehlt. Es realisiert, daß es und die Mutter sich physisch nicht befriedigen können. Deshalb verschmäht es sie und beginnt, sich dem Vater zuzuwenden; zuerst hofft es, von ihm einen Penis zu erhalten, und später möchte es ein Kind von ihm. Wenn es vorher mit den Puppen Mutter und Tochter gespielt hat, so spielt es jetzt die Frau des Vaters, die mit ihm Kinder hat. Bei homosexuellen Frauen lassen sich zwei Typen von Paarbeziehungen beobachten, die mit der Fixierung auf verschiedenen Stufen dieser Entwicklung korrespondieren. Manchmal stellt das homosexuelle Paar so etwas wie ein Ehepaar dar; eine der beiden verleugnet den Penismangel und spielt die Rolle des Mannes. Bei anderen Paaren, möglicherweise sind sie in der Mehrzahl, geht die sexuelle Regression bis in die präödipale Phase zurück, und die beiden Gespielinnen verhalten sich wie Mutter und Tochter, die sich vorwiegend auf orale Weise befriedigen.

Ich unterbreche an dieser Stelle die Darstellung von Freuds Konzepten, um die Überlegungen von Ruth Mack Brunswick einzufügen. Die Autorin hat eng mit Freud zusammengearbeitet und in ihrem Aufsatz *The Preoedipal Phase of Libido Development*[16] Neues und Wertvolles geschrieben. Sie beteuert, sie habe ihn erst dann veröffentlicht, nachdem sie Schritt für Schritt mit Freud diskutiert habe. Er enthalte nur Vorstellungen und Ideen, mit denen auch Freud einverstanden sei.

Ruth Mack Brunswick geht davon aus, daß sich die Kinder beiderlei Geschlechts der Mutter gegenüber nur passiv verhalten und daß sie dauernd darum kämpfen, aktiv werden zu können, um die Mutter in die passive Rolle zu drängen. Für die Entwicklung des Kindes ist es höchst wichtig, daß es sich mit der aktiven Mutter identifizieren kann. Später entwickeln sich Mädchen und Jungen verschieden. Wenn sich das Mädchen dem Vater zuwendet, identifiziert es sich mit der passiven, kastrierten Mutter und sublimiert seine aktiven Tendenzen. Erst viel später, wenn es selbst Mutter wird, hat es Gelegenheit, sich den Kindern gegenüber aktiv zu verhalten. Nach Mack Brunswick versuchen Mädchen und Jungen, sich mit der Mutter zu identifizieren, wünschen sich ein Kind und, begierig darauf, die Mutter in die passive Rolle zu drängen, wollen sie ihr ein Kind schenken. Zu Beginn der ödipalen Phase verzichtet der Junge auf den passiven Wunsch nach einem Kind, während der Wunsch, die Mutter zu befruchten, in seiner Phantasie weiterbesteht. Das Mädchen verzichtet auf seinen aktiven Wunsch, die Mutter zu befruchten, wendet sich dem Vater zu und hofft, von ihm ein Kind zu bekommen.

Als Motive, die das Mädchen von der Mutter trennen, erwähnt Mack Brunswick nicht nur den Penisneid und das Minderwertigkeitsgefühl. Sie gibt auch eine über Freud hinausgehende Erklärung: Das Mädchen wirft seiner Mutter vor, ihr ein ungenügendes Genital vererbt zu haben; da es – wie sie – keinen Penis hat, wird es nie fähig sein, sie zu erobern. Es sieht so aus, als werfe es der Mutter Liebesmangel vor, weil sie es nicht so ausgestattet habe, daß es mit ihr ein glückliches Paar abgeben könnte. Die Tochter kann ihre Kastration innerhalb der Mutterbeziehung nicht akzeptieren, weil sie Trennung bedeutet. In der Beziehung zum Vater akzeptiert sie sie, denn sie identifiziert sich mit der kastrierten Mutter, die dennoch vom Vater geliebt wird: Wenn sie ihre Weiblichkeit annimmt, kann sie durch Identifikation zur Mutter zurückfinden und den Vater als Liebesobjekt gewinnen. Sie verzichtet auf den Wunsch, einen Penis zu haben, und kehrt zu ihrem früheren und «legitimeren», dem nach einem Kind, zurück. Sie begnügt sich mit der Vorstellung, während des Koitus zu einem Penis zu kommen (den Penis des Vaters oder des späteren sexuellen Partners).

Das Mädchen verdrängt im allgemeinen die kindliche sexuelle Aktivität mehr als der Junge. Viele Frauen behaupten guten Glaubens, nie masturbiert zu haben. Weshalb wird wohl die infantile Masturbation beim Mädchen so viel intensiver verdrängt als beim Jungen? Freud war der Meinung, das Mädchen gebe die Onanie verärgert auf, wenn es den Geschlechtsunterschied bemerke und sich seines Penismangels bewußt werde. Es wolle dann seine Genitalien nicht mehr berühren und somit die Verstümmelung, die es vermutet, vergessen. Für Ruth Mack Brunswick gibt es noch einen wichtigeren Grund: Die Klitorismasturbation der ersten Phasen ist verbunden mit Phantasien, die sich auf die Mutter beziehen. Wenn das Mädchen sich enttäuscht von der Mutter zurückzieht, verzichtet es oft gleichzeitig auf die Klitoris, das ausführende Organ seiner Wünsche. Von da an straft es die mütterlichen als auch die eigenen Genitalien mit Verachtung.

Ich werde später nochmals auf die Arbeit von Mack Brunswick zurückkommen und ihre Gedanken zur pubertären Entwicklung darstellen.

Doch zunächst Freuds Vorstellung von der Pubertät des Mädchens: Wie gelingt es dem *«kastrierten Jungen»*, eine Frau zu werden? Vor der Pubertät durchlaufen die Kinder eine Phase, die Freud die Latenzperiode nannte. Sie beginnt Ende des fünften Lebensjahres und endet in der Pubertät: Den Kindern gelingt es, den Großteil ihrer infantilen Sexualität zu verdrängen. Sie haben sich mit dem gleichgeschlechtlichen Elternteil identifiziert, sind leicht beeinflußbar durch die Erzieher und nutzen ihre Triebkräfte für die Schule und das Lernen. Freundschaften mit dem anderen Geschlecht werden oft vermieden, die Masturbation verdrängt oder aktiv bekämpft.

Beim Mädchen beginnt die Pubertät mit der ersten Menstruation, der Menarche. In diesem Alter nimmt die sexuelle Erregung aufgrund der körperlichen Veränderungen stark zu, seine kindliche Sexualität erfährt machtvoll eine Wiederbelebung. Die unbewußten Objekte sind in der Pubertät noch die gleichen wie in der frühen Kindheit. Auch die Klitoris bleibt noch eine Weile die erogene Leitzone. Sie bleibt es häufig bis zum ersten Geschlechtsverkehr. Nur langsam verschiebt sich die sexuelle Erregbarkeit auf die Vagina. Alte, rezeptiv lustvolle Empfindungen oraler und analer Natur können in der vaginalen Lust wiederaufleben. Erst nach der Pubertät und nachdem sie komplizierte Prozesse durchgemacht hat, ist es der Frau möglich, eine weibliche Haltung einzunehmen, das unterstreicht Freud hier ein weiteres Mal. Viele Frauen scheitern an dieser langwierigen Entwicklung. Das Rätsel der Frau gründe in ihrer Bisexualität, die auch die Ursache des häufigen Auftretens der Frigidität sei. Es gibt drei Formen der Frigidität: die psychogene, die der psychoanalytischen Behandlung zugänglich ist, und zwei andere Typen konstitutioneller und anatomischer Natur.

Ruth Mack Brunswick hält es im Gegensatz zu Freud für wahrscheinlich, daß die Vagina bereits in der Kindheit erregbar ist, was jedoch hauptsächlich auf die anale Erogenität zurückgeht. Ein Teil der passiven Empfindungsfähigkeit des Anus werde an die Vagina abgegeben. Nachdrücklich betont sie, die vaginale Empfindlichkeit sei entschieden geringer als die der Klitoris, dem Sexualorgan des Mädchens.

Ein letztes Mal äußert Freud seine Meinung zur weiblichen Sexualentwicklung in seiner wichtigen Arbeit zur psychoanalytischen Technik *Die endliche und die unendliche Analyse,* die 1937 erschien[17]. Er schlägt vor, die bis dahin gebräuchlichen Ausdrücke *«männlicher Protest»* und *«Penisneid»* in Zukunft durch den genaueren Terminus *«Ablehnung der Weiblichkeit»* zu ersetzten. Er beteuert, daß diese Ablehnung eine biologische Tatsache sei und Teil des Mysterium magnum der Sexualität.

Freuds Vorstellung von der Weiblichkeit provozierte eine ganze Reihe hitziger Diskussionen, die zum Teil recht persönlich geführt wurden. Sogar unter Psychoanalytikern ist es schwierig, sachlich und emotionslos über Männlichkeit und Weiblichkeit zu diskutieren. In *Neue Folge der Vorlesungen zur Einführung in die*

Psychoanalyse erzählt Freud eine Anekdote, die das illustriert. Mit der Theorie der Bisexualität konnten Konflikte vermieden werden. Er schreibt, die weiblichen Kolleginnen hätten gegen den «männlichen» Blickwinkel protestiert und behauptet, daß viele der Analytiker ihre tief verwurzelten Vorurteile gegen die Weiblichkeit nicht überwunden hätten. Forschungen, die auf diesen Vorurteilen basieren, seien ungültig, weil parteilich. Aber für die männlichen Analytiker sei es leicht gewesen, mit der These der Bisexualität Unhöflichkeiten zu vermeiden. Sie retteten sich aus der Verlegenheit, indem sie zu ihren weiblichen Gesprächspartnerinnen sagten: *«Das gilt nicht für Sie. Sie sind eine Ausnahme, in diesem Punkt mehr männlich als weiblich.»*[18]

In der gleichen Arbeit erwähnt Freud drei Mitarbeiterinnen, die wichtige neue Beiträge für das Verständnis der weiblichen Entwicklung geleistet hätten, ohne das grundlegende Theorem zu verlassen, das besagt, daß das Mädchen nichts von seiner Vagina wisse und daß die Klitoris in der Kindheit die sexuelle Leitzone sei. Er erwähnt Ruth Mack Brunswick, Jeanne Lampl de-Groot und Helene Deutsch. Auf Jeanne Lampl de-Groots Beiträge gehe ich hier nicht ein, weil sie für den Gesichtspunkt der Psychosomatik, den ich hier verfolge, nichts Wesentliches beitragen.

Helene Deutsch, eine sehr angesehene Psychoanalytikerin der Pioniergeneration, veröffentlichte über mehrere Jahrzehnte verteilt ihre Arbeiten. Ihr Hauptinteresse galt der weiblichen Psychologie, und sie vertrat schon früh den psychosomatischen Standpunkt. Ihre reiche Erfahrung, Ergebnis ihrer langjährigen Arbeit, formulierte sie in *Die Psychologie der Frau*[19]. Ich fasse die in diesem Buch enthaltenen Vorstellungen zur weiblichen Psychologie zusammen und hebe ihre persönlichen theoretischen Beiträge besonders hervor.

Helene Deutsch folgt Ruth Mack Brunswick darin, daß sowohl der Junge als auch das Mädchen darum kämpfen, der Mutter gegenüber aktiv und unabhängig zu werden. Der Vater stellt in diesem Kampf die Außenwelt, die Realität dar. In einem bestimmten Moment seiner Entwicklung wendet sich das Mädchen von der Mutter ab. Auf der Suche nach der äußeren Welt geht sie auf den Vater zu. Beide Geschlechter müssen, um die Mutter der frühen Kindheit zu verlassen, Aktivität und eine gewisse Aggression entwickeln. Diese Impulse sind an erotische Tendenzen gebunden. Beim Jungen treten sie als aggressive Penetrationswünsche an die Mutter auf und werden durch den Penis erlebt (phallische Phase). Wie ist die entsprechende Situation beim Mädchen? Auch es wird aktiv, und ursprünglich beschäftigt auch es sich erotisch mit der Mutter. Helene Deutsch erwähnt zwar ebenfalls die Möglichkeit, daß das Mädchen von Anfang an, biologisch bedingt, passiver sei als der Junge. Das ausführende Organ seiner aggressiv-erotischen Wünsche ist die Klitoris, die anatomisch und embryologisch einem rudimentären Penis gleicht.[20] Die gesamte infantile Genitalität des Mädchens ist nach Freud auf dieses Organ konzentriert; sein Penisneid entspringt dem Vergleich, der zu Ungunsten der Klitoris ausfällt. Nach Helene Deutsch ist der Penisneid zwar wichtig, aber nicht grundlegend für die weibliche Entwicklung. Es wäre übertrieben, die Mehrzahl der späteren neurotischen Schwierigkeiten für die Folge des phallischen Neides zu halten. Aber es ist sicher so, daß das Mädchen feststellt, daß die Klitoris seine erotischen Wünsche nicht zu verwirklichen vermag. Es braucht jedoch nicht unbedingt mit Neid zu reagieren. Es kann seine aktiv-aggressiven Wünsche auch in passiv-masochistische verwandeln, oder, um einen glücklichen Ausdruck der Autorin selbst zu verwenden, es entwickelt eine Aktivität nach innen. Diesen Strebungen entspricht als sexuelles Organ offensichtlich die Vagina. Aber Helene Deutsch teilt die Meinung von Freud, Mack Brunswick und anderen, daß das Mädchen normalerweise, wenn es nicht vergewaltigt wurde oder anderen äußeren Einflüssen ausgesetzt war, nichts von seiner Vagina wisse und daß es vor der Pubertät so gut wie nie vaginale Erregungen verspüre. Was für ein Schicksal erleiden dann die passiv-femininen Tendenzen des Mädchens? So wie ihm vorher das Organ zur Realisierung seiner aktiven Sexualziele gefehlt hat, so fehlt ihm auch jetzt, zumindest subjektiv, das ausführende Organ seiner passiven Sexualziele. Zweimal erlebt das Mädchen in seiner infantilen Sexualentwicklung das Fehlen des geeigneten Organs, und diesen doppelten Mangel nennt Helene Deutsch das *«genitale Trauma»*. Anstelle des Penisneides macht sie nun dieses Trauma für den Großteil der späteren neurotischen Störungen der Frauen verantwortlich. Der doppelte Mangel veranlaßt das Mädchen, die Klitoris als ausführendes Organ seiner wiedererwachenden aktiven Strebungen beizubehalten, obwohl sie ihnen nicht genügt. Aber auch die anale und die orale Zone werden von neuem und in regressiver Weise mit Libido besetzt, da sie Sitz der rezeptiv-erotischen Tendenzen passiver Art sind. Die vaginale Sensibilität wird auch bei Helene Deutsch erst durch den Triebschub der Pubertät erweckt. Die Vagina übernimmt dann die passive Erregbarkeit des Mundes und des Anus.

Ich fasse zusammen: Der grundlegende Konflikt des Mädchens liegt nicht in seinem Penisneid, sondern im definitiven Mangel eines aktiven sexuellen Organs und im zeitweiligen oder subjektiv erlebten Fehlen eines rezeptiv-passiven Organs, der Vagina, auf die sich später die Sexualität der erwachsenen Frau konzentrieren wird.

Ich werde mich später noch auf Helene Deutsch beziehen, speziell auf die wesentliche Bedeutung, die sie der frühen Mutter-Tochter-Beziehung beimißt; ihre Theorie ist für das Verständnis der psychosomatischen Störungen bei Frauen sehr nützlich.

Doch nun zu Karen Horney. Sie formulierte ihre Ansichten zu unserem Thema, als sie noch zur psychoanalytischen Bewegung gehörte. Bereits in ihrer 1923 erschienenen Publikation *Zur Genese des weiblichen Kastrationskomplexes*[21] gibt sie ihrem Zweifel Ausdruck, ob der Penisneid wirklich Kern fast aller neurotischer Störungen der Frauen sei. Sie gibt zu, daß ein solcher Neid besteht und führt ihn auf verschiedene Ursachen zurück: Freud hatte ja den narzißtischen Charakter dieses Neides betont. Das Mädchen leide darunter, daß es kein libidinös so wertvolles Organ besitze wie der Junge. Karen Horney entdeckte weitere Ursachen des Penisneides, die zum Teil triebhafter Natur sind, andernteils mit Ängsten und Schuldgefühlen zusammenhängen. Der Penis erlaubt dem Jungen, den urethralen Sadismus besser zu befriedigen. Außerdem werden beim Urinieren exhibitionistische Impulse ausgelebt. Das Mädchen beneidet den Jungen um diese infantilen sexuellen Befriedigungen. Ebenso wie der Junge leidet es wegen der Masturbation an Schuldgefühlen. Es fühlt sich ungerecht behandelt, denn es glaubt, der Junge könne seine Genitalien ungestraft berühren und stimulieren, während es die eigenen weder anschauen noch berühren dürfe. Wenn es das Verbot mißachtet, wird es verachtet und bestraft. Die Kinder beiderlei Geschlechts werden auch von Schuldgefühlen, die andere Ursachen haben, geplagt und leiden deshalb an Kastrationsangst. Aber während der Junge sich täglich davon überzeugt, daß seine Genitalien keinen Schaden genommen haben, kann das Mädchen die angstbeladenen Zweifel nie beseitigen, denn der größe Teil seiner Genitalien befindet sich im Inneren des Körpers und entzieht sich einer Überprüfung. Natürlich ist der infantile Neid unbewußt beziehungsweise verdrängt; er wird zusammen mit der infantilen Sexualität nachträglich unbewußt gemacht. Später verschafft er sich in entstellter Form Ausdruck, zum Beispiel dann, wenn die Frauen sich beklagen, weniger sexuelle Freiheiten zu haben als die Männer. Karen Horney räumt somit ein, daß es den phallischen Neid gebe. Er werde aber von den Kindern gut bewältigt und habe später nur dann schädigende Folgen – etwa die Vermännlichung der erwachsenen Frau oder eine aggressiv ablehnende Haltung gegenüber Männern –, wenn dem Mädchen die infantile Identifikation mit der Mutter nicht gelungen sei. Im Normalfall identifiziere sich das Mädchen mit der Mutter und wende sich nach deren Vorbild liebevoll dem Vater zu. Es wünsche sich von ihm ein Kind. Aber wenn es in seiner kindlichen Liebe enttäuscht werde, versuche das Mädchen, sich mit ihm zu identifizieren, um später männliche Positionen einzunehmen. Voller Groll und Rachsucht werde die Frau mit den Männern rivalisieren. Wenn der Vater dazu noch in der Zeit, in der das Mädchen sehnsüchtig nach seiner Liebe verlangte, der Mutter ein Kind schenkt, wird es zur früheren Position des phallischen Neides zurückkehren. Unbewußt setzt es dann das Kind des Vaters mit seinem Penis gleich. Der phallische Neid ersetzt dann den Neid auf die Mutter, die das Kind des Vaters besitzt. Auch Karen

Horney betont – wie Helene Deutsch –, daß die Hoffnung auf zukünftige Mutterschaft das Mädchen für seine Frustrationen nicht entschädigen könne, weil sie noch in weiter Ferne liege. Die psychoanalytische Position, die den Penisneid axiomatisch setzt, kritisiert die Autorin als unbiologisch. Wenn alle Frauen unbewußt vom Penisneid beherrscht wären, wäre ja die Hälfte der Menschheit mit ihrem Geschlecht unzufrieden. Die Unzufriedenheit wäre höchstens individuell und unter außergewöhnlich günstigen Umständen zu bewältigen.

In einem zweiten Artikel *Flucht aus der Weiblichkeit*[22] nimmt Karen Horney 1926 das Thema mit neuen wissenschaftlichen Argumenten auf. Sie gibt zu bedenken, daß die Psychoanalyse ursprünglich immer den Mann erforscht habe, und erklärt, Freud und seine ersten Mitarbeiter hätten für die Psychologie des eigenen Geschlechts eben mehr Verständnis und Interesse gehabt. Als sie die psychischen Prozesse bei der Frau schließlich doch untersuchten, hätten sie das Problem unter dem männlichen Blickwinkel betrachtet, vermutet die Autorin. Dieser sei typisch für unsere patriarchalische Gesellschaft, in der alle Wertkriterien, die Moral und die Ethik unbemerkt dem männlichen Charakter angepaßt würden. Sogar die Frauen selbst hätten diese Kriterien unbewußt übernommen und betrachteten alles, was positiv an ihnen ist, als männlich und das Negative als weiblich. Die Theorien von Freud und besonders auch die von Ferenczi kritisiert sie: Bei ihnen sei die Weiblichkeit nur ein ärmliches Substitut für die männlichen Wünsche der Frau, und sogar die Mutterschaft und der Kinderwunsch, erschienen nur als Ersatz für den nie erhaltenen Penis. Karen Horney meint, das Schicksal der Frau müßte reichlich traurig und armselig sein, wenn dem so wäre. Provokativ fragt sie: «*Und die Mutterschaft? Und das selige Bewußtsein, ein neues Leben in sich zu tragen? Und das unerhörte Glück in der sich steigernden Erwartungsspannung auf das Erscheinen dieses neuen Wesens? Und das Glück, wenn es endlich da ist? Und wenn man es zuerst im Arm hat? Und die tiefe, lustvolle Befriedigung beim Stillen? Und das Glück der ganzen Säuglingspflege?*»[23]

Nach diesem polemischen Teil der Arbeit stellt sie die wissenschaftlichen Ergebnisse ihrer psychoanalytischen Arbeit vor. Sie erklärt, daß sich das Mädchen von Anfang an als weibliches Wesen fühle und verhalte, daß es aber verschiedene Faktoren veranlassen können, sich mit dem Vater zu identifizieren und eine männliche Haltung einzunehmen. Eine solche Identifikation verdeckt die frustrierten, inzestuösen Wünsche an den Vater und das Schuldgefühl gegenüber der Mutter. Ferner kann das Mädchen mit Hilfe der Identifikation das Verlassenwerden vom Objekt – das heißt vom Vater – besser ertragen. (Dieser Mechanismus kommt nach Freud bei jeder Identifikation zum Tragen.) In seinem Bestreben, ihm zu gleichen, kann es ihn wiedererlangen. Karen Horney glaubt, das Mädchen befürchte, es könne durch seine Beziehung zum Vater an der Vagina beschädigt werden. Diese Phantasien gehen ihrer Meinung nach den Phantasien, die Freud und Deutsch beschrieben haben – nämlich daß es im männlichen Sinne kastriert sei –, zeitlich voraus. Durch die Identifikation mit dem Vater gelingt es dem Mädchen, die tiefe Angst zu ersetzen. Es fürchtet nun die Kastration eines imaginären Penis, dessen Irrealität es aber unbewußt wahrnimmt.

In ihrem letzten Artikel zu diesem Thema *Die Verleugnung der Vagina*[24] erklärt Karen Horney 1933 noch einmal, weshalb sie der Ansicht sei, daß das Mädchen primär eine weibliche Position, in Übereinstimmung mit seiner Anatomie, einnehme. Das Mädchen habe auf dem Höhepunkt seiner infantilen Sexualität vaginale Empfindungen, und es verhalte sich sowohl seinem Vater als auch seiner Umgebung gegenüber weiblich. Seine frühe Wahrnehmung der Vagina, die durch körperliche Empfindungen gestützt werde, falle später infolge verschiedener Ängste, die der frühen vaginalen Sexualität anhaften, der Verdrängung anheim. Deshalb ist die vaginale Frigidität und die Überbewertung der Klitoris nicht so sehr Indiz für Penisneid und verachtete Weiblichkeit. Vielmehr stehen sie für den Versuch, die frühen Ängste abzuwehren. Aber weshalb soll die Vagina dem Mädchen Angst einflößen, und warum stellt es sich vor, daß der Besitz eines Penis es von seinen Befürchtungen befreien würde? Als erste Begründung führt Karen Horney an, daß sich die frühe Sexualität auf den Vater beziehe. Das Mädchen stellt durch direkte Beobachtung oder in seinen Phantasien fest, daß der Penis des Vaters, verglichen mit seinem eigenen Genital, unverhältnismäßig groß ist. Es hat Angst, durch seine phantasierte Beziehung zu ihm innerlich zerstört zu werden. Das Menstruationsblut, das es vielleicht in Kleidern der Mutter oder anderer Frauen entdeckt, wird es zudem von der Verletzlichkeit des weiblichen Körpers überzeugen. Dieser Eindruck kann noch verstärkt werden durch belauschte Gespräche, in denen Aborte oder schwere Geburten erwähnt werden. Die Vorstellung, die sich das Mädchen von der Geburt macht, verbindet sich mit der psychischen Repräsentation des Koitus. Deshalb kann eine infantile Geburtsangst später Frigidität verursachen. Das Mädchen wünscht sich anstelle der Öffnung, die in sein Körperinneres führt, einen Penis. Es beneidet den Jungen darum, daß er sich immer wieder davon überzeugen kann, daß ihm die Masturbation nicht geschadet hat. Das Mädchen fürchtet, sich durch seine masturbatorischen – von sündhaften, inzestuösen Phantasien begleiteten – Handlungen oder durch seine sexuellen Spiele mit anderen Kindern bleibenden Schaden zugefügt zu haben. Es kann aber seine Ängste nicht beruhigen, denn es kann seine Unversehrtheit nicht überprüfen. Es erscheint, als ob das Mädchen seine Vagina nicht kenne und als ob es einen Penis fordere, indem es die ganze genitale Erregbarkeit auf die Klitoris konzentriert. In Wirklichkeit aber dient ihm diese Position dazu, die frühen vaginalen Erfahrungen abzuwehren, da sie mit Schuld, inzestuösen Phantasien und Ängsten verbunden waren.

Um ihre These zu unterstützen, zitiert Horney eine wichtige Arbeit von Josine Müller[25]. Darin wird mit klinischem Material belegt, daß die Analyse vermännlichter Frauen, die ganz vom Penisneid dominiert schienen, eine eindeutig vaginale Phase in ihrer Kindheit aufgedeckt habe. Diese Frauen hatten ihre weibliche Sexualität aufgrund von Schuldgefühlen wegen ihrer inzestuösen Phantasien, die sich auf den Vater bezogen, verdrängt. Ein weiterer Beitrag zu diesem Thema Über *Klitorisonanie und Penisneid*[26] von Fanny Hann-Kende bestätigt ebenfalls die Existenz früher vaginaler Empfindungen.

Karen Horney beobachtete darüberhinaus folgendes: Genauso wie sich beim Mädchen der Penisneid äußere, äußere sich auch beim Jungen der Wunsch, Attribute des anderen Geschlechts, zum Beispiel Brüste, zu haben. Beide Haltungen können als Ausdruck der dem Menschen angeborenen Bisexualität interpretiert werden.

Um den Leser mit der langatmigen theoretischen Darlegung nicht zu ermüden, werde ich ein konkretes Problem beschreiben: Wir haben gesehen, daß Helene Deutsch vom Genitaltrauma des Mädchens spricht und darauf beharrt, daß es keine Kenntnis von seiner Vagina habe. Selbst wenn ihm die entsprechenden Erklärungen gegeben würden, könnte es ihre zukünftige Funktion gefühlsmäßig nicht begreifen. Die Annahme des eigenen Geschlechts werde der Frau durch dieses unterstellte Unverständnis erschwert. Helene Deutsch erklärte in einer früheren Arbeit, daß das Mutterwerden erst eine weit in der Zukunft liegende Hoffnung sei und deshalb dem Mädchen keine Entschädigung biete. Das Mädchen werde auch deshalb an seinen männlichen Protest und an seine fordernde Position fixiert. Karen Horney betont ebenfalls, daß die Verwirklichung des Kinderwunsches für das Mädchen in zu weiter Ferne liege, um es mit seiner weiblichen Rolle auszusöhnen.

Diese Beobachtung ist an sich zweifellos richtig. Das Mädchen ist im Nachteil; denn während der Junge seine genitalen Organe sehen kann und aus ihnen Lust bezieht, hat das Mädchen – nach Freud, Deutsch u. a. – noch keine Kenntnis von seiner Vagina oder – nach Horney und der englischen Schule, auf die ich später noch zu sprechen komme – seine vaginale Empfindungsfähigkeit verdrängt. Es begreift noch nicht, daß es als Erwachsene genauso viele Möglichkeiten zu genießen haben wird wie der Mann und daß es in der Mutterschaft eine spezifisch weibliche und wichtige Entschädigung erfahren wird. Sehen wir nun, ob ganz andere Kulturen dem Mädchen eine genauere Bewertung seiner Zukunft als Mutter erlauben und ob ihm dieses Verständnis ermöglicht, seine Weiblichkeit zu akzeptieren. Andernfalls wären Penisneid und weibliches Minderwertigkeitsgefühl als Folgen der Biologie offenbar unvermeidbar.

In *Kindheit und Jugend in Samoa*[27] beschreibt Margaret Mead eine Gesellschaft, die von der unseren sehr verschieden ist. Sie hat in Samoa hauptsächlich adoleszente Mädchen beobachtet und ist dabei der Frage nachgegangen, auf welche Weise sie sich an die Gesellschaft anpassen. Sie wollte feststellen, ob die Schwierigkeiten der adoleszenten Mädchen in unserer Gesellschaft durch biologische Faktoren bedingt sind – dies war die allgemein übliche Annahme –, oder ob sie kulturell bedingt seien. Sie lebte mit Mädchen und jungen Frauen aus drei Dörfern eng zusammen und kam zu dem Schluß, daß die Pubertät hier keine speziellen Probleme mit sich brachte. Obwohl sie in einer patriarchalischen Gesellschaft lebten, die den Männern mehr Rechte als ihnen zugestand, schienen die Frauen mit ihrer weiblichen Rolle sehr zufrieden zu sein. Die Tatsache, daß Frigidität unter den Samoanerinnen gänzlich unbekannt ist, wertet Mead als Indiz für die Harmonie mit dem eigenen Geschlecht. Ich stimme darin mit ihr überein. Der volle sexuelle Genuß der Frau ist ein Zeichen für die Annahme ihres Geschlechts.

Aber wie können wir erklären, daß die samoanische Frau ihr eigenes Geschlecht akzeptiert, obwohl sie in einer Gesellschaft lebt, in der der Mann sozial wichtigere Positionen besitzt als sie? Nennen wir zuerst die oberflächlicheren Faktoren: Auch die Frau genießt sehr hohes Ansehen, sie kann eine wichtige Rolle spielen, die Geburt eines Mädchens wird mit der gleichen Freude gefeiert wie die Ankunft eines Jungen. Darüber hinaus gibt es auch wichtigere Bedingungen, die jene Konflikte verhindern, die in unserer Gesellschaft häufig auftreten: Später werde ich zeigen, daß die Frigidität und andere weibliche Störungen ihre Wurzel in Konflikten der frühen Mutter-Tochter-Beziehung haben, speziell in frühen oralen Frustrationen. Die samoanische Kultur schließt diese Art von Konflikten aus. Das Kind wird mit der Brust aufgezogen, zu jeder Zeit, wann es will, wird es angelegt. Es erhält außerdem von Anfang an andere Nahrungsmittel. Neben seiner Mutter kümmern sich auch alle anderen Frauen des gleichen

Haushalts um das Kind. Falls die Mutter es aus irgendeinem Grund vernachlässigen sollte, falls sie ihm nichts zu essen gibt oder ihm zuwenig Liebe zu geben vermag, wird es von einem anderen Familienmitglied versorgt und genährt, so daß Frustrationen vermieden werden.

Wie ich bereits ausführte, wird die Meinung vertreten, das Mädchen sei unfähig, seinem eigenen Genital Wert beizumessen. Es sei ihm nicht bekannt, die Vagina erscheine ihm als dunkle Öffnung, und es befürchte, sexuelle Spiele könnten ihm einen bleibenden Schaden zufügen; zudem sei die Entschädigung seines Geschlechts, das Mutterwerden, für das Mädchen zu weit entfernt und zu irreal. Das ist in Samoa ganz anders. Die Mädchen haben von klein auf die Gelegenheit, das Sexualleben der Erwachsenen zu beobachten. Sie kennen Bedeutung und Potenz des weiblichen Genitals ganz genau und genießen völlige Freiheit in ihren sexuellen Spielen. Bei Koitus und Geburt sind sie dabei. Angesichts dieser Zusammenhänge scheint es mir interessant, daß das einzige Mädchen, bei dem Margaret Mead Äußerungen von Penisneid beobachten konnte, keine Eltern hatte und mit zwei älteren Ehepaaren zusammenlebte, die bereits keine kleinen Kinder mehr haben konnten.

Das samoanische Mädchen begreift schon früh seine zukünftige Rolle als Frau. Die Sozialstruktur, in der es aufwächst, ermöglicht ihm bereits als Kind mütterliche Erfahrungen. Ruth Mack Brunswick vermutet, das Mädchen müsse seine aktiven Strebungen während der Entwicklung aufgeben. Erst als erwachsene Frau und Mutter, in der Mutterrolle, könne sie sie dem Kind gegenüber ausleben. In Samoa ist dies ganz anders. Die Mutter kümmert sich um den Säugling nur, solange sie ihn stillt. Nachher überläßt sie ihn der Pflege eines «Kindermädchens», das heißt eines Mädchens, das im gleichen Haus lebt und ungefähr so alt ist wie unsere Mädchen, wenn sie mit Puppen spielen. Das Kindermädchen überläßt seine «Puppe» der Obhut und Verantwortlichkeit eines jüngeren Kindes in einem Alter, in dem es bereits andere, schwierigere Aufgaben übernehmen muß. In dieser Übernahme von Verantwortung für ein anderes Kind sieht Margaret Mead eine Belastung für das kleine Mädchen. Ich vermute aber, daß diese im triebhaften Sinn befriedigende Tätigkeit es sicherer macht und ihm bei der Überwindung irrationaler Schuldgefühle hilft. Sie macht ihm sehr früh die biologischen mütterlichen Tendenzen seines eigenen Geschlechts bewußt.

Ein weiterer Faktor, der zur Zufriedenheit der samoanischen Frau beiträgt, ist wahrscheinlich die große sexuelle Freiheit, die für beide Geschlechter gleichermaßen gilt. Das einzige sexuelle Tabu ist das Inzesttabu. Durch die Leichtigkeit, mit der andere erlaubte Objekte gefunden werden können, wird dieses einzige Tabu sehr erträglich gemacht. Im samoanischen Mädchen kann demzufolge der Konflikt zwischen der sexuellen Befriedigung und dem Ich-Ideal nicht entstehen, ein Konflikt, der in unserer Gesellschaft sehr tief verankert ist, insbesondere bei Frauen.[28]

Meiner Meinung nach sind Margaret Meads Beobachtungen über das Fehlen des Penisneides bei den Samoanerinnen zuverlässig. Das Phänomen läßt sich zum großen Teil dadurch erklären, daß das samoanische Mädchen seine aktiven und mütterlichen Strebungen befriedigen kann und daß ihm die Kenntnis der zukünftigen Rolle als Frau und Mutter schon früh Sicherheit gibt. Ich behaupte jedoch keineswegs, die Konflikte und großen Ängste der frühen Kindheit und die Folgen, die sie für das spätere Leben des Individuums haben können, seien dadurch vermeidbar. Es wäre verführerisch und tröstlich, all unsere Ängste ausschließlich kulturellen Faktoren anzulasten – aber es entspricht nicht den Tatsachen. Der menschliche Säugling kommt in einem Zustand vollständiger Hilflosigkeit zur Welt. Die lange Dauer, in der er in fast schrankenloser Abhängigkeit verbleibt, bevor er erwachsen wird, sich selbst erhalten, seine sexuellen Bedürfnisse befriedigen und sich an die Gemeinschaft anpassen kann, bringen Zustände irrationaler und ängstigender Art unvermeidlich mit sich. Ein gewisses Maß an Angst und Frustration gehört zum Menschen. Aber auch die Differenzen zwischen Mann und Frau lassen sich meiner Ansicht nach nicht auf erzieherische, das heißt in letzter Instanz kulturelle Einflüsse reduzieren, wie Margaret Mead das in *Geschlecht und Temperament* tut. Wir sollten das menschliche Wesen als psychosomatische Einheit begreifen und davon ausgehen, daß die anatomischen und funktionellen Unterschiede zwischen Mann und Frau gleichzeitig eine tiefe psychische Differenz mit sich bringen. Ich halte mich in dieser Hinsicht an Melanie Kleins Theorien zur weiblichen Entwicklung. Meiner Ansicht nach kann der Einfluß der biologischen Faktoren auf die Psyche nicht hoch genug eingeschätzt werden. Wohl aber kann man ihn falsch interpretieren. Dies geschieht, wenn man die Frau als biologisch minderwertig oder als a priori nicht im Einklang mit ihrem Geschlecht betrachtet. Wenn wir auf eine solche Disharmonie in der Persönlichkeit einer Frau treffen, sind wir bereits mit den Folgen einer Entwicklungsstörung konfrontiert.

Karen Horney kommt das Verdienst zu, zu den ersten zu gehören, die auf diesen Irrtum, das heißt auf die Vernachlässigung der biologischen Faktoren, aufmerksam gemacht haben. Sie tat dies mit Weitblick und argumentierte wissenschaftlich präzise. Später hat sie diese Spur verlassen und die Ursachen von Störungen in ausschließlich kulturellen Faktoren geortet. Damit hat die Theorie den Einfluß der frühen Kindheit und des Trieblebens außer Acht gelassen. Sie vernachlässigte die von ihr selbst früher aufgestellte Forderung: das menschliche Wesen als etwas Ganzheitliches zu betrachten, als eine psychobiologische oder psychosomatische Einheit.

Ich habe jetzt die Weiblichkeitstheorien von Freud und der sogenannten Wiener Schule vorgestellt. Als zentrale Aussagen hebe ich hervor, daß die männliche psychosexuelle Entwicklung als Standard beschrieben wird, daß davon ausgegangen wird, daß dem kleinen Mädchen sein Genital unbekannt sei, selbst im Unbewußten, daß es sich physisch als Junge sähe und daß es dies psychologisch auch sei. Erst später, mit drei oder vier Jahren, entdecke es den anatomischen Geschlechtsunterschied, worauf es mit Neid und Minderwertigkeitsgefühlen reagiere. Nur allmählich kommt es durch komplizierte psychologische Prozesse und anläßlich seiner physiologischen pubertären und postpubertären Entwicklung dazu, seine Weiblichkeit zu akzpetieren, was nur unter sehr günstigen Umständen geschehen kann. Ich habe dann

Karen Horneys Kritik an dieser Position und ihre wichtigsten Forschungsergebnisse zu diesem Thema anhand von ausgewählten Thesen vorgestellt. Die Annahme, daß die Hälfte der Menschen a priori uneins sein soll mit ihrem eigenen Geschlecht, hält sie für wenig wahrscheinlich und unwissenschaftlich.

Kommen wir nun zu den Theorien von Melanie Klein und der englischen Schule. Auch sie besteht im Gegensatz zu Freud darauf, daß die Frau physiologisch kein kastrierter Mann sei, sondern bereits als Frau zur Welt komme, wie Ernest Jones es formuliert. Ich fasse seine grundlegenden Artikel zu diesem Thema zusammen: *Die erste Entwicklung der weiblichen Sexualität*[29] und *Über die Frühstadien der weiblichen Sexualentwicklung*[30]. Im ersten der beiden Aufsätze entwickelt er das Konzept der «*Aphanasis*», das für unsere Fragestellung von großem Interesse ist. Es kann zum Verständnis unterschiedlicher neurotischer Ängste beitragen. Jones setzt sich mit Freuds Aussagen zur Kastrationsangst beider Geschlechter auseinander. Seiner Ansicht nach löst im Grunde nicht unbedingt die Kastration selbst, das heißt das Erleiden des Penisverlustes, Angst aus: beim Jungen die Angst vor der Kastration, beim Mädchen die Angst, daß sie bereits vollzogen sei. Die grundlegende ängstigende Vorstellung sei vielmehr die, daß jegliche Möglichkeit zum sexuellen Genuß eingebüßt werden könnte. Diese Feststellung von Jones läßt sich dahingehend ergänzen, daß die Einbuße der Lustmöglichkeiten als wichtigste Konsequenz auch die libidinöse Verbindung mit dem Liebesobjekt ausschließt. Je nach Geschlecht und erreichter Sexualentwicklung kann sich diese Angst vor der Aphanasis speziell auf die Gefahr der Zerstörung des Penis, der Vagina, des Anus, des Mundes usw. beziehen. Andererseits kann die sexuelle Empfindungsfähigkeit, wenn die Befriedigung an einer bestimmten erotischen Zone zu gefährlich scheint, das heißt, wenn die Aphanasis droht, auf eine andere Zone verschoben werden. Dies geschieht zum Beispiel, wenn die Empfindungsfähigkeit von der Vagina auf die Klitoris verschoben wird.

In zweiten Artikel, den er 1935 geschrieben hat, stellt Jones die Hauptunterschiede zwischen der Wiener und der englischen

Schule schematisch dar. Zu diesem Zweck rekapituliert er die infantile psychosexuelle Entwicklung vom Jungen und Mädchen, wie sie die englische Schule begreift: Beide Geschlechter haben schon früh Empfindungen, die ihren Genitalien entsprechen; das heißt, der Junge spürt im Penis lokalisierte Penetrationsbestrebungen, das Mädchen rezeptive Wünsche in der Vagina. Ich werde mich im folgenden auf die Entwicklung des Mädchens konzentrieren.

In der oralen Phase wird es zwangsläufig von der Mutter enttäuscht, denn sie kann dem Kind nicht alle Milch geben, die es sich wünscht. Folge der frühen Frustrationen sind Haß und *«oraler Sadismus»* gegen die Mutter. Ich werde später bei Melanie Klein noch ausführlich darauf zu sprechen kommen. Einerseits stellt sich das Mädchen vor, die Mutter ernähre mit der Brust auch den Vater, und es rivalisiert dadurch mit ihm. Andererseits aber glaubt es, die Mutter erhalte vom Vater einen Brust-Penis mit sehr viel mehr Milch, als es selbst von ihr bekommt. Es vermutet außerdem, daß das Körperinnere der Mutter mit Sachen angefüllt sei (Milch, Penes, Kindern), die sie vom Vater erhalten habe und die es, das Mädchen, gerne für sich haben möchte. Es stellt sich deshalb vor, es dringe in den Körper der Mutter ein und beraube ihn seines Inhalts. Weil es befürchtet, entsprechend bestraft zu werden, unterdrückt es diese sadistischen Phantasien. Es hat Angst, seine Mutter könnte das Innere seines Körpers zerstören. Es kann sich gegen seine Mutter auch deshalb keine starken Aggressionen erlauben, weil es in der frühen Kindheit vollkommen abhängig von ihr ist. (Der Junge kann seinen Haß gegen das gleichgeschlechtliche Elternteil, den Vater, besser zulassen, weil er nicht die Person ist, von der er abhängig ist). Bereits in dieser frühen Phase hat das Mädchen den Wunsch, einen Penis zu besitzen, was wiederum verschiedene Ursachen hat. In seiner Phantasie existieren zwei gegensätzliche Vorstellungen vom Penis. Die eine, schon erwähnte: Der Penis ist der Brust ähnlich, nur mächtiger als sie, er ist etwas Gutes, das nährt und tröstet. Das Mädchen möchte ihn haben, um ihn der Mutter zu schenken, um sie zu versöhnen, nachdem es ihr in seinen Phantasien geschadet hat. Andererseits sieht es im Penis auch eine gefährliche Waffe, die ihm in seinen Angriffen gegen die Mutter nützlich werden könnte. Ein sichtbarer Penis könnte den aggressiven Penis, den es, wie es glaubt, sich einverleibt (gefressen) hat, unschädlich machen. Und schließlich könnte es dem Vater, den es in früheren Phantasien kastriert hat, einen Penis zurückgeben. Das Mädchen wünscht sich den Penis nur zum Teil aus libidinösen (erotischen) Gründen. Wichtiger ist sein Bedürfnis, seinen Sadismus unter Kontrolle zu bringen und sich auf diese Weise von Schuldgefühlen und der daraus resultierenden Angst zu befreien.

Ich fasse zusammen: Bei Jones und der englischen Schule ist der Peniswunsch des Mädchens nicht primär: Er ist eine neurotische Abwehr, eine Folge seiner Ängste aus dem frühen Ödipuskomplex, der durch die oralen Frustrationen der Mutter ausgelöst wird. Während das kleine Mädchen gemäß der Wiener Schule seine Vagina nicht kennt und seine infantile genitale Sexualität in der Klitoris konzentriert ist, hat es für die englische Schule ein triebhaftes a priori Wissen seiner Genitalorgane und ihrer rezeptiven Funktionen. Die Wiener Schule nimmt an, das Mädchen gehe erst nach seinem Mißerfolg in der männlichen Haltung dazu über, die weibliche Rolle anzunehmen. Die Anhänger der englischen Schule vermuten das Gegenteil: Wegen der erlittenen Frustrationen in seinen ursprünglichen weiblichen Bestrebungen nimmt das Mädchen vorübergehend oder definitiv eine männliche Haltung ein. Seine Vorstellung, einen Penis zu besitzen, schützt es vor der Zerstörung seines Körperinneren durch die Mutter und erleichtert auch sein Schuldgefühl, denn es schenkt seinen imaginären Penis der Mutter oder dem Vater, dem es ihn in früheren Phantasien geraubt hat.

Bei der Wiedergabe von Ernest Jones' Position habe ich zum Teil bereits Gesagtes wiederholt, weil es mir wichtig ist, daß die Standpunkte beider Schulen vollständig klar werden: die Wiener Schule – vertreten durch Freud, Ruth Mack Brunswick und Helene Deutsch –, das Konzept von Karen Horney, das eine Zwischenposition einnimmt, und die englische Schule mit ihren Exponenten Melanie Klein und Ernest Jones. Diese Theorien werden uns beim Verständnis der psychosomatischen Störungen von Frauen dienlich sein.

Ich komme jetzt zu Melanie Kleins Konzept der weiblichen Entwicklung. Ihre Theorien sind allerdings für die mit der Psychoanalyse wenig Vertrauten sehr schwer verständlich. Ernest Jones' Theorien werden es dem Leser erleichtern, mir in dieser Darlegung, die das früher Gesagte wiederholt und ergänzt, zu folgen.

In *Die Psychoanalyse des Kindes*[31] sagt Melanie Klein 1932, daß sich schon sehr kleine Kinder beiderlei Geschlechts den Koitus der Eltern (psychoanalytischer Terminus technicus: die Urszene) vorzustellen versuchen. Da die Beziehung zur Mutter und zur Außenwelt hauptsächlich über den Mund erfahren wird, sind die Vorstellungen so kleiner Kinder oraler Natur. Sie glauben, daß die Mutter den Vater an der Brust ernähre und daß er umgekehrt sie mit dem Penis ernähre. Es stellt sich die Frage, wie ein kleines Mädchen, das vielleicht noch nie einen Penis gesehen hat, eine solche Phantasie haben kann. Schon viel früher hatte Freud in einem persönlichen Brief an Jones eine diesbezügliche Bemerkung gemacht: Die erste Vorstellung, die sich das Mädchen von der sexuellen Beziehung zwischen den Eltern mache, entspräche der Fellatio (dem Saugen am männlichen Glied). Nach Melanie Klein reagiert das Mädchen auf die Frustrationen, die es durch die Brust der Mutter erleidet – die Brust repräsentiert in dieser frühen Epoche direkt die Mutter oder wenigstens ihren wichtigsten Teil –, indem es sich vorstellt, der Vater habe ein ähnliches Organ, nur sei seines besser. Es stellt sich eine Brust vor, die großzügiger ist als die der Mutter. Später identifiziert es den väterlichen Penis mit diesem phantasierten Organ. In seiner Enttäuschung über die Mutter glaubt es auch, daß diese ihm deshalb zuwenig Milch gebe, weil sie lieber den Vater ernähre. Es tritt in Rivalität zu ihm; der Mutter grollt es. Wie bereits erwähnt, gibt es auch die Vorstellung, daß der Vater die Mutter mit dem Penis ernähre, daß er sie mit Penes, Kindern und Milch auffülle. Deshalb beneidet das Kind die Mutter und rivalisiert auch mit ihr. Zwischen diesem Konzept und dem von Freud besteht ein grundlegender Unterschied: Nach Klein tritt das Mädchen bereits in seinem ersten Lebensjahr die Rivalität mit der Mutter an und wendet sich in seiner Suche nach Zuneigung an den Vater – die ödipale Situation. Nach Freud geschieht das erst im Alter von vier Jahren.

Der frühe Haß auf die Mutter führt nach Klein dazu, daß das Mädchen das Körperinnere der Mutter zerstören und sich des begehrten Inhalts bemächtigen möchte; dies löst in ihm die Angst vor entsprechender Rache durch die Mutter aus, es fühlt sich der Gefahr, innerlich zerstört zu werden, ausgesetzt (gemäß dem biblischen Talionsgesetz, das im Unbewußten regiert). Diese irrationale Angst, der wir bereits bei Karen Horney und Ernest Jones begegnet sind, sei die grundlegende Form weiblicher Angst. Wir sehen also einen weiteren Unterschied zwischen den beiden Schulen. Nach Freud fürchtet das Mädchen die Kastration seines imaginären Penis, oder es meint, sie bereits erlitten zu haben. Nach der englischen Schule fürchtet es, seine weiblichen inneren Organe könnten zerstört werden oder seien bereits zerstört. Das führt uns zur dritten grundlegenden Differenz. Ich habe betont, daß das Mädchen nach der Wiener Schule keine Kenntnis von seiner Vagina hat, daß sich seine ganze Erregbarkeit während der phallischen Phase – das heißt, wenn es seine äußeren Genitalien entdeckt, ungefähr mit vier Jahren – auf die Klitoris konzentriert. Der englischen Schule zufolge nimmt das Mädchen von Anfang an eine weibliche, rezeptive Haltung zu seinem Vater ein. Es weiß, daß es eine Vagina hat und möchte den väterlichen Penis darin aufnehmen. Diese Vorstellung geht oft mit den Fellatiophantasien einher. Da das Mädchen in seinen Wünschen an den Vater enttäuscht wird, richtet es sadistische Phantasien gegen seinen Penis. Später projiziert es die eigenen Aggressionen auf dieses Organ und fürchtet schließlich den Kontakt zu ihm. Hier, in der Abwehr gegen seine Ängste, wurzelt die frühe *«männliche»* Position. Da es vom Vater frustriert ist und ihn beneidet, versucht das Mädchen die Rolle, die es ihm in seinen Phantasien zuschreibt, selbst zu spielen und identifiziert sich mit ihm. Es verwechselt Phantasie und Realität und glaubt, den Penis des Vaters introjiziert[32] zu haben, ihn zu besitzen und somit all das, was es sich von der Mutter gewünscht hat, zu bekommen. Die Vorstellung, einen Penis zu besitzen, beruhigt die Ängste des Mädchens, weil es in ihm eine Waffe für Angriff und Verteidigung sieht und weil der Penisbesitz ihm ermöglicht, seinen Eltern das zurückzuerstatten, was es ihnen geraubt hat.

Ein weiteres wichtiges Konzept der englischen Schule führt Karl Abrahams Theorie über die ersten Objektbeziehungen weiter. Ausgehend von Freuds *Trauer und Melancholie*[33] stellt Abraham fest, daß Menschen den Verlust eines geliebten Wesens zu überwinden suchen, indem sie es einverleiben, introjizieren. Das heißt, der Trauernde verschlingt sein Objekt unbewußt und identifiziert sich auf diese Weise mit ihm. Abraham forschte hier weiter. Er unterzog die Analysen von Melancholikern und Paranoikern einer eingehenden Prüfung, und es gelang ihm, die frühesten Objektbeziehungen zu verstehen. Freud war der Meinung, das Kind liebe ursprünglich nur seine eigene Person – primärer Narzißmus –, um sich dann allmählich für die Hauptpersonen seiner Umgebung zu interessieren und sich an sie zu binden. Abraham schlägt vor, zwischen diese erste, die narzißtische Phase, und die nächste, in der bereits eine Beziehung zwischen zwei Personen besteht, eine weitere, sehr dauerhafte einzuschieben, in der das Kind nur mit einem überaus wichtigen Teil der geliebten Person in Beziehung tritt. Zum Beispiel nimmt es die Mutter zuerst nicht als Person wahr, sondern es liebt nur ihre Brust, das heißt, es liebt ein Partialobjekt. In seinen Phantasien verleibt es sie sich kannibalistisch ein, um einen möglichen Verlust abzuwehren. Die Beziehung zum Partialobjekt ist ambivalent, das heißt, das Kind fühlt Liebe und Haß für das Objekt. Des Hasses wegen fürchtet es das introjizierte Objekt und versucht, sich von ihm zu befreien, es auszustoßen. Meine Feststellung, das Mädchen habe sich den väterlichen Penis oder den Inhalt des mütterlichen Körpers einverleibt, sind aufgrund dieses Konzeptes zu verstehen.

Melanie Klein und andere Autoren haben diese Theorie weiterentwickelt. Bei ihnen existieren für das kleine Kind nicht nur eine mütterliche Brust oder ein väterlicher Penis, zu denen es sich ambivalent verhält, sondern es verdoppelt seine Objekte. Im Geist des Kindes wird die gute Brust, die Milch gibt, von der bösen, die sich verweigert und Hungerqualen verursacht, getrennt. Es gibt einen guten Penis, der ernährt, und einen bösen, der eine gefährliche Waffe darstellt. Das Kind verwechselt Phantasie und Realität. Es glaubt, es habe tatsächlich eine Anzahl schlechter Objekte introjiziert. In der Außenwelt sucht es begierig nach guten Objekten, um sie sich einzuverleiben und die schädigende Wirkung der schlechten zu neutralisieren. All das Böse, das es in sich trägt, versucht es auszustoßen. Diese Annahmen erscheinen vielleicht sehr theoretisch und wenig wahrscheinlich. Sie machen aber sehr konkrete Probleme verständlich. Zum Beispiel erklärt Melanie Klein damit, daß viele Frauen – unabhängig von der sexuellen Lust – aus dem Sexualverkehr eine große Beruhigung ihrer Ängste erfahren. Sie fürchten, einen bösen Penis introjiziert zu haben; eine Angst, die auf sehr verschiedene Arten ins Bewußtsein dringen kann: Zum Beispiel kann die Frau an der hypochondrischen Vorstellung leiden, sie habe Krebs. Jeder sexuelle Kontakt mit einem «guten» Partner beruhigt dann ihre unbewußten und irrealen Ängste, weil der Koitus als Einverleibung des guten Penis, der heilt und die bösen Objekte neutralisiert, erlebt wird.

Der englischen Schule wurde oft vorgeworfen, sie zeichne ein zu phantastisches und pessimistisches Bild der frühesten infantilen Entwicklung, denn die ersten oralen Frustrationen seien ja praktisch unvermeidbar. Man könnte befürchten, die Umgebung, in der es groß wird, könnte eine spätere gravierende Neurose kaum vermeiden, wenn das Kind in seinem ersten Lebensjahr so entscheidende und schreckenerregende Ängste durchstehen müsse. Das ist jedoch nicht der Fall. Melanie Klein hat die große Bedeutung, die eine wirklich wohlwollende Erziehung spielt, unterstrichen. Sie kann den schädigenden Einfluß dieser phantastischen Welt, in der das Kind seine früheste Kindheit erlebt, eindämmen und hilft ihm, nach und nach einen Sinn für eine andere Realität als die seiner irrealen Ängste zu entwickeln. Diese Realität gibt ihm die Möglichkeit, sich zu überzeugen, daß es nicht zerstört worden ist und daß der Schaden, den es den geliebten Personen in seinen Phantasien zugefügt hat, durch symbolische

Handlungen und durch Sublimierungen wiedergutgemacht werden kann.

Kehren wir zur psychosexuellen Entwicklung des Mädchens zurück. Wie ich bereits sagte, spricht Melanie Klein von einer frühen männlichen Position, zu der das Mädchen hilfesuchend im Kampf gegen seine Ängste häufig zurückkehrt. Aber wenn es sich normal entwickelt, tritt es in die «*postphallische*» Phase ein, in der es seine weibliche Rolle vollständig akzeptiert und eine entsprechende Haltung seiner Umwelt gegenüber einnimmt.

Bei den psychischen Unterschieden zwischen den Geschlechtern betont Melanie Klein sehr, daß die Mädchen in ihrer frühen Entwicklung mehr Ängsten ausgesetzt seien als die Jungen, weil es die Integrität ihrer Genitalien nicht überprüfen kann und weil das Mutterwerden noch in weiter Ferne liegt. Im Gegensatz zu Freud nimmt sie an, das Mädchen entwickele ein strengeres Über-Ich, ein moralischeres Gewissen als der Junge. Wegen der rezeptiven weiblichen Regungen neige es stärker zur Introjektion der Elternimagos. Die Unsicherheit, die es angesichts seines Inneren spürt, und das Bedürfnis, dessen schlechte Inhalte zu beherrschen, lassen das Mädchen eine scharfe Beobachtungsgabe und großes psychologisches Einfühlungsvermögen entwickeln. Zu diesen psychischen Eigenschaften gesellen sich eine gewisse Gewandtheit und die Neigung, zu betrügen und zu intrigieren. Die größere Abhängigkeit von seinem Über-Ich zwingt das Mädchen zu Altruismus und Opferbereitschaft. Die Befürchtung, dem Körperinneren der Mutter geschadet zu haben, und die Vermutung, von ihr in gleicher Weise bestraft worden zu sein, veranlassen es, wundervolle Kinder zu gebären und zu ernähren, sei es in Wirklichkeit oder in Form von Sublimierungen.

An dieser Stelle schließe ich die Darstellung der Theorien ab; ich weiß wohl, daß ich die psychoanalytischen Forschungsergebnisse nur zum Teil behandelt habe und daß es mir nicht immer gelungen ist, sie einfach und verständlich darzustellen. Das Thema ist sehr komplex; hinzu kommt noch, daß nur diejenigen die Psychoanalyse eigentlich verstehen können, die selbst in einer eigenen Analyse das eigene Unbewußte kennenzulernen bereit sind.

Zu meiner persönlichen Einschätzung der verschiedenen Theorien zur psychosexuellen Entwicklung der Frauen möchte ich noch einige Bemerkungen machen. Wenn ich im vorhergehenden Kapitel die *«phallozentrischen Irrtümer»* Freuds hervorgehoben und die Punkte benannt habe, in denen ich – in Übereinstimmung mit seinen Mitarbeitern und mit meiner persönlichen Erfahrung – mit seiner Theorie nicht einverstanden bin, scheint mir das etwas anmaßend. Es wirkt vielleicht etwas schäbig, denn trotz allem ist der von mir kritisierte Aspekt nur nebensächlich, und ich greife Freud mit seinen eigenen Waffen, nämlich mit der Forschungsmethode, die er allein entwickelt hat, an; außerdem stütze ich mich auf Resultate, die allein das 50jährige Bestehen der Psychoanalyse hervorbringen konnte. All das macht den Anspruch, einige Dinge etwas treffender zu sehen, zu keinem allzu großen Verdienst. Freud hat uns jedoch selbst zu dieser Kritik animiert, so wie er neue Gesichtspunkte immer begrüßte. Seine Schüler forderte er dazu auf, nichts als endgültig zu respektieren, immer davon auszugehen, daß theoretische Annahmen noch unsicher seien und weiterdiskutiert werden können. Über die Psychoanalyse als empirische Wissenschaft sagt er, sie sei kein philosophisches System, das von einigen bestimmten, scharf definierten Grundbegriffen ausgehe und damit die Totalität des Universums zu erfassen behaupte. Solche abgeschlossenen Systeme ließen keine neuen Funde und Erkenntnisse mehr zu. Die Psychoanalyse halte sich aber an Tatsachen und versuche, die unmittelbarsten Probleme der Beobachtung zu lösen, taste sich an der Erfahrung weiter, immer unfertig und bereit, die Theorien zu verbessern oder zu ersetzen. Freud gesteht auch zu, daß gewisse Konzepte noch unklar seien und einige Hypothesen erst provisorisch. Dies sei jedoch in der Physik oder der Chemie ebenso der Fall. Von der zukünftigen Arbeit erhoffe er sich eine Präzisierung der Erkenntnisse.[34]

Bei der psychoanalytischen Behandlung von Frauen läßt sich oft beobachten, daß sie vordergründig Penisneid empfinden. Sie haben das Gefühl, kastriert zu sein, leiden und zeigen eine männliche Haltung. Diese Situation ist bereits eine Abwehr gegen tiefere Ängste: die Angst, im Körperinneren zerstört zu sein. Später werden wir sehen, daß die Theorien über die beiden Kastrationsphantasien zum Verständnis der psychosomatischen Störungen der Frau beitragen. Wir werden auch sehen, daß sie beide oft in der gleichen Reaktion, im gleichen Symptom auftreten: Zum Beispiel begegnen wir in der Reaktion des Mädchens auf die erste Periode oft einer seltsamen Mischung aus Demütigung, Ablehnung und herausfordernder Freude. Die Demütigung entspricht dem Verlust der vorgestellten Männlichkeit, der «Kastration». In der Freude des Mädchens drückt sich die Erleichterung darüber aus, daß seine Weiblichkeit offensichtlich intakt ist, seine diesbezüglichen Ängste irreal waren und daß es in der Menarche das Versprechen zukünftiger Mutterschaft erkennt.

Auch in der Anthropologie wurden beide Vorstellungen bei fremden Völkern beobachtet. Der Penisneid steht normalerweise in patriarchalischen Gesellschaften im Vordergrund. Trotzdem existiert er zum Beispiel in Samoa, unter vollkommen verschiedenen kulturellen Bedingungen – wie wir gesehen haben – nicht, oder er ist zumindest viel weniger intensiv. In wieder anderen Gesellschaften, zum Beispiel bei der Bevölkerung der Marquesasinseln, treten genitale Ängste anderer Art auf. Kardiner sagt, er habe bei den Frauen der Inseln keinen Penisneid feststellen können, und erklärt dies mit der privilegierten Rolle der Frau, die keinen Grund habe, den Mann zu beneiden. Das Phänomen der Scheinschwangerschaft hingegen, das bei dieser Gruppe so häufig ist, kann meiner Meinung nach als Äußerung der Kastrationsangst, die sich auf das weibliche Genital bezieht, gedeutet werden. Das heißt, die Scheinschwangerschaft stellt den Versuch dar, die innere Zerstörung und den unterstellten Verlust der Fruchtbarkeit zu leugnen, um ihn dann schließlich doch zu akzeptieren.

Zum Schluß noch eine Erklärung, warum ich in diesem Buch – einer klinisch orientierten Studie –, die gesamte Entwicklung der psychoanalytischen Theorie zur Weiblichkeit vorstelle, wo doch eine kurze Zusammenfassung des aktuellen Wissensstandes unserer Wissenschaft genügt hätte: Ich denke, daß der nur am Praktischen interessierte Leser diesen Teil überspringen kann; aber ein

Minimum an theoretischer Kenntnis wird für das Verständnis notwendig sein. Ich nehme auch an, daß eine kurze Vorstellung des historischen Umfeldes, in der diese doch sehr komplizierte Theorie entstanden ist, den mit der Psychoanalyse nicht vertrauten Leser interessieren könnte. Und schließen möchte ich mit der Hoffnung, den Kennern und Studenten der Psychoanalyse eine nützliche Zusammenfassung für die weitere Forschung geboten zu haben.[35]

III

DAS BILD DER BÖSEN MUTTER

Von der Abwertung der Frauen habe ich bereits gesprochen. Das Vorurteil ihrer Minderwertigkeit wurzelt in alten, infantilen Ressentiments. Mann wie Frau lehnen die Mutter unbewußt ab; das Neugeborene ist vollkommen abhängig von seiner Mutter, hilflos und verletzlich – beides impliziert, daß es sie fürchtet, beneidet und haßt. Es liebt sie aber auch aufgrund der großen Vertrautheit, die zwischen ihnen herrscht. Daß das Kind so abhängig ist und ausschließlich seine Mutter hat, macht seine Liebe besonders unersättlich. Es will die Mutter ganz für sich haben und muß deshalb notwendigerweise Enttäuschungen erleben. Es liebt sie, dennoch reagiert es auf seine Frustrationen mit ohnmächtigem und hoffnungslosem Haß, den es auf die Mutter projiziert. Und deshalb fürchtet es sie.

Nach der englischen Schule möchte das Mädchen in seinen Phantasien den Mutterleib mit allen ihm verfügbaren Mitteln zerstören und fürchtet, als Vergeltungsmaßnahme für seinen Haß selbst zerstört zu werden. Wir haben gesehen, wie es die Bilder verdoppelt. In seinem Unbewußten entsteht neben der *«guten Mutter»*, von der es gehätschelt und genährt wird, das Bild der *«bösen Mutter»*, die auf Rache sinnt.

Um dies anschaulicher zu machen, möchte ich anhand von Gerüchten, Mythen, Märchen und Träumen belegen, daß diese Vorstellungen einer psychischen Realität entsprechen und daß wir alle neben der guten Mutterimago die andere, die schreckenerregende in uns tragen: das Bild der Mutter, die ihr Kind tötet, zerstört und verschlingt. Wir werden uns das später auch an klinischem Material ansehen. Vorerst möchte ich es mit einem Beispiel aus der Psychopathologie des Alltags veranschaulichen.[1] Ich werde ein Gerücht deuten, das 1949 in Buenos Aires kursierte und das sich in aller Geschwindigkeit unter Dienstmädchen, Taxifahrern und Friseuren verbreitete.

Wir haben es mit einem Phänomen zu tun, das man als *«modernen Mythos»* bezeichnen könnte. Diesen Begriff übernehme ich von Marie Bonaparte. In ihrem Buch *Mythes de guerre*[2] beschreibt sie, wie in einer durch den Zweiten Weltkrieg verursachten psychischen Situation hartnäckige Gerüchte entstanden, die von Mund zu Mund und mit äußerster Geschwindigkeit weitergetragen wurden. Sie analysierte deren latente Inhalte und stellte fest, daß solche Gerüchte die Funktion haben, in bestimmten Situationen, die durch schwelende, nicht lösbare Konflikte gekennzeichnet sind, die kollektive Angst auf verschlüsselte Weise zu verarbeiten. Damit erhalten sie eine ähnliche Funktion, wie die klassischen, historischen Mythen sie in ihrer Zeit innegehabt haben.

Das Gerücht, von dem ich erzählen werde, sprach sich in Windeseile herum und wurde selbst von Leuten für wahr gehalten, die im allgemeinen über ein kritisches Urteilsvermögen verfügten. In dem Zeitraum von nur einer Woche erreichte es mich in neun Versionen, die sich lediglich in Einzelheiten unterschieden. Das bestätigt meine Vermutung, daß das Gerücht, wenngleich verdeckt, mit einer verdrängten inneren Situation korrespondiert, kindlichen Ängsten insbesondere, die auch bei den meisten Erwachsenen unbewußt noch vorhanden sind.

Die vollständigste Version jener seltsamen Geschichte, die man sich im Juni 1949 in ganz Buenos Aires erzählte, lautet etwa so: Ein junges Ehepaar stellt ein Dienstmädchen ein. Die Frau steht kurz vor der Entbindung. Das Kind kommt zur Welt. Einige Wochen später überlassen die Eltern das Kind der Obhut des Mädchens, zu der sie inzwischen vollstes Vertrauen haben, um ins Kino zu gehen. Als sie zurückkommen, werden sie sehr feierlich empfangen. Das Dienstmädchen, folgt man der einen Version, empfängt sie im Hochzeitskleid ihrer Herrin und teilt ihnen mit, daß sie eine große Überraschung für sie bereithalte. Sie bittet die beiden ins Speisezimmer, wo sie ihnen ein besonderes Festmahl zubereitet habe. Als sie eintreten, bietet sich den Eltern ein grauenhafter Anblick. In der Mitte des mit größter Sorgfalt gedeckten Tisches erblicken sie ihr Kind auf einer großen Platte, gebraten und mit Kartoffeln angerichtet. Die unglückliche Mutter wird augenblicklich verrückt. Sie verliert die Stimme, und niemand hat sie seither auch nur ein einziges Wort sprechen hören. Der Vater, von dem es in mehreren Fassungen heißt, er sei Offizier, zieht den Revolver, tötet das Dienstmädchen und verschwindet. Niemand hat je wieder etwas von ihm gehört oder gesehen.

Späteren Nachforschungen zufolge habe man das Drama aus einer besonderen Begebenheit, von der das Ehepaar nicht wußte, erklären können. Das Dienstmädchen sei nämlich eine kurz zuvor aus einer Irrenanstalt ausgerissene Psychotikerin gewesen. Wie gesagt gibt es andere Versionen der gleichen Geschichte, die sich im Detail unterscheiden. Manchmal heißt es,. der Ehemann sei Arzt gewesen und sei gar nicht geflüchtet, sondern habe zuerst die Mörderin und dann sich selbst getötet. Andere wiederum behaupten, das Kind sei genau sechs Monate alt gewesen.

Dieses Gerücht ist gekennzeichnet durch Merkmale, die mit den Beobachtungen von Marie Bonaparte, wie sie sie im Kontext mit der Entstehung moderner Mythen gemacht hat, übereinstimmen. Zunächst einmal wollen alle Personen, die die Geschichte weitererzählen, sie von Dritten erfahren haben, die ihrerseits mit den Protagonisten bestens bekannt seien. Mehrfach hat man mir versichert, der ganze Vorfall habe in den Zeitungen gestanden, obgleich niemand ihn darin selbst gelesen hatte. Und fast alle hielten die Tragödie, die sie erzählten, vom ersten Augenblick an für wahr.

Die Geschichte erscheint nun allerdings so schrecklich und sonderbar, daß man einwenden könnte, die Behauptung, ihr latenter Inhalt entspräche unbewußten Phantasien, die wir alle haben, sei nicht aufrechtzuerhalten. Wenn sie zutreffen sollte, hätte das Gerücht in dieser oder ähnlicher Form weit häufiger auftreten müssen. Untersuchen wir also, ob es noch andere Geschichten gibt, in denen ein Kind womöglich von den eigenen Eltern verspeist werden soll. In der klassischen Mythologie ist es die Geschichte des Tantalos, die diesem «modernen Mythos» am ähnlichsten ist.

Tantalos, König von Lydien und Schwiegersohn des Zeus, setzt den Göttern, um ihre Allwissenheit auf die Probe zu stellen, den zerstückelten Körper von Pelops, seinem eigenen Sohn, zur Speise vor. Lediglich seine Frau Ceres, die Göttin der Fruchtbarkeit, nimmt sich, blind vor Schmerz über den Verlust des Sohnes, ein Stückchen von der Schulter und ißt etwas. Nachdem Zeus Pelops wieder zusammengesetzt und zum Leben erweckt hat, ersetzt Ceres das, was sie gegessen hat, mit einer neuen Schulter aus Elfenbein. Zeus stürzt Tantalos in den Tartaros und verdammt ihn zu ewigen Hungersqualen und brennendem, nie zu stillendem Durst; er steht mitten in einem Fluß, dessen Wasser zurückweicht, sobald er zu trinken versucht; über ihn beugt sich ein schwer mit Früchten behangener Baum, dessen Zweige wegschnellen, kaum daß er die Arme nach ihnen ausstreckt.

Gibt es vergleichbare Mythen? In *Schneewittchen* schickt die böse Stiefmutter den Jäger mit der Stieftochter, der sie die Schönheit neidet, in den Wald, damit er sie töte und ihr ihr Herz bringe. Der Jäger jedoch ist gerührt von der Schönheit und Güte des Mädchens und tötet an ihrer Stelle ein Reh, schneidet das Herz heraus und trägt es zu der grausamen Königin. Die läßt es zubereiten und verspeist es in dem Glauben, sich das unversehrte Herzstück ihrer schönen Stieftochter einzuverleiben.

In *Hänsel und Gretel* läßt sich der Vater der beiden Kinder in seiner Not – er ist arm und kann sie nicht ernähren – von seiner Frau, der Stiefmutter, dazu überreden, sie in den Wald zu schicken und sie dort sich selbst zu überlassen. Die Kinder irren einsam und hungrig durch den Wald, bis sie zum Lebkuchenhaus der Hexe kommen. In dem Augenblick, als sie eine der Dachschindeln anknabbern, werden sie ertappt. Die Hexe sperrt sie ein und mästet Hänsel in der Absicht, ihn zu töten und zu braten. Mit einer List gelingt es Gretel, ihren Bruder zu retten. Wieder eine

Frau, die ein Kind töten will, um es zu fressen. Die Konstellation in *Hänsel und Gretel* bietet Parallelen zu dem Mythos vom gebratenen Kind.

Bei den Marquesas, einer uns fremden Kultur, deren Lebensgewohnheiten ich bereits beschrieben habe, fürchten die Frauen die Vehinihai, die Geister von wilden Frauen, die die ungeborenen Kinder rauben, um sie zu verschlingen.

Ähnliches geschieht auch im Traum einer jungen Lesbierin, die zu mir kam: Sie sieht vor sich einen Baum, in dessen Schatten mehrere kleine Schweinchen stehen. Sie schaut nach oben und entdeckt eine ungeheure *«Krebs-Spinne»*, die vom Baumwipfel herunterhängt. Plötzlich läßt sich die Spinne fallen. Alle Schweinchen fliehen, bis auf eines, das wie gelähmt stehenbleibt. Die Spinne stürzt sich auf das Schweinchen und beginnt, es auszusaugen. Die Träumende beobachtet mit Schrecken, wie es dem armen Schweinchen nicht gelingen will, sich vor ihr zu schützen, und wie die rosa Farbe seiner Haut ganz blaß und weiß wird, weil die Spinne ihm alles Blut aus den Adern saugt. Hier sei eine Deutung vorausgeschickt: Die drei Schweinchen – wir kennen sie als die drei Brüderchen aus den Zeichnungen Walt Disneys – repräsentieren die Träumende und ihre beiden jüngeren Schwestern, die Spinne symbolisiert – wie oft in Träumen und in anthropologischen Quellen – die Mutter.

Die Analyse dieses Materials kann erklären, wie der Mythos vom gebratenen Kind entstehen konnte. Ein Motiv zieht sich wie ein roter Faden durch alle Mythen hindurch: Ein Kind soll verschlungen werden. Manchmal geschieht es ihm tatsächlich, manchmal wird die Hauptperson an ihrem perversen Vorhaben gehindert. Wen aber repräsentiert sie? Wer begeht das Verbrechen der Anthropophagie, der Menschenfresserei bzw. versucht es? Oder anders gefragt: Wer ist der oder die Schuldige?

Im Mythos von Tantalos ist es der Vater, der seinen Sohn tötet, doch die einzige, die das Verbrechen vollendet und von der schrecklichen Mahlzeit ißt, ist Ceres, seine Mutter. In *Schneewittchen* läßt die Stiefmutter die Prinzessin töten, um ihr Herz zu essen. In *Hänsel und Gretel* erscheint die Situation dadurch etwas verdeckter, als die Stiefmutter zunächst ihr eigenes Problem ins Spiel bringt, um an ihr Ziel zu gelangen. Erst die Armut und die Tatsache, daß sie sie nicht ernähren kann, führen dazu, daß sie sie der Gefahr aussetzt, von der Hexe gefressen zu werden. Und dennoch repräsentiert die Stiefmutter das Bild der bösen Mutter, die sich weigert, ihre Kinder zu ernähren. Im Mythos, der auf den Marquesasinseln geglaubt wird, lassen die Vehinihai, die wilden Frauen, den Fötus aus der Gebärmutter der Mutter verschwinden oder fressen das neugeborene Kind auf.

Freud hat gezeigt, daß unser Unbewußtes dem grausamen und unerbittlichen Gesetz der Talion folgt: *«Auge um Auge, Zahn um Zahn»*. Das heißt, daß wir selbst als Strafe immer genau das erwarten, was wir dem anderen zugefügt haben, sei es in Wirklichkeit oder in unserer Phantasie. Das Verbrechen der Vehinihai stimmt genau mit dem überein, was Kinder beiderlei Geschlechts in ihren unbewußten Phantasien aus Eifersucht der schwangeren Mutter bzw. ihren jüngeren Geschwistern antun: sie nämlich beiseite zu schaffen und zu töten. Entsprechend hat das Mädchen Angst, wenn es groß ist und selbst ein Kind erwartet; es fürchtet sich vor der Rache der Mutter, die in ihrer Phantasie zur wilden Frau wird, die Kinder stiehlt und frißt.

Die Deutung des Traumes von der Spinne und den drei Schweinchen habe ich schon gegeben: Die Spinne symbolisiert die böse Mutter, die drei kleinen Schweinchen repräsentieren die Träumende und ihre beiden kleineren Schwestern als Kinder. Während die junge Frau im Traum die tragische Szene beobachtet, identifiziert sie sich mit dem Schweinchen, das der Spinne zum Opfer fällt. Sie träumt also, daß ihre Mutter sie tötet, indem sie ihr das Blut aussaugt.

Das gesamte Material läßt sich annähernd auf eine gleich gestaltete Situation zurückführen. Im Mythos des Tantalos ist zwar der Vater für das Verbrechen verantwortlich, vollendet wird es aber von der Mutter. In den beiden Märchen geht die Planung des Verbrechens auf die jeweilige Repräsentantin der bösen Mutter – die Stiefmutter, die Hexe – zurück. Im Traum ist die Mutter ein Vampir, der ihre Tochter tötet.[3]

Im Mythos der *Vehinihai* schließlich verschlingt die wilde Frau, schreckenerregende Mutterimago, die Kinder ihrer Tochter. Obgleich die Tragödie in die nächste Generation verschoben scheint, bleibt die psychologische Situation jedoch dieselbe wie in den anderen Geschichten; die junge Mutter identifiziert sich mit ihrem Kind und betrachtet es als einen Teil ihrer selbst, ihr eigen Fleisch und Blut.

In dem Gerücht, das in Buenos Aires kursierte, ist es das Dienstmädchen, das das Kind ihrer Hausherrin tötet. Die gleiche Konstellation wie im Mythos der *Vehinihai* scheint durch. Das Dienstmädchen repräsentiert das Bild der bösen Mutter. Wenn das so ist, welche Motive kann es dafür geben, daß das Dienstmädchen für das Unbewußte die Rolle der Mutter besetzt? Es sind unterschiedliche. Ich beziehe mich im folgenden auf die Probleme, die mir in meiner psychoanalytischen Praxis mit Frauen immer wieder begegnet sind: permanente Klagen und Auseinandersetzungen mit den Dienstmädchen.

Die Arbeit des Dienstmädchens ähnelt der der Hausfrau: Beide sorgen für das leibliche und seelische Wohl ihrer Kinder und für die Ordnung im Hause. Im Gegensatz zur Hausherrin ist das Dienstmädchen aber nicht nur von ihr abhängig, sondern ist Angehörige einer sozial niederen Klasse. Das mobilisiert alte, kindliche Rachephantasien und Wünsche, die Rollen zu vertauschen. Eine Phantasie, die das kleine Kind der Mutter gegenüber oft so ausdrückt: «*Du wirst schon sehen, was du davon hast, wenn ich einmal groß bin und du bist klein!*» Alles, was die Hausherrin als Mädchen unter der Abhängigkeit von der Mutter und dem Zwang, gehorsam zu sein, erlitten hat, kann es jetzt an das Dienstmädchen weitergeben und an ihr abreagieren. An ihr kann es sich für alle Frustrationen der Kindheit rächen.[4]

Der verdrängte Haß, den die erwachsene Frau der eigenen Mutter gegenüber nie zu zeigen wagte, trifft das Dienstmädchen. Aufgrund eben dieses Hasses fürchtet sie sie und traut ihr alles Böse zu. Viele Frauen fühlen sich stets und ständig von der Hausangestellten hintergangen; sie sind überzeugt, daß sie stiehlt und hinter ihrem Rücken Mann und Kinder verführt. Eine der

Ursachen für die Leichtgläubigkeit, mit der die Geschichte vom gebratenen Kind aufgenommen wurde, ergibt sich aus dieser unbewußten Konfliktsituation, in der sich Hausherrin und Hausangestellte gegenüberstehen. All diesen Überlegungen zufolge scheinen wir es also durchweg mit abgewandelten Erscheinungsformen ein und derselben Situation zu tun zu haben, in der Sohn oder Tochter einer verbrecherischen Mutter zum Opfer fallen.

Wer die Geschichte hört und von ihr beunruhigt wird, identifiziert sich mit dem Kind – dem unschuldigen Opfer der bösen Dienstmädchen-Mutter – und ist voller Sympathie für die junge Mutter, in die das bewußte und gute Bild der eigenen Mutter projiziert wird. Ich habe bereits erklärt, wie verdrängte kindliche Eifersuchtsgefühle dazu führen können, daß einem Muttersatz der seltsame Wunsch unterstellt wird, das anvertraute Kind zu verschlingen. Dahinter liegt aber noch eine tiefsitzende Angst: Wer an die kannibalischen Wünsche der Mutter glaubt und sich mit dem Opfer identifiziert, fürchtet gemäß dem Gesetz der Talion, die böse Mutter könne einem genau das zufügen, was man ihr in frühester Kindheit am liebsten angetan hätte. Man schreibt ihr die eigenen perversen Wünsche zu, um bei der Mutter das zu verurteilen, was man als Vorwurf gegen sich selbst nicht zulassen kann. Wir werden also zunächst beweisen müssen, daß in der Geschichte vom gebratenen Kind das ursprüngliche Verbrechen in dem Wunsch des Kindes besteht, die Mutter zu verschlingen, und daß der eigentliche Übeltäter im augenscheinlichen Opfer, nämlich im Kind selbst, zu suchen ist. Kommen wir noch einmal auf die anderen Mythen zurück.

Die Strafe des Tantalos ist sein ewiger Durst und der quälende Anblick fruchtbehangener Äste, die sich ihm entziehen, sobald er die Hand nach ihnen ausstreckt. Die Frucht ist Symbol für die weibliche Brust. Die Art der Strafe läßt darauf schließen, daß das ursprüngliche Vergehen des Tantalos in der Unersättlichkeit seines Hungers liegt. Im Mythos erscheint die Situation in ihr Gegenteil verkehrt. Nicht Tantalos ist es, der sich die Mutter einverleiben möchte, sondern Ceres, die Mutter seines Sohnes, Repräsentantin der eigenen Kindheit, verschlingt ihr Kind.

Schneewittchen fällt wie tot um, nachdem sie in den vergifteten Apfel gebissen hatte, den ihr die Stiefmutter geschenkt hat. Sie wird für ihre Gefräßigkeit bestraft, für den Versuch, sich die Brust der feindseligen Mutter einzuverleiben.

Hänsel und Gretel werden wegen ihrer Unersättlichkeit – es gab nichts mehr zu essen – von zu Hause verstoßen. Die Hexe bestraft sie, als sie die beiden dabei ertappt, wie sie einen Ziegel ihres Hauses verzehren. Das Haus ist ein immer wiederkehrendes Symbol für die Mutter.

Im Mythos der *Vehinihai* kommt der Hunger eines bestraften Kindes nicht vor. Wir wissen allerdings, daß die Mütter auf den Marquesasinseln ihren Kindern die Brust verweigern und sie lieblos ernähren. Auf diese Weise rufen sie in ihren Kindern kannibalische Wünsche und Rachegelüste hervor, die später an den besiegten Feinden befriedigt werden.

In der psychoanalytischen Behandlung der jungen Lesbierin schließlich, deren Traum ich wiedergab, traten nach und nach aggressiv besetzte Wünsche an den Tag, die sie ihrer Mutter gegenüber hatte.

Aufgrund der Ähnlichkeit, die diese Konstellationen haben, können wir den Schluß wagen, daß auch im Mythos vom gebratenen Kind das eigentliche Vergehen der aggressive Hunger des Kindes ist, der in dem Maße wächst, wie das Kind von der Mutter allein gelassen wird. Die Tragödie nimmt ihren Lauf, sobald sie mit dem Vater das Haus verläßt.

Demnach wäre der Grund für das Verbrechen stets im Kind selbst zu suchen, und sein Schuldgefühl wäre dafür verantwortlich, daß es später in seinem Inneren das verdrängte Bild der Hexen-Mutter trägt, die böse und kannibalische Wünsche hegt. Wenn dieses Mutterbild bis ins Erwachsenenalter bestehen bleibt, äußert es sich später zum Beispiel in der naiven Leichtgläubigkeit, mit der das Gerücht vom gebratenen Kind für bare Münze genommen wird. Wir alle haben als Kinder eine Phase durchlebt, in der wir kannibalische Wünsche hatten, die der Brust der Mutter galten. Abraham hat als erster festgestellt, daß beim Säugling mit den ersten Zähnen, das heißt ungefähr im Alter von sechs Monaten, erste sadistische Wünsche und Phantasien entstehen, in die Brust der Mutter zu beißen und an ihr zu kauen, ein Wunsch, der sich mit zärtlichsten Neigungen verbindet. Das erklärt, warum das Kind in einer Version des Mythos vom gebratenen Kind genau sechs Monate alt ist.

Wenn ein Kind Nahrung, sei es Muttermilch, Brei oder anderes, zu sich nimmt, hat es dabei die Vorstellung, die Mutter zu verschlingen, wobei dies vom Kind ambivalent erlebt wird. Es verleibt sich die Mutter ein – aus Liebe. Gleichzeitig zerstört es sie mit den Zähnen, weil es sie haßt und fürchtet und seine eigenen Aggressionen auf sie überträgt. Diese Aggressionen wachsen mit jeder schmerzlichen Erfahrung des Kindes und den von der Mutter verursachten Frustrationen. Das Kleinkind projiziert seinen Hunger auf die Mutter. Es erlebt ihn so, als ob diese es von innen fressen und zerstören würde: als mutwilligen und aggressiven Akt der Mutter und als Strafe für die eigene Unersättlichkeit. Deshalb repräsentiert das Dienstmädchen, die den Eltern den Säugling zum Mahl vorsetzt, die Mutter, die den eigenen Hunger mit dem Fleisch ihres Kindes stillen möchte, anstatt ihm die Brust zu geben.

Bis jetzt haben wir uns ausschließlich mit der Mutter-Kind-Beziehung in der oralen Phase beschäftigt. Doch auch der Vater betritt die Bühne. Die Protagonisten des Dramas sind: der Vater, in der einen Version ein Arzt, in der anderen ein Offizier, die Mutter und das Dienstmädchen. Die Berufe, die der Vater angeblich ausüben soll, sind, glaube ich, nicht zufällig, sondern sie korrespondieren mit der im Mythos ausgedrückten inneren Situation. Ein Offizier ist eine bedeutende, mit Autorität ausgestattete Persönlichkeit und entspricht dem Bild, das das kleine Mädchen sich von seinem Vater macht, dem eines Präsidenten oder gar eines Königs vergleichbar. Der Arzt ist der Mann, vor dem es weder sexuelle Geheimnisse noch Verbote gibt. Er weiß alles und ist befugt, uns körperlich zu untersuchen. Er bekommt die Rolle, die der Vater in der sexuellen Beziehung zur Mutter hat. Betrachten wir die Situation des Mädchens angesichts dieser Beziehung: In einem bestimmten Alter verliebt es sich in seinen Vater und möchte den

Platz der Mutter einnehmen. Es ist rasend eifersüchtig, haßt sie und möchte sie am liebsten umbringen. Ein Grund mehr, die Rache der Mutter zu fürchten und sie böse zu finden. Wenn dann noch Geschwister zur Welt kommen, fühlt sich das Mädchen von den Eltern verraten und richtet seinen Haß und seine Eifersucht auf den Neuankömmling.[5] Sie wird überempfindlich, fühlt sich zurückgesetzt und als Aschenputtel behandelt.

Wir haben für die orale Ebene analysiert, wie und warum das Dienstmädchen die böse Mutter repräsentiert, auf die das Mädchen seine eigenen kannibalischen Wünsche projiziert. Auf ödipalem Niveau bedeutet die Rolle des Dienstmädchens etwas anderes, sie wird das eifersüchtige, in den Vater verliebte Mädchen. Ihre Rivalität mit der Mutter tritt am deutlichsten in jener Version zutage, in der das Dienstmädchen das Hochzeitskleid der jungen Frau trägt; so setzt sie sich unmittelbar an die Stelle der Mutter und damit an die Seite des Vaters. Das Mädchen ist auf das Sexualleben ihrer Eltern eifersüchtig. Das Unheil geschieht, als das Paar das Dienstmädchen allein zurückläßt, um gemeinsam auszugehen. Hinzu kommt, daß das Dienstmädchen vor der Geburt des Kindes eingestellt wurde; das bedeutet, nach der Geburt des Kindes wird die einzige Tochter gewissermaßen zur älteren Schwester und von ihrem Brüderchen aus ihrer Stellung verdrängt. Sie regrediert in die orale Phase und rächt sich, indem sie den Säugling tötet, um ihn den Eltern als Mahl zuzubereiten. Damit will sie verhindern, daß das Baby weiterhin mit Einverständnis des geliebten Vaters von der Brust der Mutter trinkt. Das Dienstmädchen muß dafür bestraft werden. In der einen Version des Mythos erschlägt der Vater das Dienstmädchen, in einer anderen erschießt er sie. Beide Strafen symbolisieren auf einer regressiven, masochistischen Ebene den Koitus mit dem Vater. Das Verdrängte, die verweigerte und verbotene Sexualität, kehrt erneut ins Bewußtsein, wenn auch verdeckt und schmerzhaft. Allerdings nur für einen kurzen Augenblick, denn der Vater verschwindet bzw. nimmt sich das Leben, die Mutter verliert die Sprache, das symbolisiert den Tod. Mit anderen Worten, das Mädchen-Dienstmädchen erleidet die schwerste Strafe, die ein

Kind sich überhaupt vorstellen kann: Sie wird von ihrem Vater und ihrer Mutter verlassen, weil sie ein Verbrechen aus Eifersucht begangen hat.

Marie Bonaparte kommt zu dem Ergebnis, daß die von ihr untersuchten modernen Mythen Reaktionen auf eine aktuelle, angsterzeugende Situation – den Zweiten Weltkrieg – sind, die ihrerseits mit einer allgemeinen psychischen Konstellation korrespondieren, die viele Menschen miteinander teilen. Ich weiß nicht, bis zu welchem Punkt die Entstehung des von mir analysierten Mythos sich ebenfalls auf eine aktuelle Situation beziehen ließe; die Erforschung dieser aktuellen Bezüge war aber auch nicht mein Ziel. Ich wollte den unbewußten und zeitlosen Inhalt unseres Mythos analysieren, um zu zeigen, daß er mit einer uns allen gemeinsamen psychologischen Situation einhergeht und nur deshalb für wahr gehalten wurde, weil es gelungen war – aufgrund der verschiedenen Identifikationsmöglichkeiten, die dieser Mythos bot –, diese spezifische Konstellation mit ihrem psychologischen Gehalt zu begreifen.

Soweit die Interpretation des Mythos. Wir haben gesehen, daß der Grund für das Verbrechen im Kind selbst zu suchen ist. Schuld an dem Verbrechen ist das Mädchen, das seine Mutter haßt, sie deshalb fürchtet und in seinem Inneren das verdrängte Bild der Hexen-Mutter trägt. Ist es richtig, in diesem Zusammenhang von Schuld zu sprechen? Ist es die Schlechtigkeit des Neugeborenen, die es veranlaßt, seine Mutter zu hassen und ihre Zerstörung zu wünschen, oder sind es seine Frustrationen, die es dazu bringen? Unter Psychoanalytikern gibt es dazu verschiedene Meinungen. Wenn man sich auf die Freudsche Todestrieb-Theorie stützt, kann man davon ausgehen, daß das Kind bereits mit der Fähigkeit zu lieben, zu hassen oder Neid zu empfinden auf die Welt kommt und daß es die Vorstellung von der Welt und das Bild der bösen Mutter seinen eigenen Impulsen folgend konzipiert. Andere Psychoanalytiker sehen den Haß des Neugeborenen als Reaktion auf die feindselige Haltung der Mutter und auf die Frustrationen, denen sie das Kind aussetzt. Die einen wie die anderen deuten das Verhalten des Kindes aus dem Zusammenwirken seiner konstitutionellen Voraussetzungen und seiner frühkindlichen Erfahrungen. Je nach Weltanschauung betont der eine mehr den einen, der andere mehr den anderen Faktor.

Ich werde zwischen diesen beiden Konzepten nicht unterscheiden. Klinisch betrachtet, empfindet sich jeder – wie wir später noch sehen werden – subjektiv ursprünglich als Opfer und erst später als Täter. In dem Maße, in dem eine Analyse fortschreitet, kann jemand auch die Verantwortung für das, was er sich und seinen Objekten angetan hat, wahrnehmen. Im klinischen Teil des Buches werde ich mich auf psychoanalytisches Material von «Töchtern» wie auch von «Müttern» stützen und zum Beispiel zeigen, wie die Angst vor der Mutter ein Mädchen daran hindert, zu gegebener Zeit ihre Regel zu bekommen, wie der Haß einer Schwangeren zu einem Abort führen oder wie die Ablehnung einer jungen Mutter Schwierigkeiten beim Stillen nach sich ziehen kann. Halten wir die, die ihre Kinder ablehnen, für «böse»? Keinesfalls. Durch die Krankengeschichte verstehen wir, daß sie – ohne es zu wollen oder zu merken – nur das wiederholen, was ihnen selbst von ihrer Mutter angetan wurde. Alles, was uns an diesen Frauen feindselig und unmütterlich erscheint, entspringt ihren eigenen infantilen Frustrationen, die sie in einer unreifen, der Mutterrolle nicht angemessenen Haltung fixiert haben. Zusammenfassend könnte man sagen, daß das, was eine Mutter dazu bringt, ihr Kind abzulehnen und es zu enttäuschen – oft sogar grausam zu enttäuschen –, seinen Grund sowohl in der unbewußten Identifikation mit dem eigenen Bild der «bösen Mutter» hat als auch in den infantilen Strebungen, die mit ihm verbunden sind.

KLINISCHER TEIL[1]

IV

DIE MENSTRUATION

Ich komme jetzt zu den verschiedenen Phasen im Leben einer Frau und werde sowohl die normale, das heißt die geglückte, als auch die problematische Entwicklung beschreiben. Pathologische Manifestationen, die in jeder Phase auftreten können, beziehen sich im Grunde genommen immer auf den gleichen Konflikt: Sie sind Ausdruck der Angst, sich mit dem Bild der schlechten zerstörten Mutter zu identifizieren oder der Angst vor ihrer Rache. Es kommt häufig vor, daß die Ängste, die in einer bestimmten Entwicklungsstufe überwunden schienen, in veränderter Form später wieder auftauchen. Um dies zu illustrieren, werde ich einen Fall vorstellen: Es handelt sich um eine junge, elegante und attraktive Frau, die nur einen Schönheitsfehler hatte: Wenn sie nervös war, schielte sie leicht. In der Analyse erzählte sie mir aus ihrer Kindheit: Sie sei ein häßliches, stark schielendes Kind gewesen, klein und ohne Hals, wie ihre Mutter gelegentlich bemerkte. Die Mutter hingegen war eine schöne, sehr stolze Frau. Wenn sie ihre Tochter auf die ersten Parties begleitete, betonte sie immer, daß sie – trotz ihres Alters – der Tochter an Attraktivität immer noch einiges voraushabe. Sie war auch sehr besorgt um die Zukunft ihrer Tochter und hatte Angst, daß es ihr nicht gelingen würde, einen Mann zu finden. Die Tochter interessierte sich ausschließlich für die Schule und für ihre Freundinnen. Um ihr Aussehen schien sie sich überhaupt nicht zu kümmern. Mit 17 war sie noch sehr klein, nicht entwickelt und hatte ihre Regel noch nicht bekommen. Wegen des Schielens war sie bereits mehrere Male operiert worden, immer auf Veranlassung der Mutter, und immer ohne Erfolg. Mit 17 wurde sie für einen weiteren Versuch in einem Sanatorium aufgenommen, die Operation war erfolgreich. Ein junger Arzt machte ihr den Hof, und zwar noch bevor er wissen konnte, wie die Operation ausgehen würde. Das Mädchen war begeistert. Zum ersten Mal in ihrem Leben fühlte sie sich begehrt. An dem Tag, an dem sie das Sanatorium verließ, bekam sie ihre erste Regel. Jahre später, als ich sie kennenlernte, hatte sie nichts mehr von dem kleinen, dicken Mädchen ohne Hals, das sie einmal gewesen war. Sie war hübsch, groß und schlank. Was jedoch wie eine «Heilung durch Liebe» aussah, hatte die Patientin nicht wirklich verändert. Sie hatte in der Zwischenzeit aus neurotischen Motiven geheiratet. Als sie Mutter wurde, begann ihre Ehe schlechter zu werden. Sie trennte sich von ihrem Mann. Bei der Scheidung verhielt sie sich so, als ob sie unbewußt das Sorgerecht für ihr Töchterchen, das sie anbetete, abtreten wollte. Als Frau scheiterte sie, weil sie nicht fähig war, Mutter zu sein. Aufgrund des Verhaltens ihrer Mutter konnte sie als Adoleszente ihre Weiblichkeit nicht annehmen. Sie dachte sich, es sei wohl besser, Mädchen zu bleiben oder wie ein Junge zu leben, wenn sie als erwachsene Frau doch niemand lieben würde. Die erste Liebe genügte jedoch, um ihr das Leben als Frau attraktiv erscheinen zu lassen. Sie bekam ihre Regel und wurde Frau. Wegen ihres Ressentiments gegenüber der Mutter konnte sie mit dem Mann, den diese für sie gewählt hatte, nicht glücklich zusammenleben. Was sie gar nicht zulassen konnte, war die Tatsache, daß sie selbst Mutter wurde. Sie konnte auch ihre Mutterrolle nicht angstfrei übernehmen. Bewußt hatte sie Angst, daß sie die Tochter mit der gleichen Bosheit behandeln könnte, die sie selbst von ihrer Mutter erlitten hatte. Um der Tochter nicht zu schaden, verließ sie sie und begann ihr Leben nochmal von vorne.

Die Menarche, das heißt die erste Menstruation, ist für das Mädchen äußerst wichtig: Sie bedeutet, daß es jetzt biologisch reif ist, daß es Frau geworden ist und damit physisch bereit für Liebe und Mutterschaft. Eigentlich sollte für das Mädchen am Tag der

Menarche ein Fest gefeiert werden, das Datum sollte später mit ihrem Hochzeitstag und den Geburtstagen der Kinder genannt werden. In primitiven Gesellschaften wird dies auch wirklich so gehandhabt. Die erste Menstruation ist tabuisiert und wird von verschiedenen zeremoniellen Handlungen begleitet, deren Höhepunkt ein großes Fest ist, bei dem das Mädchen in den Kreis der erwachsenen Frauen aufgenommen wird. Die Initiationsriten sind aber nicht nur ein Zeichen dafür, daß es etwas zu feiern gibt, sondern sie zeigen auch die Ambivalenz der Männer gegenüber der Geschlechtsreife der Mädchen. Die erwachsenen Frauen, die ihre Tage haben, wirken auf sie beunruhigend, reizen und ängstigen sie zugleich. Mit zahlreichen Tabus schützen sie sich vor der unheimlichen Berührung mit ihr. Die Ängste vor der menstruierenden Frau wurden in zahlreichen psychoanalytischenArbeiten, zum Beispiel von Coronel Daly[2], Melitta Schmiedeberg[3], Mary Chadwick[4] und Alfred Winterstein[5] auf ihren tieferen Sinn hinterfragt. Freud deutet die Angst des Mannes vor der Menstruation als Beklemmung angesichts des blutigen – weil kastrierten – Genitals der Frau. In primitiven Kulturen hat der Mann vor der menstruierenden Frau Angst; das junge Mädchen wird bei der Menarche strengen Einschränkungen unterworfen. Bei einigen Stämmen muß es sich sogar grausamen Operationen unterziehen. Am Ende der Prüfungen, die es bestehen muß, fehlt aber nie das Fest zur Feier seiner Geschlechtsreife. Das Mädchen steht im Mittelpunkt, es wird in die Gemeinschaft aufgenommen, seiner herangereiften Weiblichkeit wird Ehre erwiesen.

In unserer Gesellschaft geschieht genau das Gegenteil: Die erste Menstruation ist ein Ereignis, dessen man sich schämt, über das man nicht spricht. Helene Deutsch betont, daß es vielen Müttern leichter falle, über die Empfängnis zu sprechen als über ihre Blutung. Die Mädchen fühlen sich durch die Haltung der Mutter, die der ihren so ähnlich ist, in ihren Schuld- und Schamgefühlen bestärkt. Viele Mädchen empfinden aber ebenso wie ihre primitiven Schwestern: Die Menarche ist für sie ein bedeutungsvolles Ereignis, das gefeiert werden sollte; durch die Gleichgültigkeit und abweisende Haltung ihrer Umgebung fühlen sie sich betrogen. Mary Chadwick beschreibt die Reaktion eines Mädchens, als es zum ersten Mal ihre Tage bekam: Zuerst lehnte es das neue Ereignis rundweg ab. Als dem Mädchen aber erklärt wurde, daß das «beunruhigende» Geschehen ein Zeichen seiner Weiblichkeit sei, fühlte es sich sehr erleichtert. Plötzlich verstand es viele Geheimnisse, die es vorher gequält hatten. Dann wurde es sehr aufgeregt, hoffte und wünschte sich, gefeiert zu werden und war der Meinung, im Mittelpunkt eines großen Festes stehen zu müssen. Letztlich kam ihm alles doch nur schmutzig vor. Es begriff, daß es in wenigen Minuten vom Mädchen zur Frau geworden war. Bald würde es heiraten und Kinder haben können. Es wünschte, die Mutter würde dem Vater mitteilen, daß er eine erwachsene Tochter mehr habe. Aber nichts von dem Erhofften geschah, und es kehrte in die Eintönigkeit des Schulalltags zurück.

Simone de Beauvoir beschreibt, wie Mädchen auf die Menarche reagieren, die Beispiele, die sie anführt, entnimmt sie Wilhelm Liepmanns *Jugend und Eros*[6]. Die Freude des Mädchens über seine Reife prallt mit dem Unverständnis der Mutter zusammen: «*...als ich unwohl wurde, lief ich freudestrahlend zu meiner Mutter, die noch schlief, und weckte sie mit den Worten: ‹Mama, ich bin's!› Sie sagte dazu nur: ‹Und deshalb hast du mich geweckt?› Dabei betrachtete ich die Sache doch für ein erschütterndes Ereignis.*»[7]

Ein anderes Mädchen erzählt: «*Ehe die Menstruation bei mir einsetzte, wußte ich doch ihre Bedeutung. Ich wartete sehnsüchtig auf sie, weil ich hoffte, meine Mutter würde mir dann ganz genau erzählen, wie das Kind entsteht... Der Tag kam, aber meine Mutter blieb still... Nun hatte ich meine Freude: ‹Jetzt kannst du auch Kinder kriegen, du bist eine Dame.›*»[8]

Auch früher haben die Mädchen so empfunden. In dem *Tagebuch eines jungen Mädchens*[9] aus dem Wien der 20er Jahre wartet die anonyme Schreiberin sehnsuchtsvoll darauf, endlich Frau zu werden. Daß ihre beste Freundin bereits vor ihr entwickelt war, hatte sie gekränkt; sie kam sich minderwertig und verlassen vor:

«*5. Jänner: Hochwichtig, bei der Hella seit gestern abend...!*

Sie war gestern nicht in der Schule, da ihr vorgestern furchtbar schlecht war und ihre Mama schon glaubte, sie bekomme noch einmal eine Blinddarmentzündung. Statt dessen!!! Sie sieht so leidend und interessant aus, ich war den ganzen Nachmittag und Abend bei ihr...

2. Juli: Großer Gott, heute hab ich... na, ich kann es nicht so hinschreiben. Mitten in der Physikstunde bei der Wiederholung, wie ich an gar nichts denke, kommt das Fräulein N. mit einem Akt herein zum Unterschreiben. Wie wir aufstehen, denk ich mir: Was ist denn das? Und dann fällt mir gleich ein: Aha!! In der Pause fragt mich die Hella, warum ich so blutrot geworden bin in der Physikstunde, ob ich Zuckerln mithatte. Ich wollte ihr doch nicht gleich den wahren Grund sagen, und so sagte ich: ‹Nein, ich bin beinahe eingeschlafen vor Langeweile und wie das Fräulein N. hereinkam, bin ich zusammengefahren.› Beim Nachhausegehen war ich sehr wortkarg und ging so langsam (man soll nämlich nicht so schnell gehen, wenn...). Da sagt die Hella: ‹Ja sag mir, was hast du denn heute, daß du so feierlich bist? Bist du ohne mein Wissen verliebt oder am Ende gar...?› Da sage ich: ‹Oder am Ende gar!› Und sie sagt: ‹Na also, jetzt bist du mir wieder ebenbürtig›, und gibt mir mitten auf der Straßen ein Busserl. Da gehen gerade zwei Studenten vorbei, und der eine sagte: ‹Mir auch eins.›»[10]

Was spricht gegen die Annahme, daß die Konflikte, die ein heranwachsendes Mädchen mit ihrer Menstruation hat, biologisch bedingt seien? Um dieser Frage nachzugehen, möchte ich noch einmal auf Margaret Meads Studie *Kindheit und Jugend in Samoa* zurückkommen, in der sie auch beschreibt, wie Mädchen mit Menarche und Menstruation umgehen: Die samoanischen Mädchen akzeptieren die Zeichen ihrer Reife ganz unkompliziert und ohne Anzeichen von Scham. Von dreißig heranwachsenden Mädchen, die Margaret Mead genau beobachtet hat, klagten nur sechs von ihnen während der Periode über Schmerzen. In keinem Fall wurden sie aber so stark, daß sie das Mädchen wirklich daran gehindert hätten, zu spielen oder seine Pflichten zu erfüllen. Es scheint, als sei die große Mehrheit der Mädchen frei von Konflikten, die sich auf ihr Geschlecht beziehen. Margaret Mead schreibt: *«Mit Ausnahme einiger weniger Fälle... bedeutet das Heranwachsen keine Periode des akuten Umschwungs oder der Belastung, sondern eine geordnete Entwicklung langsam reifender Interessen und Betätigungen. Das Seelenleben der jungen Mädchen wurde durch keine Konflikte ge-*

stört, durch keine philosophischen Probleme beunruhigt und durch keinen Zukunftsehrgeiz bedrängt. So lange wie möglich als Mädchen mit vielen Liebhabern zu leben, und dann im eigenen Dorf in der Nähe der eigenen Familie verheiratet zu sein und viele Kinder zu haben, dies war der Ehrgeiz aller, mit dem sie vollauf zufrieden waren.»[11]

Simone de Beauvoir hingegen betont nachdrücklich den demütigenden, beschämenden und erniedrigenden Eindruck, den die erste Menstruation im allgemeinen beim Mädchen hinterläßt. Daß Mädchen und Jungen ganz unterschiedlich auf die Pubertät reagieren, führt sie auf kulturelle und soziale Umstände zurück. Auch der Junge verfolge das Erwachen seiner Triebe und die körperlichen Veränderungen mit einer gewissen Angst. Trotzdem erfülle ihn das, was für das Mädchen oft zur geheimen Tragödie wird, mit Stolz: *«Der Junge bewundert in seinen sprossenden Haaren unbegrenzte Versprechungen. Das Mädchen bleibt verwirrt vor dem ‹brutalen und verborgenen Geschehnis›, das ihr Schicksal abschließt. Ebenso wie der Penis aus dem sozialen Zusammenhang seinen Sonderwert empfängt, so macht der soziale Zusammenhang aus der Menstruation einen Fluch.*[12] *Der eine symbolisiert das Mannestum, die andere das Frauentum. Weil eben das Frauentum Selbstentäußerung und Unterlegenheit bedeutet, wird sein Offenbarwerden mit Empörung aufgenommen.»*[13] Und: *«Die Regeln schrecken die Jungfrau, weil diese sie in eine inferiore, zu kurz gekommene Menschenklasse herunterdrücken.»*[14]

Die Anthropologin Margaret Mead und die Feministin Simone de Beauvoir sind beide der Auffassung, daß die traumatische Wirkung der ersten Menstruation Folge der unvorteilhaften sozialen Bedingungen sind, die das Mädchen im Akzeptieren seiner Weiblichkeit behindern. Pädagogen, die Anfang dieses Jahrhunderts arbeiteten, vertraten teilweise einen ähnlichen Standpunkt: Diese Autoren führen die Schwierigkeiten des Mädchens jedoch nicht auf die gesellschaftliche Stellung der Frau im allgemeinen zurück, sondern auf einen ganz besonderen Aspekt ihrer Erziehung. Sie waren der Auffassung, daß das menstruelle Trauma durch entsprechende Sexualaufklärung vermieden werden könne. Den Müttern wird der Vorwurf gemacht, es versäumt zu haben, die Mädchen schon vor der Menarche in geeigneter Form auf die Geschlechtsreife vorbereitet zu haben.

Ein ganzes Heft der *Zeitschrift für psychoanalytische Pädagogik* ist 1931 der Menstruation und den Reaktionen der Heranwachsenden gewidmet. Autoren sind Psychoanalytiker, Kinderanalytiker und Lehrer mit psychoanalytischer Ausbildung. Letztere schreiben über die Schwierigkeiten, die sie bei Mädchen im Mittelschulalter beobachtet haben. Sie schildern die wohltuende Wirkung einer adäquaten Aufklärung durch die Lehrer, die mit Einverständnis der Eltern erfolgt ist. Sie sind der Meinung, daß die meisten Mädchen bereits über sexuelle Kenntnisse verfügten. Während für einige Pädagogen das zentrale Problem die Aufklärung bleibt, wird ihr Stellenwert für die Lösung der Schwierigkeiten der Mädchen von anderen für zweitrangig gehalten. Heinrich Meng schreibt dazu: «*Das Problem der Aufklärung über Menstruation wird nicht dadurch gelöst, daß der Erzieher kurz vor Eintritt der Pubertät die physiologische, psychologische und biologische Tatsache der Menschwerdung auseinandersetzt. Es kann dies mancherlei Wert haben, aber im Mittelpunkt steht die Tatsache, daß das Verhalten pubertierender Mädchen im wesentlichen abhängig ist von den Triebschicksalen der frühen Kindheit. Die Prophylaxe von seelisch bedingten Störungen in der Pubertät ruht vor allem in der Hygiene des Kleinkindes. Der Erzieher, der selbst frei von Zwang und Schuldgefühl ist, wird in der Lage sein, dem Kinde eine Reihe von Konflikten der frühen Kindheit, der Vorpubertät und der Pubertät zu ersparen, oder ihre Lösung zu erleichtern.*»[15]

Melitta Schmiedeberg läßt zwar gelten, daß sich die Situation im Normalfall entspannt, wenn das Mädchen von der Mutter oder einer anderen, von ihr respektierten Person, aufgeklärt wird. Die Wirkung der Aufklärung sei aber nur zu einem kleinen Teil auf die Sachinformation zurückzuführen. Viel wichtiger sei die andere Botschaft: Sich mit der Sexualität zu beschäftigen, ist erlaubt. Die Aufklärung werde als Liebes- und Vertrauensbeweis gewertet. Aus Gründen, auf die ich später noch eingehen werde, kann die erste Menstruation beim Mädchen oft Ängste vor der Mutter wecken, denen sie mit einer freundschaftlichen Haltung und Verständnis entgegenwirken kann. Wenn die infantilen Ängste zu groß sind, wird die Aufklärung abgelehnt. Schmiedeberg schildert einen Fall, in dem ein neurotisches Mädchen auf die Aufklärung zuerst mit Intensivierung seiner Ängste reagierte und später die Erkenntnisse, die es ohne eigenes Zutun erworben hatte, verdrängte.

In diesen Fällen liegt die Wurzel des Problems tatsächlich, wie Meng sagt, in der frühen Kindheit, in der Bindung an eine neurotische Mutter, die ihre eigene Weiblichkeit nicht akzeptiert hat. Die Mutter nimmt unbewußt auch ihrer kleinen Tochter gegenüber eine feindliche Haltung ein, das Mädchen kann nicht ohne Schuld- und Minderwertigkeitsgefühle erwachsen, das heißt Frau werden. Die Menstruation wird es als endgültigen Beweis für die Kastration ansehen, was eine Regression auslösen kann: Das Mädchen schämt sich für die Menstruationsblutung, der Blutfluß erinnert es an die beschämenden Erlebnisse als Kleinkind, als es die Exkremente – so wie jetzt den Blutfluß – noch nicht zu kontrollieren vermochte (Inkontinenz).

Das Mädchen regrediert auf die anale oder urethrale Stufe, wenn bereits in der Kindheit Störungen dieser Art vorlagen. Die frühe neurotische Entwicklung wird das Mädchen später daran hindern, seine Weiblichkeit anzunehmen. Auch die ursprünglichen analen oder urethralen Symptome waren bereits Indizien für Konfliktsituationen, die durch die Haltung der Eltern oder Elternsubstitute in ihm hervorgerufen worden waren. Wenn sich dann später die Weiblichkeit biologisch eindeutig manifestiert, schwankt das Mädchen zwischen der Flucht in die Männlichkeit – dem Wunsch, einen Penis zu besitzen –, und der Rückkehr in die Kindheit; die Menstruation wird dann als anale oder urethrale Inkontinenz erlebt.

Um zu veranschaulichen, auf welche Hindernisse das Mädchen auf dem Weg, die Weiblichkeit bzw. die Menstruation anzunehmen, stößt, werde ich Bruchstücke der Analyse eines adoleszenten Mädchens vorstellen.[16]

Das junge Mädchen, ihr Name ist Teresita, ist die ältere von zwei Schwestern. Sie wurde wegen großer Schwierigkeiten, die zu Hause und in der Schule auftraten, zur analytischen Behandlung gebracht. Sie liebte ihren Vater sehr. Mit Ausnahme dieser Beziehung hatte sie ihre Umgebung vollständig ausgeblendet und lebte ausschließlich in einer Phantasiewelt. Ihre Mutter, ihre Schwester und ihre Schulfreundinnen meinten, sie sei verrückt und überspannt; sie selbst hielt sich für ein «*Phänomen*». Als ihre Mutter, erstaunt über das Eintreten der Menstruation bei der damals erst Zehnjährigen, mit ihr zusammen einen Arzt aufsuchte, verwandte er diesen Ausdruck in ihrer Gegenwart.

Man nimmt allgemein an, daß das Mädchen auf die Menstruation mit Angst reagiere, weil es in ihr die Strafe für die Masturbation sehe. Manchmal erschrecken Mädchen auch, weil sie die Menstruation mit einer Geschlechtskrankheit verwechseln. Bei Teresita sehen wir, daß sie die Menstruation mit der Masturbation und der Syphilis in Verbindung bringt.

Ihr zentrales Problem, worin die Zurückweisung der Weiblichkeit begründet war, lag darin, daß es ihr nicht gelungen war, sich mit der Mutter zu identifizieren. Die Identifikation wird immer durch Haß verhindert, der seinerseits wieder Angst- und Schuldgefühle hervorbringt – und Teresita haßte ihre Mutter. Wenden wir uns jetzt diesem Haß zu.

Teresita war vier Jahre alt, das heißt auf dem Höhepunkt der ödipalen Situation – sie liebte ihren Vater und fürchtete die Eifersucht und die Rache der Mutter –, als ihre Mutter wieder schwanger wurde. In der Analyse wurde dem Mädchen seine Reaktion auf die Geburt der kleineren Schwester bewußt:

«*Ich weiß schon, ich glaube, daß Mama mich verlassen hat wegen meiner Schwester; und das sind nicht einfach nur dumme Gedanken. Ich sehe doch, daß sie mehr Liebe bekommt als ich. Das Unrecht, das sie mir angetan haben, sehe ich daran, daß ich wegen meiner Eifersucht auf andere Mädchen keine Freundinnen haben kann. Die andere* (sie spricht von einer Lehrerin in der Schule) *habe ich so bewundert. Ich hätte sie umbringen können, weil sie ein anderes Mädchen vorzog. Gut, all das ist ja von heute. Aber ich weiß, daß wirklich nichts passiert wäre, als ich klein war, daß Mama sich kein zweites Mädchen gewünscht hätte, wenn sie nicht so eifersüchtig gewesen wäre auf Papas Vorliebe für mich. Dann wollte sie ein Mädchen haben, das ihr gleicht, und mich hat sie verlassen...»*

«1935, das habe ich nie vergessen, da habe ich mich eingeschlossen; meine Schwester kam zur Welt und ich mußte ihr den ersten Platz überlassen und ins Gefängnis... Die Geburt meiner Schwester war für meine Eltern ein Fest, für mich war sie eine Totenfeier.»

Teresita haßt ihre Mutter. Sie glaubt, daß sie wieder schwanger geworden sei, weil sie sie nicht mehr lieb hatte und sie für ihre Liebe zum Vater bestrafen wollte. Der Haß auf die Mutter und die Eifersucht auf die Schwester binden Teresita an die Mutter und lassen sie nicht erwachsen werden. Wegen der erlittenen Frustrationen kann sie sich nicht von der Mutter lösen, sie kann sich aber auch nicht mit ihr identifizieren, denn sie haßt sie. Deshalb lehnt sie ihre Weiblichkeit ab. Sie sagt: *«Eine Frau, die Kinder hat, bricht in meinen Augen mit der Welt.»* Teresitas Welt ist noch immer die ihrer Mutter. *«Sie bleibt allein mit den Kindern. Deshalb habe ich gestern geweint, weil ich keine Frau sein will; ich möchte ledig bleiben und immer viele Verehrer haben, die mir den Hof machen. Wahrscheinlich wollte ich mich auch deshalb umbringen. Sie haben ja selbst gesagt, daß ich aus Angst, daß man meine Brüste sehen könnte, eine gekrümmte Haltung einnehme und daß ich keine Frau sein möchte. Aber das kleine Mädchen kann ich auch nicht mehr sein. Deshalb hat mich alles angeekelt, ich habe Angst bekommen und wollte sterben – weil ich weder Frau sein will noch Kinder haben möchte. Vor allem habe ich Angst, daß ich das, was Mama mit mir gemacht hat, wiederhole, daß ich zu meinen Kindern immer mürrisch und herzlos sein würde, und zudem so dumm wie sie* (Unmöglichkeit, sich mit der guten Mutter zu identifizieren). *Deshalb bin ich hingefallen, ich wollte sterben. So muß ich mich nicht von der Welt zurückziehen und keine sexuellen Bekanntschaften haben. Das macht mir so Angst, das Sexuelle. Ich habe Angst vor den Männern und vor diesen Situationen, mit denen doch jeder konfrontiert wird. Sie werden sicher sagen, daß ich anderer Dinge wegen weine. Aber ich weine, weil ich Brüste, Kinder und sexuelle Beziehungen haben muß, und weil ich eine Frau bin; deshalb bin ich in diese Krise geraten und deshalb möchte ich sterben.»*

Teresita hat zwar Phantasien über die Liebe, in Wirklichkeit geht sie aber nicht gerne mit Jungen aus. Es macht ihr Angst. Am liebsten möchte sie bei ihrer Mutter bleiben: «*Auch wenn mir meine Mutter sagt: ‹Geh doch raus, triff dich mit deinen Freunden›, innerlich läßt sie mich nicht gehen, sie meint: ‹Nein, du bist doch noch so klein.›*» Es ist Teresita selbst, die möchte, daß ihre Mutter ihr das sagt und sie bei sich behält. Das wäre ein Liebesbeweis.

Was bedeutet die Menstruation für Teresita? «*Auch wenn Sie mir sagen, es sei nicht wahr, in meinem Innersten habe ich das Gefühl, ich sei eine Mißgeburt. Ich habe dies Gefühl, seitdem ich die Menstruation bekommen habe, als ich noch ein Kind war. Deshalb fühle ich mich als Mißgeburt und nicht etwa, weil ich nichts wußte von den sexuellen Sachen, die die anderen schon kannten.*»

Ich werde jetzt schildern, was Teresita über die Masturbation sagt, denn Menstruation und Masturbation hängen eng zusammen: «*Heute wollte ich gar nicht zur Stunde kommen. Ich wollte nicht aufstehen. Ich glaube, weil mein Bett so schön warm war, und ich mich so gut selbstbefriedigt habe, deshalb wollte ich nicht hierherkommen. Wenn ich wach bin, getraue ich mich nicht, es zu machen, und ich lege zum Schutz die Hand unter das Kopfkissen. Aber wenn ich es trotzdem tue, lutsche ich am Daumen und stelle mir vor, ich sei eine erwachsene Frau, verheiratet und mit vielen Kindern, und daß ich mit einem Mann Liebe mache. Und auf einmal lasse ich es wieder und sage zu mir: ‹Teresita, sei nicht so dumm. Das ist nichts mehr für dein Alter.›*» Diese Assoziationen zeigen anschaulich Teresitas Gespaltenheit. Sie hat die Vorstellung, eine erwachsene Frau zu sein, das heißt, sie identifiziert sich mit ihrer Mutter und liebt einen Vaterersatz; gleichzeitig ist sie ein kleines Kind, das die mütterliche Brust vermißt und am Daumen lutscht.

Teresita erklärt, warum sie masturbiert: «*Wissen Sie, seit dem 27. des Monats sollte ich die Regel haben. Weil sie nicht gekommen ist, habe ich onaniert, um sie hervorzuholen. Ich habe sie herausgenommen, wie meine Großmutter den Kuchen aus dem Ofen nimmt. Sie sagt, daß Zucker die Nerven beruhige. Ich meine aber, daß nur die Selbstbefriedigung beruhigt. Vor dem Onanieren bin ich immer schrecklich nervös.*» Sie vergleicht die Masturbation mit dem Essen von Süßigkeiten und glaubt, daß die Selbstbefriedigung die Menstruation provoziere. Da sie an dem Tag Geburtstag hat, sagt sie später: «*Das ist es, was ich will, ich möchte ein neugeborenes Baby sein und nicht diese schrecklichen l7 Jahre alt. Sicher habe ich im Inneren immer gewünscht, ein Baby zu bleiben, ohne es zu wissen... Das habe ich ja schon gesagt: mit 18 werde ich mich verloben, mit 20 heiraten, und später werde ich viele Kinder haben.*» Ein weiteres Mal schwankt sie zwischen dem Wunsch, Kind zu sein, und dem, so zu sein wie ihre Mutter und Mann und Kinder zu haben.

Teresita hat eine seltsame Vorstellung von der Syphilis: «*Heute möchte ich mit Ihnen über das eine sprechen, über die Syphilis. Bekommt man sie, wenn man ein Verhältnis hat? Ich habe im Lexikon nachgesehen, und da heißt es: Krankheit, die durch Vererbung oder durch den Geschlechtsakt erworben wird. Ich habe Angst, diese Krankheit zu bekommen, und ich will nun keine Bekanntschaften mehr haben. Heute morgen hatte ich solche Angst: Heißt das, daß die Tochter Syphilis bekommt, wenn die Eltern schon vor der Hochzeit miteinander geschlafen haben? Wenn ich jetzt mit einem Jungen durchbrenne und wir zusammen schlafen, ohne verheiratet zu sein, bekomme ich dann Syphilis? Und wenn die Mutter zu vielen Männern Beziehungen hatte, bekommt dann ihr Kind die Syphilis? Ich verstehe das mit der Vererbung nicht. Welche Schuld trifft das Kind, wenn die Mutter das hat und wenn sie so gelebt hat? Das ist eine Ungerechtigkeit, die zum Himmel schreit. Ich glaube, daß das Kind nicht gerettet werden kann. Andererseits stelle ich mir vor, wenn eine Mutter vor ihrer Heirat mit 50 Männern Beziehungen gehabt hat, der Ehemann würde das doch merken und sie nicht haben wollen. Er würde sich schämen, wenn man von seinen Kindern sagen würde: ‹Die Mutter von denen hat 50 Männer gehabt.› Immer wenn ich mit einem Mann spreche, ekelt es mich bei dem Gedanken, daß er Syphilis haben könnte. Und später, wenn das Kind zum Arzt geht, sagen sie: ‹Es ist nicht seine Schuld, sondern die seiner Mutter.›*» Die Analytikerin fragt sie, weshalb sie denn glaube, daß sie die Syphilis habe: « *Wegen des Ausflusses. Ich habe das immer vor der Regel. Ich habe die Höschen gewechselt, und Mama hat mich gefragt, warum. Ich habe geantwortet, daß ich die Regel habe. Wenn ich ihr erzählen würde, was ich habe, würde sie natürlich merken, daß ich onaniere... Was ist eine syphilitische Unter-*

hose? Ich habe gemeint, wenn man zu früh onaniert, bekomme man die Syphilis.» Die Masturbation bringt in der Vorstellungswelt Teresitas außer der Menstruation auch noch die Syphilis mit sich. Noch deutlicher zeigt sich dies in der folgenden Sitzung: *«Manchmal denke ich, der Mann sei die Ursache so vieler Krankheiten. Für die Syphilis gebe ich ihm die Schuld. Die Frau läßt sich von ihm verführen, hat Beziehungen zu zwanzig Männern. Der Mann sollte sich von seinen Trieben nicht hinreißen lassen. Und es ist auch ganz klar, daß auch der Mann die Schuld für meine Onanie trägt. Syphilis, Onanie und Menstruation, alles das gleiche Zeug. Aber bei einer Frau, die noch nie Sexualverkehr hatte, ist die Vererbung der Grund, wenn sie Syphilis bekommt. So steht es im Lexikon.»* Teresita schiebt im Grunde die Schuld für ihre *«Syphilis»*, das heißt für ihre Masturbation, ihren Eltern zu. Weil die Eltern sexuelle Beziehungen hatten, ohne sich um den Schaden zu kümmern, den sie dabei nahm, onaniert sie und, deshalb hat sie Syphilis-Ausfluß und die Menstruation. *«Für mich kommt die Syphilis tropfenweise, immer wieder ein Tropfen, und bei jeder Menstruation verliert man wieder ein Stückchen Fleisch. Ich beschuldige die Selbstbefriedigung, weil ein Mensch, der viel onaniert, immer wieder kleine Stücke Fleisch aus sich herausnimmt.* (Das heißt wohl: verliert immer wieder von neuem den Penis.) *Ich beschmutze Mengen von Höschen, überall habe ich Blutlachen. Aber der Ausfluß ist noch schlimmer. Er kommt eine Woche vor der Menstruation. Diesmal war er sehr stark. Es gab zwar keine Flecken im Bett, aber in den Höschen. Ich habe sie auf den Stuhl gelegt, und Mama hat mich ausgeschimpft. Sie fragt, weshalb ich mich nicht richtig wasche im Bad. Ich schäme mich vor ihr, nicht vor Ihnen, und ich getraue mich nicht, es ihr zu sagen, weil ich dann über die Selbstbefriedigung sprechen müßte. Schon als ich noch klein war, hatte ich so viel Ausfluß und habe mich unwohl gefühlt wie ein kleines Kind in der nassen Windel. Ich habe meiner Mama nichts gesagt, aber dem Onkel Doktor. Er sagte, das käme davon, daß ich vor der Zeit entwickelt sei. Aber ich glaube, es kàm von der Selbstbefriedigung; ich habe sogar schon gedacht, daß ich, wenn ich verheiratet wäre, und mein Mann auf Reisen ginge, mich immer noch selbstbefriedigen würde.»* Hier erscheint die Masturbation als Folge des Allein- und Verlassenseins. *«Ich habe immer onaniert. Sogar auf*

Reisen war die Onanie meine Begleiterin. Deshalb klage ich sie an und hasse sie. Sie ist für mich wie ein Mensch, sie begleitet mich, aber ich gebe ihr die Schuld an der Menstruation, dem Ausfluß, an allem. Sie können mir sagen: ‹Aber Teresita, was soll denn das heißen, die Selbstbefriedigung ist doch kein Mensch?› Aber so ist es, ein Mensch, der seine guten und schlechten Seiten hat.» Die Masturbation erscheint personifiziert, daß sie im Grunde den Vater und die Mutter darstellt; den Vater, der sie verhätschelt und erregt, der sie aber seiner Beziehungen zur Mutter wegen verläßt, und die Mutter, die sie nicht liebt. Die gute Seite steht für den Vater als Verführer; die schlechte für den Vater, der sich mit der Mutter vereinigt. Außerdem wird sie in der Realität von keinem der beiden Elternteile «begleitet». Um die schmerzliche Situation zu negieren, besteht sie darauf, daß die Masturbation sie immer begleite.

«Das Unangenehme an der Selbstbefriedigung ist, daß alles naß ist, wenn ich fertig bin: die Hand, das Bett, alles. Eine Frau, die sich selbst befriedigt, wenn sie ein Kind erwartet. Kind, ade! Solche Kinder sind nicht grundlos verunstaltet und mißgebildet.» Wir haben bereits gesehen, daß sie sich für eine «*Mißgeburt*» und ein «*Phänomen*» hält, das heißt, sie meint, sie sei verunstaltet, wenn sie ihre Regel hat. Sie macht ihre Mutter dafür verantwortlich, weil sie masturbiert habe, was soviel heißt, daß sie ein Sexualleben hatte. Die Kinder ertragen das Sexualleben ihrer Eltern nicht. Da sich die Eltern gegenseitig sexuell befriedigen, fühlen sie sich ausgeschlossen und verlassen.

«Der Onkel Doktor hat mir Tabletten gegeben; ich soll damit mehr Harn produzieren, und die Menstruation soll regelmäßig kommen. Ich hatte derart Ausfluß, daß ich manchmal monatelang keine Periode hatte. Mama sagte, das käme daher, daß ich so früh entwickelt sei, aber mein Onkel sagt, sie habe mich beschwindelt, das sei wegen des Ausflusses. Sie haben mir gesagt, der Ausfluß werde verschwinden, wenn ich erst erwachsen bin und sexuelle Beziehungen habe. Ich kann das nicht recht glauben. Ich glaube, ich werde ihn bis ans Ende meines Lebens haben. Ich sehe es bei meiner Großmutter. Sie macht nicht in die Hose, und doch ist sie immer naß; als ich klein war, glaubte ich, sie mache immer Pipi. Aber was haben Sie gesagt? Daß sich das gebe mit dem Ausfluß, wenn man

sexuelle Beziehungen habe? Meine Großmutter jedenfalls hat ihn. Ob sie *auch ein Phänomen ist? Ich habe Angst, daß ich das ganze Leben Ausfluß haben werde; und wenn eine schon zu alt ist zum Onanieren, der Ausfluß bleibt. Das Komische ist, daß Mama keinen hat.»* Der Ausfluß steht auch für die Folgen der Einsamkeit, der Verlassenheit. Mama hat keinen Ausfluß, weil sie Papa hat. Die Großmutter ist ein «*Phänomen*» wie sie, weil sie so einsam ist wie Teresita und keinen sexuellen Partner hat, das heißt niemanden, der sie liebt.

«Ich möchte syphilitisch sein, um zu sehen, wie es ist, woher es kommt. Ich glaube, daß das Lexikon im Irrtum ist, wenn es sagt, daß sie die Folge des Geschlechtsaktes oder der Vererbung sei. Es muß noch etwas anderes geben: die dritte Ursache der Syphilis ist die Onanie.»

Teresitas Überzeugung war früher unter Jugendlichen sehr verbreitet. Am Anfang unseres Jahrhunderts tauchte sie sogar noch in den «wissenschaftlichen» Werken der Sexualkunde auf. Aber warum betrachtet der Jugendliche die Syphilis als Folge der Masturbation oder als ihre Strafe? Die Masturbation ist in bestimmten Entwicklungsphasen ein ganz normales Phänomen. Exzessiv wird sie, wenn das Kind das Gefühl hat, von seinen Eltern verlassen worden zu sein oder gleichgültig behandelt zu werden. Und das ist bei Teresita der Fall. Das Kind reagiert mit Haß, mit latentem Haß, der mit übermäßiger Masturbation verbunden ist, und der dem Kind das Gefühl gibt, seine Onanie sei etwas sehr Sündiges und verdiene die schlimmsten Bestrafungen.

Teresita verfolgt das Thema des Verlassenseins weiter. Die tatsächliche Verlassenheit hat sie in sexuelle Vorstellungen übersetzt und datiert sie nochmals zurück, bis in die Zeit vor ihrer Geburt. *«Ich wäre sehr gut gediehen, aber Mama hat zuviel onaniert, und Papa ist viel herumgereist. Ich kam zur Welt, als Papa weg war. Mama hat wahrscheinlich sexuelle Beziehungen zu anderen gehabt, als ich schon halbwegs geboren war. Und Papa war verreist. Man soll mir nicht sagen, ich sei von allein gewachsen, nur von Mama: Jemand hat da noch mehr Samen dazugetan. Ich hätte das nicht zugelassen, daß mein Mann fortgeht, wenn ich ein Kind erwarte. Aber als ich klein war, erzählte man mir, daß die ungeborenen Kinder durch die Mutter ernährt würden: Das ist gelogen! Sie wachsen durch den Sexualverkehr mit Männern.»* Teresita drückt hier einen Gedanken aus, der uns bereits aus der Vorstellungswelt primitiver Gesellschaften bekannt ist: Die Kinder brauchen im Bauch der Mutter, um zu wachsen, neben der Nahrung der Mutter auch den Samen des Vaters. Teresita äußert mit diesem Gedanken einen unbewußten Vorwurf. Da sie sich von der Mutter abgelehnt fühlt und sich nicht von ihr lösen kann, beschuldigt sie den Vater, sie verlassen und die mütterliche Rolle ihr gegenüber nicht wahrgenommen zu haben. «*Als ich geboren wurde, und schon vorher, war mein Vater weit weg; deshalb mußten sie mich wohl in den Brutkasten legen. Mama wollte einen Jungen haben; sie war enttäuscht und verweigerte mir die notwendige Wärme.*» Hier erscheint der Penisneid ganz deutlich, aber er ist Folge der Ablehnung durch die Mutter. «*Papa war Fabrikbesitzer. Er wollte einen Sohn und keine Tochter, die zu nichts nutze ist. Ich habe noch immer eine barbarische Angst davor, Frau zu sein. Ich möchte ein Mann sein und alles besitzen: Frau und Kinder. Frau sein heißt, wehrlos sein, heißt, einen Mann zu brauchen, um vorwärtszukommen. Papa hat sich getröstet, aber Mama will sich noch immer rächen, weil ich kein Sohn bin. Damals war es Mode, Jungen zu bekommen, und Mama sparte sich ihre Wärme für das zweite Kind auf. Aber von wegen, es war wieder ein Mädchen. Ich gebe ihr die Schuld. Sie hat sexuelle Beziehungen zu anderen Männern gehabt, mich hat sie nicht gemocht, weil ich ein Mädchen bin. Ich will keine Frau sein, mit Haaren zwischen den Beinen und vorstehenden Brüsten. Wenn ich ein Mann gewesen wäre, wäre Mama zufrieden und gäbe mir die Wärme, die ich jetzt bei Fremden suchen muß. Sie küßt mich, aber sie beschuldigt mich, kein Mann zu sein. Als ich noch klein war, glaubte ich, daß die Puppen sich verwandeln könnten, und ich sagte: ‹Ich will nicht diese Puppe, ich will ein richtiges.› Mama tut das immer noch. Sehen Sie, sie will mich immer noch zurückgeben, deshalb kann ich ihr nicht trauen und erzähle ihr nichts. Aber Sie nehmen die Kinder, wie sie sind, und deshalb komme ich zu Ihnen. Ich bin Ihre Tochter. Sie sind mein Brutkasten und manchmal denke ich, ich sei Ihre Tochter und möchte es sein, weil Sie nicht an den Jungen denken, der ich hätte werden sollen. Mama wollte, daß ich ein Junge wäre und die Fabrik von Papa erben könnte, aber eine Frau taugt zu nichts, nur zum Geschirrspülen, Putzen und Kinder haben. Das ist nichts. Ich will ein Mann sein, das ist vielleicht ein niederer Wunsch, aber Mama hätte mich so viel lieber.»*

Bedeuten Teresitas Anschuldigungen, die Mutter habe 50 Männer gehabt und sei syphilitisch, nicht einfach: *«Sie liebt mich nicht, das muß wohl sein, weil sie die anderen liebt, die Männer?»* Da Teresita sich vorstellt, die Mutter verachte ihre Weiblichkeit und verlasse sie um der Männer willen, möchte sie ein Mann sein, um sie zurückzuhalten. Ihr Haß auf die Mutter läßt sie alles Weibliche verachten. Ihr Wunsch, sie zu erobern, drängt sie dazu, sich einen Penis zu wünschen und eine männliche Haltung einzunehmen. Mit ihrem Vater kommt sie in Wirklichkeit gut aus. Aber er ist schwach. Wenn er stärker gewesen wäre, hätte sie sich von der Mutter lösen können. Teresita äußert dies, indem sie dem Vater vorwirft, er sei nicht da gewesen, als sie *«halbwegs geboren»* war. Mit einem schwachen Vater und einer Mutter, die sie ablehnt, bleibt Teresita keine andere Wahl, als zu wünschen, wieder in die frühe Kindheit zurückkehren zu können, als die Mutter sie noch besser behandelte. Oder sie wünscht sich, ein Mann zu sein, um die Mutter zu erobern und zu beherrschen. Ihre Mutter liefert sich ja dem Vater aus, das heißt, sie ist trotz ihrer Gefühlskälte verführbar und läßt sich von einem Mann beherrschen. Darüber spricht Teresita in ihrer Phantasie, wenn sie behauptet, ihre Mutter sei promiskuitiv und habe Syphilis. Wenn sie ein Mann wäre, könnte Teresita sie befriedigen und die Mutter würde sie lieben. Teresita hat mit Hilfe der Masturbation versucht, sich mit der Mutter zu identifizieren. Sie stellt sich vor, Ehefrau und Mutter zu sein. Diese Phantasien kann sie aber nicht aufrechterhalten, da sie sich noch für ein Kind hält. Die Masturbation ist für sie ein Mensch, der sie begleitet. Sie verbindet sie mit Daumenlutschen oder vergleicht sie mit dem Essen von Zucker, was soviel bedeutet, daß sie die Mutter zurückgewinnt, wenn sie masturbiert. Im folgenden wird dies noch deutlicher werden. Teresita ist nicht Argentinierin, sie kommt aus der kleinen Stadt B. In einer Sitzung erzählt sie: *«Ich habe ein Buch gelesen, das war so traurig, daß es mich an meine Kindheit erinnert hat. Nicht einmal die Onanie hat daran etwas geändert. Ich onaniere, nur so zum Vergnügen, aber plötzlich kommt mir B. in den Sinn. Ich sehe den Blumenmarkt und alles andere, und es sieht so aus, als ob alles zu mir sagen würde: ‹Onaniere du nur, Teresita, nach all den Jahren sind wir nicht tot. In dir werden wir immer weiterleben und mit der Onanie kannst du dir uns immer vor Augen führen.› Ich habe alles so klar vor mir gesehen, daß ich wieder das kleine Mädchen war, die Königin, die Prinzessin, so hübsch wie ich war. Da ich in diesem Augenblick all das so empfunden habe, habe ich mir gedacht: Um so glücklich zu sein wie früher, muß ich onanieren. Aber ich kann das ja nicht mein ganzes Leben lang machen. Mit der Onanie kann ich wieder das Mädchen von früher werden und – da ich zu schwach bin, um in der Gegenwart zu leben – kehre ich eben in die Vergangenheit zurück.»* Ein weiteres Mal erklärt sie, weshalb sie Gegenwart und Zukunft ablehnt: «*Aber jetzt macht mir das mit der Sexualität und den Männern solche Angst, daß ich wünschte, ich wäre nie geboren. Dann bräuchte ich keine sexuellen Beziehungen, keine Kinder zu haben, denn die Vorstellung, alle verheirateten Frauen – Sie, Mama, alle – seien syphilitisch, geht mir nicht aus dem Kopf. Ich will nicht heiraten, damit ich nicht die Syphilis bekomme. Ich habe schon genug mit dem Ausfluß und der Onanie.»*

Einige Sitzungen später erklärt Teresita, was die Syphilis für sie bedeutet: «*Ich möchte Ihre Tochter sein. Sie hören mir zu, und Sie analysieren mich. Aber Mama interessiert sich nur für ihre Kleider und ihre Hüte. Sie schimpft, weil ich nicht eitel bin und mich nicht im Spiegel anschaue. Ich glaube, ich tu das nicht, damit ich ihr nicht gleiche oder weil man im Spiegel sein eigenes Inneres sieht, und ich will die beschämenden und widerlichen Dinge nicht mehr sehen; die häßliche Hexe mit Hörnern und langen Nägeln, die in mir drin steckt. Deshalb ziehe ich mich vor dem Spiegel nur rasch an und gehe dann weg. Ganz anders meine Schwester! Die steht stundenlang vor dem Spiegel. Und dann hält mir Mama immer die anderen als Beispiel vor: ‹Schau, wie sich die kleine González hält, so schön gerade...› Wie soll man da keinen Minderwertigkeitskomplex bekommen, wenn sie die Töchter der anderen immer für besser hält als die eigene? Schon als ich noch klein war ging das so! Papa sagte mir: ‹Mach dir nichts draus, du hast dafür eine wunderbare Stimme.› Ich habe so getan, als ob es mir nichts ausmache, aber eigentlich war es schrecklich für mich. Sagen sie ihr, sie soll mich nicht mit anderen*

Töchtern vergleichen! Wie soll ich mich da nicht schlechter fühlen als die anderen und kolossal syphilitisch? Und wenn ich wütend bin, dann onaniere ich noch mehr, speziell wenn sie mich mit anderen vergleichen.» Im Grunde bedeutet sowohl «*Syphilis haben*» als auch «*die Masturbation benötigen*», daß Teresita glaubt, von ihrer Mutter nicht geliebt zu werden, und es ihr weh tut, daß ihre Mutter ihrer Ansicht nach andere Mädchen vorzieht.

Fassen wir zusammen. Wir finden bei Teresita alles, was für ein Mädchen ihres Alters typisch ist: die Ablehnung der Sexualität und zugleich der Wunsch danach; Schuldgefühle wegen der Masturbation; Phantasien, die das Leben als erwachsene Frau teilweise vorwegzunehmen versuchen; die Menstruation wird als Strafe für die Onanie erlebt; Angst vor der Syphilis und dem Sexualleben; Penisneid usw. Teresitas schwerer Neurose wegen erscheint all das vergröbert, was eine deutlichere Sicht auf die typischen Konflikte und die Hintergründe ermöglicht. Wir sehen, was hinter den pubertären Ängsten steckt. Sie haben alle einen einzigen Ursprung. Teresita drückt dies selbst aus, wenn sie sagt: «*Syphilis, Onanie und Menstruation, alles das gleiche Zeug.*» Alle drei sind mit dem Ausfluß verknüpft, der ihr Angst macht, und der sie an das unwillkürliche Harnlassen, die Enurese, erinnert und ihre Klage, keinen Penis zu haben, wiederaufleben läßt. All ihre Befürchtungen und Symptome drücken aus, daß sie ihre Weiblichkeit zurückweist. Sie sind Folge ihrer ungelösten Bindung an eine kalte und frustrierende Mutter, die ihr keine Identifikation erlaubt. Der Vater, den sie innig liebt, ist zu schwach, um ihr bei der Ablösung von der Mutter zu helfen. Eine erwachsene Frau zu sein, würde einerseits für Teresita bedeuten, die Mutter zu verlieren und sich andererseits mit einem gehaßten Objekt identifizieren zu müssen. Indem sie Phantasien aus der Vergangenheit aufrechterhält, versucht sie, die Mutter zu behalten. Obwohl die Mutter sie schlecht behandelt hat, hat sie keine andere Wahl, als sich das zu wünschen. Sie braucht die Mutter noch immer. Ihr Konflikt wird in den Masturbationsphantasien deutlich. Selbst wenn sie sich manchmal einbildet, sie sei verheiratet und habe Kinder, wird die Erwachsenenphantasie dadurch aufgehoben, daß sie am Daumen lutscht und somit in die früheste Kindheit regrediert. Bei anderer Gelegenheit benutzt sie die Masturbation bewußt dazu, eine Zeit aufleben zu lassen, in der die Mutter sie noch liebte. Die Geburt der Schwester war so traumatisierend für sie, weil sie sie als Rache der Mutter interpretierte. Sie hatte Angst vor ihr, weil sie den Vater liebte und von ihm geliebt wurde. Erschreckt kehrte sie zur Mutter zurück, um sich dann nicht mehr von ihr zu lösen. In Wirklichkeit jedoch blieb sie allein. Von ihrer Mutter, die die jüngere Schwester vorzog, wurde sie abgelehnt; vom Vater trennte sie ihr Schuldgefühl. Sie wünschte sich einen Penis, um die Mutter zurückzuerobern und die Schwester zu übertreffen. Die Syphilis steht für das sie bedrängende Gefühl, das sie zu ihrem Nachteil mit anderen Mädchen verglichen wird, sie steht für das Empfinden, die Liebe der Mutter, die die Schwester bevorzugt, verloren zu haben. Die Menstruation bedeutet etwas Unheimliches für Teresita, sie bedeutet, ein *«Phänomen»* zu sein, sich als *«Mißgeburt»*, das heißt verunstaltet und zerstört zu fühlen. Ein *«Phänomen»* zu sein heißt vor allem, von der Mutter nicht geliebt zu werden, heißt, sie zu hassen und von ihrem Haß verfolgt zu werden.

In Teresitas Fall sind die beiden Problemkreise, die Frauen mit ihrer Geschlechtlichkeit haben, miteinander gekoppelt. Oberflächlich betrachtet macht sich der Penisneid in dem Wunsch bemerkbar, ein Mann zu sein; dahinter steckt aber die Angst, innerlich zerstört, in der weiblichen Sexualität beschädigt zu sein. Teresita hatte eine kalte, dominierende, abweisende Mutter und einen verführerischen, aber schwachen Vater. Diese Familienkonstellation werden wir auch in anderen Fällen psychosomatischer Störungen der Fortpflanzungsfähigkeit wieder antreffen. Auch Teresita selbst zeigt psychosomatische Symptome – ihr Ausfluß, ihre vorzeitige Menarche, die Störungen und Unregelmäßigkeiten der Menstruation sind Ausdruck ihrer Konflikte und Folge ihrer frühkindlichen Situation.

Die Menarche brachte in Teresitas Fall, obwohl sie traumatisch war, kein neues Problem mit sich, weil sie zum *«gleichen Zeug»* gehört wie die Syphilis und die Masturbation; sie intensivierte aber die bereits existierenden Konflikte und Ängste. Das Mädchen erkennt also die biologische Bedeutung der Menarche. Es wird sich bewußt, daß alles Sexuelle, das bis dahin Phantasie und Kinderspiel war, von einem Augenblick zum anderen in einer dem Erwachsenenleben angemessenen Weise verwirklicht werden könnte. Die wachsende Kraft des Sexualtriebes, die zur Adoleszenz gehört, bestätigt die Angst und intensiviert das Schuldgefühl.

Helene Deutsch erzählt von einem Fall, der dies deutlich macht: Es handelt sich um ein 14jähriges Mädchen, das am zweiten Tag seiner Menarche an einer akuten Psychose erkrankte. Als die Kranke in eine psychiatrische Klinik in Wien eingeliefert wurde, tanzte und lachte sie. Ihr Gesicht war stark geschminkt, das Haar aufgelöst, sie hob die Röcke und führte obszöne Reden. Fortwährend wiederholte sie das Wort «*Politik*». Als sie später in der Verfassung war, daß sie behandelt werden konnte, stellte sich heraus, daß dieses Wort für sie aus den Wörtern «*Polizei*» und «*dick*» zusammengesetzt war. Beide Worte symbolisierten ihre pubertären Ängste. Die «*Polizei*» bezog sich auf die verbotene und gefürchtete Vorstellung von der Prostitution, die zu ihrer Zeit in Wien unter Polizeiaufsicht stand; der zweite Begriff «*dick*» bezog sich auf die Gefahr einer Schwangerschaft. Die Mutter erzählte, daß das Mädchen immer etwas eigen gewesen sei, daß ihr aber bis zur Menarche nie ernsthafte Störungen aufgefallen seien. Die erste Menstruation intensivierte bereits vorhandene Konflikte und verwandelte die sexuellen Phantasien des Mädchens in etwas Reales. Die Menarche wirkte als Auslöser, der das vormals aufrechterhaltene neurotische Gleichgewicht zerstörte.

Ich stelle nun einen anderen Fall von Helene Deutsch vor, der zeigt, daß das Mädchen von seiner Geschlechtsreife geängstigt wird, weil sie zu seiner psychosexuellen Entwicklung in starkem Gegensatz steht. Zudem wird deutlich werden, daß das pubertierende Mädchen mit zunehmender Kraft des Sexualtriebes die frühen Liebesobjekte wieder erotisiert und damit die ödipale Situation wiederbelebt. Bewußt wehrt es sich gegen seine inzestuösen Wünsche. Es verdrängt die sexuelle Erregung so weit wie möglich und leugnet deren Manifestationen – insbesondere vor der Mutter –, vor der es sich schuldig fühlt. Da die Verdrängung oft nur unvollständig gelingt, erscheinen die sexuellen Wünsche in kaschierter Form; das Mädchen setzt sich mit phobischen und Konversionsmechanismen, das heißt mit Angst- und Hysteriesymptomen zur Wehr.[17]

Helene Deutsch hat das alles in der Fallgeschichte von Molly beschrieben. Molly wurde von ihrer Mutter – verschiedener phobischer Symptome wegen – zur Untersuchung in die Psychiatrie gebracht. Die Symptome waren kurz zuvor aufgetreten und hatten sich derart intensiviert, daß das Mädchen nicht mehr zur Schule konnte und auf jede andere soziale Aktivität verzichten mußte. Molly hatte dauernd Angst, ohnmächtig zu werden und vermied es deshalb, auf die Straße zu gehen, da sie fürchtete, hinzufallen und bewußtlos auf dem Gehsteig liegen zu bleiben. Auch in geschlossenen Räumen war sie unruhig. Sie mußte sich andauernd vergewissern, jeden Augenblick wieder weggehen zu können. Zu Hause gelang es ihr, ihre Angst zu bändigen, indem sie Äpfel aß oder Milch trank. Ein weiterer Angstzustand äußerte sich in der Vorstellung, sterben zu müssen; nachts konnte sie nicht mehr schlafen.

Ihre Eltern verstanden sich schlecht und dachten daran, sich scheiden zu lassen. Molly wollte dies nicht zulassen. Sie konnte sich nicht entscheiden, bei welchem Elternteil sie bleiben wollte, falls es wirklich soweit käme. Sie glaubte, es sei ihr gelungen, ihre Eltern mit ihrer Krankheit ein weiteres Mal zusammengeführt zu haben. Ihre Mutter litt an Ohnmachtsanfällen, die manchmal nach heftigen Szenen mit dem Vater auftraten. Molly fürchtete sich seit der Schwangerschaft ihrer Schwester vor dem Tod, weil sie seit dieser Zeit wußte, daß man bei einer Geburt sterben kann. Seit kurzer Zeit war auch eine ihrer Schulfreundinnen schwanger.

Molly hatte wenige Monate zuvor zum ersten Mal ihre Periode bekommen. Sie schien gehemmt zu sein, als sie der Mutter die Neuigkeit erzählte. Beim Kauf der ersten hygienischen Binden ließ sie sich von ihrer Schwester begleiten. Die Mutter sagte, ihr sei es seltsam vorgekommen, daß Molly ihre Menstruation vor ihr verheimlichen wollte. Als die Mutter irgendwann einmal einen Blutfleck im Bettuch des Mädchens entdeckte und Molly fragte, ob sie ihre Tage habe, verneinte Molly dies geradeheraus. Bei der Menarche sagte sie zu ihrer verheirateten Schwester, die mit ihrem Mann und dem kleinen Kind bei den Eltern wohnte: «*Von jetzt an kann mir alles passieren. Ich könnte ein Kind haben.*» Die Schwester antwortete: «*Aber nein, meine Liebe, dazu müßtest Du doch mit einem Mann zusammenleben.*» «*Das weiß ich schon*» antwortete das Mädchen, «*aber ich lebe ja schon mit zwei Männern, mit Papa und mit deinem Mann.*»

Im Gespräch mit der Schwester liegt der Schlüssel zum Verständnis von Mollys Neurose. Sie hat Recht, wenn sie sagt, daß sie jetzt Kinder bekommen könnte. Vor dieser Möglichkeit hatte sie Angst, und ihrer Mutter gegenüber bekam sie Schuldgefühle, weil sie die Phantasie hatte, diese Kinder mit ihrem Vater oder mit einem Stellvertreter, dem Schwager, zu haben. Sie äußerte ihren Wunsch und ihre Befürchtungen ganz naiv, ohne – bewußt – zu verstehen, was sie da sagte. Die Vorstellung, daß sie Frau geworden war, den Vater erobern und mit ihm Kinder haben könnte, war in ihrem Unbewußten allerdings eine psychische Wirklichkeit, daher sind die Symptome auch als Folgen dieser Realität zu betrachten. Molly versuchte, ihre Menstruation vor der Mutter zu verbergen, um auf keinen Fall deren Verdacht und Eifersucht zu wecken. In ihrer Phantasie brachte sie die Eltern mit ihrer Krankheit wieder zusammen; damit verneinte sie den eigenen Wunsch, sie zu trennen. Mit der Krankheit bestrafte sich Molly für ihre verbotenen Wünsche. Sie lebte die ödipale Situation direkt mit ihren Eltern, gleichzeitig verschob sie sie auf den Schwager und die Schwester. Bei ihnen hatte sie weniger Angst, weil ihre Wünsche hier nicht einem so strengen Verbot unterlagen. Freud beschreibt einen Mechanismus, den er «*Identifizierung aus Schuldgefühl*» nennt: Jemand, der gerne den Platz einer anderen Person einnehmen möchte, identizifiert sich mit dessen Leiden, um sich zu bestrafen. Es ist, als ob er – oder sie – zu sich selbst sagen würde: «*Du wolltest das haben, was er hat, – oder sie – nun hast du es, du hast diese Pein, die er – oder sie – hat, und du verdienst es!*» Wir sehen, wie Molly sich mit dem Leiden ihrer Mutter und mit der Lebensgefahr, in der sie die Schwester wähnte, identifizierte. Sie hatte Angst, ohnmächtig zu werden wie die Mutter oder zu sterben, wie es der Schwester hätte geschehen können, weil sie die beiden um die Liebe des Vaters bzw. des Schwagers beneidete, weil sie gerne den Platz der Mutter oder Schwester eingenommen hätte. Sie fürchtete sich vor dem Einschlafen, denn im Schlaf wird die Abwehr schwächer, und die verbotenen sexuellen Wünsche tauchen offener auf.

Freud hat gezeigt, daß jedes Symptom einen Kompromiß darstellt. Mit ihm wird zwar ein verbotener Wunsch abgewehrt, gleichzeitig dient er aber auch zu dessen Befriedigung. Mollys Furcht vor Ohnmachtsanfällen sind eine Warnung vor der verbotenen Identifizierung mit der Mutter. Aber gleichzeitig bedeutet das Warten auf eine Ohnmacht und die Angst in geschlossenen Räumen – unbewußt –, daß sie dauernd erwartete, sexuell angegriffen zu werden. Wenn sie ohnmächtig wäre, könnte sie es zulassen, sexuell verführt zu werden. Andererseits war sie sich ihrer Unschuld auch nicht so sicher. Im Grunde fürchtete Molly, die Mutter zu verlieren, wenn sie wirklich sexuell angegriffen würde, selbst wenn sie so eine Situation nicht provoziert hätte. Deshalb hatte sie in geschlossenen Räumen, aus denen sie, falls sie sexuell angegriffen würde, nicht flüchten könnte, Angst. Das Einzige, was ihre Angst mildern konnte, war das Essen von Äpfeln – die die Brust symbolisieren – oder das Trinken von Milch. Sie beruhigte ihre Angst, die Mutter wegen ihrer genitalen Wünsche zu verlieren, indem sie auf die orale Stufe regredierte und mit der guten Mutter ihrer frühen Kindheit Verbindung aufnahm. Aufgrund des gleichen Mechanismus lutschte Teresita am Daumen, nachdem sie masturbiert und dabei geträumt hatte, eine Frau zu sein, die Mann und Kinder hat. Molly reagierte auf das Wachstum, das die Pubertät mit sich bringt, mit Angst. Dabei waren zwei Momente bestimmend: Die Befürchtung, bei einer Geburt zu sterben, das heißt innerlich zerstört zu werden, wenn sie die Rolle der erwachsenen Frau so wie ihre Mutter und ihre Schwester einnehmen würde; zum anderen fürchtete sie, die Zuneigung ihrer Mutter und damit ihren Platz als Tochter und Mädchen zu verlieren. Bei Molly wird auch deutlich, daß sie die Menstruation nicht ablehnte, weil durch sie ihr Wunsch, ein Mann zu sein und einen Penis zu besitzen, frustriert wurde. Für sie war die Menstruation traumatisch, weil sie die infantilen ödipalen Konflikte wieder weckte. Sie versteckte die Menstruation vor ihrer Mutter, um die ihr unterstellte Feindschaft zu beruhigen. Sie fürchtete den Haß der Mutter, wenn diese entdecken würde, daß ihre erwachsene Tochter, die sich durch die Menstruation als weiblich auswies, mit ihr rivalisierte.

Mit Mollys Fallgeschichte habe ich einen typischen Konflikt pubertierender Mädchen dargestellt, der reichlich schwerwiegende Symptome zur Folge hatte. Es gibt andere Fälle – von einem werde ich später berichten – in dem sich die Konflikte psychosomatisch ausdrücken, wo das Ausbleiben der Regel (Amenorrhö) oder eine gewisse Menstruationsstörung (Dysmenorrhö) vorliegen. Menstruationsstörungen können die einzigen Indizien eines Konfliktes sein, aber im allgemeinen werden sie auch von psychoneurotischen Störungen begleitet.

Während die Amenorrhö immer als pathologisches Phänomen gilt, wird die Dysmenorrhö meistens als normal hingenommen.

Eine Zeitlang war der Einfluß des weiblichen Zyklus auf die Persönlichkeit der Frau Gegenstand heftiger Diskussionen. Gegner des Feminismus behaupteten, daß die Schmerzen und die allgemeine Schwächung, die durch die Menstruation entstünden, die Frau für physische Arbeiten und sportliche Aktivitäten ungeeignet machen. Des weiteren wurde daraus gefolgert, die Frau könne sozial wichtige Berufe oder Tätigkeiten nicht übernehmen, weil sie einmal monatlich im klinischen Sinne «unzurechnungsfähig» werde. Statistiken wurden aufgestellt, die zeigen sollten, daß die meisten Delikte von Frauen von den Delinquentinnen während oder kurz vor der Periode begangen würden. Ich stelle nun die Frage, ob es wirklich unvermeidlich ist, daß die Frau vor oder während ihrer Periode depressiv oder «unzurechnungsfähig» wird, und ob die Blutung von Schmerzen begleitet sein müsse?

Es gibt das klinische Bild der prämenstruellen Depression. Frauen, die daran leiden, fühlen sich jeden Monat schlecht, sie geraten in Panik, ohne zu wissen warum, bis sich mit dem Einsetzen des Menstruationsflusses ihr Zustand bessert, und sie den Grund für ihre Verstimmung erkennen. Karen Horney stützt sich in ihrer Arbeit *Die prämenstruellen Verstimmungen*[18] auf die Analyse verschiedener Patientinnen mit dem erwähnten Krankheitsbild und kommt zu folgendem Schluß: Es spielt keine Rolle, ob sich die Frauen, die an diesen Depressionen leiden, bewußt eine Schwangerschaft wünschen oder nicht; was ihnen gemeinsam ist, ist ein unbewußter Konflikt, der sie daran hindert, Mutter zu werden. Auf der einen Seite haben sie den intensiven Wunsch, Mutter zu werden; dem steht jedoch eine ebenso starke Ablehnung gegenüber, die aus Ängsten und Schuldgefühlen über die Intensität ihrer destruktiven Tendenzen resultiert. Den Vermutungen der Autorin zufolge verstärkt sich in der Phase des Zyklus, in der sich der ganze Körper biologisch auf die Mutterschaft vorbereitet, sowohl der Wunsch, ein Kind zu haben, als auch die Angst und die Abweisung dieses Wunsches. Folge dieses Konfliktes ist die Depression. Sie endet mit dem Auftreten der Menstruation, dem Zeichen, daß keine Schwangerschaft eingetreten ist. Ich selbst habe oft das umgekehrte zyklische Bild beobachtet: Sterile Frauen, die bewußt schwanger werden möchten, werden während der prämenstruellen Phase euphorisch und optimistisch. Damit verneinen sie ihre ureigenste Wahrnehmung des Scheiterns. Bei ihnen folgt die Depression dann am Anfang der Periode, die wegen des erneut frustrierten Kinderwunsches wie ein Abort erlebt wird.

Die Menstruationsschmerzen sind in unserer Gesellschaft zwar seltener geworden, sie werden aber noch immer für normal gehalten, vor allem bei jungen Mädchen. Sie variieren von Frau zu Frau sehr stark an Intensität. Was zwischen der bloßen Wahrnehmung der Organtätigkeit und einer leichten Belästigung liegt, kann als normal bezeichnet werden. Wirkliche Schmerzen sind jedoch Anzeichen von Konflikten. Ihre psychische Genese erweist sich durch die Tatsache, daß sie im Laufe einer angemessenen psychotherapeutischen Behandlung praktisch verschwinden.

Ich zeige im folgenden die Ursachen einer schweren Dysmenorrhö in der Adoleszenz anhand eines klinischen Falles. Adela B. wurde von Arminda Aberastury analysiert. Sie bekam die Menarche mit dreizehn Jahren und ohne Störungen. Einige Tage danach geschah etwas, was offensichtlich sehr traumatisch für sie war: Der Hausdiener versuchte, sie zu vergewaltigen. Als das Mädchen ihn heftig abwies, ließ er jedoch sofort von seinem Vorhaben ab. Bereits die zweite Menstruation war dann von Symptomen begleitet, die mit jeder Periode wiederkehrten, bis sich die Eltern des Mädchens, nachdem sich die üblichen Heilmittel als erfolglos erwiesen hatten, zu einer psychoanalytischen Behandlung für die Tochter entschlossen. Adela war zu diesem Zeitpunkt sechzehn Jahre alt. Sie war schüchtern, gehemmt und sehr religiös. Sie sah sehr viel jünger aus, ihre Brüste waren noch nicht entwickelt, und ihr ganzes Äußeres machte einen unreifen Eindruck. Während der Menstruation hatte sie immer schwere Depressionen, sie fühlte sich schmutzig und entwertet. Sie hatte auch starke Schmerzen, die sie während mehrerer Tage ans Bett fesselten, zusätzlich hatte sie stark unreine Haut und Schuppen aufgrund einer Seborrhö[19].

Die Familienkonstellation glich der von Teresita: eine kalte und herrschsüchtige Mutter, die die jüngere Schwester vorzog, und ein schwacher, verführerischer Vater. Das Mädchen liebte ihn sehr. Mit vier Jahren hatte sie an einer Vulvovaginitis[20] gelitten, deren Ursache nicht geklärt werden konnte. Die Mutter trug ihr damals lokale Heilmittel auf, was sie gleichzeitig als demütigend als auch erregend erlebt hatte.

Adela interpretierte ihre Menstruationsschmerzen als Geburtsschmerzen und erlebte sie auch so. Das klärte sich durch die Analyse. Unbewußt hielt sie sich aufgrund ihrer sexuellen Phantasien für schwanger. Mit Zunahme des Geschlechtstriebes waren sie in der Pubertät stärker geworden. Ihre Schmerzen waren die verdiente Strafe für diese Phantasien. Sie stellte ihr Leiden zur Schau, um die Feindseligkeit und den Zorn, den sie ihrer Mutter unterstellte, zu besänftigen. Unbewußt war das eine Wiederholung ihrer Kindheitssituation, in der sie die Pflege der Vulvovaginitis durch die Mutter als Strafe für ihre ödipalen Wünsche erlebt hatte. Mit dem Ausfluß hatte sie ausgedrückt, daß sie ihre sexuellen Wünsche als abstoßendes Ausscheidungsprodukt empfinde. Jetzt drückte sie das durch die Seborrhö und das Menstruationsblut aus. In ihrem Fall scheint die Depression auf jene Ursachen zurückzugehen, die Karen Horney angeführt hat. Ihr unbewußter Kinderwunsch ließ sie jede Menstruation als Geburt erleben, er stand in Konflikt mit einem starken Schuldgefühl wegen des inzestuösen Charakters ihrer Wünsche und wegen ihrer starken feindseligen Gefühle gegen die Mutter.

Man könnte einwenden, eine solche Interpretation sei für ein erst 16jähriges Mädchen unwahrscheinlich, Adela sei doch noch zu jung, um Mutter zu werden. Diese Argumente sind auf rationaler Ebene sicher berechtigt. Aber hier ist ja nicht die Rede von rationalen Vorgängen. Erinnern wir uns an Molly, die nach der Menarche sagte: «*Jetzt könnte mir alles passieren.*» Adela hatte eine normale Menarche erlebt. Nachher erlitt sie den Überfall des Dieners, eine Sache, der sie große Bedeutung beimaß. Erst danach kamen die Menstruationsprobleme. Unbewußt hatte der Vergewaltigungsversuch, den sie mit Leichtigkeit abgewehrt hatte, für Adela der Realisation eines Koitus entsprochen. Deshalb reagierte sie mit Schwangerschafts- und Geburtsphantasien. Es kam noch dazu, daß Adela selbst, wie sie erst nach längerer Analyse zu gestehen wagte, vor dem Überfall alles Mögliche getan hatte, um den Diener zu reizen, indem sie sich ihm halbnackt gezeigt hatte.

Angesichts des Triebschubes und ihrer unbewußten Phantasien hatte Adela zu einem drastischen Mittel gegriffen; sie provozierte den Überfall des Dieners – eines erniedrigten Vaterersatzes – und verfolgte damit ein doppeltes Ziel: er sollte ihre sexuellen Wünsche befriedigen. Dann gebrauchte sie den Überfall aber auch als Warnung für sich selbst. Sie demonstrierte sich damit, daß sie nun eine erwachsene Frau sei und fähig, einen Mann zu erobern; deshalb müsse sie aufpassen und diese gefährliche Sexualität verdrängen.

Durch die psychoanalytische Behandlung wurde Adela vollständig verändert. Die Dysmenorrhö verschwand, und mit ihr all die Begleitsymptome. Aus einem unreifen, gehemmten Mädchen wurde sowohl psychisch als auch körperlich eine junge Frau, die sehr anziehend wirkte.

Adela drückte ihren pubertären Konflikt mit der Dysmenorrhö aus. Unser nächster Fall handelt von Mary, einem jungen Mädchen, die ihre Weiblichkeit vollständig verleugnete. Sie litt an einer verlängerten Amenorrhö. Ihr Analytiker war Dr. E. Krapf, dessen Veröffentlichung[21] ich hier stark zusammengefasst wiedergebe. Mary, eine junge Frau von 24 Jahren, wandte sich an den Psychoanalytiker wegen einer vollständigen Amenorrhö. Diese war nach einer kurzen dysmenorrhoischen Zeitspanne eingetreten, als sie 21 Jahre alt war. Mary litt außerdem an einer ausgeprägten Depression und an verschiedenen Konversionssymptomen wie Erbrechen, Durchfall, Verstopfung, usw. Wegen ihrer Depressionen und ihres körperlichen Zustandes hatte sie sich gezwungen gesehen, ihr Studium an der Universität aufzugeben. Die Familienkonstellation war typisch. Einmal mehr begegnen wir dem verführerischen und liebenden Vater und der kalten Mutter, die ihre Tochter ablehnt, weil sie eine Frau ist. Mary hatte einen älteren Bruder. Ihre Mutter hatte die zweite Schwangerschaft nur akzeptiert, weil sie gehofft hatte, einem zweiten Jungen das Leben zu schenken. Als dann Mary zur Welt kam, war ihre Enttäuschung so groß, daß sie sich zwei Wochen lang weigerte, das Mädchen auch nur anzuschauen. Das wurde später oft im Familienkreis besprochen, auch wenn Mary anwesend war. Mary versuchte ihre Mutter zu erobern und bekämpfte ihre Minderwertigkeitsgefühle in bezug auf ihren Bruder. Sie wetteiferte mit ihm, und intellektuell übertraf sie ihn bei weitem. Damit sie sich wegen ihrer zärtlichen Beziehung zu ihrem Vater der Mutter gegenüber nicht allzu schuldig fühlen mußte, nahm sie eine «männliche» Haltung ein. Sie bemerkte in ihrer Analyse, daß sie und ihr Vater «von Mann zu Mann» miteinander sprächen, besonders dann, wenn sie ihm Anekdoten aus ihrem Studentenleben erzählte.

Mary hatte die Menarche traumatisch erlebt, weil sie ihre Abwehr angriff, die in der Verleugnung ihrer Weiblichkeit bestand.

Einen ganzen Tag verheimlichte sie ihrer Mutter, daß sie die Menstruation bekommen hatte. Schließlich gestand sie ihr doch, was geschehen war. Die Reaktion der Mutter ist kennzeichnend für ihre neurotische Haltung gegenüber der Tochter als Frau. Sie erklärte ihr: *«Das ist nichts Besonderes, nur eine unangenehme und schmutzige Sache, die alle Frauen haben und in die du dich einfach schicken mußt.»*

Aber trotz der traumatischen Wirkung der Menstruation konnte Mary nach einiger Zeit ganz gut damit umgehen. Sie nahm die Menstruation an als *«ein Zugeständnis, das ihr die Mutter gemacht habe»:* das heißt als Erlaubnis, Frau zu sein.

In meiner Darstellung der psychoanalytischen Theorie habe ich von den unbewußten Phantasien des kleinen Mädchens gesprochen, das das Körperinnere der Mutter zerstören möchte, um ihr die Penes und die Kinder zu rauben, die es dort vermutet. Die feindseligen Phantasien rufen Angst vor der Rache der Mutter hervor. Getreu dem Gesetz der Talion *«Auge um Auge, Zahn um Zahn»,* könne die Mutter das Mädchen seiner eigenen inneren Organe berauben und ihm damit die Zukunft als Mutter verunmöglichen. Marys Analyse zeigte, daß sie heftig unter der weiblichen Kastrationsangst litt. Ihre Furcht wurde Mary während einer analytischen Sitzung bewußt; sie zeigte sich in einer Phantasie, die sie ängstigte und die sie als sehr real empfand. Bevor ich diese Phantasie schildern kann, muß ich etwas vorausschicken: Der Analytiker hatte Mary in der vorangegangenen Sitzung die Deutung gegeben, daß die Liebe für sie so gefährlich sei, weil sie unbewußt in jedem Mann ihren Vater oder ihren Bruder sehe und deshalb eine Strafe von ihrer Mutter befürchte. Mary kam verängstigt in die nächste Sitzung. Sie fürchtete, der Analytiker – als väterlicher Repräsentant – könnte sie verlassen. Sie hatte Angst, daß sie ohne seine Unterstützung *«im Rücken»* hinfallen würde und daß gleich darauf Krähen auf sie stürzen würden, um sie *«wehrlos auf dem Rücken liegend»* zu fressen. Der Analytiker fragte, was die Krähen denn genau fräßen. Daraufhin sagte sie wörtlich: *«Den ganzen Körper... die Eingeweide... den Bauch und die Beine... die Arme und das Gesicht nicht.»* Als der Analytiker sie darauf aufmerksam machte, daß die Genitalien sich zwischen dem Bauch und den Beinen befänden, assoziierte sie unmittelbar darauf bedrohliche Vorstellungen: Sie hatte Angst vor einer Operation, bei der man aus ihrem Körper ein Kind herausnehmen würde.

Um dieser Strafe zu entgehen, versteckte sie ihre Weiblichkeit vor der Mutter. Die pseudomännliche Haltung, die sie wegen der Rivalität zu ihrem Bruder einnahm und die sie für die freundschaftliche Beziehung zu ihrem Vater brauchte, habe ich oben bereits hervorgehoben. Die tiefere Analyse zeigte, daß diese Haltung auch der Verteidigung gegen die Feindseligkeit, die sie bei ihrer Mutter vermutete, diente.

Das neurotische Gleichgewicht, das sie bis dahin aufrechterhalten hatte, stürzte bei ihrem ersten genitalen Erlebnis zusammen. Mit 21 Jahren verliebte sie sich in einen jungen Mann namens Pedro. Ihre Regel verspätete sich zum ersten Mal vor einem Fest, von dem sie sich etwas Entscheidendes für ihre Liebe erhoffte. Der Analytiker deutete dies bereits als Folge ihrer Ängste. Nicht zu menstruieren bedeutete für sie damals, sich genital zu verschließen und ihre Weiblichkeit gegenüber der Mutter zu verleugnen. Es schien, daß Mary auf diesem Fest erreichte, wonach sie sich gesehnt hatte. Als der junge Mann sie küßte, fühlte sie zum ersten Mal eine vaginale Erregung. Einige Stunden später bekam sie die Regel. Die Beziehung zu Pedro endete jedoch mit einer schweren Enttäuschung. Nun setzten die schweren Unregelmäßigkeiten der Menstruation ein. Es kam dazu, daß Mary in den folgenden Monaten weitere Rückschläge einstecken mußte. Sie fiel bei einer Prüfung durch, weil sie *«diesmal die Sympathie der Examinatoren nicht erobern konnte.»* Bei einer dramatischen Entscheidung widerstrebte sie den Wünschen ihres Vaters und mußte dann feststellen, daß er sie viel weniger liebte, als sie geglaubt hatte. Nach dieser Enttäuschung blieb die Menstruation ganz weg. Das war der Beginn der Amenorrhö, die mehr als drei Jahre anhielt und erst als Ergebnis der psychoanalytischen Behandlung verschwand. Was vorerst blieb, waren die Depression und die Konversionssymptome. Letztere sind ziemlich typisch für hysterische Mädchen nach dem ersten Liebeskuß. Das Erbrechen und die Verdauungsbeschwerden erinnern an Schwangerschaftsbeschwerden und entsprechen auch einer unbewußten Phantasie von oraler Befruchtung und Schwangerschaft. Die Bedeutung der Amenorrhö war komplexer und mit Marys Angst vor der Sexualität eng verknüpft. Für Mary war bereits die Intensivierung des Sexualtriebes, die mit der Menarche einhergeht, traumatisch. Danach hatte sie die sexuellen Wünsche so vollständig verdrängt, daß sie die Menstruation ohne Störungen annehmen konnte. Die ersten Symptome traten auf, als Mary sich verliebte und sexuelle Erregung verspürte. Das intensivierte die Konflikte mit der Mutter und bestätigte ihre Angst vor ihr. Aber Mary war bereit, für ihre Weiblichkeit zu kämpfen. Die Menstruation verspätete sich, aber sie kam nach Pedros Kuß doch noch. Als Waffe zur Verteidigung gegen die Mutter verblieb ihr ihre Intellektualität. Sie hatte die Bedeutung einer männlichen Verkleidung. Erst nach ihrem Scheitern als erwachsene Frau – der junge Mann und ihr Vater hatten sie abgelehnt, den Examinatoren war sie nicht sympathisch – befiel sie die große Angst. Sie gab die mühsam erarbeiteten Positionen, die nun wertlos geworden waren, auf. Die erwachsene Frau und brillante Studentin, die allerdings ein bißchen «Mannweib» gewesen war, wurde zum wehrlosen und geschlechtslosen Mädchen. Die Menstruation setzte aus; Menstruieren hatte für sie die Bedeutung, daß sie sich genital öffnete; sie war damit der Liebesattacke durch den Vater-Mann und der feindlichen Mutter ausgesetzt und war eine erwachsene Frau. Das Ausbleiben der Regel hatte für Mary den Sinn, sich zu schützen, indem sie sich genital verschloß. Damit vermied sie die weibliche Kastration und verwandelte sich in ein Mädchen. Die Therapie war sehr erfolgreich: Mary wurde von der Amenorrhö und den Begleitsymptomen vollkommen geheilt. Sie wurde psychisch reifer und konnte die Konflikte mit ihren Eltern in angemessener Form lösen.

Ich werde nun das vorgestellte klinische Material kurz zusammenfassen. Teresitas Fall habe ich vorgestellt, weil ich die Gedanken eines adoleszenten Mädchens über Menstruation und damit zusammenhängende Fragen, Sorgen und Vorstellungen für sich sprechen lassen wollte. Teresita ist zwar offensichtlich krank, aber die normalen psychischen Vorgänge werden dadurch nur besser sichtbar und deutlicher. Die gleichen Prozesse laufen auch bei einem weniger neurotischen Mädchen ab, wenn auch nicht so intensiv. Dann habe ich Mollys Fall vorgestellt. Helene Deutsch zeigte mit diesem Fall, inwieweit die Menarche eine schwere Neurose auslösen kann, auch wenn das Mädchen scheinbar vom Auftreten der Regel nicht sonderlich beeindruckt war. Die Symptomatik dieses Falles spielte sich auf rein psychischer Ebene ab. In Adelas Fall führten die menstruellen Konflikte zum psychosomatischen Bild der Dysmenorrhö, begleitet von neurotischen Symptomen und Reaktionen der Haut. Marys Situation war ähnlich. Aufgrund nicht gelöster Konflikte produzierte sie eine Amenorrhö, begleitet von einem depressiven Zustand.

Wenn wir die Situation in den Familien, in denen diese Mädchen aufgewachsen sind, vergleichen, können wir sehen, daß in allen Fällen – außer in dem von Molly, in dem nicht genügend Daten vorliegen – eine ähnliche Familienkonstellation vorliegt. Die ablehnende Haltung einer kalten Mutter ruft die Feindschaft des Mädchens hervor. Angesichts der Eifersucht auf ein anderes, von der Mutter bevorzugtes Geschwister, wird die Feindschaft zu Haß. Das Mädchen wird von einem verführerischen Vater angezogen. Aber da er schwach ist, fühlt sich das Mädchen vor der Mutter, vor der es Angst hat, nicht sicher. Sein Schuldgefühl wegen der Rivalität um die Liebe des Vaters und wegen seines Hasses, mit dem es der Mutter ihre Zurückweisung vergilt, machen ihm Angst und erlauben ihm keine glückliche Identifizierung mit der Mutter. Stattdessen fürchtet es ihre Rache. Das Verlangen, von der Mutter geliebt zu werden, und die Angst vor ihr führen bei Teresita und Mary dazu, daß sie sich wünschen, Männer zu sein. Damit verneinen sie auch ihre tiefere Angst davor, bereits keine Frauen mehr sein zu können, weil ihr Körperinneres zerstört worden ist. Sie wollen nicht zugeben, daß es ihnen nicht mehr möglich ist, sich mit der Mutter zu identifizieren, und wie sie einen Mann und Kinder zu haben.

In allen vier Fällen sehen wir das, was Melitta Schmiedeberg schon früher beobachtet hat: Das Mädchen versteht instinktiv aufgrund des Triebschubes die biologische Bedeutung der Menarche. Das Begreifen der biologischen Vorgänge kann im speziellen Fall traumatisch sein, weil es die Befürchtung entstehen läßt, daß seine sexuellen Spiele, die bis dahin ungefährlich waren, von nun an Folgen in der Realität haben könnten. Der erste Fall, den ich im nächsten Kapitel vorstellen werde, zeigt diesen Mechanismus nochmals. Mit den anderen Fällen werde ich zeigen, daß die Tatsache, daß das Mädchen versteht, daß es die Geschlechtsreife erreicht hat, auch den gegenteiligen Effekt haben kann: Irrationale Ängste können beruhigt werden. Mit allen Fällen, die ich im nächsten Kapitel anführen werde, werde ich zeigen, daß die Konflikte, die die Pubertät einer Frau erschweren, in späteren Stufen ihrer psychobiologischen Entwicklung[22] zu weiteren Störungen führen können.

V
DIE MENARCHE UND IHRE BEDEUTUNG FÜR DIE PSYCHOSEXUELLE ENTWICKLUNG[1]

Die Menstruation wird in der psychoanalytischen Literatur häufiger behandelt als die anderen geschlechtlichen Funktionen der Frau. Es war viel die Rede von ihrer Tabuisierung und von den traumatischen Wirkungen, die sie auf den Mann und auch auf die Frau hat. Trotzdem wurden bislang nur wenige Fallgeschichten publiziert, die das Thema konkret behandeln. Diese Untersuchungen betrachteten die Frau als kastrierten Mann, das heißt, sie gingen vom *«phallozentrischen»* Standpunkt aus. Deshalb sind sie wohl so lange relativ oberflächlich geblieben. In ihnen wurde die Beobachtung, daß die Frau die Menstruation als Kastration ihres imaginären Penis erlebe, stark betont. Es wurde aber nicht befriedigend erklärt, weshalb diese Kastrationsvorstellung auftaucht. Die tieferen Ängste, die durch sie abgewehrt wurden, konnten erst mit einer vorurteilsfreien Analyse von Patientinnen aufgedeckt werden. Dies legte eine Umorientierung des *«phallozentrischen»* Standpunktes in der psychoanalytischen Theorie der weiblichen Entwicklung nahe (vgl. die Darstellung in Kapitel II). Die theoretische Umorientierung in der Betrachtungsweise der weiblichen Funktionen hat außerdem in den Forschungsergebnissen der Endokrinologie[2] nachträglich ihre biologische Bestätigung gefunden. Es mag unglaubhaft klingen, aber erst nach der Revision der theoretischen Annahmen wurde verständlich, daß die Menstruation auch eine gute, weil zutiefst weibliche Erfahrung sein kann. Wenn eine Frau ihre

Menstruation bekommt, bedeutet dies zwar jedesmal, daß sie die Hoffnung auf eine Schwangerschaft aufgeben kann, aber gleichzeitig ist ihre Wiederkehr das Symbol für die Jugend der Frau, für ihre Fruchtbarkeit, ihre Fähigkeit zur Regeneration und damit für das Versprechen auf neue Mutterschaft.

Der Grund, weshalb ich mich so lange der Menstruation widme, besteht darin, daß die Menarche ein überaus wichtiges Ereignis, eine neue Phase im Leben der Frau darstellt. In der Pubertät leben alle infantilen Konflikte des Mädchens wieder auf, und zugleich entstehen diejenigen, die für die Geschlechtsreife typisch sind. Wenn weder die Menarche noch die darauffolgenden Menstruationen auf das Unbewußte des Mädchens traumatisch wirken, kann mit Sicherheit gesagt werden, daß seine Kindheit befriedigend verlaufen ist. Das Akzeptieren der Menstruation ist für die spätere psychosomatische Gesundheit der Frau schon fast eine Garantie. Wurde die Menarche hingegen konfliktreich erlebt, besteht die Möglichkeit, daß sich die Konflikte auf jeder weiteren Stufe ihrer psychobiologischen Entwicklung reproduzieren. Einige zeigen sich auf psychischer Ebene, andere auf somatischer, und wieder andere äußern sich das eine Mal psychisch, das andere Mal somatisch. Anhand der folgenden Fallgeschichte soll das veranschaulicht werden. Die Fallgeschichte zeigt außerdem, daß die Menarche, auch wenn das Mädchen bewußt nicht sehr beeindruckt zu sein scheint, unbewußt anders erlebt werden kann. Sie kann Symptome entfesseln, die die Patientin selbst überhaupt nicht mit der Periode in Verbindung bringt.

Isabel, eine intelligente junge Frau, seit einiger Zeit verheiratet, wohnte erst seit kurzem in Buenos Aires. Sie machte eine Psychoanalyse mit dem Ziel, Analytikerin zu werden. Neben anderen Symptomen hatte sie eine Kakerlakenphobie[3], die sich intensiviert hatte, seitdem sie in Buenos Aires lebte. Isabel glaubte, ihre Angst sei größer geworden, weil es die Kakerlaken hier, in Buenos Aires, häufiger gebe als in ihrem Heimatland. Die Phobie hatte sich erstmals gezeigt, nachdem sie mit der Familie in ein neues Haus umgezogen war, in dem es viele Kakerlaken gab. Sie war damals 13 Jahre alt. Auch schon früher hatte Isabel Kakerlaken gesehen, ohne daß das bei ihr bemerkenswerte Gefühle ausgelöst hätte. Auf der bewußten Ebene äußerte sie sich erstaunt über ihre Phobie, weil ihr Insekten schon immer gefallen hatten, schon von klein auf. Sie erinnerte sich, daß sie als Vierjährige von ihrem Bruder eine Heuschrecke geschenkt bekommen hatte, die sie geliebt und in der Küche verwahrt hatte, bis ihre Großmutter mütterlicherseits sie eines Tages absichtlich zertrat. Isabels Verhältnis zu der Großmutter war ohnehin sehr gespannt. Die Großmutter vergötterte nämlich geradezu ihren Enkel, Isabels Bruder. Auf Isabel war sie eifersüchtig, weil der Bruder sie gern hatte und sich um sie kümmerte. Die Großmutter versuchte zu verhindern, daß Isabel mit ihrem Bruder spielte. Ihren Ekel vor den Kakerlaken assoziierte Isabel mit der Heuschreckenepisode, weil die Großmutter das Insekt zertreten hatte und weil das, was sie nicht ertragen konnte, vor allem der Anblick zerquetschter Kakerlaken war. Trotzdem verstand sie nicht recht, was die Phobie mit der Erinnerung an die Heuschrecke zu tun hatte. Die Phobie war ja erst aufgetreten, als sie 13 Jahre alt gewesen war, und galt einem anderen Insekt.

Ihre Eltern hatten ihr oft gesagt, sie würde sicher nicht heiraten: Nach Ansicht der Mutter war sie nicht hübsch genug und zu schwächlich, der Vater meinte, sie sei für das gewöhnliche Frauenschicksal zu intelligent. Dabei war sie ein anmutiges und hübsches Mädchen, wenn auch vielleicht nicht ganz so schön wie ihre ältere Schwester. Nach dem Willen des Vaters sollte sie sich ihrer Universitätslaufbahn widmen und sich dabei nicht von Liebeleien ablenken lassen. Wenn er sie beim Nähen oder Kochen überraschte, wurde er wütend, denn solche Beschäftigungen waren in seinen Augen verlorene Zeit. Trotz des Widerstands der Eltern heiratete Isabel, aber sie konnte sich in ihrer Heimat, wo ihre Eltern wohnten, nie dazu entschließen, Kinder zu haben. Während der Analyse begann sie sich mit diesem Problem zu beschäftigen und schon bald wollte sie ein Kind haben. Sie wurde jedoch nicht gleich schwanger; sie war vorübergehend steril. Dies kommt sehr oft vor und wird von den Gynäkologen gewöhnlich damit erklärt, daß mehrere Zyklen ohne Eisprung aufeinanderfolgen. Die determinierenden Faktoren dieser Störung sind psychischer Natur und wurden bislang nicht untersucht. Wie Isabels Sterilität psychisch verursacht worden ist, werde ich später erklären. In dem Zeitraum, von dem jetzt die Rede ist, hatte sich die Phobie intensiviert. Ich gab Isabel folgende Deutung: Die Heuschrecke stand möglicherweise unbewußt für ein Kind, das Isabel von ihrem Bruder bekommen hat. Das großmütterliche Verbot, mit dem Bruder zu spielen, habe sie als Verbot von etwas Sexuellem aufgefaßt, und der Tod der Heuschrecke sei ihr deshalb als die entsprechende Strafe vorgekommen. Isabel lehnte meine Interpretation ab. Sie argumentierte damit, daß sie die Großmutter nie geliebt habe. Deren Haltung sei ihr – mit der Ausnahme, daß sie auf die tote Heuschrecke mit ohnmächtiger Wut reagiert habe – völlig gleichgültig gewesen. Isabel wurde schwanger. Die Phobie setzte sich während ihrer Schwangerschaft noch fort. Das Kind kam im Herbst zur Welt, und bald darauf begann Isabel, die Kakerlaken zu vergessen, was dadurch begünstigt wurde, daß die Kakerlaken in Buenos Aires während der kalten Jahreszeit verschwinden. Einige Monate nach der Geburt wollte sie plötzlich ihre Phobie analysieren. Sie erinnerte sich an meine Deutung und erst jetzt tauchte auch eine vergessene Erinnerung auf: Mit 13, als sie ins neue Haus umgezogen waren, ekelte sich ihre Mutter vor den Kakerlaken. Sie behauptete, es seien unreine Tiere, die sich von Exkrementen ernährten. Das war der Anfang der Phobie. Nachdem die Erinnerung aufgetaucht war, meinte die Patientin, würden die Angst und der Ekel vor Kakerlaken verschwinden. Wenige Tage später bestätigte sich ihre Vermutung: die Phobie war verschwunden. Sie erzählte es in der Analyse, ohne weitere Details zu erwähnen. Wenige Tage später bemerkte sie, daß sich ihre Haltung in bezug auf Kakerlaken nochmals verändert hatte. Sie erzählte in der Sitzung, daß sie jede Kakerlake aufmerksam beobachte, als ob sie sich vergewissern wolle, daß sie ihr keinen Ekel und keine Angst mehr einflöße. Sie hatte auch einen Traum: Sie sah zwei Kakerlaken, die auf Zahnstocher aufgespießt waren. Da fiel ihr ein, daß sie als Mädchen immer mit dem Bruder Kastanien gesammelt und daß sie diese Ausflüge geliebt hatte. Aus den Kastanien hatten sie hübsche Puppen gemacht, indem sie sie mit Stäbchen zusammensteckten. Die aufgespießten Kakerlaken standen sowohl für die Kinder, die mit Kastanien spielten, als auch für diese Püppchen, phantasierte Kinder, die sie mit ihrem Bruder hatte. Im gleichen Traum erschien eine weitere Kakerlake, die sehr seltsam aussah. Sie erinnerte eher an ein Stück Exkrement als an ein Insekt. Isabel brachte das in Verbindung mit der infantilen Sexualtheorie, nach der das Kind im Inneren der Mutter entsteht und es wie ein Exkrement durch den Anus verläßt. Erst jetzt erzählte sie mir von dem Gespräch mit der Mutter nach dem Umzug in das neue Haus, in dem die Kakerlaken waren und davon, daß sie die Insekten mit Exkrementen in Beziehung gebracht und heftige Abneigung gezeigt hatte. So konnte der Ursprung der Phobie rekonstruiert werden: Als die Großmutter die Heuschrecke tötete, war Isabel vier Jahre alt, das heißt, sie befand sich auf dem Höhepunkt der ödipalen Situation: Sie rivalisierte mit der Mutter und beanspruchte die Liebe des Vaters. Aber ihr Vater war ein strenger Mann, der ihr eher Angst einflößte. Sie suchte und fand in ihrem Bruder ein Vatersubstitut. Er war sieben Jahre älter als sie und ging zärtlich und verständnisvoll mit ihr um: Sie hatte ihren Vater als Objekt ihrer kindlichen Bewunderung und Liebe durch den Bruder ersetzt. Als die Großmutter in ihrer Eifersucht auf die Liebe des Lieblingsenkels gegen die Freundschaft der beiden Kinder protestierte, war Isabel empört und als sie die Heuschrecke, das zärtlich geliebte Geschenk des Bruders tötete, verstärkte sich Isabels Zorn. Ein neurotisches Symptom jedoch brauchte nicht zu entstehen, weil sie die Großmutter verachtete und weil sie auf ihre Liebe nicht angewiesen war. In der Pubertät war das anders. Wie bereits erwähnt, tauchen die infantilen Konflikte in der Pubertät wieder auf; ihren Höhepunkt haben sie in der ödipalen Situation erreicht, danach beruhigen sie sich und bleiben während der Latenzperiode verdrängt, um Raum für die Sublimierungen zu schaffen. Mit der Menarche wurden für Isabel die Konflikte, die sie als Vierjährige hatte, wieder aktuell. Die Liebe zu ihrem Bruder und der Wunsch, ein Kind zu haben, tauchten wieder auf. Mit der Wahl ihres Bruders als

Liebesobjekt hatte sie sich seinerzeit offensichtlich einen schweren Konflikt mit der Mutter erspart. Da sie ihren Bruder liebte, rivalisierte sie nicht mit der Mutter, sondern nur mit der verachteten Großmutter. Auf diese Weise hatte sie in der Kindheit ihren inzestuösen Konflikt gelöst. In der Pubertät jedoch verwandelte sich auch die Liebe zum Bruder in etwas Gefährliches. Ihr Begehren war selbstverständlich unbewußt; aber die biologische Tatsache der Menarche, und damit die Überzeugung, daß ihre Phantasien jetzt, da sie zur Frau geworden war, hätten realisiert werden können, machten dies Geschehen zu etwas Beängstigendem. Als ihre Mutter mit Ekel und Mißbilligung auf die Kakerlaken reagierte, die sich von Exkrementen ernährten und die doch ihrer geliebten Heuschrecke ähnlich sahen, hatte Isabel das Gefühl, als ob die Mutter sie verurteilen würde. Sie empfand es so, als ob sie ihr sagte: «*Das Kind, das du begehrst, ist eine schmutzige Schweinerei.*» Und jetzt war es nicht mehr nur die verachtete Großmutter, die ihre Beziehung zum Bruder kritisierte, sondern auch die Mutter, die sie brauchte und auf ambivalente Weise liebte. Sie ängstigte sich und produzierte die Phobie. Die Kakerlaken zu meiden, bedeutete, kein inzestuöses Kind zu bekommen. Die Phobie stand folglich im Unbewußten für die mütterliche Mahnung: «*Denk daran, daß du mit dem Bruder kein Kind haben darfst.*» Im Traum kommen zwei aufgespießte Kakerlaken vor. Sie symbolisieren sie selbst und ihren Bruder im Schmutz ihrer kindlichen sexuellen Spiele, die der Mutter zuwider sind. Die dritte Kakerlake entspricht Isabels Vorstellungen von Schwangerschaft und Geburt, die sie zu der Zeit hatte, als ihr der Bruder die Heuschrecke schenkte. Das Exkrement stand auch für den Widerwillen der Mutter gegen Kakerlaken und andere schmutzige Dinge. Später, als sie heiratete, repräsentierte ihr Gatte für sie unbewußt den geliebten Bruder. In vielen ihrer Träume wurden diese beiden Figuren verwechselt. In ihrer Heimat, in der Nähe der Mutter, hatte sie es nicht gewagt, Kinder zu haben. In Buenos Aires begann sie bald, sich mit dem Gedanken anzufreunden. In der Folge aber verstärkte sich die Phobie, die ja Ausdruck des mütterlichen Verbots war. Die vorübergehende Sterilität drückte ihre Unterwerfung unter die strenge Mutter ihrer Kindheit aus. Es gelang ihr, sie teilweise zu überwinden, und sie wurde schwanger. Aber daß die Phobie weiterbestand, als sie schwanger war, deutete darauf hin, daß ihr Konflikt mit der Mutter noch nicht gelöst war. Zuerst hatte das Verbot der Mutter auf der psychischen Ebene eine Phobie verursacht, danach auf der somatischen eine vorübergehende Sterilität und später weitere Störungen, auf die ich noch zu sprechen kommen werde. Während der ersten Monate sprachen wir in der Analyse von den Konflikten, die die Möglichkeit und später die Realisierung der Schwangerschaft für sie in bezug auf ihre Eltern und die elterlichen Substitute auslösten. Ich repräsentierte für ihr Unbewußtes die Mutter. Durch die gewährende Deutung ihrer infantilen Konflikte wurde ich nach und nach zu einer Mutter, die ihr die Mutterschaft erlaubte, das heißt, die ihr die Heuschrecke zurückgab. Als sie – man könnte sagen, mit meiner Erlaubnis – ein gesundes Kind zur Welt brachte, verschwand die Phobie, ohne daß sie sich dessen gewahr geworden wäre. Daß Symptome verschwinden, ohne vollständig interpretiert worden zu sein, geschieht oft und manchmal sogar, ohne daß der Patient den genauen Zeitpunkt ihres Verschwindens angeben könnte. Wir werden das auch später, in anderen Fallgeschichten beobachten. Wenn der Konflikt in der Übertragungssituation gelöst wird, verliert das dazugehörige neurotische Symptom die Daseinsberechtigung. Erst als die Analysandin Lust bekam, ein zweites Kind zu haben, befaßte sie sich von neuem mit ihrer Phobie, diesmal um sie zu analysieren und um – nicht ohne einen gewissen Zwang – festzustellen, ob sie wirklich geheilt sei. In der gleichen Sitzung, in der sie mir zum ersten Mal ihren Wunsch nach einem zweiten Kind mitteilte, erzählte sie den Traum mit den Kakerlaken. Daß sie die Kakerlaken genau beobachten mußte, daß sie sich vergewisserte, keine Angst mehr zu haben, war folglich ein Symptom: Sie überprüfte, ob ihr der Wunsch nach einem zweiten Kind nicht verboten sei und ob er ihr nicht von neuem Angst einflößen würde.

Ich fasse Isabels Geschichte kurz zusammen: Ihr Vater war streng und wollte um jeden Preis einen Mann aus ihr machen; von der Mutter wurde sie abgelehnt, weil die Mutter nur ihrer älteren Tochter, die die kleine Schwester durch eine mitleidige Haltung kränkte, Weiblichkeit zugestand. Von der Großmutter wurde sie vollständig abgelehnt. Vom Bruder wurde sie geliebt, aber diese Freundschaft wurde von der Familie mit Verboten belegt. Die Liebe des Vaters konnte sie nur erringen, wenn sie auf ihre Weiblichkeit verzichtete. Es erstaunt deshalb nicht, daß Isabel lieber ein Mann gewesen wäre (Penisneid) und daß die Menarche, untrügliches Zeichen ihrer Weiblichkeit, bei ihr Ängste und Konflikte auslöste. Diese wurden ihr jedoch nicht bewußt, stattdessen produzierte sie die Phobie. Später zeigten sich auf fast jeder Stufe ihrer psychobiologischen Entwicklung Symptome, die Folgen ihres nicht gelösten Konfliktes waren. Sie wagte es nicht, Frau zu sein, weil es ihr als Kind verboten war, von ihrer zukünftigen Mutterschaft zu träumen.

Die erste Menstruation kann, wie ich bereits gesagt habe, vom Mädchen als Zeichen der Geschlechtsreife und Vorbote zukünftiger Mutterschaft erkannt und deshalb mit Freude akzeptiert werden. Die gegenteilige Reaktion ist jedoch ebenso häufig, und fast im gesamten klinischen Material, das ich hier darstelle, zeigt sich eine traumatische Wirkung von Menarche und Menstruation. Weshalb nimmt die Menstruation oft einen so düsteren Charakter an?

Versuchen wir, uns vorzustellen, was ein kleines Kind empfinden mag, wenn es zum ersten Mal Anzeichen der Menstruation bei seiner Mutter oder bei einer anderen Frau bemerkt. Vielleicht entdeckt es Flecken im Laken oder es findet ein blutbeflecktes Höschen. Das Kind versteht, daß dieses Blut aus dem Genital austritt, das heißt aus einem Organ, das Lust verschafft, das aber gerade wegen des verbotenen Charakters dieser Lust auch mit Ängsten besetzt ist. Wenn das Kind das Blut sieht, wird es sicher denken, es stamme aus einer Wunde. Der Junge wird sich eine äußerliche Verletzung vorstellen und sie mit dem Penismangel des weiblichen Genitals in Verbindung bringen. Er wird eine Kastration phantasieren, die eine blutende Wunde hinterlassen hat. Das Mädchen hingegen bemerkt, daß das Blut aus dem Körperinneren kommt. Es wird sich deshalb auch eine innere Beschädigung vorstellen, es wird vermuten, daß etwas im Körper der Frau verletzt sei. Wenn im weiblichen Körperinneren die Kinder wachsen, wird die Blutung wohl Zeichen dafür sein, daß die zukünftigen Kinder verwundet sind und daß sie langsam verbluten (vgl. Helene Deutsch und Melanie Klein). Sowohl bei den Jungen als auch bei den Mädchen besteht also die Vorstellung, die Frau sei verletzt, sie sei das Opfer eines Angriffs gewesen. Und das Organ, das das Blut verliert, ist ja das Genital. Die Wunde könnte demnach die Folge eines genitalen Aktes sein. Der Primitive glaubt, die Menarche sei die Folge eines sexuellen Aktes zwischen dem pubertären Mädchen und dem Geist eines Ahnen (vgl. A. Winterstein). Unbewußt erlebt das Mädchen sie genauso. Das heißt, es erlebt die Menarche als Folge eines sadistischen Koitus mit seinem Vater (vgl. Melitta Schmiedeberg). Wenn aber die Blutung als Strafe für verbotene sexuelle Aktivitäten aufgefaßt wird, wird sie auch mit der Masturbation in Beziehung gesetzt. Das Blut ist dann ein Indiz für die Beschädigung, die sich das Mädchen mit seiner Masturbation beigebracht hat. Zudem wird im Unbewußten alles, was aus dem Körper austritt, miteinander gleichgesetzt (vgl. Melanie Klein). Deshalb kann die Menstruation auch an die Ausscheidung von Fäzes oder an die Urinausscheidung erinnern.

Bislang ist der Wert der Menstruation als Äußerung des Sexualtriebes und der Geschlechtsreife sowie als Schutz gegen Ängste unterschätzt worden. Einzig Therese Benedek und Melanie Klein berücksichtigen diesen Aspekt, sie halten jedoch die negativen Auswirkungen für bedeutender. Wir werden dem Phänomen Menstruation nur dann wirklich gerecht werden und eine objektive Meinung erst dann entwickeln können, wenn wir auch seine positiven Wirkungen gründlich analysieren. Zu diesem Zweck werde ich jetzt klinisches Material vorstellen.

Zuerst die Fallgeschichte von Ana, einem selbständigen, jungen Mädchen. Sie ist die einzige Tochter ziemlich vorurteilsfreier Eltern. Sie besuchte eine gemischte Privatschule und war dort eine sehr gute Schülerin. Mit ihren männlichen Mitschülern rivalisierte sie erfolgreich, im Sexualleben erlaubte sie sich Freiheiten, die man im allgemeinen – und zu ihrer Zeit natürlich in verstärktem Maße – nur Männern zugesteht, bzw. zugestand. Sie verteidigte das mit dem Argument, daß sie das Recht habe, wie ihre Studienkollegen zu leben, da sie doch ebensogut arbeite wie sie. Während der ersten Jahre ihres Sexuallebens war sie frigide. Sie erreichte den Höhepunkt nur, wenn sie sich Phantasien masochistischen Inhalts ausmalte. Auch ihre Masturbationsphantasien waren masochistischer Natur. Ihre Lieblingsphantasie handelte von einem Mädchen, das wegen nichtiger Vergehen von einem strengen Lehrer mißhandelt wird. In ihrer Kindheit hatte sie nicht mit Puppen gespielt, sie liebte Bücher und Ballspiele. In der Latenzperiode vergnügte sie sich hauptsächlich mit ihrer besten Freundin; sie dachten sich Geschichten mit masochistischem Inhalt aus und spielten sie. Ana entwickelte mehr Phantasie als ihre Freundin, sie war die Triebfeder für diese Spiele. Mit zehn las sie in den Zeitungen Artikel über einen aufsehenerregenden Prozeß. Eine Frau war angeklagt, ihre Tochter vor Herren der besseren Gesellschaft, die für dieses Schauspiel bezahlt hatten, mißhandelt und geschlagen zu haben. Da wurde Ana plötzlich bewußt, daß Sadismus etwas *«sehr Böses und Verbotenes»* ist. Obwohl sie sich in ihren Spielen auf der bewußten Ebene immer mit dem mißhandelten Opfer identifiziert hatte, reagierte sie mit intensiven Schuldgefühlen. Sie war außer sich und erklärte der Freundin, daß sie nie mehr bei *«solchen Spielen»* mitmachen werde. In demselben Jahr lernte sie in den Ferien einige Mädchen kennen, die ihr, allerdings in etwas wirrer Form, erklärten, woher die Kinder kämen. Als ihre Mutter von diesen Gesprächen erfuhr, wurde sie wütend. Sie untersagte ihr ganz entschieden den schlechten Umgang. Ana war über diese Reaktion sehr gekränkt. Sie versuchte, ihre neuen Kenntnisse zu verarbeiten und entwickelte einige Phantasien, in denen sie sich den Prozeß der Zeugung ohne Zutun der Frau ausmalte. Da sie vermutete, das Kind im Bauch der Mutter ernähre sich vom Blut, das normalerweise während der Menstruation ausfließe, dachte sie, es sei möglich, Spermien und Bakterien auf einem Nährboden zu züchten, indem man sie mit

Blut begösse. So könnten Kinder ohne das Zutun der Frauen erzeugt werden. Ihre Phantasien baute Ana mit Material aus einem Eifersuchtsdrama, das zu dieser Zeit die große Sensation ihrer Heimatstadt war, weiter aus. Die Frau eines berühmten Sängers hatte der Geliebten ihres Mannes Schwefelwasserstoff ins Gesicht geschleudert. Da in Anas Phantasien die Frauen zur Fortpflanzung nicht mehr nötig waren, konnten sie gleich beseitigt werden, indem man sie zwang, Schwefelwasserstoff zu trinken. Ana eliminierte in ihren Phantasien alle Frauen der Welt. Sie stellte sich im Detail vor, wie die ätzende Flüssigkeit den Frauen Mund, Speiseröhre und Magen verbrannte, bis sie schließlich elendiglich starben. Ana war ein großes Mädchen und gut entwickelt. Mit 13 begann sie, sehnlichst auf die Anzeichen der ersten Periode zu warten. Sie war verzweifelt, als sie 14 wurde, ohne die Regel bekommen zu haben und befürchtete, nie in ihrem Leben Kinder haben zu können. Sie bat ihre Mutter, mit ihr einen Gynäkologen aufzusuchen. Die Mutter versuchte, sie zu trösten, indem sie der Sache keine Bedeutung beimaß. Das veranlaßte Ana, sie dafür verantwortlich zu machen, wenn sie später keine Kinder haben könnte. Als sie dann mit vierzehneinhalb die erste Menstruation bekam, war sie unbeschreiblich erleichtert. Ihr Verhalten begann sich zu ändern. Sie vernachlässigte die Schularbeiten und verliebte sich heftig in einen Jungen, der einige Jahre älter war als sie. Sie wollte so bald wie möglich heiraten, um Kinder zu haben. Sie hatte die Menstruation sehnlichst erwartet, immer in der Angst, sie gar nicht zu bekommen. Vielleicht hatte sich der Zeitpunkt der Menarche durch ihr Schuldgefühl auch wirklich verzögert. Später reagierte sie als Frau auf jedes Ereignis in ihrem Leben mit demselben Mechanismus. Sie war noch sehr jung, als sie die erste sexuelle Beziehung einging. Sie mußte bei ihrem Freund richtiggehend darauf bestehen; er hatte moralische Skrupel, Angst vor Verantwortung und wollte sie nicht deflorieren. Als sie dann in das Sexualleben eingeweiht war, mußte sie feststellen, daß sie frigide war. Dann heiratete sie. Als sie im ersten Jahr ihrer Ehe nicht schwanger wurde, gab sie die Hoffnung auf und war überzeugt, steril zu sein. Erneut hatte sie die unbestimmte Vorstellung, ihre

Mutter trage die Schuld an ihrer angeblichen Sterilität. Dann wurde sie mehrmals schwanger, verlor aber das Kind mehrere Male. Wieder verzweifelte sie und befürchtete jetzt, überhaupt kein Kind austragen zu können. Als sie schließlich ein Kind hatte, konnte sie es nicht stillen. Die Widrigkeiten des weiblichen Sexuallebens, das heißt Menstruation, Defloration und Geburtsschmerzen, ertrug sie mit Leichtigkeit und ohne sich je zu beklagen. Im Gegenteil, all diese Ereignisse erfreuten sie, denn sie beruhigten eine Zeitlang ihre tiefliegenden Ängste. Ich werde diese Ängste später analysieren, aber vorher stelle ich eine zweite Fallgeschichte vor, die von Berta. Obwohl sich Ana und Berta charakterlich überhaupt nicht gleichen, sind sie sich doch in ihren Neurosen, die sich auf dieselbe Ursache zurückführen lassen, ähnlich. Einen der Träume Bertas habe ich zur Illustration des Bildes von der bösen Mutter bereits vorgestellt. Jetzt werde ich ihre ganze Geschichte erzählen.

Berta war attraktiv, intelligent und ehrgeizig, aber ihr Frausein erfüllte sie mit großen Minderwertigkeitsgefühlen. Von der Liebe hatte sie eine denkbar schmerzliche Vorstellung. Ihrer Meinung nach hatten Frauen, die sich ihrem Partner aus Liebe hingaben, viel zu leiden, denn sie würden unweigerlich verlassen werden. Obwohl sie Männer bewunderte und Frauen verachtete, betrachtete sie sich selbst als homosexuell. Bei einigen platonischen Freundschaften mit Frauen war sie sehr verliebt und erregt gewesen. Sie hatte sich bei diesen Gelegenheiten wie ein Kavalier verhalten, der seiner Geliebten den Hof macht. Aber nie hatte sie versucht, ihre Liebe zu verwirklichen. Sie gefiel sich darin, ihre angebliche Homosexualität in Gesprächen zur Schau zu stellen. Ihr Erstaunen war deshalb groß, als sie während der Analyse feststellte, daß alles, was mit Homosexualität zusammenhängt, das heißt, die Vorstellung einer intimen Berührung einer anderen Frau, sie entsetzte. Dies wurde in der Übertragungssituation spürbar, als sie das Gefühl hatte, die Analytikerin wolle sie verführen. Ihr Entsetzen äußerte sich in einem Alptraum, den ich bereits ausführlicher beschrieben habe: Sie sieht einen Baum vor sich, in dessen Schatten mehrere kleine Schweinchen stehen. Sie schaut nach oben und entdeckt eine ungeheure *«Krebs-Spinne»*, die vom Baumwipfel herunterhängt. Plötzlich läßt sich die Spinne fallen. Alle Schweinchen fliehen, bis auf eines, das wie gelähmt stehenbleibt. Die Spinne stürzt sich auf das Schweinchen und beginnt, es auszusaugen. Die Träumende beobachtet mit Schrecken, wie es dem armen Schweinchen nicht gelingen will, sich vor ihr zu schützen, und die rosa Farbe seiner Haut ganz blaß und weiß wird, weil die Spinne ihm alles Blut aus den Adern saugt. Die drei Schweinchen in diesem Traum stehen für die Patientin und ihre beiden jüngeren Schwestern, die *«Krebs-Spinne»* für die Mutter, oder, in der aktuellen Übertragungssituation, für die Analytikerin.

Die Tatsache, daß sie Frau war, erfüllte Berta mit Verzweiflung, und sie empfand bewußt Penisneid. Sie beneidete ihre beiden älteren Brüder, weil sie viele Dinge taten, die ihr verboten waren. Ihr Vater war ein bedeutender Industrieller mit dem seinem Sozialstatus entsprechenden Stolz. Seiner ältesten Tochter gegenüber verhielt er sich verführerisch, obwohl er Frauen verachtete. Ihre Mutter war sanft und verschwiegen. In jedem Familienstreit fühlte sie sich als Opfer. Berta bewunderte als Kind Spielzeuge für Jungen: Waffen, Maschinen usw. Sie haßte ihren Vater und gleichzeitig bewunderte sie an ihm seine stolze und exhibitionistische Männlichkeit. Die Mutter verachtete sie ihrer verlogenen Demut wegen. Einmal erwischte diese sie dabei, wie sie mit aller Kraft ein Bild der Jungfrau Maria peitschte, das der Mutter gehörte.

Mit zwölf Jahren hatte sie die erste Regel. Danach veränderte sich ihr Verhalten von Grund auf. Die beiden folgenden Jahre seien die glücklichsten ihres Lebens gewesen, erzählte sie. Sie war weiblich, kokett, und begeistert von Tarzan. Aber mit 14 veränderte sich ihr psychischer Zustand erneut; sie war von einer Frau, die ein Muttersatz für sie gewesen war, schwer enttäuscht worden. Die Depressionen begannen mit Weinkrämpfen und führten dann nach und nach zu Depersonalisationserscheinungen. Diese Störung dauerte mehrere Jahre und verschwand nie mehr vollständig. Nie mehr erlebte sie die Heiterkeit ihrer Kindheit. Während ihrer Phase des Identitätsverlustes klagte sie über zwei

Symptome: Zum einen, daß für sie alles seinen Sinn verloren habe (das heißt in der Sprache des Unbewußten, daß sie die Frauen nicht mehr liebte), und zum anderen, daß ihr die Männer nicht mehr gefielen. Bertas Identitätsverlust war Folge der Verdrängung jeglicher erotischer Tendenzen, sowohl der hetero-, als auch der homosexuellen. Ihr Haß auf die Mutter, der durch eine letzte Frustration bestätigt wurde, hinderte sie daran, sich mit ihr zu identifizieren und Tarzan – ein Substitut des hypermännlichen Vaters – zu lieben; sie konnte aber auch ihr oder anderen mütterlichen Figuren mit ihrer homosexuellen Liebe nicht näherkommen.

Als ich Berta kennenlernte, war sie bereits verheiratet. Sie führte eine lieblose Ehe. Sie war noch immer deprimiert und in ihrer Identität gestört. Als sie Kinder haben wollte, litt sie an einer vorübergehenden Sterilität. Schließlich bekam sie ein Kind, aber sie konnte es nicht stillen. Es machte ihr Angst, ihm ihre Brüste auszuliefern.

Sowohl Ana als auch Berta litten zweifellos in verstärktem Maße an Penisneid. Trotzdem reagierten sie auf die Menarche nicht so, wie es gemäß der Theorie des Penisneides zu erwarten gewesen wäre. Sie erlebten die Regel nicht als demütigend oder deprimierend, also nicht so, als ob es sich um eine weitere Kastrationserfahrung handeln würde; vielmehr empfanden sie so etwas wie Triumph, eine große Erleichterung und ein unbestimmtes Gefühl von Dankbarkeit. Beide veränderten sich und legten zeitweise ein überaus weibliches Verhalten an den Tag. Zuvor hatten sie die weibliche Rolle nicht angenommen, weil sie an ihrer Fähigkeit zweifelten, Frauen und Mütter sein zu können. Weshalb ängstigte die Menarche die beiden Mädchen nicht, weshalb brachte sie ihnen im Gegenteil eine sichtbare Erleichterung?

Karen Horney[4] meinte, daß Frauen als Strafe für die Masturbation in der Kindheit oft befürchten, keine Kinder haben zu können. Sie fühlen sich schuldig, weil die infantile Masturbation mit sadistischen Phantasien einhergeht, die sich gegen die Mutter richten. Melanie Klein spricht von irrationalen Ängsten, die von phantasierten Angriffen gegen den Leib der Mutter und gegen seinen Inhalt ausgelöst werden, und von der Angst, als Strafe für diese Angriffe das Opfer derselben Zerstörung geworden zu sein. Trifft dies in unseren Fallgeschichten zu? Hassen unsere Patientinnen ihre Mütter so intensiv, daß sie Grund haben, an ihrer eigenen intakten Weiblichkeit zu zweifeln?

Bewußt ausgearbeitet sind solche Angriffe in Anas sadistischer Phantasie, alle Frauen der Welt zu eliminieren, und in Bertas Spiel, das Bild der Jungfrau Maria, dem einzigartigen Symbol der Mutterschaft, zu peitschen. Aber woher kommt dieser Haß, was bedeutet er genau, und wie wirkt er sich aus? Bei Ana tauchten die Rachephantasien auf, nachdem die Mutter ihr verboten hatte, sich darüber zu informieren, auf welche Weise Kinder gezeugt und geboren werden. Ana erlebte das, als ob die Mutter ihr verböte, selbst Mutter zu werden. Darauf reagierte sie mit Phantasien, in denen sie die Mütter aus dem Zeugungsprozeß ausschaltete. Aber es gibt Hinweise darauf, daß Ana die Mutter bereits früher gehaßt und für böse gehalten hatte. Obwohl sie selbst nie mit Gewalt bestraft worden war, wurden in ihren Spielen jahrelang kleine Kinder für nicht existente Vergehen gequält. Ana identifizierte sich mit dem bestraften Kind, und der nicht vorhandene Fehltritt ersetzte ihr wirkliches Verbrechen: ihren Haß auf die Mutter und die unbewußten Angriffe. Als sie in einer Zeitung las, daß eine Mutter, die ihre Tochter in Anwesenheit von Männern strafte, kriminell sei, erschrak Ana: Es sah für sie so aus, als ob man ihre eigene Mutter anklage, Ana in Anwesenheit ihres gleichgültigen Vaters gewalttätig und lieblos behandelt zu haben. Sie hatte jedoch nicht den Mut, diese Anklagen gegen ihre Mutter gutzuheißen, denn sie fühlte sich schuldig und ihres eigenen Hasses wegen jeglicher Strafe würdig: Ana haßte ihre Mutter und wollte sie zerstören. Aber sie liebte sie auch und brauchte sie: deshalb klagte sie sie nicht an; sie verdrängte ihren Haß und wurde masochistisch. Jetzt konnte sie ihrer Mutter verzeihen, denn sie genoß die Strafe, anstatt sie zu befürchten. Unbewußt existierte ihr Haß auf die Mutter und auf Mütter im allgemeinen jedoch weiter und – trotz ihres Masochismus und ihrer Liebe – verunmöglichte er ihr die Identifikation mit der Mutter vollständig. Die orale Wurzel ihres Hasses zeigt sich an der Art und Weise, wie sie in ihrer bewußten Phantasie die Mütter eliminierte.

Sehen wir uns nun die Situation bei Berta an: Während Ana sich vorstellt, alle Mütter zu vergiften, träumt Berta, die Krebs-Mutter töte sie, indem sie ihr das Blut aussauge. In einer sehr ursprünglichen Phase ihres Lebens muß Ana das Gefühl gehabt haben, sie werde von ihrer Mutter vergiftet, später rächte sie sich dafür, indem sie sie in ihren Phantasien vergiftete. Berta muß dies so empfunden haben, daß ihre Mutter sie nicht sättigen konnte; sie bekam nicht genug, und der Hunger höhlte sie aus. Sie hatte deshalb gewünscht, die Mutter vollständig auszusaugen, auszuhöhlen. Zur Strafe saugt die Mutter nun sie in ihren Alpträumen aus. Deshalb fühlt sich Berta innerlich leer. Bewußt möchte sie nicht Frau sein; unbewußt fürchtet sie, daß sie es bereits nicht mehr ist. Deshalb kann sie sich mit ihrer Mutter, die immer angefüllt ist mit Kindern, nicht identifizieren. Auch fürchtet sie die Identifikation mit der Mutter, weil sie sie haßt und verachtet. Sie flüchtet sich in die Homosexualität. Aber auch das bringt Gefahren mit sich. Berta kann sich einer Frau gegenüber nicht passiv verhalten. Sie darf die Mutter-Tochter-Beziehung auf erotischer Ebene nicht wiederholen, denn damit würde sie sich dem aussetzen, was sie am meisten fürchtet: der Wiederholung der ersten Erfahrungen mit der Mutter. Wie im Alptraum, wäre sie noch einmal das Opfer der Spinnen-Mutter. Sie wählt deshalb die andere Form der Homosexualität als Abwehr: die Vermännlichung. Sie wünscht sich, ein Mann zu sein, einen Penis zu besitzen, und sie verhält sich wie ein Kavalier zu der Frau, die sie liebt. Sie fürchtet und haßt sie zu sehr, um sich der Gefahr einer intimen Beziehung auszusetzen, die überdies das Trügerische ihrer männlichen Abwehr erwiese. Deshalb taucht in der analytischen Situation bei der Gefahr einer homosexuellen Verliebtheit in die Analytikerin die ursprüngliche, ängstigende Situation ihres Traumes wieder auf, und Berta verwandelt sich von neuem in das wehrlose Kind.

Ana und Berta scheitern beide in ihrer Weiblichkeit, weil sie sich nicht mit der Mutter identifizieren können. Das Fortbestehen ihres oralen Hasses und ihre Angst, durch die entsprechende Strafe die Zerstörung ihres Inneren erlitten zu haben, hindert sie daran. Um diese Position zu überwinden, hätten sie die Hilfe des Vaters benötigt. Anas Vater ist aber schwach und passiv. Sie wagt es nicht, sich der Mutter als Rivalin zu stellen und sich dem Vater in weiblicher Weise zuzuwenden. Bertas Vater ist im Gegensatz dazu zu stark und männlich, zumindest scheint es so. Er verachtet die Frauen und demütigt seine Frau. Berta fürchtet sich davor, eine weibliche Haltung einzunehmen und sich ihm zu nähern, weil sie nicht das Schicksal ihrer Mutter erleiden will. In beiden Fällen gelingt es den Mädchen nicht, den Vater zu erobern, und sie identifizieren sich stattdessen mit ihm; sie nehmen eine männliche Haltung ein und zeigen ihren Penisneid offen. Vielleicht hätten sie ihre Schwierigkeiten mit der Mutter überwinden können, wenn sie vom Vater mehr Unterstützung bekommen hätten. Der mangelnde Rückhalt verschlimmerte den Konflikt, und führte schließlich in die Perversion. Weshalb ermöglichte aber die Menarche den Mädchen, ihre Weiblichkeit zu akzeptieren? Das widerspricht all dem diametral, was bisher vom traumatischen Effekt der Menstruation gesagt worden ist, insbesondere für Frauen mit männlichen Tendenzen und starkem Penisneid.

Melanie Klein beschreibt die unbewußten Phantasien des Mädchens, in denen es das Leibesinnere der Mutter zerstört, um es seines Inhalts, der Kinder und der Penes, zu berauben. Das Mädchen kann dann seinerseits Angst bekommen, im Inneren zerstört zu sein. Das ist der Mechanismus, den wir bei unseren Patientinnen antreffen. Bei Ana und Berta bestand eine intensive ambivalente orale Fixierung an die Mutter. Der feindselige Wunsch, sie sich vollständig oder teilweise einzuverleiben und sie zu zerstören, machte ihnen Angst. Aus Schuldgefühl projizierten sie ihre eigene orale Feindseligkeit auf die Mutter. Wie der Traum von der Spinne zeigt, fürchtet Berta dieser Projektion wegen die Angriffe der Mutter. Die Vorstellung, durch die Schuld der Mutter physisch nicht intakt zu sein, ist Folge dieser Angst. Diese ursprünglichen Vorstellungen sind verdrängt. Später wird die Entdeckung der sexuellen Differenz der Geschlechter und der eigene

Penismangel als Kastration erlebt, weil die alte Angst, das Opfer einer inneren Zerstörung zu sein, wieder auftaucht und sich jetzt mit der Vorstellung einer genitalen Beschädigung verbindet. Einmal antwortete mir eine Patientin, als ich ihr ihre Vorwürfe an die Mutter dahingehend deutete, daß sie der Kastration eines angeblichen Penis gälten: *«Ich glaube, ich werfe Mama nicht einfach meine Kastration vor, ich werfe ihr vor, daß sie mich schlecht kastriert hat. Sie hat aus mir keinen rechten Mann und keine rechte Frau gemacht.»* Als wir in der Analyse dann von ihrer Angst vor der Sexualität sprachen, tauchte ein Bild aus ihrer Kindheit auf: Sie sah ihren Vater, wie er einem Huhn den Hals abschnitt – sie assoziierte dazu den Penisverlust –, und später ihre Mutter, die mit ihrer Hand ins Innere des Tieres griff, ihm die Eingeweide und die Eier herausnahm und es ganz aushöhlte. Dann folgte eine Assoziation, die sich auf ihre Unfähigkeit bezog, sich tiefergehenden Studien zu widmen. Als Grund dafür gab sie an, daß sie selbst leer sei. Die Patientin sprach also beide Ängste der Frauen aus, die sich auf die Kastration beziehen. Die zweite ist immer mit der Angst vor Sterilität verbunden.

Kehren wir zu unserem Hauptthema zurück. Welche Bedeutung verleihen unsere Patientinnen der Tatsache, daß die erste Menstruation, das Zeichen der Fruchtbarkeit, ungeachtet ihrer Befürchtungen und Zweifel schließlich doch eintraf? In erster Linie wurde die Menarche als Aussöhnung mit der Mutter erlebt. Die Mädchen empfingen die Geschlechtsreife von ihr wie ein unerwartetes und unverdientes Geschenk. Sie kam einem Freispruch seitens der Mutter gleich, denn sie erlaubte ihnen jetzt, so zu sein wie sie und in Zukunft Kinder zu haben. Daß sie bluteten und leichte Schmerzen verspürten, entlastete sie ebenfalls von Schuldgefühlen. Die Blutung befriedigte die masochistischen Phantasien in einer Form, die für das Ich annehmbar war. Das Gefühl des Triumphes und der Erleichterung kam aber auch daher, daß sie jetzt erwachsene Frauen waren und nicht mehr die abhängigen kleinen Mädchen; sie waren fähig, auf die homosexuelle Abhängigkeit von der Mutter zu verzichten.

Bei primitiven Stämmen werden nach der Menarche Initiationsriten ausgeführt, um das Mädchen von seinen Eltern, speziell von seiner Mutter, zu trennen.[5] Fast immer muß das Mädchen die Mutter verlassen. Es lebt dann mit einer alten Frau, Symbol der asexuellen Mutter, zusammen und wird später dem Ehemann übergeben. Bei einigen Stämmen wird es während der ersten Menstruation und während der folgenden Monate in einer speziellen Hütte, einem Käfig oder einer Hängematte vom Stamm abgesondert. Wenn dieser Ort, der den mütterlichen Schoß darstellt, nach einer bestimmten Zeit wieder verlassen wird, so entspricht das der Wiedergeburt. Das bedeutet die endgültige Trennung von der Mutter.

Die Menstruation kann, wie jede andere körperliche Manifestation der Weiblichkeit, als Waffe gegen die Homosexualität dienen. Wie wir in Bertas Fall gesehen haben, ist die Homosexualität selbst oft gar nicht das Grundproblem. Sie dient lediglich dazu, die ängstigende Überzeugung zu verbergen, als Frau zerstört worden zu sein. Ich konnte dies sehr genau bei einer Psychotikerin beobachten. Eine übertriebene Sorge um die Menstruation, Symbol ihrer intakten oder beschädigten Weiblichkeit, wurde bei ihr abgelöst von einer homosexuellen Wahnvorstellung. Es handelte sich um einen Fall von hypochondrischer Schizophrenie. Während langer Zeit konzentrierte sich die Patientin hypochondrisch auf ihre einschlägige Amenorrhö. Sie ängstigte sich, wenn sie den Eindruck hatte, ihre Periode sei zu kurz oder nicht genügend stark. Sie befürchtete, schwer krank zu sein, und meinte, etwas in ihrem Inneren funktioniere nicht. Solange sie sich noch nicht mit einer homosexuellen Position abgefunden hatte, solange sie noch darum kämpfte, ihre Weiblichkeit aufrechtzuerhalten, hielt dieses Symptom an. Dann realisierte sie in einem Traum als Mann den Koitus mit ihrer Mutter. Als sie wenig später zu spüren glaubte, daß im Inneren ihres Genitals ein Penis wachse und daß sie sich in einen Mann verwandle, verlor sie jegliches Interesse an ihrer Menstruation. Mit der Sorge um ihre Regel kämpfte sie gegen die Wahrnehmung, daß etwas in ihrem Inneren, etwas mit ihrer Weiblichkeit nicht stimmte. Sie gab ihre zerstörte Weiblichkeit auf, weil sie in der Wahnvorstellung ihrer Verwandlung in einen Mann einen psychotischen Ausweg aus ihren Ängsten fand. Jetzt konnte sie ihrer Mutter verzeihen und sie als Objekt beibehalten, denn sie war nun keine zerstörte Frau mehr, sondern ein Mann. Bei dieser Patientin handelte es sich um eine Sorge psychotischen Charakters. Die hypochondrische Sorge um die Menstruation tritt aber in geringerem Maße häufig bei neurotischen Frauen auf, und sie läßt sich auch in diesen Fällen auf die Angst um die beschädigte Weiblichkeit zurückführen.

Mit der Menstruation – der ersten und den nachfolgenden – werden auch aggressive, gegen die Mutter gerichtete Tendenzen befriedigt. Die Gebärmutter selbst wird dann mit der Mutter identifiziert, denn sie ist ja das ausführende Organ der Mutterschaft und das erste, was wir von unserer eigenen Mutter kennen. Sowohl im Spanischen als auch im Deutschen sind die Begriffe für «Mutter» und «Gebärmutter» («madre» und «matriz») eng verwandt.

Ich beobachtete das bei einer homosexuellen Patientin, die aufgrund heftiger oraler Frustrationen an die Mutter fixiert war. In der Analyse beschrieb sie die sadistische Lust, die sie empfand, wenn sie das Menstruationsblut an ihren Schenkeln herunterrinnen sah. Sie erinnerte sich, stark erregt gewesen zu sein, als sie in einem Roman die Beschreibung einer Bäuerin las, der das Menstruationsblut die nackten Beine herunterlief und den Boden befleckte. Die Gebärmutter stand bei ihr für die eigene Mutter, es war ihre Mutter, die während der Menstruation blutete und litt. In primitiven Stämmen nehmen die Mütter die Angriffslust ihrer menstruierenden Töchter in der Pubertät wahr. Winterstein gibt an, daß die Mutter oder eine Stellvertreterin oft den grausamsten Teil der Initiationsriten am geschlechtsreifen Mädchen ausführe. Auf unbewußter Ebene räche sich die Mutter damit, und sie verteidige sich gegen die inzestuösen und sadistischen Wünsche der Tochter.

Fassen wir zusammen: Das normale Mädchen wird seine Menarche trotz eines gewissen Befremdens und trotz Ängstlichkeit froh und stolz als Zeichen der Geschlechtsreife, als Vorboten zukünftiger Mutterschaft akzeptieren. Das neurotische Mädchen hingegen fühlt sich durch die Tatsache, daß es eine Frau wird, entwertet. Es wird seine Menarche ablehnen, weil es sie als Kastration oder als Strafe erlebt, auch als Folge einer Beschädigung, die es sich durch seine Masturbation zugefügt hat. Wir haben diese zweite Möglichkeit bei Teresita beobachtet. Sie lehnte ihre Weiblichkeit ab, weil sie für sie bedeutete, daß ihre Mutter sie nicht liebte. Das Ausströmen des Menstruationsblutes weckte bei ihr auch Ängste aus der Vergangenheit, die sich auf die Urininkontinenz bezogen. In anderen Fällen wird das ausfließende Blut auch mit Fäkalien gleichgesetzt.

Viele Mädchen müssen die Menstruation zurückweisen oder verbergen, weil Frausein für sie bedeutet, mit der Mutter in Wettbewerb zu treten oder sich mit ihr zu identifizieren. Wenn sie mit der Mutter rivalisieren, wird die Menstruation ihren Haß herausfordern; aber auch die Identifikation mit der Mutter ist eine Gefahr: Alles, was das Mädchen der Mutter an Bösartigem gewünscht hat, wird es nun selbst erleiden müssen. Ersteres haben wir bei Mary beobachtet, bei Molly waren beide Mechanismen wirksam.

Bei Molly und Adela haben wir auch gesehen, daß die Menarche Angst auslöst, wenn das Mädchen noch nicht bereit ist, seinen Platz als Kind aufzugeben. Es kann auch die Verwirklichung seiner bis dahin harmlosen sexuellen Phantasien befürchten.

Das zeigte sich auch bei Isabel. Bei ihr haben wir außerdem gesehen, wie ein verdrängter Menstruationskonflikt später psychosomatische Störungen verursachen kann.

Im Gegensatz dazu begrüßten Ana und Berta die Menarche voller Enthusiasmus. Die beiden Mädchen lehnten ihre Weiblichkeit offensichtlich ab, weil sie sich unfähig fühlten, Frauen und Mütter zu sein. Die Menarche beruhigte ihre tiefen weiblichen Kastrationsängste und ihr Schuldgefühl gegenüber der Mutter; aber im Grunde blieben sie überzeugt, steril zu sein. Deshalb tauchten ihre Schwierigkeiten auf verschiedenen Stufen ihrer psychobiologischen Entwicklung wieder auf. Aber für eine Zeit zumindest hatte die Menarche ihre Ängste besänftigt.

In den beiden letzten vorgestellten Fällen wurde die Menstruation außerdem in den Dienst anderer neurotischer oder perverser Strebungen gestellt.

Aus all dem, was bislang gesagt wurde, läßt sich schlußfolgern, daß die heftige Ablehnung der Menarche oder der Menstruation immer auf einen Konflikt hinweist, während ihre Annahme sowohl ein Zeichen für Normalität als auch für verdrängte Ängste sein kann. Nur eine detaillierte Analyse des Einzelfalls erlaubt eine gültige Diagnose.

VI
DIE ANGST VOR DER DEFLORATION

Die vorangehenden Kapitel handelten von der Menstruation, einem biologischen Vorgang, der nur die Frau selbst betrifft. Die Defloration hingegen, Thema dieses Kapitels, ereignet sich zwischen zwei Menschen, zwischen der Frau und einem Partner. Während wir bislang von Phantasien und inneren Bildern gesprochen haben, die die Vorgänge im eigenen Körper beeinflussen, wird im folgenden von dem Paar die Rede sein, das sich – unter unseren gesellschaftlichen Bedingungen – normalerweise in freier Wahl und aus Liebe zusammengefunden hat. Die Wahl des Partners und der Partnerin war aber bereits von unbewußten Faktoren mitbestimmt: Der Charakter und die Art des anderen, dessen Wesen und Körper in Zukunft den idealisierten oder schreckenerregenden inneren Bildern als Leinwand dienen werden, wurde unbewußt wahrgenommen. Die Entscheidung der Frau für einen bestimmten Mann bezieht sich, auch wenn ihr dies nicht bewußt ist oder sie es sogar ausschließt, bereits auf das Versprechen beziehungsweise die Drohung einer zukünftigen Mutterschaft.

Die Defloration wird in primitiven Kulturen, ebenso wie die Menstruation, tabuisiert und von verschiedenen Zeremonien begleitet. Nach Freud[1] wird etwas dann mit einem Tabu belegt, wenn der Primitive eine Situation als gefährlich beurteilt. Nur wenn bestimmte Schutzmaßnahmen befolgt werden, wagt er es, dieser Gefahr zu begegnen. Die Defloration wird normalerweise in den Mittelpunkt eines Festes gestellt. Sie wird mit Zustimmung des ganzen Stammes und mit Hilfe des Priesters vollzogen. Auch wenn die Realität unserer Gesellschaft von der Vorstellungswelt und den Lebensverhältnissen primitiver Gesellschaften weit entfernt ist, sind unsere Gebräuche doch jenen noch immer sehr ähnlich. Die Jungfräulichkeit der ledigen Frau etwa wird tabuisiert; die Defloration soll dann weniger gefährlich sein, wenn das Hochzeitszeremoniell genau befolgt wird. Ein wohlwollendes Publikum soll anwesend sein, die symbolischen Bräuche, nach denen zum Beispiel die Braut die Kirche am Arm des Vaters betritt und an der Seite des Ehemanns verläßt, sollen gewahrt bleiben, oder bestimmte Kleidervorschriften sollen eingehalten werden.

Aber was sind das eigentlich für Gefahren, gegen die sich der Bräutigam mit all diesen Ritualen schützt? Nach Freud hat der junge Mann verschiedene Gründe, die Feindschaft seiner jungen Frau, der deflorierten Jungfrau, zu fürchten. Da ist einmal die Tatsache, daß bei der Defloration Blut fließt. Die Vorstellung von Blut ist mit Gewalt, Feindschaft und Verbrechen verknüpft. Der junge Mann vergießt das Blut der Frau. Das weckt Schuldgefühle und Angst vor der Feindschaft des Opfers. Freud meint, die Angst sei auch berechtigt: Die junge Frau empfinde Groll gegen den Mann, denn er habe ihr eine narzißtische Verletzung zugefügt; er habe ihr ein Organ, das Hymen, zerstört. Viele Frauen würden ihre Weiblichkeit ablehnen und den Mann um den Besitz seines Penis beneiden, also empfänden sie auch Haß gegen den, der sie dazu zwingt, auf die männlichen Phantasien zu verzichten und sich mit ihrem Frausein abzufinden. Die Defloration bedeutet folglich, genau wie die Menarche, die Kastration eines vorgestellten Penis. Noch einmal begegnen wir hier der Vorstellung der Kastration des weiblichen Phallus als Ursache männlicher Ängste.

Wenn der Mann den Koitus als demütigend und erniedrigend für die Frau erachtet, wenn er das Gefühl hat, die Partnerin dabei zu beherrschen, wird er annehmen, die Entjungferung erscheine ihr als ein perverser Akt, bei dem sie sich prostitutiere, und er wird sie für eine feindliche, gegen die Frau gerichtete Handlung halten.

Es gibt jedoch noch weitere Gründe, weshalb der Mann die Defloration als beängstigend erlebt. Ich habe sie in meinem Artikel *El viaje al centro de la tierra*[2] analysiert. Der Junge stellt sich das Körperinnere der Mutter als Ort voller Gefahren vor. Die Angst vor dem Körperinneren der Frau besteht im Unbewußten des erwachsenen Mannes weiter. Wenn er sich zum ersten Mal mit einer Frau einläßt, wird diese Angst für ihn weniger groß sein, wenn sie bereits früher sexuelle Beziehungen gehabt hat. Da ihre früheren Geliebten ja heil von dem Abenteuer zurückgekehrt sind, kann ihr Körper keine tödlichen Gefahren bergen. Jedoch als erster in den Körper einer Frau einzudringen, bedeutet, einen Urwald zu erforschen und sich unbekannten Gefahren auszusetzen. Melanie Kleins Entdeckungen der frühen Phantasien des Jungen, die er sich von dem Körper der Mutter macht, ermöglichen es, diese Ängste zu verstehen.

Auch der Mann hat folglich – auf die Frau bezogen – zwei Grundängste. Die Phantasie vom eingebildeten Penis, der in der Defloration durch das Hymen repräsentiert wird, dient ihm als Hindernis und Schutz vor dem Eindringen in ihren Körper, wovor er sich letztlich am meisten fürchtet.

Diese unbewußten Ängste tragen zur übertriebenen Bedeutung bei, die der ersten genitalen Erfahrung der Frau beigemessen wird. Dabei wird vergessen, daß die Erfahrung der jungen Frau in gewisser Weise von ihrer Einstellung zu Männern und zu deren Sexualität determiniert wird. Während die eine Frau die Erregung ihres Partners als Leidenschaft deutet, kann eine andere durch dieselben Umstände erschreckt werden und sich erbittert über die Brutalität der Männer beklagen. Gleichzeitig aber kann es sein, daß die Braut, die sich einerseits über die Brutalität ihres Partners oder über seine Ungeschicklichkeit oder Unerfahrenheit erzürnt, den Ehemann andererseits unbewußt gerade dieser Eigenschaften wegen akzeptiert hat. Dasselbe geschieht natürlich in außerehelichen Beziehungen. In seinem Werk *Die Geschlechtskälte der Frau*[3] betont Stekel die Bedeutung, die dem männlichen Verhalten im Zusammenhang mit der ersten genitalen Erfahrung der Frau zukommt. Er behauptet, bei Frauen, die bis zu diesem Zeitpunkt ganz normal waren, schwerste Störungen beobachtet zu haben: «*...oder das ungeschickte Benehmen des Mannes kann schwere Folgen haben. Selbst gesunde Frauen können durch das Vorgehen parapathischer Männer aus dem Gleichgewicht gebracht werden.*»[4] Aber ist es nicht naiv zu glauben, daß eine Frau, die bislang ganz «gesund» war, einen Mann – ihren ersten und oft einzigen – zum Partner nehmen sollte, dessen Verhalten sie für den Rest ihres Lebens schädigt? Unter den von Stekel angeführten Fällen findet sich der einer jungen Frau, die an einer Psychose erkrankte. Stekel entdeckte das auslösende Ereignis der Psychose: M. G., eine 19jährige junge Frau, wurde in einer strengen häuslichen Atmosphäre und mit sehr hohen moralischen Anforderungen erzogen. Sie arbeitete als Angestellte in einem Büro und war in den Prokuristen ihrer Abteilung unsterblich verliebt. Sie befolgte den schlechten Rat einer Arbeitskollegin und gab sich einem anderen Mann, den sie nicht liebte, hin. Daraufhin wurde sie wahnsinnig. Stekel ist der Ansicht, daß diese junge Frau nicht krank geworden wäre, hätte sie sich einem geliebten Mann, mit dem sie verheiratet gewesen wäre, hingegeben. Das mag wohl stimmen, aber man muß sich doch die Frage stellen, was sie daran gehindert hatte, zu dieser befriedigenden Lösung zu kommen? Es war ihre Neurose, die dem traumatischen Erlebnis bereits voranging. Für Stekel trägt die Arbeitskollegin, die ihre Freundin schlecht beraten hatte, die Schuld am tragischen Ausgang. Es ist aber naiv zu glauben, daß allein dieser Rat das junge Mädchen zu seiner Entscheidung bewogen hätte. Zumindest hätte dann eine sehr neurotische Abhängigkeit von dieser Freundin bestanden. Mit solchen Fallgeschichten wird für Bücher des sexualwissenschaftlichen Typs, wie etwa Van der Veldes *Die vollkommene Ehe*[5], geworben.

In einem früheren Kapitel habe ich davon gesprochen, welche Bedeutung Erzieher der sexuellen Aufklärung von Mädchen in der Vorpubertät beimessen. Was ich dort ausführte, gilt auch hier: Menarche und Defloration wecken tiefe Ängste und können in bestimmten Fällen pathologische Zustände auslösen. Die Ursachen dieser Ängste sind jedoch unbewußt, der Laie ahnt nichts davon. Er versucht, sie zu erklären, indem er die Schuld der sexuellen Unwissenheit zuschreibt. Es wird behauptet, die Störungen könnten vermieden werden, wenn man den jungen Mädchen die Dinge angemessen erklären würde, beziehungsweise den jungen Männern – auf reichlich naive Weise – zeigen könnte, wie sie vorgehen sollten. Ich will nicht behaupten, daß solche Bücher vollkommen unnütz seien. Die Sexualität wird in unserer Gesellschaft tabuisiert, und dieses Tabu verursacht Hemmungen, die sich in einem unbeholfenen und unechten Sexualverhalten niederschlagen. Ein seriöses Buch zu diesem Thema, verfaßt von einer väterlichen Figur, beruhigt sicher Ängste, ganz unabhängig davon, was es inhaltlich über Anatomie und Sexualität aussagt. Denn wenn das, was bis dahin verboten war, ganz natürlich angesprochen wird, werden Schuldgefühle vermindert und dem jungen Paar ein freieres Verhalten ermöglicht. Daß diese Belehrung überhaupt notwendig ist, unterstreicht nur wieder einmal mehr den triebfeindlichen Charakter unserer Kultur. Es besteht bei diesem «Liebesunterricht» aber auch die Gefahr, daß das, was früher ein großes Erlebnis im Leben des Paares war, zu einer Prüfung wird, die speziell für den Mann mit entsprechenden Ängsten und Beklemmungen belastet ist. Denn auf ihm ruht heute beinahe die ganze Last der Verantwortung. Die Angst der Frau hat auf der bewußten Ebene nachgelassen, seitdem die Jungfräulichkeit nicht mehr einen so hohen Stellenwert hat und als soziale Norm verbindlich ist. Bewußte Angstzustände junger Frauen, schmerzhafte Erfahrungen und Erzählungen von schweren Blutungen nach der Defloration sind heute praktisch verschwunden.

Es scheint, als litte die unberührte junge Frau von heute nicht mehr unter den früher häufig auftretenden Angstvorstellungen. Konflikte im Sexualleben treten normalerweise erst später auf. Gynäkologen, Psychiater oder Psychoanalytiker kennen aber noch immer genügend Fälle von scheinbar normalen Paaren, bei denen eine offenbar unbesiegbare Angst der jungen Ehefrau oder Partnerin die Defloration verunmöglicht und somit das gemeinsame Sexualleben nicht aufgenommen werden kann. Im Unbewußten dieser Frauen besteht die sadomasochistische Vorstellung des Sexualaktes in weit stärkerem Maße fort, als dies normalerweise der Fall ist.

Woher kommt diese Vorstellung? Beim Sexualakt ist die Frau passiv. Wenn ein Mädchen Gelegenheit hat, einen Koitus zu beobachten, sei es bei seinen Eltern oder auch bei Tieren, kann es den Eindruck gewinnen, es handele sich um einen Kampf, in dem die Frau unterliegt. Der Mann liegt auf der Frau und dringt mit stoßenden Bewegungen in sie ein. Es sieht so aus, als ob er sie bestrafen würde. Diese infantile Vorstellung des Koitus wird häufig nicht berichtigt, sondern bleibt im Unbewußten weiter wirksam. Die jungen Mädchen träumen dann von Dieben, die sie mit Schießeisen verfolgen. Weil der Geschlechtsakt unbewußt sadomasochistisch phantasiert wird, werden Messer oder andere schneidende Werkzeuge zu Traumsymbolen des Penis.

Bedeutet deshalb sowohl die lustvolle Annahme des Koitus als auch die der Geburt, daß die Frau masochistisch sei, daß sie die Schmerzen genieße? Freud hat es so gesehen. In seiner Arbeit *Das ökonomische Problem des Masochismus*[6] setzt er Passivität mit weiblichem Masochismus gleich. Helene Deutsch meinte, daß die Frauen ihre sexuellen Bedürfnisse als Gefahr für ihr Ich betrachten, da ihre Sexualität masochistisch sei.

Dieses Problem sollte meiner Ansicht nach ganz anders angegangen werden. Für die Menstruationsschmerzen habe ich gezeigt, daß sie von den jeweiligen gesellschaftlichen Normen und von der psychischen Disposition und der Einstellung der betreffenden Frau ihrer Periode gegenüber abhängig sind. Diese «persönliche und soziale Gleichung» gilt auch für die Deflorations- und Geburtsschmerzen. Sicher, ein wenig Angst und Schmerz ist objektiv unvermeidbar; aber so groß werden sie nicht, als daß die Frau deswegen masochistisch sein müßte, um ihre Weiblichkeit zu akzeptieren. In bezug auf den Koitus stellt sich die Frage, ob das Eindringen des Mannes zwangsläufig von der Frau als aggressive und gefährliche Handlung erlebt wird? Wenn dies so wäre, müßte die Frau tatsächlich masochistisch sein, um den Geschlechtsakt genießen zu können. Sandor Lorand[7] vertritt in einem Artikel über Frigidität die Meinung, daß die orgastische Unfähigkeit der Frau im Grunde Folge einer Fixierung an schmerzliche Erfahrungen in der Stillzeit sei. Diese Auffassung ist sehr zutreffend. Die Basis für die spätere Haltung anderen Menschen gegenüber wird in den ersten Lebensmonaten eines Kindes gelegt. Im Koitus kann die Intimität und Eintracht wiederkehren, die in der weit zurückliegenden Zeit verloren gegangen ist. Fötus und Mutter waren eine Einheit, die durch die Geburt jäh auseinandergerissen und beim Stillen teilweise wiederhergestellt wurde. Wenn die Mutter-Tochter-Beziehung in dieser Zeit befriedigend war, wenn das Eindringen der Brustwarze in den Mund des Säuglings für das Mädchen eine glückliche Erfahrung gewesen ist und wenn diese Erfahrung im Laufe seiner weiteren Kindheit nicht durch ein Übermaß schmerzlicher Ereignisse entwertet worden ist, dann hat die erwachsene Frau keinen Grund, das Eindringen ihres Geliebten als eine sadistische oder erniedrigende Handlung zu erleben. Die Vagina wird das Sperma mit demselben Genuß annehmen, wie der Mund einst die Milch aufgesogen hat.

Aber gerade die Analogie dieser Situationen und das Wiederaufleben früherer Gefühle und Empfindungen weckt auch die damaligen Ängste. Wenn das Mädchen die Brust der Mutter in ihren unbewußten Phantasien als Folge von Enttäuschungen oder aus Neid heftig angegriffen hat, wird ihm später das Eindringen eines Organs, das es unbewußt mit der Brust vergleicht, Angst machen. Ich habe die Beziehungen, die zwischen dem Neid auf die Brust und dem Penisneid bestehen, bereits erwähnt (vgl. Kapitel II, Anm. 8). Wenn das Mädchen die sexuelle Vereinigung der Eltern und den väterlichen Penis aus Eifersucht heftig angegriffen hat, wird es dieses Organ später als gefährliche Waffe empfinden, da es mit seiner eigenen Feindseligkeit besetzt ist. Es wird den Gegenangriff des Organs fürchten und sich deshalb gegen die Sexualbeziehung und die Hingabe an einen Partner mit einer männlichen oder masochistischen Haltung zur Wehr setzen. Ist seine Mutter unglücklich und beklagt sich über die Sexualität und ihr weibliches Schicksal, sieht es für das Mädchen so aus, als seien seine eifersüchtigen Angriffe auf das Paar erfolgreich gewesen. Es wird dann Angst haben, vom gleichen Schicksal ereilt zu werden.

Nur in diesem Fall geschieht das, was Helene Deutsch beschreibt: Die erotischen Phantasien des Mädchens erhalten einen derart zerstörerischen Charakter, daß sich das Ich zum Schutz der physischen Integrität dem Sexualtrieb und dem weiblichen Schicksal mit seinen vermeintlichen Gefahren entgegenstellt.

Wenn die Ängste nicht ganz so stark sind und die mittlerweile erwachsene junge Frau sich für eine Beziehung entschließt, wird sie einen sanftmütigen und schwachen Partner wählen, um sich vor der gefürchteten Hingabe zu schützen. Aber selbst dann kann es sein, daß es für sie zu gefährlich wird und sie sich weiterhin gegen die Defloration mit verschiedenen Mitteln wehrt, so zum Beispiel mit einer Deflorationsphobie. Das sieht dann so aus: Die unberührte junge Frau liebt ihren Partner; bewußt ist sie bereit, sich ihm hinzugeben. Handelt es sich um eine ledige Frau, hat sie aus Liebe zu ihm ihre moralischen Bedenken und die Angst vor der Verurteilung durch die Gesellschaft überwunden. Sie geht mit ihrem Liebhaber an einen Ort, an dem sie alleine sind und den Koitus ungestört realisieren könnten. Sie will sich ihm hingeben, aber im letzten Augenblick schreckt sie zurück.

Später werde ich von Laura erzählen, einem jungen Mädchen, das an einer Deflorationsphobie litt. Mit einem für ihr Alter typischen Pathos beschreibt Laura in ihrem Tagebuch ihre Gefühle und Ängste, nachdem sie ihren Geliebten in seiner Wohnung besucht hat: «*Unser letzter Augenblick zusammen, und dann: das Ultimatum. Ja oder nein! Du mußt dich entscheiden! Zuerst fühlte ich eine wunderbare Verzückung, rot und blau, ein Feuertanz vor meinen Augen, er wird mich umbringen mit seinen Küssen – aber ich kann nicht. Er sagt mir: ‹Entweder wir lieben uns, oder wir müssen uns trennen. Aber so, halb und halb, ich halte das nicht mehr aus. Ich werde verrückt dabei.› Ich hätte es ihm gerne erklärt, aber es ist unmöglich, es gibt nichts zu erklären. Ich hätte sagen können: ‹Ich weiß nicht warum, aber ich kann es nicht. Ich bin noch zu jung, ich verstehe es auch nicht, es lockt mich nicht!› Aber da gibt es keine Lösung. Mir dreht sich alles im Kopf. Plötzlich sind da zwei Wege, und ich muß mich entscheiden. Geliebter, ich kann nicht wählen, denn der eine Weg ist für mich versperrt* (ohne es zu merken, spricht Laura hier in symbolischer Sprache von ihrer Jungfräulichkeit), *und der andere ist traurig und dunkel* (die Trennung, die Einsamkeit). *Gibt es wirklich keine andere Lösung?»*

Man könnte nun einwenden, in Lauras Fall könne doch nicht von einer Deflorationsphobie gesprochen werden. Es sei doch nur natürlich, daß sich ein junges, unerfahrenes und unverheiratetes Mädchen seinem Liebhaber nicht einfach hingebe und daß es sich den Gefahren, die das Sexualleben unter diesen Umständen mit sich bringen würde, entzieht. Selbst wenn ihm dies nicht bewußt sei, könne es moralische Bedenken haben. All dies ist sicher wahr. Ich glaube aber, daß es dennoch gerechtfertigt ist, bei Laura von einem phobischen Zustand zu sprechen, und werde dies später ausführen. Zunächst werde ich aber das Problem am Beispiel von verheirateten Frauen, die das gleiche Krankheitsbild aufweisen, behandeln.

Man begegnet diesem Krankheitsbild nicht allzu häufig. Die Defloration wird zwar relativ häufig nicht in den ersten Wochen nach der Hochzeit vollzogen, darüberhinaus gibt es auch Vernunftehen, bei denen gar nie die Absicht bestand, eine sexuelle Beziehung einzugehen. Ich meine aber eine andere Situation: Beide Ehegatten haben in diesem Fall den Wunsch, eine sexuelle Beziehung einzugehen. Trotzdem wird die Frau immer dann, wenn der Gatte ihr näherkommt und versucht, in sie einzudringen, von einer heftigen Angst gepackt, die es ihr unmöglich macht, sich ihm hinzugeben. Ob sie es will oder nicht, die Frau sieht sich gezwungen, die Beine zu verschließen. Sie erreicht schließlich durch ihr Weinen, daß der Mann nicht weiter versucht, mit ihr zu schlafen. Ihre Verweigerung kann auch zu einem Kampf zwischen den beiden führen. Aber schon am nächsten Tag bittet sie ihn wieder, es noch einmal zu versuchen! Diese Situation kann sich Jahre hinziehen. Einige Paare greifen dann zu drastischen Mitteln. Sie wenden sich an den Gynäkologen und bitten ihn, das Hymen operativ zu entfernen. Das medizinische Eingreifen ändert aber an den unbewußten Ängsten der Frau nichts, und es kann gut sein, daß sie sich später mit Vaginismus gegen das gefürchtete Eindringen wehrt. Beim Vaginismus zieht sich die unwillkürliche Vaginalmuskulatur zusammen. Simone de Beauvoir bemerkt sehr richtig, daß die Frau damit den Koitus letztlich sicherer verhindert, als es das Hymen je gekonnt hätte. Wenn ein Mann in eine Frau eindringt, die an Vaginismus leidet, oder sie trotz der Deflorationsphobie zur Hingabe zwingt, macht er den Geschlechtsakt zu einer Vergewaltigung. Die Partner der Frauen, die an einem dieser Krankheitsbilder leiden, reagieren auf die Angst der Frauen aber oft mit Impotenz. Ihre unsinnige Angst läßt sie sich wie ein Henker fühlen, der einem Opfer gegenübersteht.

Wenn eine derartige Situation bei einem Paar bereits eine Weile andauert, empfiehlt sich deshalb die gleichzeitige psychotherapeutische Behandlung beider Partner.

In dem Fall, den ich jetzt erzählen werde, konnte ich den Ehemann meiner Patientin davon überzeugen, sich gleichzeitig bei einem anderen Analytiker behandeln zu lassen, und habe damit gute Erfahrungen gemacht. Während meine Analysandin durch die Behandlung ihre Weiblichkeit besser akzeptieren lernte, konnte ihr Mann zu seiner Männlichkeit zurückfinden. Damit wurde eine glückliche Lösung erreicht.

Meine Analysandin Gabriela war eine 19jährige junge Frau. Obwohl sie etwas männlich wirkte, war sie hübsch: groß, knochig gebaut und schlank, ihre Züge waren sehr ausgeprägt, und sie war ziemlich stark behaart. Sie war bereits zwei Jahre verheiratet, als sie die analytische Behandlung aufnahm, und hatte ihrem Mann nicht erlaubt, sie zu deflorieren. Wenn er versuchte, seinen Penis einzuführen, empfand sie eine unüberwindliche Angst. Sie litt auch an einer schweren Depression und war des Lebens überdrüssig.

Von Gabrielas früher Kindheit habe ich nichts erfahren können. Daß sie vor ihrer Mutter Angst hatte, sie haßte und insgeheim gegen sie rebellierte, ergab sich durch die Analyse der Übertragungsbeziehung und aus dem Bild, das sie von ihrer Mutter hatte. Die Analyse brachte sehr bald ihren Wunsch und ihre Phantasie, einen Penis zu besitzen, ans Licht. Der Koitus bedrohte sie im Sinne einer männlichen Kastration. Aber sie hatte auch hypochondrische Ängste, die auf ihre Angst vor der weiblichen Kastration hindeuteten. Sie fürchtete um ihre Weiblichkeit, um das Innere ihres Körpers. Sie sagte zum Beispiel, der Mann könnte die Frau im Koitus zerreißen, zerstückeln. Sie habe Angst, für den Rest ihres Lebens krank zu werden, wenn sie sich hingäbe. In einem Traum setzte sie die Defloration mit der operativen Sterilisation gleich; der Tagesrest dieser Phantasie kam aus einem antinationalsozialistischen Film, den sie gesehen hatte, in dem eine junge Frau als Strafe dafür, daß sie sich mit dem Feind eingelassen hatte, mit der Sterilisation bedroht wurde.

Weshalb fürchtete Gabriela aber, wegen ihres Ehelebens so grausam bestraft zu werden? Um dies verständlich zu machen, stelle ich einige Begebenheiten ihrer Geschichte vor. Gabriela stammte aus einem kleinen Dorf im Inneren Brasiliens. Sie war das jüngste Kind einer kinderreichen Familie, die viel Geld hatte. Trotz ihres Reichtums lebte die Familie einfach und ursprünglich, Vorurteile und Aberglaube spielten eine wichtige Rolle. Als kleines Mädchen hatte Gabriela das Schlafzimmer der Eltern geteilt, später schlief sie im Zimmer nebenan. Ihre Mutter war sehr hypochondrisch. Bei Annäherungsversuchen wies sie ihren Mann sehr heftig zurück. Gabriela erinnerte sich noch genau an die Diskussionen, die sie mitgehört hatte, und an den Schrecken, den sie bei ihr auslösten. Als ihre Mutter in die Menopause kam, entwickelte sie eine Eifersuchtsparanoia und verweigerte sich ihrem Mann vollständig. Sie warf ihm vor, untreu gewesen zu sein, und bedrohte seine angeblichen Geliebten. Gabriela trat mit zehn Jahren, auf ausdrücklichen Wunsch ihrer Mutter, als Schülerin in ein religiöses Mädchenpensionat ein, das – insbesondere in Hinsicht auf die Sexualität – sehr streng geführt wurde. Gabriela litt zunächst sehr unter der Trennung von den Eltern und Geschwistern. Das Wochenende verbrachte sie immer zu Hause, und jeden Montag litt sie von neuem unter starkem Trennungsschmerz. Trotz der rigorosen Überwachung durch die Nonnen und die Mutter begann sie mit zwölf Jahren einen unschuldigen Flirt mit einem Jungen. Als die Mutter davon erfuhr, rügte sie sie heftig, als ob sie eine schwere Sünde begangen hätte. Ich hatte den Eindruck, Gabrielas physische Vermännlichung habe daraufhin angefangen. Alles Sexuelle war ganz und gar verboten, und ihre Mutter war über die Tatsache, daß sie Frau wurde, so erbost, daß sie zum Mann werden mußte, um die Liebe der Mutter nicht zu verlieren. Mit 14 verließ sie das Mädchenpensionat und kehrte nach Hause zurück. Die Beziehung der Eltern war in der Zwischenzeit noch schlimmer geworden, sie trennten sich. Gabriela blieb bei der Mutter, aber sie vermißte den Vater sehr. Die Mutter warf ihr oft vor, daß sie sich heimlich mit dem Vater treffe und ihn immer noch gern habe. Mit 15 verlobte sie sich. Ihre Mutter war nicht begeistert, aber da der Junge eine gute Partie war, stellte sie sich nicht offen dagegen. Sie empfahl Gabriela jedoch, nicht zu heiraten, um nicht all das erleiden zu müssen, was sie erlitten habe. Vor allem warnte sie sie vor der Mutterschaft. Gabriela heiratete mit 16. Sie war dem mütterlichen Verbot, den Vater zu lieben, immer noch unterworfen und wählte einen Mann, der ganz anders war als ihr Vater. Ihr Bräutigam war ein passiver Junge, scheu, sehr jung und wenig männlich. Gabriela erzählte, daß sie sich während der Hochzeitsnacht nicht eigentlich gewehrt habe. Vielmehr sei er es gewesen, der vorgeschlagen habe, noch einige Tage zu warten. Er war nervös und befürchtete, impotent zu sein. Beim nächsten Versuch reagierte Gabriela bereits phobisch. In gewissem Sinne diente die Phobie auch der Ehrenrettung des Mannes. Als Gabriela später, dank der Analyse, bereit war, sich ihm hinzugeben, war er es, der beim ersten Mal tatsächlich impotent war.

Ich habe bei Paaren, die kein sexuelles Verhältnis miteinander hatten, häufig vergleichbare Situationen angetroffen: Wenn der (die) eine dazu bereit war, übernahm es der (die) andere, die gefährliche Vereinigung zu verhindern. Dies weist darauf hin, daß die unbewußten Ängste der beiden bereits die gegenseitige Wahl der Partner entscheidend beeinflußt haben.

Aber was ging in Gabriela vor? Weshalb versuchte sie immer wieder, sexuelle Beziehungen einzugehen, um dann, wenn sie kurz vor der Realisierung stand, die Flucht zu ergreifen? Sie fürchtete, im Koitus so leiden zu müssen wie ihre Mutter, deren Klagen sie so oft gehört hatte. Gleichzeitig aber wünschte sie sich dieses Leiden. Sie liebte ihren Vater, und sie hätte sich gewünscht, mit ihrem Mann so zusammen zu sein, wie die Mutter es mit dem

Vater gewesen war, selbst wenn sie sich auch so beklagt hätte. Sie wagte es aber nicht, die Mutter im Koitus zu ersetzen, das heißt, ein Sexualleben zu führen und Kinder zu haben. Für ihr Unbewußtes hätte dies bedeutet, die heftige Eifersucht ihrer paranoiden Mutter auf sich zu ziehen und alle erdenklichen Strafen erleiden zu müssen, wie der Traum von der Sterilisierung zeigte. Weil sie ihren Vater liebte und das Zusammenleben mit ihrer Mutter verabscheute, wollte sie sich verlieben und jung heiraten. Aber um die Liebe ihrer Mutter, die sie eben doch brauchte, nicht zu verlieren, und um ihrer Strafe zu entgehen, wählte sie einen auf die Dauer unhaltbaren Kompromiß: Sie heiratete, hatte aber kein Sexualleben. Sie lebte mit ihrem Gatten wie ein braves Kind mit seinen Eltern in aller Unschuld zusammen. Damit verfiel sie in denselben Mechanismus, den Teresita in ihren Masturbationsphantasien benützt: Um der Mutter nicht die Stirn bieten zu müssen und um nicht zu riskieren, sie zu verlieren, verzichtet die junge Frau auf die Genitalität und wird wieder ein kleines Mädchen.

Diese Situation wurde durch die Analyse relativ schnell verändert, denn Gabriela ersetzte das Bild ihrer Mutter mit Leichtigkeit durch das meine. Ich war viel älter als sie – ich hätte ihre Mutter sein können –, unterschied mich aber stark von ihrer Mutter. Gabriela spürte meine Sympathie. Ich verstand ihr Bemühen, ihre Scheinehe in eine wirkliche Ehe zu verwandeln, und ihren Wunsch, wie andere Frauen zu leben – mit einem Mann, den sie liebte, und mit Kindern. Als Gabriela sich von ihrer Mutter etwas gelöst hatte und sich nicht mehr so sehr vor ihr fürchtete, wich die Phobie allmählich, und sie konnte das Sexualleben aufnehmen. Jetzt setzte ein anderer Abwehrmechanismus gegen ihre nicht befriedigte Sexualität ein. Sie forderte von ihrem Mann nämlich mehr Männlichkeit, als er ihr im Moment bieten konnte. In ihren unbewußten Phantasien suchte sie einen Mann, der so stark sein sollte wie ihr Vater. Deshalb ließ sie sich von den Komplimenten, die sie auf der Straße hörte, beeindrucken. Sie machte schüchterne Anstrengungen, um unabhängiger zu werden. Sie wollte nicht mehr wie das Mädchen vom Lande leben, sondern wie eine junge «Porteña», eine gebürtige Einwohnerin von Buenos Aires. Eines nachmittags war sie im Kino gewesen, zum erstenmal allein. Danach hatte sie plötzlich und ganz unerwartet Platzangst (Agoraphobie). Glücklicherweise konnte diesem neuen Symptom durch die Analyse Einhalt geboten werden. Das Auftauchen dieser neuen Abwehr zeigte, daß die Deflorationsphobie die Gefahren des Sexuallebens abgewehrt hatte. Da sie nicht mehr Jungfrau war, nahm sie jetzt zu einem anderen Abwehrmechanismus Zuflucht. Die Agoraphobie hätte zusätzlich die Funktion gehabt, der Analyse auszuweichen. Denn wenn sich das Symptom intensiviert hätte, hätte sie nicht mehr zur Sprechstunde kommen können. Sie wünschte sich dies, weil sie mich unbewußt als Mutterersatz angenommen hatte, und deshalb das Gefühl hatte, ihre reale Mutter zu verlieren. Sie fürchtete sich jedoch nicht mehr so stark vor ihr und wurde schwanger. In dem Kapitel über Schwangerschaftsstörungen werde ich zeigen, daß das Weiterbestehen einer gewissen Angst vor der Mutter bei ihr Störungen zur Folge hatte, die durch die analytische Behandlung jedoch gelöst werden konnten.

Ich fasse Gabrielas Konflikt nun zusammen: Gabriela ist stark an ihre Mutter gebunden, an eine Frau, die nur fähig war, das Mädchen zu lieben, wenn es auf seine Sexualität verzichtete. Gabriela fühlte sich als Kind zunächst von ihrem Vater und später von jungen Männern stark angezogen. Sie kann sich aber nicht hingeben und kann ihren Wünschen nicht nachgehen, denn sie hat Angst, ihre Mutter zu verlieren, sich blutigen Strafen auszusetzen oder deren tristes Schicksal zu erleiden. Um zu vermeiden, daß sie mit ihrer Mutter rivalisiert, vermännlicht sie. Aber im Grunde genommen wünscht sie sich auch weiterhin, Frau zu sein, und sucht deshalb einen Kompromiß zwischen ihrem Wunsch und ihrer Angst. Sie findet ihn in einer nicht vollzogenen Ehe. Mit ihrer Deflorationsphobie schützt sie sich gegen das Verbotene und Ersehnte.

Eine junge Frau, die den gleichen Konflikt hat, die sich wünscht, Frau zu sein, und zugleich Angst hat, diesen Wunsch zu realisieren, kann aber auch die entgegengesetzte Lösung wählen.

Ana und Berta, von denen ich im vorhergehenden Kapitel erzählt habe, besiegten ihre Angst, indem sie sie verdrängten. Sie stürzten sich geradezu in das, was sie unbewußt fürchteten. Sie verneinten ihre tiefen Ängste. Beide suchten aktiv die Defloration. Dieser Mechanismus ist oft bei sexuell vorurteilsfreien Frauen, die allerdings frigide sind, beobachtet worden. Ihre Angst vor der Sexualität verleugnen sie intellektuell, der gefürchteten Hingabe entrinnen sie mit Hilfe ihrer Frigidität aber trotzdem.

Ich beschreibe jetzt eine psychoanalytische Sitzung mit Laura, einer Adoleszenten, die an Deflorationsangst litt.[8] Aus zwei Gründen scheint mir dies interessant: Erstens wird etwas deutlich, was wir schon bei Laura gesehen haben: Die Deflorationsphobie wird direkt von der Frigidität abgelöst, und das heißt, daß die beiden Symptome ihre Ursache im gleichen Konflikt haben. Zweitens scheint es mir nützlich, dem nicht analysierten Leser eine ganze Sitzung vollständig vorzustellen, auch wenn man hier nicht sieht, auf welche Weise der Analytiker interveniert. Laura hatte ihre Behandlung erst vor kurzer Zeit angefangen, und da sie flüssig sprach und ihre Gedanken ohne Schwierigkeiten formulierte, hatte ich keinen Grund einzugreifen. Der Leser soll einen Eindruck davon bekommen, wie der Psychoanalytiker durch die freien Assoziationen des Patienten dessen Konflikte verstehen lernt. Ich habe diese Sitzung gewählt, weil sie die ganze Situation der jungen Neurotikerin sehr klar zeigt, wenn auch nur auf der ödipalen Ebene. Einige Einzelheiten aus Lauras Leben, die mir zu jenem Zeitpunkt bereits bekannt waren, werde ich vorausschicken.

Laura ist 20 Jahre alt und ein intelligentes, lebhaftes und anmutiges junges Mädchen. Mit 17 hatte sie sich in einen jungen Mann verliebt, der sie lange gedrängt hatte, eine sexuelle Beziehung mit ihm einzugehen. Sie waren sich körperlich auch schon sehr nahe gekommen. Bewußt hatte Laura keine moralischen Bedenken, sich dem Geliebten hinzugeben, denn sie war in einer vorurteilsfreien Atmosphäre aufgewachsen. Aber immer, wenn sie an dem Punkt angelangt waren, an dem die Defloration hätte erfolgen müssen, überkam sie eine unbezwingbare Angst und sie wies ihn heftig zurück: Sie litt an einer Deflorationsphobie. Nach einer der heftigen Szenen, die immer auf die erfolglosen Versuche, ihr Sträuben zu brechen, folgten, überwarfen sich die beiden Verliebten und brachen die Beziehung ab. Laura litt anfangs nicht besonders unter der neuen Situation. Erst als sie erfuhr, daß ihr ehemaliger Freund eine neue Beziehung hatte, verzweifelte sie. Jetzt wollte sie ihn zurückgewinnen und war bereit, alles dafür zu tun. Motiviert durch dieses Ziel, gab sie sich ihm, ohne daß sie noch einmal gezögert hätte, angstfrei hin. Aber es stellte sich heraus, daß sie frigide war. Ein Jahr nach der definitiven Trennung nahm sie die psychoanalytische Behandlung auf, weil sie an verschiedenen Störungen litt. Sie war frigide, hatte Beklemmungen, war deprimiert, und sie litt an verschiedenen Konversionssymptomen.

Da ihre Mutter zu meinem Bekanntenkreis gehörte, nannte sie mich beim Vornamen. Laura kam in die Sitzung, die ich beschreiben werde, mit der Andeutung eines schüchternen, etwas schuldbewußten Lächelns. Das erste, was sie sagte, war:

«1) Darf ich Sie María nennen?

2) Jetzt erinnere ich mich wieder, daß Mama mich einmal geschlagen hat. Es war nur ein einziges Mal. Ich muß etwa fünf oder sechs Jahre alt gewesen sein. Ich weiß nicht mehr, weshalb sie mich schlug.

3) Als Kind hatte ich des öfteren einen Angsttraum. Ich war mit meiner Schwester auf einer Waldlichtung. Dort hing der Pullover meines Vaters an einem Ast. Meine Schwester verschwand, und der Pullover verwandelte sich plötzlich in einen Wolf. Ich erschrak. Dann gab es zwei Möglichkeiten. Manchmal rannte und rannte ich im Traum, der Wolf immer hinter mir her, und ich war voller Angst, daß er mich fressen würde. Ich erwachte schreiend. Andere Male ergriff ich vor dem Wolf nicht die Flucht, sondern stellte mich tot. Ich legte mich bewegungslos zu Boden, und er legte sich auf mich. Da ich bereits tot war, konnte er mir nichts mehr anhaben. Ich erwachte dann mit einem Druck auf der Brust.

4) Vor kurzem habe ich auch von meinem Vater geträumt. Ich sah ihn vor einem Pult sitzend. Er war jung, so jung, wie ich ihn eigentlich gar nicht gekannt habe. Meine Mutter kam in dem Traum nicht vor.

5) In den Sommerferien hat mir ein Junge von seinen Problemen erzählt. Er hat eine Beziehung zu einer verheirateten Frau. Sie würde sich scheiden lassen für ihn, aber er will das nicht, weil sie die Frau eines Freundes ist. Er weiß nicht, was er tun soll. Nachdem mir dieser Junge das erzählt hatte, ging ich in die Pension zurück. Auf dem Weg, der steil hinaufführte, wurde ich plötzlich sehr müde, und als ich angekommen war, fühlte ich einen starken Schmerz am Herzen. Ich habe noch nie etwas Ähnliches erlebt. Ich bin sehr erschrocken; ich dachte, ich müsse sterben. Einige Tage vorher hatte ich einen Vortrag gehört, in dem von hypochondrischen Schmerzen und von Wahnsinn die Rede war. Das machte mir noch mehr Angst. Ich dachte, das, was mir passiert, könnte der Hinweis auf irgendeine Geisteskrankheit sein.

6) Vor einigen Jahren war ich auf einem Bauernhof zu Gast. Mein Zimmer lag im zweiten Stock. Eines Nachts las ich am Fenster sitzend ‹Der weiße Tod›. Plötzlich hörte ich einen Schrei; es hörte sich wie ein sterbendes Tier an. Ich erschrak sehr, und mein Herz klopfte. Ich näherte mich dem Fenster und hörte etwas, als ob jemand draußen mit dem Atem ränge. Aber das war nicht möglich, denn ich war im zweiten Stock und nebenan wohnte niemand. Nach und nach beruhigte ich mich wieder. Ich glaube, das mit dem schweren Atem habe ich mir nur eingebildet.

7) Heute morgen ist mir etwas Seltsames passiert. Papa hat einen Freund, der oft früh morgens zu uns kommt, denn sie arbeiten gemeinsam. Heute ging ich nur mit einem Bademantel bekleidet ins Badezimmer. Ich wußte nicht, daß er im Zimmer nebenan sitzt. Als ich ihn sah, habe ich mich entschuldigt. Ich war nicht erschrocken. Für mich ist er schon alt. Er ist sicher nicht älter als Papa. Er sagte zu mir: ‹Du brauchst dich nicht zu entschuldigen. Der Bademantel steht dir sehr gut.› Dann bat er mich, ihm etwas hinüberzureichen, und als ich es ihm gab, versuchte er, mich zu küssen und zu umarmen. Ich habe dabei gar nichts gespürt. Ich habe mich einfach ruhig verteidigt, ohne ein Wort zu sagen. Er hat auch nichts gesprochen. Deshalb erschien mir das alles im nachhinein so irreal. Und auch jetzt. Ich weiß zwar, daß mir das wirklich passiert ist, aber ich habe trotzdem ein Gefühl, als ob das alles nur ein Traum gewesen sei.

8) Da kommt mir etwas anderes in den Sinn. Erinnern Sie sich an den verheirateten Mann, von dem ich Ihnen erzählt habe? Ich habe Ihnen gesagt, daß er mich so interessiere..., aber es sei besser, ihn nicht wiederzusehen. Ich habe das heute meiner besten Freundin erzählt. Sie riet mir, ich solle ihn ruhig wiedersehen. Ich sagte ihr, daß ich das nicht wolle. Aber es sei schade, habe ich ihr gesagt, daß man immer die Unerreichbaren liebe. Aber daß er das bleibe für mich, der wunderbare Unmögliche.»

9) Die Stunde war zu Ende und Laura verabschiedete sich ergriffen mit einem «*Adiós María*».

Was bedeuten Lauras Assoziationen? Sehen wir uns den Inhalt jeder einzelnen an.

«*Darf ich Sie María nennen?*» stellt Lauras Versuch dar, eine freundschaftliche Beziehung zur Analytikerin aufzubauen.

Die zweite Assoziation, «*Mama hat mich geschlagen*», ist eine Deckerinnerung. Die Patientin erinnert sich an eine Strafe und verdrängt den Anlaß, für den sie bestraft wurde. Das Alter, mit dem diese Erinnerung verknüpft wird, und die folgenden Assoziationen lassen vermuten, daß sich Laura das Verhalten der Mutter, die sie wahrscheinlich wegen eines kindlichen Streiches schlug, als Strafe für ihre Masturbation erklärte. Diese wurde hervorgerufen durch die erotische Erregung, die sich auf den Vater richtete.

Die nächste Assoziation (3), der kindliche Alptraum, handelt demnach auch von Lauras Vaterbeziehung. Im Traum ist sie mit der Schwester, einem Substitut für die Mutter, zusammen. Sie begegnen dem Vater, der vorerst durch seinen Pullover – ein ungefährliches Kleidungsstück, das Schutz bietet – vorgestellt wird. Dieses beruhigende Bild des Vaters, mit dem die Schlafende ihre Ängste zu besänftigen sucht, ist aber nicht von Dauer. Der Pullover verwandelt sich in einen Wolf, und die Schwester verschwindet. Das Mädchen steht dem erregten Vater ganz alleine gegenüber. Freud hat gezeigt, daß Tiere in infantilen Phobien immer einen Elternteil verkörpern, und die Furcht, gefressen zu werden, einen genitalen Wunsch auf regressiver Ebene ausdrückt. Das Kind empfindet die eigene sexuelle Erregung als beängstigend und projiziert sie auf den Vater. Deshalb erscheint er als gefährliches Tier. Das Mädchen versucht, dem Angriff des Vater-Wolfes im Traum zu entgehen, indem es zwei verschiedene Abwehrtechniken benutzt. Es entwickelt eine Phobie: Es ergreift die Flucht vor dem Wolf, und es gebraucht die Technik der Depersonalisation und stellt sich tot. Wir werden später sehen, daß Laura als junges Mädchen angesichts der realen «Gefahr», sich dem Wolf hinzugeben, das heißt einem Mann oder einem väterlichen Stellvertreter, auf die gleichen Abwehrtechniken zurückgreift.

Sie fährt fort, ihre Situation mit dem Vater aufzuarbeiten (4): Sie erzählt einen Traum, den sie kürzlich hatte. In diesem Traum erscheint der Vater verjüngt. Als Laura noch klein war und den Wolf fürchtete, war er ungefähr in dem Alter. Dieser Traum ist angenehm. Laura spürt keine Angst, und sie verleiht dem Vater kein schreckenerregendes Aussehen, denn sie hat eine andere, scheinbare Lösung für ihren Konflikt gefunden. Sie verleugnet die ödipale Rivalität mit der Mutter – *«Mama war nicht da»* – und die vermeintliche erotische Aggressivität des Vaters – *«er saß ganz ruhig vor seinem Schreibtisch»*.

Dieser Lösungsversuch scheitert aber, denn Laura erträgt es nicht, daß sie sich im Traum von der Mutter entfernt. Eine andere, beängstigende Erinnerung steigt in ihr auf (5): Sie spricht von dem Jungen, der eine verheiratete Frau liebt. Er wird von Schuldgefühlen gegenüber dem Freund an der Verwirklichung dieser Liebe gehindert. Vertauscht man die Geschlechter, sehen wir uns ein weiteres Mal Lauras ödipalem Konflikt gegenübergestellt. Der Junge, der ist sie selbst. Sie liebt den Vater, einen verheirateten Mann, und sie sucht ihn von seiner Frau zu trennen. Die Erzählung des jungen Mannes entfacht ihr Schuldgefühl von neuem. Wenn ihre Mutter wüßte, daß sie sie verraten möchte, würde ihr das Herz brechen. Laura straft sich selbst, indem sie genau diesen Schmerz spürt. Ihre Angst vor dem Wahnsinn entspricht der Angst vor ihren Trieben.

Mit der nächsten Assoziation (6) drückt sie ihre Besorgnis um die Eltern aus. Sie konfrontiert sich mit der «Urszene», dem Koitus der Eltern. Sie hatte vielleicht als Kind die sexuellen Beziehungen zwischen den Eltern in der Nacht ausspioniert und als sadomasochistische Handlungen interpretiert. Diese Erinnerung wurde durch die Lektüre und die nächtliche Einsamkeit wiederbelebt. Der Schrei des sterbenden Tieres steht für den Orgasmus der Mutter und die Hörhalluzination des mühsamen Atmens für die erregte Atmung der Eltern beim Koitus.

Eine weitere Assoziation taucht in der Beziehung zum Vater auf (7): Diesmal handelt es sich um ein Erlebnis, das sich kurz zuvor ereignet hat. Der Vater wird durch seinen Freund, einen Mann in seinem Alter, ersetzt. Die Patientin weist den Verführer ohne bewußte Angst zurück, weil es ihr gelingt, ihre Gefühle zu verdrängen. Sie sagt, daß sie *«nichts spürte»*, das heißt, daß sie ein weiteres Mal die Abwehrtechnik der Depersonalisation verwendete.

Auch die nächste Assoziation handelt von einem älteren, verheirateten Mann (8): Diesmal erscheint er bereits als der Geliebte, der Wunschgeliebte. Laura wehrt sich nun nicht mehr dagegen, ihre Liebe anzuerkennen, aber sie verzichtet bewußt darauf. Dieser Geliebte bleibt für sie der *«wunderbare Unmögliche»*.

Ihr Verzicht erlaubt es ihr, sich von mir, dem Muttersatz, liebevoll mit den Worten *«Adiós María»* zu verabschieden (9).

Soviel zum unbewußten Gehalt der Assoziationen. Kommen wir nun zum dynamischen Gesichtspunkt. Was ist richtungsweisend in Lauras Denken, in der Analyse und in ihren Handlungen im Leben? Was sie bewegt, ist ihr Wunsch nach Liebe. Ihr Wunsch, den Vater oder einen Vaterersatz zu erobern, gerät in Konflikt mit ihren infantilen Ängsten vor dem Sexualleben und mit ihrer Angst, die Mutter, die sie auf ambivalente Weise braucht und liebt, zu erzürnen und zu verlieren.

Was geht vor in dieser Sitzung? Laura kommt optimistisch zu mir. Sie will den Konflikt verleugnen. Ich bin eine Bekannte ihrer Mutter und ungefähr so alt wie sie; was aber noch wichtiger ist: Durch die analytische Situation bin ich ein Muttersatz geworden. Aber Laura will, daß wir gute Freundinnen werden. Sie bittet darum, mich beim Vornamen nennen zu dürfen (1). Aber der Versuch, ihre Ängste auf diese Weise zu verleugnen, scheitert. Sie erinnert sich der mütterlichen Bestrafung, und ihrer inzestuösen, an den Vater gerichteten Wünsche (2). Unbewußt fürchtet sie, die

Bestrafungssituation könnte sich in der Analyse mit mir wiederholen. Deshalb taucht diese Assoziation auf. Um sich gegen die Verwirklichung ihrer Wünsche besser zu schützen, erinnert sie sich außerdem an die Gefahren, denen sie sich in ihren Phantasien mit dem Vater ausgesetzt hat. Der Wolf könnte sie verzehren (3). Aber vielleicht gibt es einen anderen Weg: Könnte sie sich von der Mutter entfernen und in ihrer Beziehung zum Vater von der Erotik absehen, würde sie ihn vielleicht angstfrei lieben können. Das Bild des jungen Vaters (4), der ruhig und ernsthaft vor dem Schreibtisch sitzt, ist Symbol einer sublimierten Freundschaft, die sie in Wirklichkeit mit ihrem Vater immer angestrebt hat. Es steht für diesen Wunsch. Aber auch diese Möglichkeit erweist sich als undurchführbar: Wenn Mama nicht da ist, dann ist das ihre, Lauras Schuld (5). Sie hat die Eltern getrennt, die Mutter verraten. Deshalb hat sie Herzschmerzen, und deshalb hat sie eine hypochondrische Angst davor, wahnsinnig zu werden. Hätte sie es geschafft, den Platz der Mutter einzunehmen, dann realisierte sie ja die gefährliche Situation des Alptraums und sie wäre in der Konfrontation mit dem Vater alleine gewesen. In ihrem Unbewußten ist Laura noch immer das Mädchen, das für das Sexualleben zu klein ist. Dann folgt die Erinnerung an den keuchenden Atem und den Schrei des sterbenden Tieres (6). Ihr Vater könnte sie im Akt töten. Wie soll sie sich verteidigen? Vielleicht, indem sie eine kalte (frigide) Haltung einnimmt und ihre Angst und Erregung verleugnet... Sie sollte wie eine erwachsene Frau wirken, die keine Angst hat und in aller Ruhe einen reifen Mann abzuwehren weiß (7). Aber im Grunde fällt es ihr schwer, das zu tun, denn sie liebt ihn. Jedoch wird sie verzichten (8) und konnte so die Mutter bewahren (9).

Assoziationen A	*Unbewußter Gehalt* B	*Beziehung zu den Eltern* C	*Neurotische Folgen* D
1. *«María»*	Verleugnung des ödipalen Konflikts mißlingt wegen der Angst vor	Sucht mütterliche Unterstützung wegen ihrer Angst	Suche nach der Mutter
2. *«Mama hat mich geschlagen»*	der mütterlichen Strafe und vor der	ihre Mutter zu verlieren aufgrund	Deflorationsphobie (Flucht)
3. Kindlicher Alptraum	eigenen Zerstörung durch den Vater im Sexualakt.	ihres inzestuösen Wunsches an den Vater, der sie dazu führen könnte,	Frigidität (Sie stellt sich tot.)
4. Traum vom Vater (Mama ist nicht da)	Versuch zur Sublimierung. Sie mißlingt, weil sie wünscht, die Mutter auszuschalten. Dies ruft	die Mutter zu eliminieren.	Verminderte Kapazität zur Sublimierung
5. Eine Ehe zerstören (Herzstechen und Angst vor dem Wahnsinn)	Stiche am Herz und die Angst vor dem Wahnsinn hervor.	Sie scheitert aus Liebe zur Mutter, wegen der Schuldgefühle	Hysterische Konversion
6. Beklemmung angesichts der Urszene (der Schrei des sterbenden Tieres)	Angst vor der Zerstörung durch den Vater.	und wegen der Angst vor der sexuellen Beziehung zum Vater.	Angstanfall
7. Verführungsversuch durch den väterlichen Freund.	Es ist deshalb besser, den Vater abzuweisen	Sie weist den Vater ab,	Depersonalisation (psychische Frigidität)
8. Der verheiratete Mann (*«der wunderbare Unmögliche»*)	oder auf ihn zu verzichten	verzichtet auf ihn	Die Wahl des verbotenen Objekts
9. *«María»*	und sich die Mutter zu erhalten.	und kehrt zur mütterlichen Figur zurück.	Fixierung an die Mutter

Das Schema zeigt die Dynamik der Sitzung noch einmal.

Die ersten beiden Spalten entsprechen dem obigen Kommentar zur Analysestunde. Spalte C brauche ich nicht detailliert zu erklären. Auch hier handelt es sich um Lauras ödipalen Konflikt, um das Problem ohne Lösung: Wie kann sie, trotz ihrer kindlichen Ängste vor dem Sexuellen und ihrem Bedürfnis nach mütterlichem Schutz und mütterlicher Liebe, die Liebe des Vaters erringen?

Die Fixierung Lauras an die ödipale Situation verursacht verschiedene Störungen, die sie, ohne es selbst zu bemerken, in der Sitzung darstellt. Wir sehen in der Grafik, daß die Analyse des unbewußten Gehalts der Assoziationen (Spalte B) Lauras Abhängigkeit von den Eltern (Spalte C) und ihre neurotischen Folgen, die Symptome (Spalte D) verstehbar macht. Laura ist ein intelligentes Mädchen und für ein Studium sehr begabt. Aber sie hat keine Ausdauer bei der intellektuellen Arbeit, und sie kann die erworbenen Kenntnisse nicht anwenden. Ihre Fähigkeit zur Sublimierung ist offensichtlich gehemmt. Intellektuell zu arbeiten bedeutet für sie unbewußt, mit dem Vater zusammenzusein und die Mutter auszuschließen (4, Traum vom Vater, in dem *«die Mutter nicht da» ist*). Sie sucht nach anderen neurotischen Lösungen für ihren Konflikt. Ich habe bereits gesagt, daß sie an einer Deflorationsphobie gelitten hat, die, als sie sie überwunden hatte, sofort durch Frigidität ersetzt wurde. Die Frigidität ist sozusagen ein Kompromiß zwischen dem Wunsch nach dem Sexualleben und der Angst davor. Wenn sie frigide ist, gibt sich die Frau physisch hin, verneint dies aber im gleichen Augenblick. Sie bannt Gefahr und Schuld, indem sie sich geistig nicht an der Hingabe beteiligt. Frigide Frauen empfinden das, was mit ihrem Körper beim Koitus geschieht, oft mit einem gewissen Gefühl von Fremdheit. Dieses Gefühl ist der Depersonalisation, dem Zustand, in dem sich Laura beim Verführungsversuch durch den Freund ihres Vaters befand, sehr verwandt (7). Sie selbst beschreibt es mit Worten, die für diesen Zustand charakteristisch sind: *«Ich habe nichts gespürt»* und *«alles schien mir so irreal»*. Die Frigidität beruht aber auch auf einer physischen Insensibilität und gehört deshalb zu den hysterischen Konversionssymptomen. Auf die Erzählung ihres Freundes reagierte Laura mit einer hysterischen Konversion (Herzstechen, 5). Wenn der Stimulus jedoch zu stark wird, versagt die neurotische Angstabwehr, und die Angst zeigt sich unverhüllt. Dies geschah, als Laura sich an den Platz der Mutter in der Urszene versetzte (6).

Mit fünf Jahren, als sie den Alptraum hatte, reagierte Laura auf die sexuelle Gefahr bereits so wie später während ihrer Adoleszenz. Als das Zusammentreffen mit dem Wolf im Traum unvermeidbar schien, wählte sie wechselweise zwei Lösungen: Sie flüchtete vor dem Wolf, das heißt, sie nahm eine phobische Haltung ein – Vorläuferin ihrer Deflorationsphobie –, oder sie stellte sich tot. Diese Abwehrform entspricht der späteren Frigidität. Die Symptome sind Ausdruck ihres Scheiterns; es war ihr nicht gelungen, den Mann zu lieben und sich von der Frau zu trennen. Laura glaubt und gibt vor, ihre Mutter nicht sehr zu lieben und von ihr unabhängig zu sein. Sie braucht und sucht sie jedoch ständig. Sie zeigt das mit der letzten Assoziation, dem *«Adiós María»*. Nachdem sie nutzlos gekämpft hat, um sich von der Mutter zu befreien, kehrt sie zu ihr zurück.

VII
DIE FRIGIDITÄT

Auch wenn für viele Frauen die Frigidität ein großes Problem darstellt und ihr daher im medizinischen und psychotherapeutischen Bereich eine wichtige Bedeutung zukommt, werde ich sie im folgenden nur kurz behandeln. Es gibt bereits ausreichend Literatur zu diesem Thema – psychoanalytische, gynäkologische und sexualwissenschaftliche –, und eine vollständige Übersicht dieser Arbeiten würde den Rahmen meiner Untersuchung sprengen. Hinzu kommt, daß der Zusammenhang zwischen der Frigidität und den Störungen der weiblichen Fruchtbarkeit – unser zentrales Thema – nur indirekt und sehr umstritten ist. Ein enger Zusammenhang besteht allerdings zwischen Frigidität, Vaginismus und Deflorationsphobie. Alle drei Mechanismen stehen in Zusammenhang mit der Ablehnung des Koitus. Aber während der Vaginismus und die Deflorationsphobie die biologische Realisierung der Mutterschaft unmöglich machen, verhindert die Frigidität sie in den seltensten Fällen. Es gibt viele frigide Frauen, die scheinbar problemlos schwanger werden, gebären und keine Mühe haben, ihr Kind zu stillen. Manche Autoren sind der Meinung, die Frigidität verursache keine Sterilität. In gewissem Sinne treffe sogar das Gegenteil zu: Es sei gerade die leidenschaftliche körperliche Liebe, die eine Befruchtung erschweren könne, weil eine zu starke Liebesbeziehung ausschließlich sei und der Annahme eines Dritten, des Kindes, zuwiderlaufe. Andere Autoren, und ich glaube, daß sie in der Mehrzahl sind, sehen in der Frigidität einen Faktor, der die Sterilität verstärkt.

Die frigide Frau hat Angst, sich hinzugeben, und fürchtet sich vor der Weiblichkeit in demselben Maße wie die Frau, die sich dem Koitus verschließt. Körperlich vollzieht sie den Koitus mit, bleibt aber geistig abwesend. Sie erlaubt das gefürchtete Eindringen des Penis, weil sie es, indem sie nichts dabei empfindet, unbewußt verleugnet. Sie hat Angst davor, im Orgasmus die Kontrolle zu verlieren, und fühlt sich sicher, wenn sie ihn nicht erreicht. Außerdem hat sie Angst, durch ihre Lust von anderen abhängig zu werden, und sie haßt die Abhängigkeit. Unbewußt wird ihr Partner nämlich mit feindlichen oder frustrierenden Objekten gleichgesetzt. Wenn sie ihre eigene Lust zunichte macht, kehrt sie die Situation um. Kalt, oft mit einer Mischung aus Zuneigung und oberflächlicher Neugier, beobachtet sie dann den erregten Mann, der durch die Lust plötzlich entwaffnet ist. Sie kontrolliert die Situation.

Aber wie kommt es dazu, daß sie geistig so abwesend ist? Und was ist Frigidität, diese so häufig auftretende Störung, eigentlich? Die Vorstellungen darüber sind recht wirr, und die Angaben in den Statistiken weisen große Unterschiede auf. Manche behaupten, 40% der Frauen seien frigide, andere gehen von 90% aus. Solche Schwankungen lassen sich auf die Auswahl der befragten Frauen zurückführen; zum Beispiel wird die Antwort unterschiedlich ausfallen, je nachdem, ob man mit gesunden Frauen spricht, ob Patientinnen eines Gynäkologen interviewt werden und ob die befragten Frauen Angehörige der Ober-, Mittel- oder Unterschicht sind. Auch die Art der Befragung spielt eine Rolle; und nicht zuletzt wird es entscheidend sein, welche Konzepte und Definitionen von Frigidität der Untersuchung zugrunde liegen. Ich werde auf die Definition von Edmund Bergler[1] zurückgreifen. Sie entspricht der Auffassung anderer wichtiger Autoren und ist sehr treffend und anschaulich. Nach Bergler sind Frauen, die beim Koitus keinen vaginalen Orgasmus haben, frigide. Was die Frau normalerweise beim Koitus empfindet, beschreibt er wie folgt: «*Der normale Sexualakt umfaßt für die Frau drei Phasen. Zuerst wird ihr Genital feucht, die Klitoris ist erigiert und pulsiert. Sie hat an der körperlichen Berührung Vergnügen, an den Küssen und Umar-*

mungen, und wünscht sich dann, daß der Penis in sie eindringe. Dann möchte sie, daß der Penis an ihr reibt ,und daß diese Reibungen intensiver werden. Sie will, daß der Mann damit fortfährt. Gleichzeitig mit dem Orgasmus des Partners oder vielleicht noch öfter kurz danach erlebt sie einen Orgasmus, der sich durch Kontraktionen der unwillkürlichen Genital- und Beckenmuskulatur äußert. Dann folgt ein Gefühl der sexuellen Entspannung. Die Leidenschaft der Frau dauert im Gegensatz zu der des Mannes länger an. Auch nach dem Orgasmus möchte sie deshalb mit ihm zusammenbleiben, von ihm umarmt werden und seinen Penis bei sich behalten.»

Bergler zufolge wäre also jede Frau, die den Koitus nicht in dieser Form erlebt, frigide. Er spricht außerdem von einer *«obligatorischen»* und von einer *«fakultativen»* Frigidität. Erstere bezeichnet die absolute Orgasmusunfähigkeit der Frau. Dagegen können Frauen, die nur fakultativ frigide sind, den beschriebenen Orgasmus mit bestimmten Partnern und unter für sie stimmigen Umständen erleben. Wenn wir dieser Einteilung folgen, ist natürlich jede Frau bis zu einem gewissen Punkt *«fakultativ»* frigide, weil sie in unguten Situationen oder mit einem ungeeigneten Partner den Orgasmus nicht erreicht.

Berglers strikte Definition stimmt mit der Meinung der Laien nicht überein. Es gibt Frauen, die zwar keinen vaginalen Orgasmus haben, sich aber weder selbst als frigide erleben, noch von ihrem Partner dafür gehalten werden, denn sie sind nicht *«kalt»*. Sie genießen das Sexualleben, und einige suchen es sogar zwanghaft. Andere Frauen empfinden zwar keine leidenschaftliche Lust, aber sie mögen den Koitus, weil sie ihren Partner lieben und glücklich sind, ihn zu befriedigen. Die Mehrzahl der frigiden Frauen allerdings, inklusive der «leidenschaftlichen», leiden bewußt oder unbewußt an ihrer Frigidität.

Aber nicht nur die Ansichten darüber, was als frigide zu bezeichnen sei und was nicht, gehen sehr weit auseinander; auch die Meinungen über die Ursachen der Frigidität sind sehr geteilt. Der Laie ist im allgemeinen davon überzeugt, daß eine Frau nur deshalb frigide sei, weil sie den rechten Partner noch nicht gefunden habe. Wer viel von Sexualaufklärung erwartet, wird die richtige

«Technik» für das Allheilmittel halten. Analytiker, wie zum Beispiel Bergler, meinen hingegen, daß die Frau die sexuelle Wesensart des Mannes, dem sie sich hingibt, unbewußt wahrnehme. Es ist, wie ich bereits bemerkt habe, ihre eigene Neurose, die sie veranlaßt, sich für einen Mann zu entscheiden, obwohl sie unbewußt bereits wahrnimmt, daß er sie nicht befriedigen wird. Vielleicht hat sie sich sogar deshalb für ihn entschieden.

Wenn wir uns darin einig sind, daß Frigidität neurotisch bedingt ist, stellt sich die Frage, als was sie denn klassifiziert werden soll? Und später sollte geklärt werden, ob die Frigidität in allen Gesellschaften und zu jeder Zeit als krankhaft galt oder ob es kulturelle Umstände gibt, unter denen die Frigidität eine normale Reaktion ist. Die erste Frage ist deshalb wichtig, weil sie die diagnostischen und prognostischen Probleme anspricht, mit denen uns jeder klinische Fall von Frigidität konfrontiert.

Sehr stark vereinfacht könnte man die Frigidität vielleicht als vorübergehende hysterische Empfindungslosigkeit der Vaginalschleimhaut diagnostizieren. So gesehen würde es sich bei der Frigidität um ein Konversionssymptom handeln, das heißt um ein hysterisches Symptom. Die Prognose wäre in diesem Fall sehr gut, denn die Hysterie ist einer psychotherapeutischen Behandlung vollständig zugänglich. Wenn wir aber eine Patientin mit dieser Diagnose haben, könnten wir unangenehm überrascht werden, wenn wir feststellen, daß sich ihre Heilung als sehr langwierig und schwierig gestaltet. Denn was wir für ein hysterisches Symptom gehalten haben, kann sich als Ausdruck eines tiefliegenden Konfliktes und einer schweren Störung der Persönlichkeit erweisen.

Betrachten wir unsere zweite Fragestellung. Heutzutage, und insbesondere in einer bestimmten Gesellschaftsschicht, stößt man mit der Vorstellung, bei der Frigidität handle es sich um eine Neurose, und die gesunde Frau sollte fähig sein, sexuell zu genießen, nicht auf Widerspruch. Wie ich bereits erwähnte, wird in gewissen Kreisen die orgastische Potenz der Frau geradezu gefordert. Die Frau besteht auch selbst auf dieser Genußfähigkeit und fühlt sich dem Partner gegenüber schuldig, wenn sie den

Orgasmus nicht erreicht. Oft versteckt sie ihre Unfähigkeit, als ob es sich dabei um einen Mangel handeln würde, und täuscht dem Mann den Höhepunkt vor. Es ist aber erst wenige Jahrzehnte her, als man noch der Meinung war, die gute, anständige Gattin habe keinen sexuellen Höhepunkt und sollte auch keinen haben. Zwar konnte sie wohl an den Liebkosungen des Mannes Gefallen finden, bei einem feurigen Kuß erregt werden und den Koitus mit mütterlicher Freude erleben, aber der Orgasmus war das traurige Privileg der «Verrückten», der Messalinas, der Hysterikerinnen. Noch seltsamer mag erscheinen, daß das nicht nur die Meinung der Männer war, sondern daß auch die Mehrzahl der Frauen so dachte. Um diesem Problem wirklich gerecht zu werden, sollten wir neben individuellen auch anthropologische Aspekte mitberücksichtigen.

Schauen wir uns noch einmal an, was Margaret Mead dazu sagt. In ihrem Buch *Mann und Weib*[2] beschreibt sie, wie die Orgasmusfähigkeit der Frau in den verschiedenen Gesellschaften unterschiedlich beurteilt wird. Aus ihren Forschungen zieht sie die Schlußfolgerung, daß der weibliche Orgasmus eine Möglichkeit sei, die zwar individuell oder gesellschaftlich entwickelt werden könne, aber nicht müsse. Ebenso, wie es in unserer Gesellschaft frigide Frauen gibt, existieren auch frigide Gesellschaften. Sicher können auch in diesen Gesellschaften einzelne Frauen die Sexualität genießen. Aber diese Frauen sind nicht angepaßt, leiden darunter und werden von ihrer Umgebung für «neurotisch» gehalten. Dann gibt es Gesellschaften, in denen von den Frauen erwartet wird, daß sie am sexuellen Akt genausoviel Vergnügen finden wie die Männer. In diesen Gesellschaften wäre die kalte Frau die neurotische Ausnahme.

Bei den Arapesh sind sowohl die Männer als auch die Frauen sanft und verhalten sich mütterlich. Die Kinder werden sehr liebevoll behandelt und lange und ausgiebig gestillt. In dieser Gesellschaft wird angenommen, daß die Frau keinen Orgasmus habe, auch wenn sie am Koitus Vergnügen findet und er ihr eine angenehme, warme Empfindung verschafft. Aber die Frau schätzt die Potenz ihres Gatten nicht besonders hoch und besteht auch nicht auf einem intensiven Sexualleben. Margaret Mead beschreibt uns die tragische Geschichte einer jungen Frau, Amitoa, die sich vom üblichen Typus der Arapesh-Frauen stark unterschied. Amitoa war kräftig und aktiv. Ihrem Mann, der kränklich und schwach war, warf sie offen vor, daß er ihre sexuellen Bedürfnisse nicht befriedige. Sie wollte ihn verlassen, um sich einen anderen Mann zu suchen. Aber ihr Vorhaben scheiterte. Die Verwandten ihres Mannes brachten sie mit Gewalt zurück. Sie wurde schwanger, doch nach der Geburt versuchte sie, das Neugeborene zu töten. Man hinderte sie daran und zwang sie, ihre Tochter zu stillen. Als sie zum zweiten Mal gebar, war aber niemand anwesend, und sie nutzte die Gelegenheit und zertrat den Kopf des Neugeborenen mit dem Fuß. Offensichtlich war Amitoa nicht angepaßt. Mit ihren erotischen Forderungen, die mit der aggressiven Zurückweisung der Mutterschaft verbunden waren, ähnelt sie vielen Frauen, die in unserer oder in einer anderen Gesellschaft leben.

Das Leben in Samoa habe ich bereits beschrieben. Dort wird das Kind in großen Familiengemeinschaften aufgezogen. Zusammen mit der Mutter nähren und pflegen andere Frauen das Neugeborene und erziehen das Kleinkind. Die Kinder werden geliebt, aber diese Liebe ist irgendwie halbherzig. Die Jugendlichen genießen volle sexuelle Freiheit. Beide Geschlechter halten die Sexualität für einen angenehmen Zeitvertreib. Liebestragödien sind selten, Frigidität (im weiteren Sinne des Wortes) und Impotenz sind unbekannt. Margaret Mead glaubt, daß das so sei, weil es keine individuelle Liebe gäbe. Außerdem werden in Samoa Sexualpraktiken, die bei uns als pervers gelten, mit großer Freiheit als normal und üblich akzeptiert. Bei den Mundugumor sind sowohl die Männer als auch die Frauen stolz, jähzornig und energisch. Sie lehnen die Mutterschaft ab und lieben Kinder nicht besonders. Man erwartet von der Frau, daß sie ebenso intensiv sexuelle Lust empfinde wie der Mann. Der Sexualakt sieht aber eher wie ein Kampf aus als wie eine Handlung, die aus Liebe geschieht. Wenn ein Mädchen verheimlichen möchte, daß es bereits einen Liebhaber hat, dann gibt man ihm folgenden Rat: *« Wenn dir die Ohrringe aus den Ohren gerissen sind, wenn deine Halskette zerbrochen, dein Grasrock zerrissen ist, wenn deine Arme zerkratzt und blutig sind, mußt du sagen, daß du Angst hattest, ein Geräusch im Busch hörtest und bei der Flucht gestürzt seist, sonst werden die Leute darüber witzeln, daß du dich mit einem Liebhaber getroffen hast.»*[3] So beschreibt Margaret Mead die Liebe bei den Mundugumor: *«Das Vorspiel dieser hastigen Begegnungen im Busch besteht in der Regel darin, daß man sich gegenseitig kratzt und beißt, um möglichst schnell die Erregung auf den Höhepunkt zu treiben.»*[4] Ich vermute, daß die Frauen von Mundugumor zwar große sexuelle Befriedigung erfahren, sie werden aber wohl kaum einen vaginalen Orgasmus haben. Auch bei ihnen gibt es Persönlichkeiten, die an die gesellschaftlichen Forderungen nicht angepaßt sind. Margaret Mead erzählt uns die Geschichte von Kwenda, deren mangelnde Anpassung darin bestand, daß sie einen mütterlichen Charakter hatte. Kwenda war zärtlich und liebevoll. Ihr Mann verließ sie und zog zu einer anderen, weil sie es nicht zulassen wollte, daß man ihr neugeborenes Kind tötete. Der Mann ging weg, als sie noch stillte. Später adoptierte sie ein Mädchen, dessen Mutter nicht beide Kinder eines Zwillingspaares aufziehen wollte. Sie fand danach keinen Mann mehr, weil sie nicht mehr geachtet wurde. Der Grund dafür lag aber auch darin, daß sich alle vor der Wut ihres jähzornigen Gatten fürchteten. Ohne Bitterkeit lebte sie allein mit den beiden Kindern. Sie hatte ein heiteres Gemüt. Wir sehen, daß in einer Gesellschaft wie die der Mundugumor, in der die Frau große sexuelle Lust hat, eine Frau wie Kwenda für neurotisch gehalten wurde, weil sie einen mütterlichen Charakter hatte.

Auf den Marquesasinseln hat der Mann, weil es nicht viele Frauen gibt, ein großes Interesse daran, seine Partnerin sexuell zu befriedigen. Das ist jedoch gar nicht so einfach. Kardiner beschreibt den Sexualakt bei den Bewohnern dieser Inseln wie folgt: *«Die Rolle des Mannes bestand darin, die Frau durch Cunnilingus und durch Saugen an den Brüsten zu erregen, bis sie, in höchstem Grade erregt, das Zeichen ihres Einverständnisses zum Koitus gab; dieses Vorspiel entbehrte jeder Zärtlichkeit, und öfters wurde von beiden Seiten gekratzt und gebissen. Es sah so aus, als ob die sexuellen Spiele wichtiger seien als die wirkliche orgastische Erfahrung. Alle Eingeborenen waren sexuell potent, aber die Potenz der Frauen hing von diesen komplizierten Vorspielen ab, ohne die es ihnen nicht möglich war, zum Orgasmus zu kommen.»*[5] In dieser Gesellschaft, die keine mütterlichen Gefühle kennt, ist die Frau durchaus genußfähig, sie genießt aber vor allem das Vorspiel und nicht die vaginale Berührung.

Trotz der großen sichtbaren Unterschiede, die zwischen den Gesellschaften bestehen, habe ich die Kultur der Marquesas mit der unsrigen verglichen: In beiden Kulturen hat die Frau sexuell und sozial die gleichen Rechte wie der Mann, verzichtet aber zugleich auch teilweise auf ihre Mütterlichkeit. Die Verhältnisse auf den Marquesasinseln wirken in vielem wie eine Karikatur der unsrigen. Auf der anderen Seite meint Kardiner aber, die Frigidität existiere bei den eingeborenen Frauen nicht. Das verwiese uns auf einen fundamentalen Unterschied zwischen den beiden Kulturen, denn bei uns liegt der Prozentsatz der Frauen, die unter Frigidität leiden, sehr hoch. Aber bei aufmerksamer Lektüre erkennt man, daß Kardiners Beschreibung des Sexuallebens der Inselbewohner auch Parallelen mit unseren Verhältnissen zuläßt. Die Frau, die auf den Marquesasinseln lebt, erinnert in ihrer Promiskuität, ihrer Unersättlichkeit und den komplizierten sexuellen Spielen an einen gewissen Typus von Frau bei uns, an die frigide Frau, die überhaupt nicht daran interessiert ist, Mutter zu werden, von ihrer psychischen Unzufriedenheit getrieben wird und ständig von einem Mann zum anderen wechselt und komplizierte sexuelle Praktiken verlangt, um Befriedigung zu finden.

Meine Vermutung ist, daß die vaginale Frigidität unter den gesellschaftlichen Bedingungen auf den Marquesasinseln, wo die Mutterschaft abgelehnt wird, mindestens ebenso häufig auftritt wie bei uns, obwohl die Frauen dort den Anschein geben, großes sexuelles Verlangen zu haben. Diese Beobachtung trifft auch auf die wilde und stolze Kultur der Mundugumor zu.

In Samoa sind die Verhältnisse anders. Dort wird das Kind gut aufgenommen und umsorgt. Die vielen Frauen, die sich außer der Mutter um das Kind kümmern, pflegen es mit liebevoller Gleichgültigkeit. Interessanterweise wiederholt sich diese Gleichgültigkeit in der Adoleszenz, wenn das Sexualleben aufgenommen wird. Männer wie Frauen gehen liebevoll miteinander um, aber es sieht so aus, als würden sie die individuelle Liebe nicht kennen. Die Frauen haben sexuelle Lust, aber Margaret Meads Material läßt keine Schlüsse darüber zu, ob sie einen vaginalen Orgasmus erleben.

Kommen wir zu den Arapesh. Die Verhältnisse dort erinnern an unsere, wie sie noch zu Anfang des 20sten Jahrhunderts bestanden haben. Die Frau, die geachtet wurde, die gute Mutter und Gattin, braucht kein Sexualleben und empfindet beim Koitus nur eine angenehme Wärme und Sympathie für ihren Partner. Eine Frau, die starke erotische Bedürfnisse hat, die wie Amitoa aktiv auf Männer zugeht und sexuelles Vergnügen sucht, die aber andernteils die Mutterschaft ablehnt und ihre Pflichten vernachlässigt, gilt dort als verrückt.

Ich fürchte, daß ich mit den aktuellen anthropologischen Erkenntnissen zu einem reichlich widersprüchlichen Resultat gekommen bin. Es sieht nämlich so aus, als ob die Mädchen, die von ihren Müttern liebevoll aufgezogen werden, später wiederum gute Mütter würden, für das Sexuelle jedoch kein Interesse aufbrächten. Die Mädchen dagegen, die von ihren Müttern weder die nötige Liebe noch Sorge erfahren haben, und mehr noch jene Mädchen, die grob und lieblos aufgezogen worden sind, suchen später gierig Befriedigung im Sexuellen, und es scheint, daß sie sie auch finden.

Doch bevor ich versuche, diese offensichtlich widersprüchlichen Feststellungen zu klären, kehre ich zur meiner ursprünglichen Fragestellung zurück. Die Frigidität wird in unserer heutigen Gesellschaft für eine Neurose gehalten. Die frigide Frau leidet an ihrer Frigidität, was sich auch als Verbot von Aktivitäten, die nicht direkt mit der Sexualität zusammenhängen, ausdrückt. Wenn wir die Frigidität als Neurose ansehen, müssen wir auch nach ihren Ursachen fragen. Erst wenn wir dabei etwas weitergekommen sind, können wir die anthropologischen Daten, die ich vorgestellt habe, besser verstehen.

In *Tabu der Virginität*[6] deutet Freud die Frigidität der Frau als Feindseligkeit gegenüber ihrem Sexualpartner. Ihre Ursache liege im Penisneid und der Ablehnung der eigenen Weiblichkeit. Dem ersten Sexualpartner werfe die Frau außerdem vor, daß er sie des Hymens beraubt und in die passive Rolle gezwungen habe; deshalb sei hier die Ablehnung noch stärker. Freuds Feststellungen können mit klinischem Material reichlich belegt werden. Nur die Frage, weshalb die Frau überhaupt ein Mann sein will und die aktive Rolle übernehmen möchte, bleibt damit noch unbeantwortet. Es ist jedoch logisch, daß sie, wenn sie dies wünscht, frigide bleibt und dem Mann gegenüber feindlich eingestellt ist, erfüllt er doch genau die Rolle, die ihr begehrenswert erscheint.

Die Erregung der Frau ist dann auf die Klitoris beschränkt, die phylogenetisch einem rudimentären Penis entspricht. Es gelingt ihr nicht, die Vagina erotisch zu besetzen. Freud erklärt das mit der Sexualentwicklung des Mädchens, das seiner Meinung nach noch keine vaginalen Empfindungen hat, während es die Erregbarkeit der Klitoris schon früh entdeckt. Erst mit dem Mann lerne die junge Frau ihre Vagina kennen. Wenn es ihr dann gelingt, einen Teil der Erregbarkeit der Klitoris an die Vagina abzugeben, ist sie in der Lage, vaginal zu genießen.

Warum zieht es eine Frau vor, die aktive Rolle zu übernehmen, weshalb fordert sie einen Penis, verleugnet die Existenz ihrer Vagina und bleibt auf die Klitoris fixiert? Auch bei Berta, einer Patientin, die ich bereits vorgestellt habe, war dies so: Ihr beklemmendes Gefühl bei der Defloration hatte Berta vollständig verdrängt. Sie war es gewesen, die den Verlobten davon überzeugt hatte, sie vor der Hochzeitsnacht zu deflorieren. Somit lag die Initiative bei ihr, und die Bedeutung der für sie kränkenden Tatsache, daß ein Mann sie deflorieren und aktiv in sie eindringen konnte, wurde vermindert. Während ihre Klitoris sehr empfindsam war, blieb sie vaginal frigide. Sie äußerte auf diese Weise ihre Ablehnung des weiblichen Parts in der Sexualität. Lange bevor sie die Analyse begann, war sie sich ihres Penisneides schon voll bewußt, aber ihre Frigidität wird nicht verständlich, wenn sie auf den Neid reduziert wird. Denn sowohl ihr Penisneid und ihre

Frigidität als auch ihre Ablehnung der passiven Rolle ließen sich auf den gleichen Konflikt zurückführen. Bei der Darstellung ihrer Ängste wurde deutlich, daß ihre männliche und aktive Haltung bereits eine Abwehrhaltung war, deren Ursache ihre Unfähigkeit war, sich mit ihrer Mutter zu identifizieren, die sehr weiblich gewesen war und die sie haßte. Deshalb hatte sie eine Abscheu davor, der Willkür eines Menschen ausgeliefert zu sein. Der Partner war für sie im Grunde immer die böse Mutter, die sie aussaugen und innerlich zerstören wollte.

Als andere häufige Ursache für die Frigidität führt Freud die unbewußte inzestuöse Fixierung an den Vater an. Der Vater war in der Kindheit die große Liebe des Mädchens. Später sehen diese Frauen in jedem geliebten Mann den Vater, aber das moralische Verbot und die Furcht vor der Rache der Mutter, die diese Bindung belasten, verbieten ihnen den sexuellen Genuß. Sehr deutlich wurde dies in der analytischen Sitzung mit Laura, die ich im letzten Kapitel beschrieben habe. Laura liebt ihren Vater, aber ihre Vorstellung von einer Beziehung zu ihm ist masochistisch. Sie sieht in ihr etwas Grausames und Zerstörerisches (der Alptraum vom Wolf und die Phantasie der Urszene). Bei Laura können wir die masochistische Einstellung zum Vater, die Helene Deutsch in vielen ihrer Publikationen hervorgehoben hat, beobachten. Die Autorin sieht im weiblichen Masochismus, wenn er zu stark empfunden wird, eine häufig anzutreffende Ursache für die Frigidität. Mir scheint dies sehr einleuchtend zu sein.

Eine Frau, die von blutigen Phantasien bedrängt wird, wird nicht in der Lage sein, sich hinzugeben und einen Orgasmus zu haben. Sie hat Angst, in dem Augenblick der Hingabe könnten ihr furchtbare Verletzungen zugefügt werden. Dies wurde bei Berta sichtbar. Sie haßte ihren Vater, aber sie bewunderte auch seine aggressive Männlichkeit. In ihren Träumen erschien er als Stier. Als Mädchen hatte sie an einer Phobie vor diesen Tieren gelitten. Daß die Angst vor der Rache der Mutter sie an der Hingabe an den Mann gehindert hat, habe ich bereits beschrieben. Wenn Berta sich aber vor ihrem Vater nicht zugleich auch gefürchtet hätte, wenn er sie mehr beschützt hätte und zärtlicher gewesen wäre, hätte sie im Mann später einen gewissen Schutz gegen die Frau gefunden. Auch bei Ana war es sehr offensichtlich, daß ihr Masochismus sie an der vollständigen Hingabe hinderte.

In seiner letzten Arbeit über die Psychologie der Frau stellte Freud einen neuen Gedanken vor, der seinen früheren Aussagen in gewissem Sinne widerspricht. Er sagt, die ursprüngliche Beziehung des Mädchens zur Mutter sei von großer Bedeutung, weil diese Erfahrung später mit dem Vater wiederholt werde. Viele Ehen scheitern deshalb, folgert Freud, weil die Frau die alte konflikthafte Beziehung zur Mutter mit dem Mann wiederhole. Bei Sandor Lorand[7], der die frühen oralen Frustrationen für die tiefere Ursache der Frigidität hält, taucht diese Meinung in etwas erweiterter Form wieder auf.

Laura litt bewußt an Penisneid und hatte eine Deflorationsphobie. Später wurde sie frigide. Die Ursachen ihrer Frigidität sind die, die in der Psychoanalyse beschrieben wurden. Oberflächlich betrachtet wollte Laura ein Mann sein. Damit wehrte sie sich sowohl gegen ihren Wunsch, eine Liebesbeziehung zum Vater einzugehen, als auch gegen die aus diesem Wunsch resultierende Angst. Die Beziehung zum Vater hätte bedeutet, daß ihre masochistischen Phantasien Realität geworden wären. In ihrer Eifersucht hatte sie die Vereinigung ihrer Eltern in etwas höchst Schmerzliches verwandelt (vgl. ihre Darstellung der Urszene und ihren Vergleich des Orgasmus der Mutter mit dem Schrei eines sterbenden Tieres). Deshalb konnte sie es nicht wagen, die weibliche Rolle in der sexuellen Beziehung anzunehmen. Daß sie die Lust der Mutter in ihrer Vorstellung in Leiden verwandelte, hing auch mit dem alten Groll ihr gegenüber zusammen. Das Ressentiment ging auf die frühen oralen Frustrationen und auf die Angst vor ihrer eigenen oralen Aggression zurück. Unbewußt setzte Laura die Milch mit mütterlicher Wärme gleich. Sie konnte keine Liebe geben, weil sie selbst nicht genügend bekommen hatte, und sie fürchtete, beim Verlust der Kontrolle wieder zu dem gefräßigen und angriffslustigen Tierchen zu werden, das sie in ihrer frühen Kindheit gewesen war.

Die folgenden Zeilen zitiere ich aus Lauras Tagebuch, welches sie einige Zeit vor ihrer Analyse geführt hat. Darin drückt sie sehr deutlich aus, daß frigide zu sein für sie bedeutet, hungrig zu sein. Sie sagt von sich selbst: «*Emotional bin ich wie ein kleines Kind. Ich klammere mich an, aber ich bin nie zufrieden, immer hungrig und unfähig, selbst zu geben. Ja, ich bin sogar unfähig, etwas anzunehmen. Aber trotzdem klammere ich mich immer an den anderen. Er* (der Verlobte) *hat recht, wenn er mir versichert, ich sei so, weil ich emotionalen Hunger habe, und weil ich immer glaube, daß er mir zu wenig gebe. Deshalb flirte ich mit anderen. Aber im Grunde bin ich einsam. Ich versuche, körperliche Befriedigung zu finden, auch wenn ich weiß, daß es mir nicht gelingt, und daß ich den anderen schade. Dann wieder ekelt mich das alles an.*»

Laura stellt eine eindeutige Kausalbeziehung zwischen ihrer Frigidität und ihrem Mangel an oraler Befriedigung her. Der Ekel, den sie für sich selbst empfindet, ist eine Äußerung des Widerwillens gegen das Fortbestehen ihrer kindlichen Begierde. Noch immer verspürt sie Sehnsucht nach der Brust, aber sie kann sich dieses Bedürfnis nicht mehr erlauben. Laura erklärt uns auch, daß die Untreue, eine für die frigide Frau typische Verhaltensweise, mit ihrem Hunger und ihrer Unzufriedenheit zu tun hat. Ein zweiter Grund ihrer Untreue liegt in ihrer Kindheit: Das Kind, das von seiner Mutter nicht befriedigt wird, glaubt, daß die Mutter es aus Treulosigkeit enttäusche. Es glaubt, die Mutter verlasse es des Vaters wegen. Es identifiziert sich mit dem Bild der bösen und untreuen Mutter. Später behandelt es seine Liebhaber in gleicher Weise, wie es selbst das Verhalten der Mutter erlebt hat. Die erwachsene Frau verführt die Männer, um sie nachher zu enttäuschen.

Laura findet sich nicht mit ihrer Frigidität ab. Immer wieder versucht sie, zum Orgasmus zu kommen. In ihrem Tagebuch beschreibt sie die einzige sexuelle Erfahrung, in der sie beinahe sexuelle Erfüllung gefunden hätte. Sie nimmt ganz deutlich wahr, was sie daran hindert, sich hinzugeben. Fälschlicherweise nennt sie es ihr «*Unterbewußtsein*» und später, viel treffender, «*das Ungeheuer*»: «*Diese Nacht ist es fast passiert. Ich hatte mein Unterbe-*

wußtsein noch nie so nah wie in diesem Augenblick. Noch nie bin ich ihm so gegenübergetreten. Es tauchte aus den Tiefen der dunklen Täler auf wie der unsichtbare Arm eines Riesen, wie der Wind, den man nur fühlt und nicht sieht, um mich zu bedrücken und um mich wieder in die Unvollständigkeit der unbefriedigten Sehnsucht zurückzustoßen. Plötzlich begann ich, hysterisch zu weinen, und sagte dir, du sollst von mir lassen. Es war eine seltsame Empfindung, fast hätte ich das Ungeheuer besiegt, aber es verteidigte sich und griff mich mit Zähnen und Krallen an.»

Das Ungeheuer, das ihr Geliebter in ihr weckt, gleicht der frustrierenden Mutter der ersten Kindheit; so etwa der riesige Arm, der sie ergreift, um sie dann von neuem in die Unzufriedenheit zurückzustoßen. Das Monster kämpft aber auch mit Zähnen und Krallen gegen sie, das heißt, es trägt die Merkmale ihrer eigenen oralen Unzufriedenheit. Die Vagina hat sich für Laura in einen hungrigen Mund verwandelt, und das Ungeheuer, das sie von ihrem Geliebten trennt, trägt sowohl Züge des unbefriedigten Kindes wie auch die der frustrierenden Mutter.

Auch Frauen, die fähig sind, sexuell zu genießen, vergleichen die Vagina mit dem Mund. Sie saugt beim Orgasmus *«die Milch»* ein, das heißt den Samen, den ihr der Geliebte anbietet. Aber bei vielen frigiden Frauen wird die Vagina nicht mehr mit dem Mund, der saugt, gleichgesetzt, sondern mit der Brust, die ausgesaugt wird. Racker[8] erklärt das auf den ersten Blick befremdliche Phänomen so: Das kleine Mädchen erlebt die orale Frustration, als ob etwas in seinem Inneren an ihm fressen würde *(«der nagende Hunger»)*; deshalb verwandelt es sich selbst für sein Unbewußtes in eine Brust. Die späteren erotischen Bindungen haben für das Mädchen im Grunde die analoge Bedeutung und beinhalten deshalb die gleichen Gefahren. Das Mädchen versucht, sich in dieser Situation zu wehren, indem es sich mit dem frustrierenden (verzehrenden) Objekt identifiziert und seine Hilflosigkeit verleugnet. Weil es seine eigene infantile Unersättlichkeit auf den Geliebten projiziert, kann es sich dann später nicht hingeben. Sein Penis verwandelt sich in den saugenden Mund. Sich ganz hinzugeben hieße, die Vagina wie die Brust zu geben und sich damit der

Gefahr auszusetzen, vollständig entleert zu werden, genau so, wie sich das Kind gewünscht hat, die frustrierende Mutter zu zerstören und auszuhöhlen.

Die Vorstellung wirkt befremdlich, weil im Koitus ganz offensichtlich der Penis das Organ ist, welches gibt, und die Vagina das, welches empfängt. Trotzdem ist es die Frau, von der gesagt wird, daß sie sich hingebe und ihren Körper anbiete. Für das Unbewußte der frigiden Frau wird der befriedigte Mann zum gut genährten Säugling, und sie, die ihm die Befriedigung gegeben hat, ohne dafür etwas zu bekommen, wird zur sich aufopfernden Mutter.

Laura beispielsweise ärgerte sich immer über den befriedigten Partner und wurde wütend und neidisch. Von Berta kennen wir den Alptraum mit der Spinne, der ihre Angst zeigt, entleert zu werden. Auch Laura litt an der sehr verbreiteten Spinnenphobie. Eine andere frigide Frau nannte Menschen, die sie liebten, *«Blutegel»*. Den Penis beschrieb sie als Injektionsspritze und erklärte dazu, es komme ihr aber gar nicht so vor, als wenn die Spritze ihr während des Beischlafs etwas einspritzen würde, im Gegenteil, diese Spritze sauge und sauge, bis sie ganz erledigt und entleert zurückbleibe. In den Träumen einer anderen frigiden Patientin erschien der Penis als Rüssel eines Elefanten oder als Schweineschnauze. In beiden Fällen handelt es sich um ein Organ, das saugt.

Prostituierte sind im allgemeinen frigide. Es gab eine, die dafür bekannt war, daß sie während des Koitus einen Apfel aß. Das heißt, nur wenn sie einen Apfel (ein bereits in biblischen Zeiten bekanntes Symbol für die Brust) aß, hielt sie es aus, daß Männer von ihr aßen, indem sie ihren Körper genossen. Es gibt gute Hausfrauen, die, wenn man sie gründlich über ihre Gedanken während des Beischlafs ausfragt, mit einer gewissen Beschämung zugeben, daß sie das Menü für den folgenden Tag zusammenstellen. Um der Angst vor dem Gefressenwerden während des Beischlafs Einhalt zu gebieten, vergewissern sie sich, daß sie sich für das, was sie verlieren, am nächsten Tag durch Essen wieder entschädigen können.

Zum Schluß werde ich eine weitere mögliche Ursache der Frigidität nennen, die ich bei einer meiner Patientinnen kennenlernte. Es handelte sich um eine junge Frau, die in ihrer Pubertät sexuelle Beziehungen zu ihrer Schwester unterhalten hatte. Später heiratete sie einen Mann, der unbewußt für sie in vieler Hinsicht die Schwester vertrat. Sie verachtete die Sexualität und konnte mit ihrer Frigidität recht gut leben. Aber immer dann, wenn sie doch einen Orgasmus hatte, war sie wütend, hatte Schuldgefühle und fühlte sich gedemütigt. Sexuell zu genießen, bedeutete für ihr Unbewußtes, von neuem dem erniedrigenden Laster der homosexuellen Befriedigung zu verfallen.

Der Unterschied zwischen diesem Fall und dem von Laura besteht darin, daß die Beziehung dieser Patientin zu ihrer Mutter bis zur Geburt ihrer Schwester gut gewesen war. In ihrem Groll wegen der Geburt der Schwester, wandte sie sich von der Mutter ab und versuchte, sich dem Vater zuzuwenden. Erst als dieser sie abwies, scheiterte sie emotional. Sie identifizierte sich jetzt mit dem Vater und wählte aus diesem Grund in der Pubertät, der normalen Phase der ersten Verliebtheit, ein homosexuelles Objekt. Später gelang es ihr, ihre Homosexualität zu unterdrücken und eine scheinbar normale Objektwahl zu treffen. Aber für ihr Unbewußtes blieb der sexuelle Genuß an die infantilen Erfahrungen gebunden. Sie erlaubte sich die Befriedigung nicht, weil sie die Homosexualität ablehnte. Sie hatte Angst davor, sich emotional zu binden, indem sie den Genuß von früher wieder erreichen würde. Sie wollte sich nicht der Gefahr aussetzen, die Enttäuschung, die sie mit ihrem ursprünglichen homosexuellen Liebesobjekt, der Mutter, erlitten hatte, noch einmal zu erleben.

Fassen wir jetzt die verschiedenen Ursachen der Frigidität kurz zusammen: Die Frau, die auf die Klitorisbefriedigung fixiert ist und ihre Weiblichkeit ablehnt, ist frigide, das heißt unfähig, einen vaginalen Orgasmus zu haben. Dasselbe geschieht bei der Frau, die an die inzestuösen Objekte stark gebunden bleibt, weil bei ihr der sexuelle Genuß den Charakter des Verbotenen erhält. Die masochistische Frau kann sich während des Sexualaktes nicht hingeben, weil sie Angst hat, ihre grausamen Phantasien könnten verwirklicht werden. In seiner letzten Arbeit zu diesem Thema hat Freud erklärt, daß die wichtigste Ursache der weiblichen sexuellen Störungen in den frühen Konflikten zwischen Mutter und Tochter zu finden sei. Das oral frustrierte Mädchen wiederholt später in seinem Sexualleben die ersten traumatischen Erfahrungen. Für das Unbewußte dieser Frau steht die Vagina für den hungrigen Mund, und der Penis für die enttäuschende Brust; es kann aber auch sein, daß sie befürchtet, der Penis sauge wie ein Mund ihr Körperinneres durch die Vagina hindurch aus.

Daß eine Frau vorübergehend frigide ist, wenn sie ihren Partner ablehnt, Schuldgefühle wegen einer verbotenen Beziehung oder bewußte Angst vor dem Sexualakt hat o. ä., versteht sich von selbst.

Die Frigidität kann sehr verschiedene Ursachen haben. Den oberflächlichen Ursachen ist psychotherapeutisch leicht zu begegnen. Es kann sich bei der Therapie aber auch darum handeln, tiefgreifende frühkindliche Störungen aufzudecken.

Ein weiterer Aspekt, der für das Verständnis der Frigidität wichtig ist, ist der folgende: Für viele Frauen sind sexueller Genuß und Mutterschaft nicht miteinander vereinbar. Es kommt oft vor, daß eine Frau, die durchaus orgasmusfähig war, nach der Geburt eines Kindes frigide wird. Sie hat dann in ihrem Unbewußten die Vorstellung der reinen, das heißt asexuellen Mutter bewahrt, das Bild der Mutter, die sie sich gewünscht hatte, damit sie sie frei von Ambivalenz hätte lieben können.

Es gibt sogar Fälle, in denen ein Liebespaar mit befriedigendem Sexualleben kurz nach der Heirat enttäuscht entdeckt, daß die Partnerin völlig unerwartet frigide geworden ist, und zwar genau zu dem Zeitpunkt, an dem ihre sexuelle Beziehung legitimiert wurde. Die beiden fragen sich dann befremdet, warum die simple Tatsache, daß ein ihnen völlig fremder Mensch auf dem Standesamt ihre Verbindung genehmigt hat, derart unheilvolle Konsequenzen haben kann. Zwei mögliche Ursachen stehen zur Diskussion: Wenn die Sexualität der Frau an verbotene kindliche Spiele gebunden geblieben ist, kann sie sie nicht mehr genießen, sobald sie den Charakter des Verbotenen verliert. Zusätzlich aber kann bereits die Tatsache, eine verheiratete Frau zu sein, für sie das Versprechen zukünftiger Mutterschaft beinhalten. Und wie ich ja an anderer Stelle geschrieben habe, ist Mutterschaft für viele mit einem erfüllten Sexualleben nicht vereinbar. Unbewußt haben die Frauen, die darunter leiden, schon seit ihrer Kindheit auf das Bild der guten Mutter, die nährt und schützt, von dem der anderen, der eifersüchtig beobachteten, gehaßten und deshalb bösen getrennt. Die böse Mutterimago vernachlässigt ihre Kinder, um den Genuß beim Vater zu suchen, und die Bosheit dieses Bildes verhindert die Identifizierung mit ihr.

Der Ablehnung der sexuellen Mutter begegnen wir auch bei den Arapesh, dem Stamm, in dem Männer als auch Frauen vorbildliche Muttergefühle haben. Nach der Geburt müssen die Eltern sexuell enthaltsam sein, bis das Neugeborene seine ersten Schritte selbständig tut. Das heißt, bis das Kind beginnt, sich von der Mutter zu lösen. Man sagt, man füge dem Kind schweren Schaden zu, wenn man die Abstinenz nicht strikt befolge. Die Arapesh identifizieren sich mit dem kleinen Kind und nehmen genau wahr, daß es in der Zeit, in der es von den Eltern abhängig ist, Haß und ohnmächtige Wut auf ihre sexuelle Vereinigung verspürt, und daß es sie als Ablehnung seiner eigenen Person, als Enttäuschung erlebt.

Bei den Mundugumor und den Eingeborenen auf den Marquesasinseln ist die Situation genau umgekehrt. Es gibt keine Enthaltsamkeit nach der Geburt, und die Stillzeit wird auf ein Minimum reduziert, damit die Mütter in ihren sexuellen Freiheiten nicht eingeschränkt werden. Die Frauen von Mundugumor sind schlechte Mütter und fordernde Liebhaberinnen.

Die Arapeshmutter befriedigt das Töchterchen vollständig. Sie läßt es während des Stillens mit ihren Brüsten spielen. Sie streichelt es und tätschelt es liebevoll an den Genitalien. Manchmal verbringt sie ganze Stunden damit, das Kind zu stillen und mit ihm zu spielen. Das Bild des Vaters, der eine sehr liebevolle Haltung einnimmt, wird mit dem Bild der Mutter verwechselt. Der Vater ist wie die Mutter, hat aber in den Augen des Kindes den großen Nachteil, daß er keine Brüste hat. Später kann das Mädchen mit seinem Partner die Liebe nicht genießen. Die Befriedigungen, die es in der frühen Kindheit erhalten hat, und die Identifikation mit einer Mutter, die am Genitalen nicht interessiert ist, wirken sich so aus, daß es nur in der Mutterschaft Lust empfinden kann. Die Figur des Vaters war zu schwach, um die außerordentlich behagliche Mutter-Tochter-Beziehung aufzubrechen.

Bei den Mundugumor wird das Mädchen früh entwöhnt. Seine Mutter ernährt es streng und gefühllos, der Vater lehnt es ab. Von beiden wird es vernachlässigt, denn es behindert sie in ihren sexuellen Beziehungen. Gerade wegen dieser Frustrationen, die seine frühe Kindheit prägten, bleibt das Mädchen an sie fixiert. Später wird es selbst eine Mutter, die abweisend ist, aber es wird die Sexualität, wegen der es von den Eltern vernachlässigt wurde, genießen. Sie wird aggressiv vom Mann die Befriedigung einfordern, die ihr in ihrer Kindheit versagt worden ist. Unter den frigiden Frauen unserer eigenen Gesellschaft gibt es «Arapesh-Frauen» und «Mundugumor-Frauen». Da sich die Frau von heute im allgemeinen in ihren mütterlichen Funktionen stark eingeschränkt, gibt es bei den frigiden Frauen mehr «Mundugumor-Frauen», die aus einer unbestimmten Unzufriedenheit heraus gierig die Erfüllung in der Sexualität suchen. Wie man in ihren Analysen sieht, wurden sie als Mädchen von ihren Müttern frustriert und von ihren Vätern abgelehnt. An diese Situation bleiben sie erotisch fixiert. Im Grunde sind sie auch als reife Frauen, die oft eine scheinbar unabhängige und «männliche» Haltung einnehmen, die hungrigen Mädchen von einst geblieben. Die anderen eher traditionell orientierten Frauen folgen dem Weg der Arapesh. Sie sublimieren ihre Erotik in der Mutterschaft und sind frigide, ohne darunter zu leiden, denn die Genitalität interessiert sie nicht. Sie folgen damit dem unbewußten infantilen Wunsch, die Sexualität der eigenen Mütter durch Identifikation zu verleugnen und zu verhindern. Sie verachten die Genitalität auch, denn was sie ihnen bietet, scheint im Vergleich zu der Lust, die sie in der frühen Kindheit genossen haben, und die sie heute ihren Kindern bieten, minderwertig. Auch sie sind im Grunde an die Mutter-Tochter-Situation fixiert. Sie sind aber keine Mädchen mehr, weil sie sich mit ihrem Ideal der asexuellen Mutter identifiziert haben und weil sie die infantile Lust durch die Identifikation mit ihren Kindern erleben. Und schließlich gibt es Frauen, die in der frühen Kindheit exzessiv befriedigt und später frustriert worden sind. Sie können nicht Mutter werden, weil sie im Ehemann die Mutter suchen und sich ihm gegenüber in einer kindlichen Position befinden.

Aus dem, was ich gesagt habe, läßt sich auf die ideale Familienkonstellation schließen, die dem Mädchen eine vorteilhafte sexuelle Entwicklung garantieren würde. Beide Eltern sollten ihm genügend Liebe entgegenbringen, damit es ihre sexuelle Beziehung ohne allzu starken Neid akzeptieren kann. Ein starker Vater, voller Zärtlichkeit für sein Töchterchen, würde ihm die weibliche Hinwendung zum Vater und das Verlassen der Mutter als Liebesobjekt erleichtern. Eine Frau, die mit ihrem Mann glücklich ist, sieht sich weder versucht, ihre ganzen unbefriedigten Wünsche an die Tochter zu richten und sie damit einer Überstimulation auszusetzen, noch hat sie Grund, sie abzulehnen und zu verachten, weil sie kein Mann ist, denn sie selbst ist mit ihrer Weiblichkeit zufrieden. Sie wird ihrer Tochter die Möglichkeit geben, sich mit einer zärtlichen Mutter und einer liebenden Gattin zu identifizieren. Dies wären die idealen Bedingungen.

Wie aber kann die Frau, die selbst kein so glückliches Elternhaus hatte, ihre kindlichen Frustrationen überwinden? Offensichtlich gibt es Frauen, die auch ohne die Fähigkeit, einen Orgasmus zu haben, Mütter werden. Aber im Gegensatz dazu gibt es, wie Helene Deutsch sehr treffend beobachtet hat, ohne die psychische Annahme der Mutterschaft keine vaginale orgastische Fähigkeit. Das Muttersein bietet der Frau durch die Identifikation mit dem Kind einerseits und mit einer emotional befriedigenden Beziehung zu ihm andererseits die Möglichkeit, ihre Frustrationen, die sie in der Kindheit durch ihre eigene Mutter erfahren hat, zu überwinden. Viele Frauen in unserer Gesellschaft suchen gierig das Erlebnis des Orgasmus, ohne es zu erreichen, weil ihre eigenen Mütter im Muttersein bereits frustriert waren und deshalb auch ihre Töchter enttäuscht haben. Sie scheitern aber auch deshalb an der Erotik, weil sie das Ziel ihrer mütterlichen Triebe bedroht und eingeengt sehen. Sie haben Schuldgefühle, denken, sie seien schlechte Mütter und versuchen, diese Frustration durch süchtiges Konsumieren von Sexualität zu kompensieren. Sie bemerken nicht, daß sie sich in einem Circulus vitiosus bewegen: Sie fühlen sich schuldig wegen der Art, wie sie sexuelle Lust suchen, unfähig zur Mutterschaft, aber dies erschwert ihnen wiederum das Gelingen des ersehnten orgastischen Vergnügens. Heutzutage treffen der Wunsch nach Mutterschaft und die persönlichen Bedürfnisse und Ambitionen der Frauen härter aufeinander denn je. Das hat innere psychische, aber auch soziale Ursachen. Die Frau jedoch, die deshalb ganz auf die Mutterschaft verzichtet, ist im allgemeinen doch nicht glücklich und nicht fähig, wirklich sexuell zu genießen. Solange die Gesellschaft ihr nicht hilft, muß jede Frau selbst sehen, wie sie den ihr entsprechenden Weg findet. Ohne auf ihre anderen Interessen zu verzichten oder ihre Erotik zu unterdrücken, sollte sie versuchen, ihr Streben nach Mutterschaft teilweise zu befriedigen und den Rest ihrer mütterlichen Triebe in adäquater Form zu sublimieren. So kann sie ihre kindlichen Enttäuschungen wettmachen und erreicht das Gefühl, sich in ihren psychobiologischen Möglichkeiten als Individuum und als Frau ganz verwirklicht zu haben.

VIII
STÖRUNGEN BEI DER BEFRUCHTUNG

Eine Befruchtung findet dann statt, wenn ein gesundes Spermium in ein reifes Ei eindringt. Es kommt aber häufig vor, daß ein Paar Geschlechtsverkehr hat und auch ohne Verhütung keine Befruchtung zustande kommt. Die Entdeckung, daß der Eisprung normalerweise zu einem ganz bestimmten Zeitpunkt im weiblichen Zyklus erfolgt, hat das in den letzten Jahrzehnten einigermaßen befriedigend erklärt. Die beiden Forscher Knaus und Ogino erkannten, daß er ziemlich genau in der Mitte des Menstruationszyklus stattfindet. Die Frau ist normalerweise kurz vor, während und kurz nach diesem Zeitpunkt fruchtbar.

Der Sexualakt hat dann keine Befruchtung zur Folge, wenn er vor, während oder nach der Menstruation (in der Zeit der *«physiologischen Sterilität»*) stattgefunden hat. Aber auch die Theorie von Knaus-Ogino konnte nicht alles erklären: Zum Beispiel, daß Frauen bei einem Koitus schwanger werden, der nur wenig vor oder nach der Periode stattgefunden hat, ist nach der Theorie nicht möglich, kommt aber vor. Und es gibt auch Frauen, die bereits einige Male schwanger gewesen sind und Kinder haben, das heißt, die gezeigt haben, daß sie fruchtbar sind und nicht schwanger werden, obwohl sie in den Tagen, in denen der Eisprung hätte stattfinden sollen, Geschlechtsverkehr hatten.

Die Befruchtung, die kurz vor oder kurz nach der Menstruation stattfindet, läßt sich nur durch Unregelmäßigkeiten des

Eisprungs erklären. Ich werde später noch darauf zu sprechen kommen. In dem anderen Fall, wenn eine Frau an den fruchtbaren Tagen nicht schwanger wird, obwohl sie Geschlechtsverkehr hatte, können verschiedene Ursachen vorliegen, die ich im folgenden behandeln werde. Da mein Thema die psychogene Sterilität ist, werde ich mich nicht mit jenen Störungen befassen, die aufgrund schwerer anatomischer Abnormitäten, operativer Eingriffe, akuter Infektionen usw. entstanden sind. In den Fällen, von denen hier die Rede sein wird, kann die Sterilität vorübergehend oder chronisch auftreten; physiologisch ist sie durch hormonelle Störungen oder durch Tubenspasmus[1] bedingt.

Die Ansicht, daß Sterilität häufig psychogen verursacht sei, ist ganz und gar nicht neu. Im Volk war schon immer die Meinung weit verbreitet, die Sterilität sei eine Strafe Gottes, eine Strafe, die durch Gelübde oder Pilgerfahrten aufgehoben werden konnte. Man glaubte, die Sterilität könne durch Mittel, die auf die Psyche, auf das Bewußtsein wirken, geheilt werden. Auch bei vielen primitiven Völkern wird die Sterilität als Folge der Promiskuität angesehen; wenn ein Kind geboren wird, wird es als Lohn für die eheliche Treue betrachtet. Es gibt auch Frauen, die sich das Fehlen von Nachkommen damit erklären, daß sie frigide sind, das heißt, sie lasten die Sterilität ihrer Liebesunfähigkeit, ihrer mangelnden Hingabe an. Solche Erklärungen entsprechen ohne Zweifel einer psychischen Realität; von der Medizin jedoch wurden sie bis vor kurzem als irrig und naiv verschmäht. Erst in jüngster Zeit wurden diese Vorstellungen revidiert. Die Zahl der Gynäkologen, die ihren sterilen Patientinnen eine Psychotherapie empfehlen, wächst. Es ist festzustellen, daß die Sterilität trotz verbesserter gynäkologischer Operationstechniken und medikamentöser hormoneller Behandlungsmethoden immer häufiger auftritt.

Auch die Psychoanalyse, die immer mehr Verbreitung findet, und die psychosomatische Medizin haben zu dem Verständnis, daß die Störungen der Fruchtbarkeit von der Psyche beeinflußt werden, beigetragen.

Die künstliche Befruchtung war die wichtigste Errungenschaft der letzten Jahrzehnte auf dem Gebiet der gynäkologischen Technik. Aber gerade an ihr lassen sich auch die Grenzen der mechanistischen Therapien klar erkennen.

Therese Benedek und ihre Mitarbeiter[2] haben darüber gearbeitet und in ihrer sehr gründlichen Studie festgestellt, daß bei Tieren mit einer einzigen Besamung eine Erfolgsquote von 99% erreicht wurde, während von den Frauen, die künstlich befruchtet wurden, beim ersten Inseminationsversuch nur zwischen 4% und 30% der Frauen schwanger wurden, obwohl die Versuche nur unter optimalen körperlichen Bedingungen und zum Zeitpunkt der zu erwartenden höchsten Fruchtbarkeit vorgenommen wurden.

Nachdem mit den künstlichen Befruchtungsversuchen angefangen worden war, hatten Frauen, die vorher ganz normale Zyklen hatten, plötzlich anovulatorische Zyklen (Zyklen ohne Eisprung). Benedek und ihre Mitarbeiter haben die Fälle von sechs Frauen eingehend untersucht, die wegen der relativen Unfruchtbarkeit der Männer künstlich befruchtet werden sollten. Sie selbst waren als normal fruchtbar befunden worden. Es war ihnen aber nahegelegt worden, einen Psychotherapeuten aufzusuchen, weil die Insemination allein keinen Erfolg hatte.

Die Autoren stellten fest, daß die künstliche Befruchtung sowohl die Potenz und Fruchtbarkeit des Mannes als auch das Sexualleben des Paares negativ beeinflußte. Eine der Frauen reagierte hingegen so gut auf die Psychotherapie, daß sich die Fruchtbarkeit ihres Mannes dadurch verbesserte. Sie konnte schließlich auf normalem Wege empfangen. Die Versuche, sich künstlich befruchten zu lassen, hatte sie zu diesem Zeitpunkt bereits abgebrochen und beschlossen, ein Kind zu adoptieren.

Bei den anderen fünf Frauen wurden aber keine Erfolge erzielt. Eine von ihnen war zwar schwanger geworden, nachdem sie künstlich befruchtet worden war, wurde dann aber panisch und bekam Angst, Krebs zu bekommen. Sie war sichtlich erleichtert, als sie wenige Wochen später einen Spontanabort hatte. Auch die anderen Frauen entwickelten Ängste und brachen deshalb die Inseminationsversuche ab, zwei von ihnen verzichteten auch darauf, die Psychotherapie weiterzuführen.

Die Untersuchung enthält viele Anregungen, von denen ich nur zwei herausgreifen will: Einmal wird in ihr auch etwas deutlich, was ich schon angesprochen habe, nämlich der Einfluß der unbewußten Ängste auf die Partnerwahl. Die sechs Frauen waren körperlich gesund und nur auf die künstliche Befruchtung angewiesen, weil die Fruchtbarkeit ihrer Männer eingeschränkt war. (In fünf der sechs Fälle konnte der Samen des Ehemannes verwendet werden.) Als die Frauen aber damit konfrontiert waren, daß ihr bewußter Kinderwunsch in Erfüllung gehen sollte, produzierten sie Ängste, die so intensiv waren, daß ihre Empfängnisbereitschaft vorübergehend außer Kraft gesetzt wurde. Daraus läßt sich meiner Meinung nach schließen, daß das unbewußt konflikthafte Verhältnis zur Mutterschaft bereits die Wahl der Partner stark beeinflußt hatte. Derselbe Konflikt störte jetzt die Fruchtbarkeit direkt und massiv – in dem Fall, in dem die Frau schwanger geworden war, auch die Fähigkeit, das Kind auszutragen.

Die andere interessante Tatsache, auf die ich aufgrund der Untersuchung von Benedek hinweisen möchte, ist die: Starke Angstzustände können offenbar körperliche Störungen hervorrufen. Intensive Ängste und chronische Spannungen, wie etwa der «Streß» der Nordamerikaner, beeinflussen die weibliche Fruchtbarkeit nachhaltig. Der Streß hat auch andere, vielfältige psychosomatische Störungen zur Folge. Auf seinen Einfluß auf die männliche Zeugungsfähigkeit möchte ich hier nicht eingehen, er gehört nicht zu meinem Thema und ist auch selten untersucht worden. Die erwähnte Studie von Benedek und ihren Mitarbeitern zeigt allerdings klar, daß sowohl die männliche als auch die weibliche Zeugungsfähigkeit auf die psychischen Faktoren reagiert.

Auch die Experimente des deutschen Arztes H. Stieve[3], deren Ergebnisse ich – soweit sie die Frauen betreffen – im folgenden zusammenfasse, zeigen dies deutlich. Die Untersuchung wurde im nationalsozialistischen Deutschland durchgeführt. Man wird wohl kaum behaupten können, daß unter diesem Regime psychologische Untersuchungen gefördert worden wären, die

Schriften von Freud fielen der Bücherverbrennung zum Opfer. Die Untersuchungen allerdings, die zu dem Verständnis der Faktoren beitragen, die die Fruchtbarkeit der Menschen beeinträchtigen könnten, wurden von den Machthabern gefördert, denn sie sorgten sich um die Zukunft der arischen Rasse.

H. Stieve hat den Einfluß der psychischen Vorgänge auf das Funktionieren der Genitalorgane anatomisch und histologisch nachgewiesen. Stieve ging davon aus, daß ein Mensch, der wochenlang den eigenen Tod vor Augen hat, unter furchtbaren Ängsten leidet. Er kam auf die Idee, bei den Leichen von Hingerichteten beider Geschlechter eine Autopsie vorzunehmen; bevor sie hingerichtet wurde, befragte Stieve die Gefangenen über ihr Sexualleben. 75 % der Frauen, die früher einen normalen Zyklus gehabt hatten, hörten unmittelbar nach ihrer Verhaftung auf zu menstruieren. Sicher hatten sie entsetzliche Angst, denn sie konnten bereits damit rechnen, daß sie zum Tode verurteilt würden. Einige Wochen später wurden sie hingerichtet. In der Haftzeit waren sie nicht mißhandelt und normal ernährt worden. Trotzdem wiesen alle Gefangenen schwerste Schäden an den Fortpflanzungsorganen auf: Die Gebärmutterschleimhaut einer 20jährigen Hingerichteten war genauso groß und sah auch genauso aus, wie die einer 60jährigen Frau. Die letzte Menstruation einer anderen, 24jährigen Gefangenen, lag 62 Tage zurück. Ihre Eierstöcke sahen aus wie die einer Frau, die bereits im Klimakterium ist. Die jungen Frauen hatten in den zwei, drei Monaten, in denen sie Todesängste ausgestanden hatten, ihre Zeugungsfähigkeit vollkommen eingebüßt. Als sie nach dieser schrecklichen Leidenszeit sterben mußten, waren sie körperlich Greisinnen geworden. Natürlich heißt das auch, daß sie steril geworden waren. Stieve zog aus seinen Forschungen den Schluß, daß der schädigende Einfluß, den die Angst auf den Sexualapparat ausübt, unbestreitbar ist. Auch weniger heftige Ängste würden die Fruchtbarkeit wahrscheinlich beeinträchtigen, vermutete er.

Der Arzt im nationalsozialistischen Deutschland mußte sich mit drastischen Experimenten behelfen, um diese Einflüsse nachzuweisen. Das zeigt, daß sein Befremden angesichts der Entdeckung psychosomatischer Vorgänge groß gewesen sein muß. Es gibt aber Gynäkologen, die von diesen Vorgängen überzeugt sind und die die Ursachen für die Sterilität ihrer Patientinnen systematisch zu erforschen versucht haben. Zwar haben ihnen für ein grundlegendes Verständnis des Phänomens die theoretischen Instrumente gefehlt; aber sie verfügten über ausreichend klinisches Material, das es ihnen erlaubte, die Schlußfolgerungen auf rein empirischem Weg zu gewinnen.

Doktor Anselmino, Arzt in einer großen gynäkologischen Klinik, fragte alle seine Patientinnen, ob sie schon einmal über einen längeren Zeitraum hinweg unfruchtbar gewesen seien. Wenn dies der Fall gewesen war, erstellte er Krankengeschichten, in denen alle körperlichen und psychischen Angaben, die mit der Sterilität, bzw. den Umständen ihrer Heilung, zusammenhängen könnten, aufgeführt wurden. Aus der großen Menge der Fallgeschichten veröffentlichte er einen Teil in seiner Arbeit *Schwangerschaften nach langjähriger, unbehandelter Kinderlosigkeit*[4]. Der Autor zieht darin folgenden Schluß: Die Mehrzahl der Patientinnen kam aus einem neurotischen, konfliktgeladenen Milieu. Auch im Eheleben der Patientinnen gab es viele Faktoren, die zu nervösen Spannungen oder zu Konflikten Anlaß gaben: Eheschwierigkeiten, bedeutende ökonomische Probleme, die Notwendigkeit für die Frauen, einer Arbeit nachzugehen, die im Widerspruch zu ihrer Stellung stand oder die die Frau körperlich vollständig erschöpfte. Als die Spannung infolge vorteilhafter Veränderungen der äußeren Situation nachließ, wurden die Patientinnen schwanger. Anselmino schloß in seine Untersuchung auch den Verlauf der Geburten seiner Patientinnen mit ein, weil ihm der außerordentlich hohe Anteil an chirurgischen Eingriffen bei den Geburten aufgefallen war. Er interpretierte deren Notwendigkeit als Indiz dafür, daß Frauen, die vorher steril gewesen sind, zu funktionalen Störungen neigen. Damit hat Anselmino natürlich recht. Aber ich würde noch eine weitere Erklärung hinzufügen: Bei der Spontanheilung einer psychosomatischen Störung der Zeugungsfunktion wird der eigentliche Konflikt nicht gelöst. Es ist deshalb oft so, daß die Frau ihre Störung in dieser Phase ihrer psychobiologischen Entwicklung zwar überwindet, daß aber ein weiteres Hindernis in der nächstfolgenden auftritt. Die Patientinnen von Anselmino konnten eines ganz bestimmten Konfliktes wegen nicht schwanger werden. Als sich ihre psychische Situation äußerlich, das heißt oberflächlich veränderte, wurden sie schwanger; die Schwierigkeiten bei der Geburt zeigen aber, daß ihre ambivalente Haltung der Mutterschaft gegenüber weiterbestand, das heißt, daß der Basiskonflikt nicht gelöst worden war.

Die Veränderungen im Leben der Frauen, die das Ende ihrer Sterilität begünstigten, hingen mehrheitlich mit den Anforderungen und Ereignissen des Krieges zusammen. Es ist bekannt, daß Neurosen in Notzeiten zurückgehen, anscheinend auch gewisse psychosomatischen Störungen, die von denselben Konflikten verursacht werden.

Anselmino nennt einige Patientinnen, deren Heilung unmittelbar Folge des Krieges war. In vielen Fällen hatten die sterilen Frauen schwere Bombardierungen miterlebt, die ihre Häuser vollständig zerstört hatten. Anselmino beschreibt vier dieser Fälle ausführlich. Die Ehemänner waren zur Zeit der Bombardierung abwesend, beim ersten Zusammentreffen der Eheleute nach der Katastrophe wurden die Frauen schwanger. Später werden wir sehen, daß eine Frau, die steril ist, an einer starken Mutterfixierung leidet.[5] Ein weiteres Problem dieser Frauen war ihr Schuldgefühl. Daß sie Zeuginnen einer verheerenden Zerstörung geworden waren, ohne auch nur den geringsten körperlichen Schaden zu nehmen, wurde wahrscheinlich von den Frauen so erlebt, als ob Gott oder das Schicksal ihnen verziehen hätte, daß sie überhaupt auf der Welt sind. Sie nahmen die Tatsache, daß sie überlebt haben, als Beweis dafür, daß sie doch nicht ganz so schuldig gewesen waren, wie sie selbst es immer geglaubt hatten. Außerdem wird das Haus als mütterliches Symbol erlebt, sein Verlust kann deshalb für das Unbewußte die Bedeutung annehmen, daß die Bindung an die Mutter zerstört worden sei. Das Überleben und die Zerstörung ihrer Häuser, diese beiden Ereignisse erlaubten den Frauen schließlich zu empfangen.

Untersuchen wir im folgenden die psychischen Konflikte, die die Befruchtung verhindern, und die körperlichen Störungen, die sie verursachen. Ich befasse mich zuerst mit einem Symptom, das oft unbemerkt wieder verschwindet.

Die Kranken selbst halten es meist nicht für schwerwiegend und suchen deshalb keinen Arzt auf. Ich spreche von der vorübergehenden Sterilität. Sie tritt sehr häufig auf und beruht physiologisch auf Menstruationszyklen ohne Eisprung. Bei Frauen, die einen normalen Eisprung haben, kann die Befruchtung hingegen auch durch Tubenspasmen verhindert werden. Ein Tubenspasmus entsteht aufgrund einmalig auftretender oder konstanter Spannungen (Streß) und verunmöglicht die Vereinigung von Ei und Sperma.[6] Der Mediziner kann den Tubenspasmus mit der Pertubation (Eileiterdurchblasung) beobachten; durch medikamentöse Behandlung oder Suggestion läßt er sich unverzüglich beheben.

In mehreren Analysen konnte ich deutlich beobachten, wie eine Kranke mit dem Ausbleiben der Befruchtung ausdrückte, daß etwas in ihr war, das die Schwangerschaft ablehnte. Ich werde zuerst die Ursachen einer vier Monate dauernden Sterilität analysieren. Die junge Frau, bei der sie auftrat, nenne ich Lina.

Lina war seit einigen Jahren verheiratet und wünschte sich schon lange ein Kind, aber ihr Mann war sehr lange dagegen gewesen. Schließlich konnte sie ihn aber doch überzeugen. Jetzt stellte sich aber heraus, daß Lina steril war. Der Mann reagierte auf die erfolglosen Versuche mit Angst, denn er begann, an seiner Männlichkeit zu zweifeln.

Zum besseren Verständnis für die Genese der Sterilität werde ich einige Begebenheiten aus Linas Kindheit erzählen: Lina war das einzige Kind von Eltern, die sich sehr schlecht verstanden. Ihr Vater war herrschsüchtig und hatte ein heftiges Temperament. In einer Erinnerung Linas weinte die Mutter und fragte, ob sie mit ihr kommen oder bei Papa bleibe wolle. Ihre Mutter bekam eine Herzkrankheit, als Lina sechs Jahre alt war. Undeutlich brachte das Mädchen diese Krankheit mit dem Sexualleben der Eltern in Verbindung. Die Mutter starb nur wenige Monate, nachdem sie krank geworden war, und von da an lebte eine Tante bei ihnen. Mit der Zeit begann Lina darüber zu grübeln, ob die Tante mit dem Vater eine sexuelle Beziehung habe. Trotzdem liebte sie die Tante heiß und wollte sich nicht mehr von ihr trennen. Ihre Bedürftigkeit und große Liebe für die Tante läßt sich durch verschiedene Umstände erklären: Lina hatte ihre Mutter verloren und fürchtete, auch von der Tante verlassen zu werden, wenn sie nicht alles tat, um sie zurückzuhalten. Daß sie der Mutter damals den Tod gewünscht hatte, um sie an der Seite des Vaters ersetzen zu können, verdrängte sie jetzt wegen ihres Schuldgefühls; ihre feindseligen Gefühle der Tante gegenüber ersetzte sie durch übertriebene Liebe. Um mit ihrer Tante keinen Konflikt zu riskieren, hielt sie sich auch von ihrem Vater fern. Ihm machte sie den Vorwurf, daß er sie ablehne, weil sie weiblich sei. Er hatte ihr in der Tat oft gesagt, daß er lieber einen Jungen gehabt hätte. Lina reagierte darauf mit Haß. Aber sie identifizierte sich auch mit ihm und neigte dazu, zu vermännlichen, um ihm besser zu gefallen. Sie rivalisierte auch mit ihm um die Tante. Später heiratete sie einen Mann, der in ihren Augen dem Vater sehr ähnlich war. Wie bereits gesagt, dauerte ihre Sterilität nur vier Monate.

In Linas Analyse waren in der Zeit folgende Themen aktuell: Auf die Tatsache, daß sie ihre Menstruation bekam, nachdem sie nicht mehr verhütet hatte, reagierte sie mit Ambivalenz. Daß sie nicht schwanger geworden war, gab zwar Anlaß zu Befürchtungen, aber gleichzeitig freute sie sich auch, daß sie ihren Mann enttäuschte. Unbewußt setzte sie ihn nämlich mit ihrem Vater gleich: Genauso wie ihr Vater sie als Frau nicht akzeptiert hatte, so hatte er, ihr Mann, ihr nicht erlaubt, Mutter zu werden. Jetzt, da er es ihr erlaubte, da er sogar ein Kind von ihr wollte, schmollte sie und blieb mißtrauisch. Sie unterdrückt ihre Weiblichkeit und stand ihm nicht zu Diensten. Lina verhütete auch im nächsten Monat nicht, aber sie spürte, daß sie nicht schwanger werden würde.

In der Nacht, bevor sie ihre Menstruation bekam, hatte sie folgenden Traum: Sie liegt neben einer blonden Frau mit nackten Brüsten. Mit einem Sauggerät saugt sie ihr Milch ab, die in ein

Glas fließt. Lina sagt: «*Siehst du, du bist nicht verheiratet. Aber das ist jetzt nicht wichtig. Jetzt, wo ich von deiner Milch getrunken habe, können wir dieses Kind auch ernähren.*» Und sie zeigt auf einen Säugling, der bei ihnen im Bett liegt. Lina weiß nicht, wem das Kind gehört. Im zweiten Teil des Traumes erfährt sie, daß eine ihrer ledigen Freundinnen ein Kind bekommen habe. Sie findet es befremdlich, daß die Mutter der Freundin, eine sehr strenge Frau, das erlaubt haben soll. Ich kann die beiden Träume hier natürlich nicht vollständig deuten. Ich hebe nur das hervor, was für die Sterilität der Patientin von Bedeutung ist. Im Groll auf ihren Ehemann-Vater nimmt Lina von neuem Zuflucht zu einer infantilen Beziehung. Das Bild der Frau im Traum entspricht einer Verdichtung von Tante und Analytikerin. Mit ihrem Traum drückt Lina aus, daß sie von ihrem Mann kein Kind will. Sie möchte selbst noch das Kindchen sein, das an der Brust gestillt wird. Die Möglichkeit einer Schwangerschaft läßt bei ihr außerdem eine alte Phantasie auftauchen – die Phantasie, zusammen mit der Mutter ein Kind zu haben (die Phantasie ist typisch für eine Phase der kindlichen Entwicklung, vgl. meine Darstellung in Kapitel II). Im zweiten Teil des Traumes erscheint die Analysandin selbst als «*die Freundin*», die Analytikerin als «*die Mutter*». Die Träumerin versucht, die Analytikerin dazu zu bewegen, in die Realisierung ihrer Phantasie einzuwilligen. In den Sitzungen danach erinnert sich Lina daran, daß sie früher, bevor sie ihren zukünftigen Mann kannte, immer gedacht habe, daß sie später nicht heiraten würde. Sie stellte sich vor, mit ihrer Tante oder mit einer Freundin zusammenzuleben. Außerdem hatte sie während ihrer ganzen Adoleszenz geglaubt, es gäbe eine Möglichkeit, ohne Mann Kinder zu bekommen. Die Angst vor der Schwangerschaft – Gerüchten nach war ihre Mutter an einer Krankheit gestorben, die die Spätfolge mehrerer Abtreibungen gewesen sein soll, die sie auf Betreiben von Linas Vater vorgenommen hatte – und ihr Groll auf den Ehemann ließen Lina zu ihrer infantilen Phantasie und in die homosexuelle Position zurückkehren. Dies verhinderte die Schwangerschaft und rief bei ihr den Traum hervor.

Im nächsten Monat fuhr Lina damit fort, die Situation aufzuarbeiten. Sie gab ihrem Vater die Schuld an ihrer Homosexualität; mit ihrem Mann stritt sie sich in dieser Zeit sehr viel. Einige Tage, bevor sie zum dritten Mal ihre Menstruation bekommen sollte, sagte Lina zu mir: «*Jedesmal wenn ich wütend war auf ihn, hatte ich die Vorstellung, daß ich das Ei mit meiner Wut zerstören würde, selbst wenn es befruchtet gewesen wäre*». Und tatsächlich bekam sie in diesen Tagen die Menstruation.

Im folgenden Monat tauchte in der Analyse viel Material über Linas Vater auf. Lina wurde sich ihrer großen unterdrückten Liebe zu ihm bewußt und spürte ihren intensiven Groll, weil er sie als Mädchen abgelehnt hatte. Sie verstand, daß die Tatsache, daß der Vater sie zurückwies, für ihren Penisneid und bei ihrem Wunsch, ein Mann zu sein, eine wichtige Rolle spielte. Sie machte sich nun wirklich wegen ihrer Sterilität Sorgen und wünschte sich ernsthaft, schwanger zu werden.

Als sie ihre Menstruation bekam, war sie sehr niedergeschlagen. In einem Traum beschäftigte sie sich mit ihrer eigenen Geburt und mit dem Tod ihrer Mutter. Sie versuchte herauszufinden, ob ihre Mutter wirklich so unmoralisch gewesen sei, wie ihre Tante immer behauptet hatte. Sie versöhnte sich mit der Erinnerung an die tote Mutter und mußte aus diesem Grund die Identifikation mit ihr nicht mehr so fürchten. Ungefähr zu dem Zeitpunkt, als sie ihren Eisprung hatte, hatte sie eine lange und freundschaftliche Unterhaltung mit ihrem Mann über Sterilität. Sie war sehr erleichtert, als er ihr versprach, eine Sperma-Untersuchung vornehmen zu lassen, denn damit gab er zu, daß auch er für den Mißerfolg verantwortlich sein könnte. Am mutmaßlichen Datum des Eisprungs schlief Lina mit ihrem Mann. In der Nacht träumte sie, sie sei auf einem schmalen Pfad. Als Mann leitet sie den Gegenangriff gegen einen unsichtbaren Feind, «*der Andere*» genannt. Er greift sie und ihre Kameraden an. Er wird unterstützt von Indianern, die vergiftete Pfeile schießen. Wenn man von diesen Pfeilen getroffen wird, muß man sie sofort herausreißen, dann passiert nichts. Aber wer nicht aufpaßt und die Pfeile drinläßt, stirbt. Lina sieht bereits, daß sie die Schlacht verlieren wird. Dann trifft sie sich mit «*dem Anderen*» in einer Wohnung, um einen Vertrag auszuhandeln. Lina wurde schwanger.

Der Traum kann als psychische Repräsentation ihrer körperlichen Abwehr sowohl gegen die Befruchtung als auch gegen die vollständige Hingabe gesehen werden. Manchmal nannte Lina ihren Mann «*den Anderen*», wenn sie von ihm sprach. Die Enge, in der sie vom «*Anderen*» angegriffen wird, ist ihre Vagina, die vergifteten Pfeile stellen Spermien dar. Vergiftet werden bedeutet, schwanger zu werden und zu sterben; die Pfeile sofort herauszureißen bedeutet, sich vor der Gefahr zu retten und die Befruchtung zu vermeiden. Um dies zu erreichen, muß Lina vermännlichen. Sie ist gerade dabei, die Schlacht zu verlieren, das heißt, sie fühlt, daß sie schwanger geworden ist. Aber sie verteidigt sich nicht mehr, sie hat sich mit «*dem Anderen*», dem Feind, versöhnt. Ich will hier nicht darauf eingehen, inwiefern «*der Andere*» auch für den anderen Teil von Linas Selbst steht, und inwiefern die Feindschaft, die sie vom Manne erwartet, dementsprechend ihre eigene ist, die sie auf ihn projiziert. Lina bringt den Vertrag mit dem zuvor erwähnten freundschaftlichen Gespräch mit ihrem Mann in Verbindung. Ihr Mann hatte zugegeben, daß sie vielleicht nicht die einzige sei, die an dem Mißerfolg schuldig sei, daß sie nicht so «böse» sei, wie sie gemeint hatte, daß er sie lieben könne. Dadurch wurde sie weniger angriffslustig und gab die Abwehr auf. Endlich konnte sie sich hingeben und schwanger werden.

Lina war sehr glücklich, als sich bestätigte, daß sie schwanger war. Aber wenige Tage danach hatte sie noch einmal eine heftige Auseinandersetzung mit ihrem Mann. Sie reagierte mit folgendem Traum: «*Ich bin mit meinem Mann und einer Frau zusammen. Sie ist der Typ, der meinem Mann gefällt. Er bleibt aber passiv. Ich mache dem Mädchen den Hof und erobere sie, was mir großen Spaß macht.*» Bei der ersten Enttäuschung, die sie von ihrem Mann erfährt, kehrt sie zu ihrer früheren Reaktionsweise zurück. Sie fühlt sich von ihrem Vater (Mann) herabgewürdigt, sie raubt ihm seine Männlichkeit (er bleibt passiv) und identifiziert sich mit ihm, um die Tante zu erobern. Lina war jetzt bereits schwanger. Aber der Traum zeigt, daß sie es bereut, nachgegeben zu haben. Gegenüber der Tatsache,

Mutter zu werden, ist sie zu diesem Zeitpunkt immer noch ambivalent eingestellt. Das zeigte sich ihre ganze Schwangerschaft lang in verschiedenen Störungen. In den letzten Monaten drohte aus diesem Grund die Gefahr einer Frühgeburt.

Linas Lebensgeschichte und die Familienkonstellation behinderten ihre normale Entwicklung. Ihre Mutter war ängstlich, unterwürfig und wurde unterdrückt. Sie starb und überließ sie, die Tochter, dem gewaltsamen und verführerischen Vater. Um seine inzestuöse Bindung abzuwehren, wollte der Vater sie nicht als Mädchen akzeptieren. Bewußt hatte Lina vor einer Schwangerschaft immer Angst gehabt. Sie dachte, sie würde bei der Geburt sterben oder für den Rest ihres Lebens verunstaltet werden. Damit hätte sie die Liebe ihres Mannes verloren. Unbewußt fürchtete sie auch, mit einem Kind vom Vater-Ehemann den eifersüchtigen Zorn ihrer Mutter zu erregen. Sie hat demzufolge Angst, ihr Inneres könnte zerstört werden, und sie könnte, wenn sie wirklich Mutter würde, die Liebe beider Eltern verlieren. Sie verteidigt sich gegen diese Gefahren, indem sie vermännlicht. So gefällt sie dem Vater besser. Sie rivalisiert mit ihm und kann die Tante erobern. Sie lehnt ihre Weiblichkeit ab, empfindet stattdessen Penisneid und hat den Wunsch, ein Mann zu sein. Die männliche Position, aufgrund derer sie vorübergehend steril wurde, erlaubt es ihr außerdem, die größte Gefahr – die weibliche Kastration, Verunstaltung oder Tod – zu vermeiden.

Durch die Analyse der Konflikte, das teilweise Wiedergewinnen der Mutter in der Figur der Analytikerin und durch die Versöhnung mit dem Vater, die durch die einfühlsamere Haltung ihres Mannes ermöglicht wurde, wurde sie schließlich doch fähig, schwanger zu werden. Aber der Sieg der weiblichen Position war noch nicht gesichert. Beim ersten Streit mit dem Mann kehrte sie zur früheren Abwehrhaltung zurück.

Ich möchte noch von einem Fall erzählen, bei dem die Sterilität während der Analyse aufgetreten ist. Es handelt sich um die Klientin Isabel, die ich wegen ihrer Kakerlakenphobie bereits erwähnt habe. Ich hatte dieses Symptom als Ausdruck infantiler Konflikte gedeutet, die durch die Menarche wiederbelebt und verstärkt worden sind. Zur Erinnerung wiederhole ich zuerst einige Daten aus ihrer Kindheitsgeschichte und berichte dann Einiges aus dem Leben der jungen Frau, damit die Faktoren, die die Sterilität hervorgerufen haben, verständlich werden.

Isabels Vater war sehr streng. Er drängte sie dazu zu studieren und wollte keinesfalls, daß sie den typisch weiblichen Beschäftigungen nachging oder sich vergnügte. Ihre Mutter war unberechenbar und abweisend. Sie hatte Isabel nie verziehen, daß sie überhaupt existierte. Die großen Geschwister waren schon im Schulalter, als sie zur Welt kam, und die Mutter hatte keine Lust mehr, sich noch einmal um ein Baby zu kümmern, von dem sie sich gestört fühlte. Von der Schwester, die sich viel auf ihre Schönheit einbildete, wurde die Kleine verachtet. Der einzige, der sie liebevoll behandelte, war ihr Bruder. Aber darauf war die Großmutter eifersüchtig. Sie verbot diese Freundschaft. Isabels leidenschaftlicher, lebhafter Charakter war der strengen Atmosphäre, die in der Familie herrschte, fast ganz zum Opfer gefallen. In der Pubertät war sie sehr unglücklich gewesen. Sie hatte zwei Selbstmordversuche gemacht. Das eine Mal nahm sie Gift, das andere Mal stürzte sie sich ins Wasser. Ihren zukünftigen Mann lernte sie am Anfang ihres Studiums an der Medizinischen Fakultät kennen. Als sie mit ihm eine Beziehung einging, wagte sie nicht, ihren Eltern etwas davon zu erzählen. Das intime Verhältnis zu ihrem Verlobten blieb jahrelang ein Geheimnis. Sie wurde mehrmals schwanger und mußte jedesmal unter schwierigsten Bedingungen abtreiben. Sie beendete das Studium und heiratete. Wie ich bereits erzählt habe, traute sie sich nicht, sich zu Hause, in ihrem Heimatland, ein Kind zu wünschen. Erst hier, in Buenos Aires, weit weg von zu Hause, und als sie bereits in psychoanalytischer Behandlung war, beschloß sie, nicht mehr zu verhüten, um ein Kind zu bekommen.

Vor der Hochzeit war es ihre Fruchtbarkeit gewesen, die sie zur Verzweiflung gebracht hatte. Jetzt war sie zuerst befremdet darüber, daß sie nicht schwanger wurde. Bald darauf aber wurde sie niedergeschlagen und erschrak. Anhand der Analyse einiger Träume aus dieser Zeit werden wir sehen, welche Ängste sie an der Verwirklichung ihres großen, bewußten Wunsches, ein Kind zu haben, hinderten.

Vor der zweiten Menstruation, die sie in der Zeit der Analyse bekam, hatte sie einen Traum, der zwei Teile hatte. Sie brachte Zwillinge, zwei Mädchen, zur Welt. Dem einen gibt sie die Brust und nährt es gut. Das andere vernachlässigt sie, es bleibt schwach und klein. Das gut genährte Kind entwickelt sich schnell zu einem starken, prächtigen Geschöpf. Im zweiten Teil des Traumes sieht sie sich zusammen mit ihren Freunden entsetzt aus der Stadt fliehen. Sie werden von einem Teufel, der *«Tochter des Feuers»* verfolgt. Isabel weiß, daß der Teufel ihre Tochter ist; die, die sie so gut ernährt hat. Jetzt bedauert sie, daß sie sich zu wenig um die andere, die *«Tochter des Wassers»* gekümmert hat. Die wäre das gute Kind gewesen. Nach diesem Traum bekam Isabel die Regel. Die Blutung hörte auch nach einigen Tagen nicht auf. Nachdem sie zehn Tage geblutet hatte, ging sie zum Gynäkologen. Er diagnostizierte eine ungenügende Gelbkörperproduktion und gab ihr entsprechende Spritzen, die die Blutung stoppten.

Ich kann nicht alle Assoziationen Isabels zu diesem Traum aufzählen. Ich deute nur den Teil des Traumes, der sich direkt auf die Ängste vor der Schwangerschaft bezieht. Empfangen bedeutet für Isabel, ihre triebhaften Wünsche zu befriedigen – so wie ihre Schwester, die starke und prächtige, die Kinder hat –, der Mutter zu trotzen und ganz von dem, was von ihr kommt, überzeugt zu sein. Die *«Tochter des Feuers»* und die *«Tochter des Wassers»* stehen für die beiden Seiten ihres Selbst.

Sie erlebt mich als die gute Mutter, die ihr die Brust gibt. Sie fühlt sich durch meine gute Behandlung verführt, die Verdrängungen aufzugeben und den starken und heftigen Anteil ihrer Persönlichkeit *(«die Tochter des Feuers»)* hervorbrechen zu lassen. Diese Verführung ist für Isabel eine Gefahr, denn dem Urteil ihrer Eltern folgend hält sie selbst diesen Anteil für teuflisch. Sie glaubt, sie würde die ganze Familie gefährden. Deshalb bereut sie im Traum, daß sie den anderen Teil ihrer Persönlichkeit, die *«Tochter des Wassers»*, vernachlässigt hat. Isabel ist so lieblos behandelt worden, daß sie versucht hat, sich zu ertränken (deshalb *«Tochter des Wassers»*). Aufgrund der schlechten Behandlung ist sie ruhig, unterwürfig und harmlos geworden.

Isabel fürchtet sich vor dem Empfangen und dem Gebären und vermeidet es, ihre Persönlichkeit zu entwickeln. Sie unterwirft sich dem Urteil der Mutter und stuft den triebhaften Anteil ihrer Persönlichkeit noch immer als gefährlich und feindselig ein.

Sie produziert eine Verlängerung der menstruellen Blutung und schiebt damit die Möglichkeit, schwanger zu werden, hinaus, um der Versuchung, die Verdrängung aufzugeben, besser standhalten zu können. Nur ganz allmählich kann Isabel sehen, daß ich ihr – im Gegensatz zu ihrem verinnerlichten Bild von der Mutter – helfen will, Mutter zu werden. Sie träumt von jemandem, der einen anderen dazu zu bewegen versucht, Giftampullen zu schlucken. Man weiß, daß diese Person bereits einen anderen auf diese Weise getötet hat. Als die finstere Gestalt sieht, daß ihr Vorhaben scheitert, versucht sie, sich selbst zu vergiften. Isabel bringt das Gift in Ampullen mit den Spritzen in Verbindung, die ihr der Arzt gegen die Blutung verschrieben hat. Während sie im anderen Traum auf ihren zweiten Selbstmordversuch anspielte, weist sie diesmal mit dem Gift auf den ersten hin. Sie identifiziert mich mit dem Arzt, weil ich ihr behilflich sein will, ihre Sterilität zu heilen. Außerdem vermischt sie unbewußt mein Bild mit dem der Mutter, und das heißt auch, daß sie nicht an meine gute Absicht glauben kann. Ihre Mutter hat sie mit ihrem Mangel an Verständnis und ihrer Lieblosigkeit einmal soweit gebracht, daß sie sich vergiftet hat. Deshalb glaubt sie, daß ich sie, sobald sie schwanger wäre, zurückweisen und ihr großes Leid zufügen würde, auch wenn es in der Analyse so aussieht, als ob ich es gut mit ihr meinte. Die finstere Person im Traum – eine Verdichtung aus Mutter und Analytikerin – hat ja bereits einmal jemand vergiftet und will jetzt ihr Verbrechen wiederholen. Für ihr Unbewußtes will ich sie nicht heilen, sondern in den Selbstmord treiben. Deshalb verteidigt sie sich: Sie verhindert die gefährliche Schwangerschaft und phantasiert, mich mit meinen eigenen Waffen anzugreifen (die verbrecherische Gestalt muß sich am Ende selbst umbringen).

Hinter dem bewußten Haß auf die Mutter kommt nach und nach diese Sehnsucht nach ihr zum Vorschein. In einem Traum drückt sie ihren wehmütigen Wunsch aus, in den Mutterleib zurückkehren zu können. Aber auch die Sehnsucht behindert die Empfängnis. Mutterwerden bedeutet für Isabel, endgültig kein Kind mehr zu sein. Sie hat aber als Kind so viele Versagungen erlebt, daß sie noch immer ihr infantiles Recht fordert, sie kann sich nicht entschließen, darauf zu verzichten und selbst Mutter zu werden. Im Traum, als sie die Mutter sucht, kann sich Isabel auch *«schwebend in der Luft halten, ein Kunststück, das ich als Kind sehr gut beherrscht, jetzt aber vergessen habe»*. Zu diesem Traumteil hatte die Patientin keine Assoziationen. Aber wenn man seinen Symbolgehalt deutet, scheint es sich um die Gefühle zu handeln, die Isabel während der vergessenen Klitorismasturbation ihrer Kindheit hatte (das vergessene Kunststück, das sie als Kind beherrschte). Da der erste Teil des Traumes von der Suche nach der Mutter und der liebevollen Rückkehr zu ihr handelt, liegt der Schluß nahe, daß die erotischen Phantasien, die zu ihrer kindlichen Masturbation gehörten, sich auf die Mutter richteten. Isabel hat wohl in ihrer Erbitterung über die Zurückweisung der Mutter und in ihrem Bestreben, sie zu erobern, eine erotische Haltung angenommen, die sonst Männern eigen ist (der Traum vom Fliegen wird bei Männern im allgemeinen als Erektion interpretiert).

Ein anderer Traum, der mit unserem Thema zusammenhängt, endet so: Isabel wartet auf mich. Beim Hereinkommen sage ich ihr, daß ich ihr die Haare schneiden müsse, und ich schneide ihr gleich eine Strähne ab. Sie erschrickt und denkt: *«Zum Glück war das nur die Strähne von vorn. Wenn sie alles abgeschnitten hätte, das wäre eine Katastrophe gewesen.»* Isabel kehrt nochmals zum Thema des zuvor beschriebenen Traumes zurück. In dieser Phase der Analyse ist es jedoch schon besser bearbeitet. Ihr ist klar geworden, daß sie dann auf ihren imaginären Penis (symbolisiert durch *«die Strähne von vorn»*), und damit auch auf die Erregbarkeit der Klitoris und auf ihre unbewußten Phantasien von der Eroberung der Mutter, verzichten kann, wenn es ihr gelingt, mir näherzukommen und sich mit mir in meiner Eigenschaft als Mutter zu identifizieren. Sie kann gut auf ihre männliche Abwehr verzichten, wenn ich ihr «*nicht alles abschneide*», das heißt, solange ich ihre weibliche Genitalität, die früher von der Mutter so eingeengt worden ist, nicht zerstöre und ihr die Realisierung der Mutterschaft erlaube. In einem einzigen Traum tauchen, wie wir sehen, die beiden charakteristischen Kastrationsängste der Frau auf: Die oberflächlichere, die sich auf den Verlust des imaginären Penis bezieht, und die tiefere, die die vollständige Zerstörung der Weiblichkeit betrifft. Obwohl sie im Traum auf ihre Männlichkeit verzichtet hat, wird Isabel nicht schwanger. Als sie ihre Menstruation bekommt, ist sie sehr niedergeschlagen. Folgender Traum veranschaulicht ihren Gemütszustand: Sie sollte einen schmalen, mit Spinnweben verhangenen Pfad durchschreiten. Ihre Familienangehörigen sind den Weg ohne Schwierigkeiten gegangen, sogar die verachtete Großmutter. Isabel versucht durchzugehen, aber als sie die Spinnennetze auf dem Gesicht spürt, fällt sie augenblicklich hin und schreit vor Schmerz und Angst. Die anderen eilen herbei, um ihr zu helfen. Sie ist voll mit brennenden Beulen, die die Berührung der Spinnweben hervorgerufen hat. Wie ich bereits sagte, befürchtet Isabel, daß sie ihre Mutter verlieren würde, wenn sie ein Kind bekäme. Sie selbst möchte noch im Mutterleib sein, sie wäre am liebsten noch nicht geboren (später werde ich diese häufig vorkommende Phantasie von der Rückkehr in den Mutterleib erklären). Für ihr Unbewußtes sind Gebären und Geborenwerden dasselbe. Aber langsam wird ihr klar, daß sie sich, um ihre Rolle als erwachsene Frau annehmen zu können, von der Mutter trennen müßte, so wie es ihre eigene Mutter, ihre Schwester und die anderen Frauen der Familie zu gegebener Zeit getan haben. Ihre tiefe Niedergeschlagenheit drückt den vorweggenommenen Trennungsschmerz von der Mutter aus. Doch kehren wir zu Isabels Traum zurück: Einen schmalen Weg beschreiten, bedeutet sowohl Gebären als auch Geborenwerden. Die Frauen in ihrer Familie haben das gekonnt, sogar die verachtete Großmutter. Nur sie wagt es nicht. Das Spinnengewebe, das ihr den Weg abschneidet, symbolisiert ihre Fixierung an die böse Mutter. Sie selbst kommt sich wie ein schreiender, zu Boden gefallener Säugling vor, weil sie sich nicht losreißen kann. Schließlich eilen die anderen (ich) herbei, um ihr beim Durchschreiten zu helfen, das heißt beim Geborenwerden, bei der Trennung von der Mutter. Aber wenn Isabel da hindurch geht, wird sie voller Beulen sein, das heißt, sie wird schwanger werden (Beulen sind Schwellungen der Haut und die Schwangerschaft ist die Schwellung des Bauches). Die Beulen brennen. Durch die schmerzhafte Empfindung wird das Leiden ausgedrückt, das ihr die Trennung von der Mutter und die gefürchteten Geburtsschmerzen verursachen.

Nachdem ich in der Analyse den Traum vollkommen gedeutet habe, löst sich Isabels depressiver Zustand. Meiner Vermutung nach wird sie an einem der Tage, die zwischen diesem und dem folgenden Traum lagen, befruchtet. Sie träumt, sie sei im Keller ihres Elternhauses. Alles ist staubig, und tote Kakerlaken hängen von der Decke. Da fällt eine zu Boden! Sie ekelt sich zwar, aber sie ist nicht entsetzt. Ruhig beginnt sie, den Keller zu reinigen. Isabel war wegen ihrer Sterilität sehr niedergeschlagen und machte sich den Vorwurf, sich durch ihre Abtreibungen selbst ruiniert zu haben. Ihre Mutter hatte drei Geburten und einen Abort gehabt. Sie selbst hatte schon drei Abtreibungen gehabt; zwei bei relativ fortgeschrittener Schwangerschaft und eine im ganz frühen Stadium.

Isabel war die jüngste der Familie. Ihre Mutter hatte nach ihr keine Kinder mehr. Für ihr Unbewußtes bedeutete dies, daß ihre imaginären Angriffe gegen den Körper der Mutter erfolgreich gewesen waren und daß sie ihr die Fähigkeit, Mutter zu werden, genommen hat. Daß ihre eigene Zeugungsfähigkeit nach vier Schwangerschaften erschöpft war, wie die ihrer Mutter, erschien ihr deshalb als gerechte Strafe. Aber im Grunde ist diese Befürchtung, ebenso wie die Sterilität selbst, bereits eine Abwehr, und zwar gegen die Angst vor der sich rächenden Mutter, die sie zerstören wird, wenn sie es wagen sollte, sie zu verlassen. Isabel fühlte sich jedoch auch deshalb nicht imstande, sich von der Mutter zu trennen, weil sie durch Frustrationen an sie fixiert war, obwohl sie das bewußt verneinte. Ich deutete ihre Depression als

Ausdruck dieses Problems. (Im Traum ist es die Unfähigkeit, durch die Wegverengung hindurchzukommen.) Nun war sie sich ihrer Schwierigkeiten bewußt geworden und fühlte sich durch mein Verständnis unterstützt. Deshalb konnte sie sich von der Mutter und der Vergangenheit lösen und hatte den optimistischen Traum von dem Keller. Das väterliche Haus repräsentiert sowohl die Mutter (das Haus, das dem Vater gehört) als auch sie selbst; sie identifiziert sich mit der Mutter aufgrund von Schuldgefühlen. Der Keller symbolisiert die Gebärmutter beider. Er (sie) ist leer, staubig, das heißt nicht genutzt. Die toten Kakerlaken stellen sowohl die Geschwister dar, die sie in ihren infantilen unbewußten Phantasien umgebracht hat, als auch ihre eigenen Kinder, die sie mit den Abtreibungen getötet hat. (Daß die Kakerlaken für Isabel die Bedeutung von Kindern hatten, habe ich bereits erklärt.) Im Traum zeigte sich Isabel befremdet darüber, daß sie beim Anblick der Kakerlaken nicht mehr entsetzt war. Das Entsetzen war Ausdruck ihres Schuldgefühls und ihrer Angst vor Bestrafung. Jetzt, da es verschwunden ist, kann sie den Keller in Ruhe reinigen, das heißt, sie kann die Gebärmutter für eine neue Schwangerschaft bereitmachen.

Isabel fürchtete die Schwangerschaft aufgrund der Feindschaft, die zwischen ihr und der Mutter bestand. Ihre männliche Haltung hatte zwei wichtige Funktionen: Sie schützte sie vor der Schwangerschaft, die für sie die Zerstörung ihres Inneren bedeutet hätte, und sie band sie an die Mutter, von der sie als Mädchen abgelehnt wurde. Sie konnte auf ihren imaginären Penis erst dann verzichten und schwanger werden, als sie spürte, daß ihre Analytikerin-Mutter sie nicht abweisen würde, weder wegen vergangener Schuld noch wegen ihrer Weiblichkeit. Mit ihren Abtreibungen hatte sie die Mutter zuerst herausgefordert, um sich ihr dann zu unterwerfen. Als sie fühlte, daß die Analytikerin sie für eine solche Handlungsweise nicht bestrafen würde, sondern ihr weiter vollstes Verständnis entgegenbrachte, verminderte sich ihr Schuldgefühl. Dadurch, daß sie schwanger wurde, wurde es ihr dann möglich, sich mit der gesunden, nicht zerstörten Mutter zu identifizieren. Ihre Konfliktneigung hielt aber weiter an, wenn sie auch weniger stark war. In der Schwangerschaft verschärfte sich diese Neigung mehrmals und verursachte verschiedene psychosomatische Störungen, von denen später noch die Rede sein wird.

Isabels Fall wirft einige Probleme auf. Was bedeuten die Phantasien von der Rückkehr in den Mutterleib? Sind sie nur Einbildungen oder entsprechen sie vergessenen, aus der Verdrängung aufgetauchten Erinnerungen?

Wie wir gesehen haben, kamen in Isabels Träumen solche Phantasien in abgewandelter Form oft vor. Diese Vorstellungen werden dann verständlich, wenn wir sie auf ihre Ursache zurückführen: Von klein auf wurde Isabel von ihrer überaus gereizten Mutter schlecht behandelt. Sie erklärte sich das Verhalten ihrer Mutter als Ablehnung, als Zeichen, daß sie nicht geliebt werde. Für das kleine Kind aber, das von seiner Mutter so abhängig ist, ist der Gedanke, nicht geliebt zu werden, unerträglich. Das Kind möchte deshalb in seinem kurzen Leben eine Zeit ausfindig machen, in der es von seiner Mutter geliebt wurde und verlegt diese immer weiter zurück. Ebenso sucht es nach einer Erklärung für die Veränderung des Verhaltens der Mutter. Das Kind reagiert genauso wie Völker, denen großes Unheil widerfahren ist, die dann religiös werden, sich selbst die Schuld an ihrem Unglück geben und Phantasien vom Paradies entwickeln. Um Gott nicht anklagen zu müssen, weil er sie verstoßen hat, geben sie Adam und Eva die Schuld an der Vertreibung aus dem Paradies.

Ebenso erträgt das Kind in seiner Hilflosigkeit die Bosheit der Mutter nicht. Es glaubt lieber, es selbst habe die Schuld daran, daß sie es nicht mehr gern habe. Es denkt sich, daß sie es sicher früher geliebt habe, als es noch unschuldig und mit ihr eins war. Deshalb wird es später aufgrund erlittener Versagungen an die Mutter fixiert sein. Wenn es Angst hat, sie zu verlieren, wird es in seinen Phantasien in die vorgeburtliche Zeit, die noch glücklich war, und ohne Gefahren war, zurückkehren.

Isabels Fall macht noch auf eine weitere Fragestellung aufmerksam. In der Zeit, als es für Isabel wirklich katastrophal gewesen wäre, eine Schwangerschaft auszutragen, war sie sehr fruchtbar. Als sie sich aber bewußt ein Kind wünschte und der

Verwirklichung ihres Wunsches rein äußerlich auch keine Hindernisse mehr im Wege standen, hatte sie Schwierigkeiten, schwanger zu werden. Helene Deutsch gibt diesem scheinbar widersprüchlichen Phänomen einen Namen. Sie spricht vom *«Zwang zur Konzeption»*, wenn Frauen ausgerechnet dann sehr leicht schwanger werden, wenn die psychischen und äußeren Umstände sehr ungünstig sind. Anhand von umfangreichem klinischem Material zeigt Helene Deutsch, daß es dieselben psychischen Faktoren sind, die bei der einen Frau die Sterilität und bei der anderen den *«Zwang zur Konzeption»* hervorrufen. Dadurch ist auch zu erklären, daß dieselbe Frau nacheinander beide Symptome haben kann.

Doch zurück zu Isabel: Ihre Mutter hatte ihr verboten, Frau zu sein. Bewußt haßte Isabel ihre Mutter und verleugnete ihre Fixierung an sie, indem sie sie herausforderte. Unbewußt jedoch brauchte Isabel ihre Mutter. Ihre unehelichen Schwangerschaften erfüllten verschiedene Funktionen. Zum einen stellten sie eine Provokation dar. Isabel bewies sich selbst, daß sie sich um die Verbote ihrer Eltern nicht zu kümmern brauchte und daß sie trotz allem Frau war und Kinder haben konnte. Aber sie trotzte ihren Eltern in einer Zeit, in der sie genau wußte, daß sie die Schwangerschaften abbrechen würde. Mit den Abtreibungen unterwarf sie sich der Mutter von neuem. Sie kehrte zu ihr zurück und beraubte sich selbst des ersehnten Kindes. So bestrafte sich Isabel dafür, daß sie die Mutter in ihrer Phantasie daran gehindert hatte, nach ihr noch Kinder zu haben.

Außerdem hatte sie Angst, ihre Mutter könnte sie innerlich zerstören, wenn sie sie mit einer Schwangerschaft provozieren würde. Die Abtreibung war ein Kompromiß zwischen dieser Angst und deren Verleugnung. Isabel bewies damit, daß sie fruchtbar war, wagte es aber nicht, der wütenden Mutter die Stirn zu bieten und die Probe wirklich auszuführen. Wir werden diese Situation noch genauer verstehen, wenn wir uns später Störungen anschauen, die dann auftraten, als Isabel dann doch schwanger wurde. Zwar änderte sich ihre äußere Situation durch die Heirat grundlegend. Ein Kind zu haben, bedeutete für sie jedoch psychisch nach wie vor, der Mutter zu trotzen. Die Vorstellung löste deshalb in ihr die Angst aus, die Mutter zu verlieren und von ihr blutig bestraft zu werden. Eine Schwangerschaft, die ihre Unabhängigkeit bestätigte, konnte sie sich nicht mehr leisten. Da sie keinen Vorwand mehr für eine Schwangerschaftsunterbrechung hatte, hätte sie das Kind bis zum bitteren Ende austragen müssen. Um sich zu schützen, wurde sie steril. Ihr Leiden war auch die Buße für ihre Schuld.

Bewußt machte Isabel die Schwangerschaftsabbrüche für ihre Sterilität verantwortlich. Tatsächlich hatten die Abtreibungen auf sie stark traumatisierend gewirkt. Neben den bereits erwähnten psychischen Gründen spielte dabei offensichtlich auch die Tatsache eine Rolle, daß Abtreibung in dem Land, in dem sie groß geworden war, als schweres Delikt streng bestraft wurde. Das erschwerte es sehr, Abtreibungen durchzuführen, und gefährdete sowohl die Gesundheit als auch die Freiheit der Betroffenen. Ich kann hier nicht grundsätzlich auf die Diskussion über das Recht auf Schwangerschaftsabbruch eingehen. Ich möchte nur darauf hinweisen, daß jede Frau, die gegen ihren bewußten Willen schwanger geworden ist und die dann gezwungen wird, das Kind auszutragen, in ernste Konflikte gerät. Indem sie schwanger wird, versucht sie unbewußt, sich zu bestrafen und sich an der Umgebung zu rächen. Wenn sie unter diesen Umständen zum Austragen des Kindes gezwungen wird, werden ihre destruktiven Tendenzen befriedigt, und es wird damit die Verantwortung für ein Kind übernommen, das wegen der psychischen Einstellung seiner Mutter, oft auch wegen ökonomischer Schwierigkeiten und der Ablehnung seiner Umgebung für die Dauer seines Lebens neurotisch wird. Sind die Umstände derart ungünstig, wird es früher oder später der Gesellschaft zur Last fallen.

Die Gynäkologen und die Psychotherapeuten sollten sich aber auch eines bewußt sein: eine Abtreibung stellt immer ein schweres Trauma für die Frau dar. Ich meine dabei nicht nur die rein körperliche Gefährdung, die eine Abtreibung mit sich bringt. Wenn sie von Spezialisten und unter angemessenen Umständen vorgenommen wird, kann sie sogar weniger gesundheitsgefährdend sein als eine Schwangerschaft. Ich möchte jedoch unterstreichen, daß jeder Schwangerschaftsabbruch für die Frau ein psychisches Trauma ist. Sogar Frauen, für die eine Abtreibung scheinbar nicht mehr bedeutet als ein Gang zum Zahnarzt, fühlen sich im Grunde wie Mörderinnen. Es scheint, daß auch die atheistische Frau unbewußt die katholische Vorstellung übernimmt, nach der das befruchtete Ei eine Seele habe und bereits ein Kind sei. Bewußt oder unbewußt hat sie ihr ganzes Leben lang Phantasien gehabt von dem Kind, das sie eines Tages bekommen wird. Sobald sie merkt, daß sie schwanger ist, tauchen diese Phantasien auf und werden zu Versprechungen, die sich an den Embryo, den sie in sich trägt, knüpfen. Sie betrachtet sich als Verbrecherin, denn für ihr Unbewußtes hat sie durch die Abtreibung nicht ein erst wenige Tage altes befruchtetes Ei zerstört, sondern das Kind, Mittelpunkt all ihrer mütterlichen Phantasien. Sie wird immer Mittel finden, um sich selbst und oft auch ihren Partner, den Komplizen ihres ungesühnten Verbrechens, zu bestrafen. Wenn eine Frau bereits Kinder hat, wird der Schwangerschaftsabbruch der Mutter sie bewußt oder unbewußt mit Schrecken erfüllen. Die Kinder werden den Eindruck haben, die Mutter sei eine gefährliche Mörderin und Hexe und sich die Frage stellen, welcher Laune des Schicksals sie es verdanken, daß sie überleben und zur Welt kommen durften. Außerdem werden sie sich schuldig fühlen, denn die Mutter hat die beneideten Geschwister beseitigt und damit ihre eigenen, verbrecherischen Phantasien wahr gemacht. Aus diesen Gründen betrachte ich die unerwünschte Schwangerschaft als neurotisches Symptom, obwohl natürlich auch die Haltung des Partners, die Unwissenheit der Frau und andere Momente, die an sich nichts mit der Neurose zu tun haben, eine wichtige Rolle spielen. Man kann sagen, die Frau drücke mit der Schwangerschaft ihren Konflikt körperlich aus. Dieselbe Somatisierung des Konflikts tritt in abgeschwächter Form bei gewissen typischen Verspätungen der Menstruation auf, die in der Medizin nie diskutiert worden sind: Es ist eine bekannte Tatsache, daß ledige Frauen oft darunter leiden, daß sie ihre Periode unregelmäßig haben. Sie warten ungeduldig auf ihre Blutung, weil sie entweder Angst haben, schwanger zu sein, ein Strafbedürfnis haben oder weil sie sich ihre Mutterschaftswünsche nicht eingestehen. Sie glauben, schwanger zu sein, sind verzweifelt und suchen ganz verängstigt nach einer Lösung, bis dann schließlich die Regel doch eintrifft und sie sich sofort beruhigen. Im nächsten Monat beginnt dasselbe Spiel von vorne.

Bei sterilen Frauen, die sich ein Kind wünschen, lassen sich dieselben Verspätungen der Menstruation beobachten, obwohl sie genau entgegengesetzt interpretiert werden. Wie die ledigen Frauen auch, beginnen sie, kurz bevor sie ihre Regel bekommen sollten, sich selbst zu beobachten. Sie stellen Anzeichen für eine Schwangerschaft fest und sind schon überzeugt, daß das Ersehnte endlich eingetroffen sei, obwohl sich die Regel erst einige Tage verspätet hat. Sie achten auf alle Anzeichen, schonen sich und phantasieren von ihrem Kind. Wenn die Regel mit ungefähr acht bis 14 Tagen Verspätung dann doch eintritt, werden all ihre Illusionen auf einen Schlag vernichtet. Sowohl die sterile als auch die ledige Frau reagieren bei offensichtlich genau entgegengesetzten psychischen Voraussetzungen mit demselben Symptom, der verspäteten Menstruation, auf denselben Konflikt, auf ihre ambivalente Haltung zu Mutterschaft und Kinderwunsch. Aus diesem oder jenem Grund glauben sie, kein Recht darauf zu haben, Kinder zu wollen. Die verspätete Menstruation ist der körperliche Ausdruck ihrer enttäuschten Mutterschaftsphantasie.

In Ausnahmefällen, das heißt im Fall einer Scheinschwangerschaft, kann diese Phantasie auch wirklichkeitsgetreuere Konturen annehmen: Obwohl keine Schwangerschaft vorliegt, bleibt die Regel aus, die Frau nimmt zu, wird dick, zeigt sogar Symptome, die scheinbar unverwechselbar auf eine Schwangerschaft hindeuten, zum Beispiel bestimmte Bewegungen im Unterleib, die wie Kindsbewegungen aussehen.

Die scheinschwangere Frau schließt zwischen ihrem Kinderwunsch und ihrer Unfähigkeit zur Mutterschaft, die real, psychisch oder psychosomatisch bedingt sein kann, einen imaginären Kompromiß. Sie versucht, ihre Unfähigkeit zu verleugnen, und stellt sich und anderen eine Falle. Es scheint, als sei sie sicher, ein

Kind zu erwarten, und sie ist sogar in der Lage, ihren Körper so weitgehend zu verändern, daß sich auch die anderen, oft sogar ihr Gynäkologe, davon überzeugen lassen. Im folgenden stelle ich einen klinischen Fall vor, der von Ruth Moulton[7] behandelt worden ist.

Winifred N. ist ein lediges, 17jähriges Mädchen aus einer kinderreichen Arbeiterfamilie. Sie geht in eine Klinik, um zu gebären. Obwohl ihr Unterleib stark vergrößert ist und sich krampfartige Bewegungen feststellen lassen, stellt der diensthabende Arzt sofort die Diagnose der Scheinschwangerschaft. Ruth Moulton macht die interessante Bemerkung, daß nur Frauen, die bereits Kinder gehabt haben, oder die mit den entsprechenden biologischen Vorgängen sehr vertraut sind, die Fähigkeit besitzen, die äußerlichen Symptome der Schwangerschaft, etwa Verfärbung der Brustwarzen, Vergrößerung der Brüste usw. wirklichkeitsgetreu zu imitieren. Winifred hatte in dieser Hinsicht zwar keine persönliche Erfahrung, aber bei ihrer Mutter und ihren älteren Schwestern hatte sie gesehen, was Schwangersein bedeutet. Sie sah deren dicken Bäuche und hörte oft, wie sie sich darüber beklagten, daß ihnen übel sei und sie Lendenschmerzen hätten. Bei ihrer Scheinmutterschaft kopierte sie diese Symptome, aber natürlich konnte sie nicht etwas imitieren, das sie nicht kannte. Zwei Tage nach der Aufnahme in die Klinik hatte Winifred starke Unterleibsschmerzen und meinte, dies sei der Anfang der Geburt. Die Schmerzen dauerten einige Stunden, und danach hatte sie eine vaginale Blutung. Einige Tage später übernahm Frau Doktor Moulton die psychotherapeutische Behandlung des Mädchens. Dabei stellte sie das Material zusammen, das ich im folgenden kurz zusammenfasse. Winifred hatte eine schwere Kindheit gehabt, war aber ein gut angepaßtes Kind gewesen. Von klein auf hatte sie der Mutter im Haushalt geholfen. Sie versorgte ihre Geschwister mit einer Freude, als wären sie ihre eigenen Kinder. Sie wollte aber nicht, daß ihre Mutter ihr erklärte, woher die Kinder kämen und wie sie auf die Welt kommen. Als sie in die Klinik kam, um *«ein Kind zu gebären»*, wußte sie nicht, *«woher die Kinder kommen»*. Sie schien zwar stärker an die Mutter gebunden als an den Vater, hatte aber auch zu ihm ein gutes Verhältnis. Aber es störte sie, daß ihre Mutter mit ihm schlief, und sie versuchte deshalb zu erreichen, daß die Mutter nachts bei ihr blieb. Sie nahm es ihrer Familie übel, daß man sie gleich nach Schulschluß arbeiten schickte. Damals verliebte sie sich in einen 18jährigen. Als er sie heiraten wollte, lehnte sie ab, weil sie meinte, daß sie noch zu jung sei. Zweimal ließ sie sich von ihm zum Geschlechtsverkehr überreden, ohne genau zu wissen, was eigentlich mit ihr geschah. Nach dem zweiten Mal sagte ihr Freund zu ihr: *«Jetzt bekommst du ein Kind und mußt mich heiraten.»* Danach glaubte sie, schwanger zu sein. Sie hatte neun Monate keine Menstruation. Als ihre Mutter erfuhr, was geschehen war, klagte sie gegen den jungen Mann. Der Richter entschied, daß er Winifred im Laufe eines Jahres heiraten müsse, ansonsten würde er bestraft werden. Winifreds Vater sprach nicht mehr mit ihr, seit er von ihrer angeblichen Schwangerschaft wußte. Während der neun Monate, die Winifred «guter Hoffnung» war, beschäftigte sie sich damit, eine Babyaussteuer zusammenzustellen, träumte von ihrer Heirat und führte den Frauen der Familie ihre Schwangerschaftsbeschwerden eindringlich vor, um etwaige Zweifel an ihrem Zustand von vornherein zu zerstreuen. Als sie die psychotherapeutische Behandlung aufnahm, war sie noch immer davon überzeugt, schwanger zu sein. Sie wünschte sich ein Mädchen und sagte, das wäre das einzige, was ihr die Mutter niemals wegnehmen könnte. Das würde sie nicht zulassen. Als sie dann einsehen mußte, daß sie kein Kind bekommen würde, war sie sehr deprimiert. Sie meinte, ihre Mutter hätte sich schlußendlich doch durchgesetzt; mit ihren Gebeten habe sie erreicht, daß sie kein Kind bekommen, nicht heiraten und den väterlichen Herd nicht verlassen könne.

Ruth Moulton glaubt, die Hauptursache für Winifreds Scheinschwangerschaft liege in ihrer Fixierung auf der ödipalen Situation. Obwohl Winifred das aus ihrem Bewußtsein verdrängt hatte, fühlte sie sich zu ihrem Vater hingezogen und war neidisch auf die Mutter, die sexuelle Beziehungen zu ihm haben durfte und der er viele Kinder schenkte. Denselben Konflikt erlebte sie auch mit ihren verheirateten Schwestern, Ersatzfiguren für die Mutter. Sie rivalisierte mit ihnen, sie wollte ein Kind haben, heiraten und ihren eigenen Hausstand gründen. Ruth Moulton deutet Winifreds Geschichte sicher richtig, aber nicht ausreichend. Meiner Ansicht nach bestand der grundlegende Konflikt in Winifreds Fixierung an die vorödipale Mutter. Winifred hatte immer noch ein infantiles Bedürfnis nach Zärtlichkeit. Aufgrund der kurz aufeinanderfolgenden Geburten ihrer Geschwister konnte sie nicht lang genug das jüngste, verwöhnte Kind, sein. Sie wäre gerne auch weiterhin verhätschelt worden. Die einzige Möglichkeit, diese Wünsche zu befriedigen, war, daß sie sich frühzeitig mit der liebevollen Mutter identifizierte. Dies tat sie, indem sie mit ihren Geschwistern und Neffen ihrerseits so liebevoll umging, wie sie selbst gerne behandelt worden wäre. Sie schien mit dieser Lebensform vor allem auch deshalb zufrieden zu sein, weil ihre Mutter ihre Hilfe schätzte. Die Mutter sagte bei Gelegenheit, daß Winifred jederzeit imstande wäre, sie zu ersetzen. Diese Sublimierung ihrer kindlichen Wünsche mußte sie jedoch aufgeben, als sie arbeiten geschickt wurde. Indirekt wurden damit ihre mütterlichen Qualitäten geringschätzig behandelt, und ihr Recht, sich mit der Mutter zu identifizieren, wurde ihr aberkannt. Hinzu kam, daß sich ihre heterosexuellen Tendenzen, durch ihr Alter bedingt, verstärkten. Sie beschloß, sich so schnell wie möglich zu verlieben. Dann könnte sie heiraten und die undankbare Familie verlassen. Im letzten Augenblick aber mußte sie ihr Vorhaben aufgeben. Sie hatte das Gefühl, zu jung zu sein, das heißt, sie war noch zu sehr an die Mutter gebunden. Aber ihr Konflikt war damit nicht gelöst. Sie versuchte, auf ihre Art Kinder zu bekommen; ihre Schuldgefühle und ihr Groll gegen die Mutter verhinderten dies. Wenn Winifred sagt: *«Ich würde nie erlauben, daß meine Mutter mir das Kind wegnimmt»*, dann meint sie, bezogen auf die ödipale Ebene, daß sie es nicht zulassen würde, daß ihre Mutter, die bereits den Vater für sich behalten hatte, ihr auch noch den Ehemann raubt, an den sie durch das Kind, das sie von ihm erwartet, gebunden ist. Auf einer tieferen Ebene jedoch versucht sie, eine noch größere Angst zu verleugnen: Sie hat der Mutter auf magische Weise die Kinder, ihre Rivalen, rauben wollen und fürchtet nun, daß die Mutter ihr genau dasselbe antun könnte, indem sie ihr das Kind wegnimmt. Wenn Winifred sagt: *«Meine Mutter hat durch ihre Gebete erreicht, daß ich kein Kind bekomme»* (das heißt auf magische Weise), gibt sie zornig und mit Schmerz zu, daß ihrer Mutter jetzt das gelungen sei, was sie selbst während der ganzen Kindheit erfolglos versucht hatte: sie hat den Fötus auf magische Weise zerstört. Deshalb ist es die Mutter, die das Töchterchen zum Verschwinden gebracht hat. Winifred verhält sich fast so wie die Frauen auf den Marquesasinseln, die das Schwinden ihrer (Schein-)Schwangerschaft den Vehinihai anlasten und sie beschuldigen, ihnen ihre imaginären Kinder geraubt zu haben.

Ich fasse die Bedingungen von Winifreds Scheinschwangerschaft zusammen: Sie ist verbittert, weil man sie aus dem Hause und zur Arbeit schickt. Das verschärft den Konflikt zwischen dem stärker werdenden Bedürfnis, ein erwachsenes, heterosexuelles Leben zu führen und ein Kind zu haben einerseits, und ihrer Bindung an die Mutter, die eine infantile Angst beinhaltet, andererseits. Und Winifred wählte die Scheinschwangerschaft als Kompromiß der Stunde. Damit befriedigt sie ihren Wunsch, Mutter zu werden, setzt sich aber nicht der Gefahr der vollständigen Zerstörung, der mütterlichen Strafandrohung aus. Mit dem unmoralischen Lebenswandel und der unehelichen Schwangerschaft kann sie sich auch an der Mutter rächen. Und die Tatsache, daß sie nicht verheiratet ist, erlaubt ihr, zu Hause bei der Mutter zu bleiben. Schließlich straft sie sich auch selbst und büßt damit ihre Schuld für ihre zerstörerischen Impulse gegen die schwangere Mutter ab, indem sie akzeptiert, daß ihre Mutterschaftsphantasien endgültig ernüchtert werden und daß gleichzeitig all ihre Hoffnungen, die sie an das Töchterchen richtete, auf magische Weise verschwinden.

Winifred konnte nicht Mutter werden, und möglicherweise hat sie ihre körperliche Integrität damit geschützt, daß sie sich mit dem Mutter-Spielen begnügte. Denn bei ganz ähnlich gelagerten psychischen Konflikten gibt es Kompromisse, die viel selbstzerstörerischer sind. Ich meine die Bauchhöhlenschwangerschaft, bei der die schwangere Frau in Lebensgefahr gerät. Auch die Bauchhöhlenschwangerschaft zeigt den Konflikt zwischen dem Wunsch nach Mutterschaft und einem strikten Verbot, das von Schuldgefühlen und Strafbedürfnis aufrechterhalten wird. Sowohl der Wunsch als auch das Verbot kommen dabei auf körperliche Weise zum Ausdruck. Während der Wunsch zur Befruchtung führt, setzt sich das innere Verbot, die sündige Schwangerschaft fortzuführen, als partieller Tubenspasmus durch. Der Eileiter läßt zwar das Spermium bis zum Ei vordringen, der weitere Weg in die Gebärmutter aber ist dem befruchteten Ei versperrt. Deshalb nistet es sich in einem anderen, dafür ungeeigneten Organ ein.

Mit jedem Tag, den das Ei wächst, vergrößert sich die Gefahr für die schwangere Frau. Sie steht vor der Alternative zu sterben oder durch eine gefährliche Operation auf das Kind zu verzichten. Bei mehreren Frauen, die eine Bauchhöhlenschwangerschaft hatten, konnte ich beobachten, daß ihnen das Kind unbewußt als Frucht einer inzestuösen und in höchstem Maße verbotenen Beziehung erschien, auch wenn es in Wirklichkeit vom eigenen Mann stammte. Leider verfüge ich nicht über genügend Material, um das Problem wirklich detailliert und gründlich analysieren zu können. Es ist auch schade, daß es – jedenfalls soweit ich informiert bin – darüber noch keine psychoanalytische Literatur gibt. Eine andere Frage allerdings konnte auch mit eingehenden Untersuchungen nicht geklärt werden: Weshalb führt derselbe Konflikt dazu, daß die eine Frau steril wird, die andere mit *«Zwang zur Empfängnis»* reagiert, eine dritte scheinschwanger wird und eine vierte vielleicht eine Bauchhöhlenschwangerschaft bekommt? Wir kennen die Konflikte, unter denen die Frauen leiden, aber es ist bis jetzt nicht bekannt, weshalb die eine Frau den Konflikt somatisiert, die andere mit hysterischer Konversion reagiert und eine dritte ihre Lage wiederum nur psychisch ausagiert.

Ich werde noch einen Fall vorstellen, bei dem der angesprochene Konflikt auf der psychischen Ebene ausagiert wird. Es gibt Frauen, die zu stehlen oder zu lügen anfangen, weil sie ihren starken Kinderwunsch nicht verwirklichen können. Helene Deutsch beschreibt und analysiert die psychischen Beweggründe, die Frauen dazu bringen können, kleine Kinder zu stehlen. Ich werde versuchen, den psychischen Hintergrund einer Geschichte zu erhellen, die vor einiger Zeit ganz Buenos Aires beschäftigt hat. Ich verfüge dabei allerdings nicht über mehr Information als die in den Zeitungen publizierte. Folgendes ist passiert: Ein wohlhabender Gutsbesitzer, ledig und nicht mehr der Jüngste, verklagt seine Geliebte, sie habe ihn veranlaßt, die Vaterschaft für ein Kind anzuerkennen, das sie angeblich zusammen gezeugt hätten. Nachträglich habe er feststellen müssen, daß sie die Schwangerschaft nur vorgetäuscht habe. Sie habe der Besitzerin einer Geburtshilfeklinik ein Kind im voraus abgekauft und sich dann später mit dem genannten, betrügerischen Ziel dort einliefern lassen. Auf den ersten Blick scheinen die Motive für die Handlungsweise der Frau, die schon eine lange Geschichte von Abenteuern und Betrügereien hinter sich hatte, einfach und einleuchtend. Sie war 44 Jahre alt und sah ihre letzte Chance vielleicht darin, von Herrn X ein Kind zu haben, um von ihm angemessen unterhalten zu werden. Außerdem würde sie nach seinem Tod zur «Mutter» des einzigen Erben eines großen Vermögens. Wenn man sich den Polizeibericht jedoch genauer ansieht, bekommt man den Eindruck, daß Pastora de Verissimo, wie die falsche Mutter hieß, andere Motive hatte.

Das war wohl auch die Meinung einiger Journalisten, die eine Reihe bezeichnender Ereignisse in ihrer Lebensgeschichte ausfindig gemacht haben, um sich Pastoras Beweggründe zu erklären: Pastora hatte nie Kinder gehabt, aber sie war von der Vorstellung, Mutter zu werden, immer wie besessen gewesen. Schon früh hatte sie die Eltern und die Heimat verlassen. Aus dem Ausland teilte sie dann ihrer Mutter mit, daß sie geheiratet habe, und schickte ihr zehn Monate später die Fotografie eines Kindes, das angeblich ihr eigenes war. Einige Jahre darauf starb die Mutter. Bis zu diesem Zeitpunkt war Pastora nicht in die Heimat zurückgekehrt und hatte der Mutter jedes Jahr die glückliche Geburt eines weiteren Enkelkindes mitgeteilt. Schließlich kehrte sie nach dem Tod ihrer Mutter zurück und verursachte in ihrer Heimatstadt einen Skandal, indem sie eine hochgestellte Persönlichkeit, einen verheirateten Mann, beschuldigte, sie geschwängert zu haben. Die Sache verlief im Sande, weil sie sich weigerte, die geforderte medizinische Untersuchung vornehmen zu lassen. Es gab noch weitere, ähnliche Episoden. Sie heiratete einen Arzt, wurde aber schon nach einem Jahr Witwe. Dann schrieb sie ein Buch, das ein großer Erfolg wurde. Es hieß *Das Kind von niemandem*. Darin schwärmt sie von der freien Liebe und dem unehelichen Kind, das einzig und allein der Mutter gehöre. Und schließlich hatte sie, als sie schon auf die Wechseljahre zuging, eine kurze Beziehung zu Herrn X. Sie trennte sich aber sehr bald wieder von ihm, und als sie ihn von ihrer Schwangerschaft in Kenntnis setzte, waren sie schon nicht mehr zusammen. Später bat sie ihn, sie in der Geburtshilfeklinik ihrer Freundin, die ihr das Kind beschafft hatte, zu besuchen. Er sollte sein Kind kennenlernen, das angeblich gerade zur Welt gekommen war. X hatte zu diesem Zeitpunkt noch keinen Verdacht geschöpft und erkannte die Vaterschaft an. Aber eine seltsame Inschrift, die Pastora auf die Rückseite der Geburtsurkunde gesetzt hatte, machte ihn mißtrauisch: *«Mein Sohn, am letzten Samstag im April war ich das erste und einzige Mal mit Deinem Vater zusammen, und schon am nächsten Tag war der Friedmann-Text positiv»*. Sein «Sohn» war Anfang November zur Welt gekommen. Der Inschrift zufolge hatte Pastora das Kind also Ende April empfangen. Schon als X seinen neugeborenen Sohn in der Klinik zum ersten Mal sah, wunderte er sich darüber, daß das Baby so gesund und stark war – in Wirklichkeit war das Kind bereits einen Monat alt. Jetzt erfuhr er auch, daß es angeblich eine Frühgeburt gewesen sei, und begann zu zweifeln. Er rekonstruierte die Ereignisse, und nach und nach fiel das ganze Lügengebäude in sich zusammen. Die Hebamme gestand, daß Pastora gar nicht entbunden hatte, die Schwestern ebenfalls, nur Pastora behauptete bis zuletzt – jeder Logik widersprechend –, daß der Kleine ihr Sohn sei und nur sie ein Recht auf ihn habe.

Pastora war steril. Ich weiß zwar nicht warum, aber für sie muß diese Tatsache eine große Bedeutung gehabt haben. Ihr ganzes Leben lang hat sie versucht, sich selbst vorzustellen, daß sie Kinder hätte, oder andere davon zu überzeugen. Schließlich war sie zu einem Kind gekommen. Aber dann setzte sie diese plumpe Inschrift auf die Rückseite der Geburtsurkunde und bewirkte damit, daß sie alles, was sie erreicht hatte, wieder verlor und sich zusätzlich noch der Strafe des Gesetzes aussetzte. Was trieb sie dazu, eine solche Dummheit zu begehen? Ich weiß es nicht, aber es ist zu vermuten, daß es dasselbe psychische Moment war, das auch für ihre körperliche Sterilität verantwortlich war. In *Das Kind von niemandem* stellt Pastora die von mir bereits erwähnte infantile Phantasie dar, die bei ledigen Müttern oft anzutreffen ist: Sie möchten ohne den Vater einen Sohn haben, um mit ihm allein zu leben, genau so, wie sie sich als Kinder gewünscht hätten, mit der Mutter alleine zu leben, ohne Einmischung eines Dritten, des Vaters. Wenn Pastora nicht steril gewesen wäre, hätte sie ihr Ideal verwirklichen können. So mußte sie sich damit begnügen, es in einem Buch als These zu formulieren.

Es gibt eine weitere phantastische Sehnsucht des Mädchens, die ich schon erwähnt habe (vgl. Kapitel II), und die bereits Freud beschrieben hat: den präödipalen Wunsch, von der Mutter ein Kind zu bekommen, oder ihr eines zu schenken. Pastora sandte ihrer Mutter die Fotografien ihrer angeblichen Kinder. Sicher antwortete ihr die Mutter, gratulierte, gab Ratschläge, wollte mehr von den Kindern hören usw. Das waren also Kinder, die nur für die Mutter und Pastora existierten, niemand außer ihnen wußte etwas über dieses Spiel. Es handelt sich hier um eine Verwirklichung der alten Phantasie, mit der Mutter zusammen ein Kind zu haben, wenn sie auch nur auf der Ebene der Illusion und der Lüge real wurde. Pastora ging in der Verwirklichung dieser Phantasie noch einen Schritt weiter, als sie die Geburtshelferin bat, ihr ein Kind zu beschaffen. Auf diese Weise bekam sie wirklich einen «Sohn» von einer anderen Frau. Aber beide Frauen waren arm, brauchten Geld und mußten einen vermögenden Vater suchen. Ich glaube, es war weniger ihre Geldgier, die Pastora dazu trieb, einen reichen Vater für ihren Sohn zu suchen, sondern im Grunde anerkannte sie resigniert die Tatsache, daß Frauen miteinander keine Kinder haben können. Sie sind arm, weil sie das, was für die Zeugung nötig ist, nicht haben: sie besitzen keinen Penis. Darum müssen sie doch, auch wenn sie es nicht möchten, auf den Mann zurückgreifen. Was auf der Rückseite der Geburtsurkunde geschrieben stand, hat verschiedene Bedeutungen. Pastora versuchte, sich und ihrem Sohn einen Gefallen zu tun, indem sie die Beteiligung des Penis, die leider nötig war, auf das Minimum eines einzigen Koitus reduzierte. Auf diese Weise versicherte sie ihrem Sohn, er sei ihre einzige Liebe, und setzte damit seinen eifersüchtigen Haß auf die im Sexualakt vereinigten Eltern herab. Sie selbst muß wohl dieses Gefühl als Kind sehr heftig gehabt haben, wenn sie sich bei ihrem «Sohn» so sehr davor fürchtet. Wahrscheinlich hat sie von ihrer Mutter gefordert, vollständig auf den Mann zu verzichten, denn als sie ihrem Sohn ihre sexuelle Vereinigung mit einem Mann gestand, indem sie die Inschrift auf die Urkunde setzte, lieferte sie sich selbst der Justiz aus und entzog sich auch das eigene Recht auf ihr «reines» Muttersein. Die Worte, die sie dazu gebraucht, habe ich *«ihre resignierte Anerkennung»* genannt, weil sie mit ihnen das Scheitern ihrer infantilen Phantasie eingesteht, ihrer Phantasie vom Kind, das ihr die Mutter schenken würde. Wenn sie dem Sohn schon gestehen muß, daß er einen Vater hat, daß er nicht die Frucht zweier Frauen ist, dann ist ihre geliebte Phantasie bereits zerstört. Deshalb ist es ihr dann auch gleichgültig, wenn sie sich auf indirekte Weise selbst anzeigt und damit alles scheitern läßt. Wahrscheinlich gibt es noch einen weiteren Grund für Pastora de Verissimos seltsames Verhalten. Sicher war ihr Leben nicht sehr glücklich gewesen. Sie war steril, sie erfand Geschichten und war eine Abenteurerin. All dies läßt den Schluß zu, daß ihre Kindheit keinesfalls glücklich gewesen sein kann. Ihre Handlungsweise läßt vermuten, daß sie keinen Vater hatte, beziehungsweise daß er entweder nicht da war, oder zu schwach beziehungsweise zu abweisend, um ihr bei der Loslösung von der Mutter zu helfen. Die anhaltende Abhängigkeit von der Mutter war das Ergebnis von Enttäuschungen, andererseits erzeugte sie auch selbst Haß. Dieser Haß löste Schuldgefühle aus und ein Bedürfnis, sich selbst zu bestrafen oder bestraft zu werden. Das Schuldgefühl stand der Verwirklichung der in immer neuen Varianten erdachten Mutterschaft möglicherweise im Wege, das Strafbedürfnis veranlaßte sie, sich durch die ungeschickte Botschaft an den Sohn selbst bei der Justiz zu denunzieren.

IX
STERILE FRAUEN
FÜNF FALLGESCHICHTEN

Im letzten Kapitel habe ich beschrieben, wie die Angst einer Frau die Befruchtung verhindern kann. Dabei habe ich erwähnt, daß der Volksglaube die Sterilität als Strafe für die Sünden ansieht. Von einem rationalen Standpunkt aus ist diese Ansicht sicher überholt, aber für das Unbewußte der sterilen Frau ist sie noch immer gültig. Wir müssen uns deshalb fragen, worin denn ihre Schuld eigentlich besteht.

Um diese Frage zu beantworten, werde ich im folgenden über den Anfang der psychoanalytischen Behandlung einer jungen, sterilen Frau berichten. Schon in den ersten Stunden wurden die verursachenden Momente ihrer Sterilität unmittelbar deutlich. Sie erzählte der Analytikerin in der ersten Stunde: «*Als wir heirateten, wollte ich noch keine Kinder. Mein Ehemann war zum Glück der gleichen Meinung. Die Vorstellung einer Schwangerschaft machte mir große Angst. Ich war damals auch selbst noch sehr jung. Wir wollten das Leben noch ein bißchen genießen, bevor wir Kinder haben würden. Einige Jahre später hatte sich unsere Einstellung geändert. Aber obwohl wir während der letzten vier Jahre alles gemacht haben, was in unserer Macht stand, bin ich nicht schwanger geworden.*» Sie beschreibt dann detailliert die Behandlungen, denen sie sich unterzogen hat, die aber alle nichts genützt haben. Dann fährt sie fort: «*Ich bin die Älteste von mehreren Geschwistern. Als Kind war ich wie besessen von der Befürchtung, daß Mama nochmals ein Kind bekommen könnte. Von klein auf schlug ich ihr beim Spielen oder aus Unachtsamkeit auf den*

Bauch und beobachtete ihre Reaktion. Wenn sie nicht reagierte, war ich erleichtert und dachte: ‹Wenn sie nicht auf ihren Bauch aufpaßt, wird sie wohl nicht schwanger sein.› Als ich sieben Jahre alt war, kehrte Mama von einer Reise zurück. Ich hatte sie monatelang nicht gesehen. Wir warteten am Hafenkai. Ich konnte sie bereits auf dem Schiff erkennen und sah sofort, daß sie ein Kind erwartete. Und wirklich, ich hatte recht. Mama war im vierten Monat ihrer letzten Schwangerschaft.» Als sie die Analyse begann, hatte sich bei ihr gerade die Menstruation verspätet und sie war unsicher, ob sie schwanger sei. Ihr erster Traum aus der Zeit, in der sie in Behandlung war, war folgender: *«Ich bin in einer Badewanne mit hohen Wänden, geschlossener als eine normale. Ich fühle mich sehr wohl. Das Wasser ist angenehm, blaugrünlich. Da kommt meine Mutter und zieht den Stöpsel heraus. Im gleichen Augenblick sehe ich im Wasser eine dünne Blutspur und weiß, daß ich meine Regel bekommen habe.»* Sie erwacht, geht ins Badezimmer und stellt fest, daß es wirklich so ist.

Die Patientin bringt ihre Sterilität spontan mit ihrer kindlichen Angst, die Mutter könne noch mehr Kinder bekommen, in Verbindung. Sie ist sich dieses Zusammenhangs vollständig bewußt. Daß sie als Kind ihre Mutter auf den Bauch schlug, um herauszufinden, ob sie schwanger sei, erzählte sie aber wie eine köstliche Anekdote. Es war ihr nicht bewußt, daß sie die schwangere Mutter haßte und daß sie den Wunsch hatte, die Geschwister in ihrem Bauch zu zerstören. In dem Haß und der daraus resultierenden Angst vor Strafe haben wir bereits den ersten grundlegenden Faktor ihrer Sterilität. Und da man im Zusammenhang mit Sterilität von Schuld spricht, kann man sagen, daß der Haß die erste Schuld der sterilen Frau ist. Deshalb wird im ersten Traum der Patientin die Menstruation durch eine Handlung der Mutter magisch hervorgerufen. Das Verhalten der Mutter stellt die gerechte Bestrafung der Schuld der Tochter dar. Das heißt: Wie die Vehinihai auf den Marquesasinseln zerstört die Mutter die Schwangerschaft.[1] Ein weiterer Traum, den die Patientin nach einigen Behandlungsmonaten hat, enthüllt andere Ursachen ihrer Sterilität. Es sind Haltungen, für die sie sich unbewußt schuldig fühlt. Sie träumt, sie versuche einen harten Teig mit Milch aufzuweichen, um gefüllte Pfannkuchen zu machen. Sie fügt Milch hinzu, und es scheint, als würde die Masse weich. Aber gleich darauf saugt der Teig die Flüssigkeit wieder vollständig auf. In einem anderen Teil des Traums sieht sie eine Frau bei einer schweren Geburt. Die Hebamme knetet einen Teig über dem Bauch der Gebärenden. Das scheint der Träumenden sehr gefährlich zu sein. Im ersten Traumsegment steht der Teig für sie selbst. Sie ist ein Teig, dem wirkungslos Milch hinzugefügt wird. «Milch» («leche»), im Spanischen ein Vulgärausdruck für Samen, steht für das Sperma ihres Ehemannes. Es sollte eigentlich dazu dienen, sie zu schwängern, damit aus dem Teig gefüllte Pfannkuchen werden. Aber sie (er) wird nicht weich. Sie (er) saugt alle Milch auf und bleibt dabei gleich fest, sie ist unersättlich. Sie will das Sexualleben folgenlos genießen, sie will die ganze Liebe ihres Mannes für sich behalten, so wie sie als Kind gerne die einzige Tochter der Mutter geblieben wäre und all ihre Milch getrunken hätte. Sie will das attraktive, verwöhnte Mädchen bleiben und sich nicht verunstalten und Mutter werden. Das zweite Verschulden, dessen sich die sterile Frau unbewußt anklagt, ist ihre Unersättlichkeit und ihre infantile Selbstsucht. Beides sind Folgen früher Versagungen. Im zweiten Traumteil hat eine Frau eine schwere Geburt, und eine andere, die Hebamme, knetet Teig auf ihr. Wie in den vorangegangenen Träumen bedeutet die Hebamme für das Unbewußte zugleich die Analytikerin und die Mutter. Die Hebamme macht Tortillas (Maisfladen). Im «lunfardo», der Gaunersprache von Buenos Aires, wird die homosexuelle Frau «tortillera», (Tortilla-Bäckerin) genannt. Die dritte «Schuld» der sterilen Frau, die sie veranlaßt, die Geburt zu vermeiden, weil sie zu gefährlich ist, ist ihre homosexuelle, infantile Fixierung an die Mutter, die im Unbewußten weiter besteht. Die drei Ursachen, der Haß auf die schwangere Mutter, der Wunsch, das verwöhnte Kind zu bleiben und die unbewußte erotische Fixierung an die Mutter erzeugen Schuldgefühle in ihr, stehen dem Erwachsenwerden im Wege und verhindern, daß sie ihrerseits Mutter wird. Verschiedene Autoren, wie zum Beispiel Lewis Robbins in seinem Artikel *Suggestions for the Psychological Study of*

Sterility in Women[2], betonen, daß man heute die psychischen Ursachen der Sterilität untersuchen sollte. Sowohl unter psychischen als auch unter psychosomatischen Gesichtspunkten, stellt er fest, ließen sich zwei Typen von sterilen Frauen unterscheiden: die infantile und die maskuline Frau; letztere habe einen herrschsüchtigen Charakter. Robbins stimmt darin mit dem Endokrinologen Gregorio Marañón[3] überein, der von zwei Prozessen spricht, die die Sterilität verursachen. Bei beiden liegt eine Ovarialinsuffizienz (ungenügende Funktion der Eierstöcke) vor. Bei der physiologisch infantil gebliebenen Frau ist dies die Folge einer ursprünglichen Unterentwicklung der Hypophyse (Hirnanhangdrüse), während die vermännlichte Frau an einer Hyperfunktion der endokrinen vermännlichenden Drüsen leidet, was zur Luteinisierung der Eierstöcke führt.[4] Unsere Patientin litt an einer leichten Ovarialinsuffizienz, die sich in ihrem Körperbau und in häufigen Menstruationsverzögerungen zeigte. Ich glaube aber, daß dies bereits Folge ihrer psychischen Probleme war. Auf jeden Fall gehörte sie zum infantilen Typ der sterilen Frau. Aber auch bei Frauen, die vermännlicht zu sein schienen, konnte ich beobachten, daß die Vermännlichung nur eine Abwehr gegen das grundlegende Problem der sterilen Frau war, gegen ihre infantile Fixierung an die frustrierende Mutter, die aus diesem Grund gehaßt wird. Sie versucht, die Mutter bei sich zu behalten und sucht die geeignetsten Mittel dafür. Wenn die Mutter sie gern hat und sie wie ein hilfloses Kind verwöhnt, wird sie infantil bleiben. Wenn sie aber von ihr mehr zu erreichen hofft, wenn sie vorgibt, ein Mann zu sein und die Mutter beherrscht, wird sie vermännlichen und sich vorstellen, einen Penis zu haben. Wie wir bereits gesehen haben, erlaubt ihr die Vermännlichung auch, die in der Weiblichkeit vermuteten Gefahren zu umgehen. Wenn die Tochter so stark an die Mutter fixiert bleibt, spielt gewöhnlich noch ein weiterer Faktor eine wichtige Rolle. Er ist in der Kindheitsgeschichte unserer Patientin ebenfalls vorhanden: Ihr fehlte ein starker Vater, der fähig gewesen wäre, die Liebe seiner Tochter zu gewinnen und sie vor ihr unbewußten Ängsten vor der Mutter zu beschützen. Der Vater unserer sterilen, jungen Frau war kalt und von seinem Beruf vollständig absorbiert. Wenn er anders gewesen wäre, wenn seine Wesensart es ihr erlaubt hätte, eine liebevolle Zuneigung zu ihm zu entwickeln, hätte das Mädchen mit der frustrierenden und sterilen Bindung an die Mutter brechen und sich normal entwickeln können.

Schauen wir uns im folgenden verschiedene klinische Fallgeschichten an und vergleichen sie, um zu sehen, ob wir gleiche Determinanten finden. Zuerst fasse ich die Geschichte einer Frau zusammen, die Edith Jacobson[5] behandelt hat. Die Frau, um die es geht, litt an schweren hormonellen Störungen, die sich auch in ihrem Äußeren bemerkbar machten. Silvia war 35 Jahre alt und verheiratet, schien aber viel jünger zu sein, war außergewöhnlich mager und nicht gut entwickelt. Sie wollte sich wegen akuter Depressionen, die sie selbst mit ihrer Sterilität in Zusammenhang brachte, behandeln lassen. Dies war auch ziemlich offensichtlich. Seit ihrem 17. Lebensjahr hatte sie, mit Ausnahme einiger weniger Male, als sie unter intensiver Hormonbehandlung gestanden hatte, keine Monatsblutung mehr gehabt. Als sie die Analyse anfing, hatte sie bereits seit einiger Zeit auf Hormonbehandlungen verzichtet und keine Regel mehr gehabt. Die Depressionen waren durch ein Ereignis, das eng mit der Sterilität der Patientin zusammenhing, ausgelöst worden. Sie und ihr Mann hatten beschlossen, ein Kind zu adoptieren. Vor einigen Monaten hatten sie deshalb einen Säugling zu sich genommen. Aber so wie sie körperlich nicht Mutter werden konnte, war Silvia anscheinend auch psychisch der Mutterrolle nicht gewachsen. Sie begann, sich um das Kind übertriebene Sorgen zu machen, zweifelte an ihrer Fähigkeit, es aufzuziehen und fürchtete für seine Gesundheit. Sie wurde krank und mußte das Kind an die Vermittlungsbehörde, von der sie und ihr Mann es bekommen hatten, zurückgeben. Nach diesem Mißerfolg wurde sie depressiv. Silvia war jahrelang in hormoneller Behandlung gewesen. Die offensichtliche hormonelle Störung, unter der sie litt, der chronische Appetitmangel und ihr Schwächezustand waren als Simmonds-Krankheit[6] diagnostiziert worden; glücklicherweise erwies sich dies als Fehldiagnose. Als sie die analytische Behandlung aufnahm, wurde sie von der Analytikerin gebeten, sich noch einmal untersuchen zu lassen. Die Resultate waren: Blutdruck 90/70 mmHg, Puls 64/min, Gebärmutter klein und unterentwickelt. Die Endometriumsbiopsie[7] ergab kleine Zellen, ruhendes Endometrium. Aufgrund dieser Resultate riet der Gynäkologe von weiteren Behandlungen, die die Sterilität heilen sollten, ab, weil er einen Erfolg für unwahrscheinlich hielt. Mit der Analyse begann Silvia jedoch, sich physisch zu verändern. Sie nahm zu, die Brüste wurden voller, und im achten Monat ihrer psychoanalytischen Behandlung wurde sie sogar schwanger, ohne vorher menstruiert zu haben.

Edith Jacobson berichtet, welche Ereignisse im Leben der Kranken für Sterilität und hormonelle Störungen ausschlaggebend gewesen waren. Silvia war die vierte Tochter von acht Geschwistern. Ihre Eltern waren sehr arme jüdische Einwanderer. Die Mutter war hart und fordernd. Der Vater war einfühlsamer, aber er war ein Mann, der mit den Schwierigkeiten des Lebens nicht zurechtkam. Außerdem entfremdete er sich durch seine Arbeit sehr von seiner Familie. Silvia wurde von ihrer Mutter, als sie klein war, nicht ausreichend ernährt, weil sie zu wenig Milch hatte. Sie stillte Silvia schon früh ab, weil sie wieder schwanger war. Silvia war erst 15 Monate alt, als Mary, ihre vierte Schwester, zur Welt kam. Es scheint, daß sie sehr eifersüchtig war und mit großem oralem Neid auf die Ankunft ihrer Schwester reagiert hat. Als spaßige Anekdote erzählte die Mutter später manchmal, daß Silvia Abend für Abend auf allen Vieren zu Marys Bett geschlichen sei und ihre Milchflasche leergetrunken habe. Silvia wußte nicht, daß die Mutter sie später für das Schwesterchen noch einmal füllte. Bis zum fünften Lebensjahr weigerte sie sich auch, auf die eigene Milchflasche zu verzichten. Die elende Situation, in der die Familie lebte, führte dazu, daß sich die Kinder fortwährend um das Essen stritten. In einer solchen Atmosphäre wäre es erstaunlich gewesen, wenn Silvia ihre frühen Frustrationen hätte überwinden können. Und tatsächlich lutschte sie bis zu ihrer Heirat wie ein Säugling am Daumen, wenn sie einschlafen wollte. Bis sie fünf Jahre alt war, war sie Bettnässerin und litt an nächtlichen Angstanfällen, bei denen sie die Möbel mit Exkrementen beschmierte. Weil sie mit Mary rivalisierte, wünschte Silvia weit über das normale Alter hinaus, ein Baby zu bleiben. Mary war die häßlichste und schwächlichste der fünf Schwestern, außerdem schielte sie. Silvia hatte aus diesem Grund Schuldgefühle; unbewußt fürchtete sie, daß sie der Schwester geschadet habe, indem sie ihr die Nahrung (die Milchflasche) weggenommen hatte. Als Silvia fünfeinhalb war, kam ein Bruder zur Welt, der erste Sohn der Familie. Das war gerade zur Zeit, als Silvia in den Kindergarten ging. Dort lernte sie saubere, gut gekleidete und wohlgenährte Kinder kennen. Zu Hause sah sie, wie die Mutter das Brüderchen stillte. Sie hatte die Vermutung, daß nur den Neugeborenen, die von der Mutter ausreichend ernährt wurden, ein Penis wachse, und daß man dadurch männlich würde. So wurde ihr Neid auf die Brust und auf die Milchflasche zu Penisneid. Aber Silvia erlaubte sich diese bösen Gedanken nicht. Sie mußte sie verleugnen und kümmerte sich stattdessen liebevoll um ihren kleinen Bruder. Seine Beschneidung erlebte sie mit Schuldgefühlen; es kam ihr so vor, als ob man ihm, weil sie feindselig und neidisch gewesen war, ein Stückchen vom Penis abgeschnitten hätte. Später wurde ihr Penisneid in ehrgeizigen Phantasien erkennbar. Sie malte sich aus, sie hätte große Erfolge, die die tiefe Bewunderung einer liebenswürdigen Frau erregten, von der sie adoptiert worden sei. Das heißt, Silvia glaubte, sie könnte von ihrer Mutter geliebt werden, wenn sie ein Mann wäre. Sie wollte deshalb einen Penis haben, oder Erfolge, die in ihrer Vorstellung Männern vorbehalten waren. Die Liebe, die ihre Mutter ihrem Brüderchen, dem ersten Jungen, entgegenbrachte, erbitterte sie. Deshalb malte sie sich Erfolge aus, wie sie sie nur für Männer möglich hielt, und stellte sich eine ideale Mutter vor, die nur ihr allein gehören würde. Aber sie drückte ihren Penisneid auch unverhüllt aus. Mit Schuldgefühlen erinnerte sie sich in der Analyse daran, daß sie das Brüderchen beim Wickeln roh behandelt, oder daß sie seinen Penis berührt hatte. Sie war zehn Jahre alt, als sie hörte, wie ihre Mutter zu einer Nachbarin sagte: «*Ich weiß nicht, warum man sagt, Kinder seien ein Geschenk Gottes. Für mich sind sie ein Fluch.*» In dieser Zeit begann sie bewußt, über das Sexualleben nachzudenken. Sie teilte das Schlafzimmer der Eltern und hatte deshalb oft Gelegenheit, die genitalen Beziehungen der Eltern zu beobachten. Sie machte sich eine grausame und angsterregende Vorstellung von Koitus, Schwangerschaft und Geburt. Ihrer oralen Fixierung entsprechend stellte sie sich vor, die Frau werde schwanger, indem sie ein Stückchen vom Penis des Mannes aufesse. Gerade in der Zeit wurde die Mutter wieder schwanger. Silvia schwankte zwischen zwei sich widersprechenden Einstellungen. Manchmal wollte sie gerne ein Mann sein, ein Wunsch, den ihr Penisneid schürte, also ihren Neid auf das Organ, das ihrer infantilen Theorie nach bewies, daß man als Kind von der Mutter gut genährt worden war und zugleich die Garantie dafür war, daß man auch in Zukunft nicht Mangel zu leiden hatte. Sie beneidete aber auch die Mutter um die Schwangerschaft; sie glaubte ja, die Mutter habe etwas gegessen, was sie vom Vater bekommen habe. Ihr Neid auf den Penis und der auf die Schwangerschaft waren im Grunde beide die Folge von oralen Frustrationen. Silvia hatte auch feindselige Phantasien gegen die schwangere Mutter. Sie hoffte, daß ihr dicker Bauch platzen, die Mutter sterben und das Kind ihr zufallen würde.

Sie bekam noch einmal einen Bruder. Weil sie Schuldgefühle hatte und mit der Mutter rivalisierte, pflegte sie den Kleinen gut. Der Junge starb eineinhalbjährig bei einem Unfall. Die Mutter bekam daraufhin eine akute Depression, die sie mit einer weiteren Schwangerschaft überwand. Wieder fühlte sich Silvia schuldig. In ihrer Analyse erinnerte sie sich ganz verängstigt daran, daß sie über den Tod ihres Bruders nicht nur traurig, sondern gleichzeitig auch erleichtert gewesen war, weil dann einer weniger im Hause war, der ernährt werden mußte. Diese sündigen Gedanken verdrängte sie und wurde dabei zum guten, traurigen und unterwürfigen Kind. Dann kam sie in die Pubertät. Ihre Menstruation war normal. Aber die neu erwachten Triebe kämpften gegen die Unterwerfung unter die moralische Strenge und traurige Atmosphäre ihrer Familie. Sie verliebte sich in einen christlichen Jungen, bestand darauf, studieren zu dürfen und schlug eine Universitätslaufbahn ein. Auf diese Weise versuchte sie, der Armut und dem Elend ihrer Familie zu entrinnen. Mit dem Studium wollte sie auch ihre Phantasien von dem Erfolg, wie er Männern möglich ist, verwirklichen. Sie brauchte ihn, um die Liebe einer idealen Mutter gewinnen zu können. Ihre Familie war dagegen, daß sie studierte. Die Schwestern, die unmittelbar nach dem Schulabschluß arbeiten mußten, warfen ihr Egoismus vor. Silvia gab nicht auf und überwand den Widerstand der Familie. Aber sie bestrafte sich selbst: Innerlich unterwarf sie sich dem Urteil ihrer Familie und reduzierte ihre Nahrung auf ein Minimum. Magerkeit und Appetitmangel stammten aus dieser Zeit. Sie versuchte, auch die verbotene Leidenschaft für ihren christlichen Freund zu verdrängen. Dabei begann die Periode unregelmäßig zu werden, bis sie, zwei Jahre nach der Menarche, ganz ausblieb. Noch konnte sie ihre Triebe nicht vollständig besiegen; das gelang ihr erst, als sie sich ihrem Freund hingegeben hatte. Danach konnte sie auf diese Wünsche verzichten, weil die Gewissensbisse so stark gewesen waren. Sie brach dann mit dem Freund und widmete sich in den folgenden Jahren ausschließlich ihrem Studium, ohne zu ihren männlichen Studienkollegen Kontakt zu pflegen.

Später heiratete sie einen Mann, der ihren Eltern gefiel. Zu Beginn ihrer Ehe arbeitete sie weiter in ihrem Beruf. Aber nach und nach wurde sie immer schwächer und kränklicher. Unbewußt verwandelte sie damit ihren Mann in eine Mutter, die (der) sie wie ein kleines Mädchen liebevoll pflegte und ernährte. Sie kam auf diese Weise zu etwas, was sie in der Kindheit nicht bekommen hatte. Aber die alten Wünsche blieben trotzdem lebendig: Sie wollte einerseits einen Penis oder einen Beruf haben, um mütterliche Liebe zu bekommen, andererseits wollte sie auch selbst ein Kind haben, um die Mutter durch Identifikation wiederzugewinnen. Sie konnte ihren Ehemann davon überzeugen, daß sie einen Säugling adoptieren sollten. Er war einverstanden, aber bei ihrem Versuch, Mutter zu sein, scheiterte sie kläglich. Dieser Mißerfolg war es, der sie veranlaßte, eine Analyse zu machen.

Ich analysiere zuerst die beiden organischen Symptome, die Silvias Sterilität hervorriefen: die chronische Appetitlosigkeit und die hormonelle Störung. Edith Jacobson sah im Appetitmangel der Kranken eine Selbstbestrafung für ihren oralen Neid. Er trat erstmals auf, als sie studieren wollte und damit der Familie das Brot wegnahm, weil sie ihren Unterhalt nicht mit einer bezahlten Arbeit bestritt. Mit dem Appetitmangel verdrängte sie aber auch die sexuellen Wünsche, die für sie die Bedeutung von *«etwas Verbotenes essen»* hatten. Andererseits war das Magersein in gewissem Sinne auch befriedigend: Silvia wagte nicht, ihrer Mutter vorzuwerfen, daß sie sie schlecht ernährt habe. Aber ihr beklagenswertes Äußeres war eine für jedermann sichtbare Anklage. Und außerdem entsprach ihr magerer Körper, der keinerlei weibliche Formen aufwies, auch einer teilweisen Verwirklichung ihres Wunsches, ein Mann zu sein. Der gleiche Wunsch äußerte sich auch in dem anderen Symptom, der Amenorrhö, die sich psychologisch auf verschiedene Ursachen zurückführen läßt. Silvia hatte ihre schwangere Mutter beneidet und gehaßt. Sie hatte ihr den Tod gewünscht. Sie wurde erwachsen und, als sie selbst verliebt war und sich ein Kind wünschte, fürchtete sie die Strafe für diese Todeswünsche. Der findige Ausweg aus diesem beängstigenden Konflikt war ihre Amenorrhö, mit der es ihr in der Phantasie gelang, der Weiblichkeit zu entrinnen und gleichzeitig schwanger zu sein. Keine Menstruation zu haben, bedeutete außerdem, so zu sein, wie die Männer waren. Später, als sie verheiratet war, wurden regressivere Wünsche aktuell. Auf ihre Pseudomännlichkeit konnte sie jetzt verzichten; sie benutzte die Amenorrhö, die Appetitlosigkeit sowie ihren ganzen prekären Gesundheitszustand, um sich wie ein kleines Mädchen von ihrer Ehemann-Mutter verwöhnen zu lassen.

Im achten Monat ihrer Behandlung wurde Silvia schwanger. Sie setzte die Analyse bis kurz vor der Geburt fort. Edith Jacobson fand, daß sie sich zwar genügend verändert hatte, um schwanger zu werden, und daß sich auch ihr Gesundheitszustand physisch wie psychisch weitgehend gebessert hatte; von einer vollständigen Heilung ihrer Neurose aber war sie noch weit entfernt. Sie war aber mit ihrem Töchterchen so glücklich, daß sie die Behandlung nicht wieder aufnehmen wollte. Daß die grundlegenden Konflikte noch ungelöst waren, zeigte sich bald von neuem in organischen Symptomen. Die Geburt verlief komplikationslos, aber das Stillen mußte sie bald wegen einer Brustdrüsenentzündung unterbrechen. Silvia bekam dann einige Zeit nach der Geburt ganz normal die Menstruation, die erste nach vielen Jahren. Von da an benützten sie und ihr Partner empfängnisverhütende Mittel. Dennoch wurde Silvia bald wieder schwanger. Sie ließ abtreiben und achtete danach noch gewissenhafter auf die Verhütung – mit dem einzigen Ergebnis: eine erneute Schwangerschaft! Nach einer weiteren Abtreibung wollte sie sich sterilisieren lassen, um künftige Schwangerschaften ein für allemal auszuschließen. Nach einem Gespräch mit der Analytikerin nahm sie jedoch Abstand davon. Edith Jacobson macht darauf aufmerksam, wie erstaunlich sich die hormonelle Störung dieser Patientin weiterentwickelte; ein Beispiel, das den Einfluß der psychogenen Faktoren auf die hormonellen Vorgänge sehr deutlich zeigt. Durch die Analyse war aus einer sterilen Frau eine hyperfruchtbare Frau geworden. Das geschah deshalb, weil die fundamentalen Konflikte der Kranken nicht gelöst worden waren: der Neid auf die Mutter, die viele Kinder hatte, und Silvias Tendenz, sich für diesen Neid zu bestrafen, führten dazu, daß sie, wie Helene Deutsch es nennt, *«zwanghaft empfing»*. In ihrem Fall hieß dies, daß sie schwanger wurde und sich jedesmal selbst mit einer Abtreibung bestrafte. Sie quälte sich, bis sie entschied, mit der künstlichen Sterilisation endgültig auf ihre Weiblichkeit zu verzichten. Es scheint, daß sie das Gespräch mit ihrer Analytikerin, die ihr von diesem drastischen Mittel abriet, unbewußt wie die Vergebung der Mutter erlebt hat. Sie fand danach ein weniger schmerzhaftes Mittel, um zukünftige Konflikte und Ängste zu vermeiden: Sie wurde von neuem amenorrhoisch, das heißt, sie wurde ohne blutigen Eingriff steril. Gleichzeitig begann sie wieder zu arbeiten. Sie nahm aber ihren früheren Beruf nicht mehr auf, da er für sie der männlichen Haltung entsprach, die sie früher eingenommen hatte. Sie fand etwas Neues, was sie sehr befriedigte: Sie schrieb Artikel über Kinderpsychologie in einer populärwissenschaftlichen Zeitschrift und hatte damit einigen Erfolg. Das heißt vom vernachlässigten Mädchen mit vielen, von der Mutter bevorzugten Geschwistern, wurde sie zur idealen und verständnisvollen Mutter, nach der sie sich das ganze Leben gesehnt hatte, und die sie, wenigstens teilweise, in der Analytikerin gefunden hatte. Zudem hatte sie ihre Tochter, ihr einziges Kind, dem sie all das bieten konnte, was sie selbst sich so sehnlichst gewünscht hatte. Die doppelte Identifikation mit der guten Mutter und dem glücklichen Mädchen – ihrer eigenen Tochter – erlaubte ihr, die Rivalität mit der frustrierenden Mutter, der Mutter mit den vielen Kindern, aufzugeben. Ebenso löste sie sich von ihren Wünschen, männlich zu sein, die den Zweck haben sollten, die frustrierende Mutter in eine gute und verständnisvolle zu verwandeln. Sie sollte so gut und verständnisvoll sein zu ihr sein wie zu den männlichen Kindern.

Im folgenden schildere ich einen großen Teil einer Fallgeschichte von Dr. Cárcamo.[8] Es ist die Geschichte von Frau Z. Sie ist 34 Jahre alt und leidet unter Selbstzweifeln, Anfällen von Depression, Traurigkeit und Selbstmordimpulsen. Das somatische Symptom, unter dem sie leidet, ist Verstopfung, die sich während ihrer schmerzhaften und unregelmäßigen Menstruation verstärkt. Verschiedene klinische Untersuchungen bestätigten die Diagnose der Funktionsstörung des Eierstocks und einer Gelbkörperschwäche (Corpus-luteum-Insuffizienz).

Frau Z. hatte eine traurige Kindheit mit einer sehr neurotischen Mutter. Ihr Zuhause war Schauplatz häufiger Ehestreitigkeiten. Der Vater sah männlich aus und gab sich gefühlvoll und nachsichtig, seine Toleranz entsprang aber eher Gleichgültigkeit denn Güte. Er spielte in der Familie eine etwas undefinierte und zweitrangige Rolle. Das Familienleben wurde von der launischen, überspannten und tyrannischen Mutter beherrscht, die die Personifikation von *«männlichem Protest»* und *«Ambivalenz»* war. Sie bewunderte die Männer und haßte sie zugleich. Sie beklagte sich, daß sie den Frauen unzählige Leiden aufbürdeten, wovon die

Schwangerschaft zu den unerträglichsten gehöre. Diese Haltung versuchte sie auch ihren Töchtern beizubringen; die Liebe sollte von ihnen nur als spöttisches Spiel verstanden werden. Von der Geburt ihrer Tochter – Frau Z. – war sie enttäuscht, denn sie hatte sich einen Jungen gewünscht. Wie sie ihr nie verzeihen konnte, daß sie ein Mädchen war, so trug sie ihr die Unannehmlichkeiten der Schwangerschaft und die Leiden einer ungewöhnlich langen und schmerzhaften Geburt nach. Hinzu kam noch, daß Frau Z. etwas schwerfällig und weniger schön war als die anderen Töchter. Das vergrößerte den Groll ihrer Mutter und trug dazu bei, daß jeder ihrer kindlichen Fehltritte dramatisiert wurde. Das Mädchen erfaßte intuitiv, was ihr fehlte, um sich bei der Mutter beliebt zu machen: Sie war überzeugt davon, daß die Mutter sie wegen ihres Penismangels haßte. Sie verdrängte deshalb ihre Weiblichkeit und brachte ihre männlichen Züge zum Tragen, indem sie sich betont unabhängig verhielt und eher männliche Vorlieben pflegte. Sie wurde kühn und tapfer. Unbewußt phantasierte sie dabei, in den Mutterleib zurückzukehren. Sie gewinnt dabei die Mutter zurück oder nimmt sie auf gewaltsame und sadistische Weise in Besitz. Dann wendet sie die Aggression gegen sich selbst und leidet masochistisch. Damit wird der zerstörerische Impuls gleichzeitig befriedigt und aufgegeben, das mütterliche Objekt zerstört und gerettet. Dieser Mechanismus prägt ihren masochistischen Charakter. Jeder Versuch, die genitale Phase zu erreichen, hätte bedeutet, sich von der Mutter zu entfernen und hat deshalb Mißerfolge, Schuldgefühle und Selbstbestrafung zur Folge. Nur wenn sie von der Mutter weit weg ist, fühlt sie sich glücklich, gleichzeitig vermißt sie sie sehr. Die Fehlschläge und die moralischen Qualen sind der Leidensweg der Rückkehr zur Mutter.

Das Unverständnis und die Ablehnung der Mutter, die dem Entwöhnungstrauma entsprechen, wird in ihrer Kindheit vom Trauma des Penismangels (Kastration) und ihren Versuchen, ihn wiederzubekommen, überlagert. Eine Deckerinnerung zu dieser Situation: Sie macht Seifenblasen mit einem Strohhalm und läßt sie auf dem Gesicht genüßlich zerplatzen, wobei sie die Tropfen mit geschlossenen Augen auffängt. Diese Erinnerung spielt auf ihre Kastrationsphantasien und auf ihre Masturbationspraktiken an. Die Seifenblasen sind ein Symbol für den verlorenen Penis und für die männlichen Vorstellungen, auf die sie verzichten mußte. Sie hofft, in der heterosexuellen Beziehung für das Verlorene entschädigt zu werden. Die Heterosexualität wird durch den belebenden Tropfenregen repräsentiert. Aber die Seifenblase stellt auch den Bauch der Mutter dar, den sie zerstört und den sie durch die Rückkehr zu ihr wiederzugewinnen hofft. Die erfrischende Wirkung der Tropfen auf ihrem Gesicht bringt die Patientin mit einer Erinnerung an Brunnen und Seen, das heißt mit mütterlichen Symbolen, in Verbindung. Ihre Phantasie drückt aus, daß sie einerseits glaubt, die Mutter wegen ihres Penismangels verloren zu haben, und andererseits hofft, die ersehnte Zuwendung durch das heterosexuelle, genitale Leben zu bekommen. Im Grunde jedoch sucht sie auch beim sexuellen Partner die Mutter. Das wird durch den Inhalt ihrer unbewußten Phantasien, die sie beim Koitus hat, bestätigt. Sie handeln von oralen Aggressionen und vom Raub des väterlichen Penis. In Wirklichkeit ist ihre ganze Sexualität von starken destruktiven Triebregungen beherrscht, aber die Analyse deckt auf, daß sich hinter ihrem männlichen, dominierenden äußerlichen Gehabe eine zarte und weiche Herzlichkeit versteckt.

Frau Z. war sexuell noch nicht reif, als sie heiratete. Ihr männlicher Protest und ihre unbewußte Fixierung an die Mutter hinderten sie an der passiv-femininen Hingabe an den Ehemann. Die Mutterimago verbot und frustrierte noch immer jede echte persönliche Begierde. Durch die Psychoanalyse entdeckte die Patientin, daß ihre Depression das Ergebnis innerer Konflikte war, die sie früher mit ihrer Mutter hatte. Heute erlebte sie diese Konflikte als an ihren Mann und an die Außenwelt gebunden: Jedesmal, wenn ihre Triebregungen sie den Wunsch nach Unabhängigkeit zeigen ließen, fühlte sie sich vom inneren Bild der frustrierenden Mutter durch Strafe und Verlassenwerden bedroht. Sie unterwarf sich diesem inneren Bild auf Kosten eines Triebverzichts mit einem infantilen Mechanismus, der die Rebellion erstickte und die befreiende Aggression gegen sich selbst richtete. Das ist der Grund für ihre depressiven Krisen und ihre Selbstmordgedanken dann, wenn zum Beispiel der Verlobte ihr vorschlägt, das Datum ihrer Heirat festzulegen. Bei dieser Episode erneuern sich ihre alten Konflikte. Mit der Analyse konnten sie aufgedeckt werden. Die Patientin macht sich von ihrer übertriebenen, reaktiven Männlichkeit frei und beginnt, ihre Weiblichkeit zu entwickeln; ihr Charakter verändert sich. Dadurch entdeckt sie auch ihren Wunsch, Mutter zu werden. Anfangs drückt sie ihn nur sehr schüchtern und ängstlich aus. Sie hat Angst, schwanger zu sein, beobachtet zwanghaft ihre Menstruation und hat dann Alpträume, in denen sie selbst mit einem Idiotengesicht auftritt und von dem Analytiker, der die Mutter darstellt, bedroht wird. Ihre Mutter sprach von Frauen, die schwanger geworden waren, in einem verächtlichen Ton und nannte sie Idiotinnen. Als nächstes verschwinden ihre Frigidität, ihre Verstopfung sowie ihre Periodenschmerzen und -unregelmäßigkeiten. Eine Verspätung der Menstruation läßt den Schluß zu, daß ihre Wünsche, Mutter zu werden, auf den Menstruationsprozeß zurückwirken. Als ihre Regel zwei Monate ausbleibt, stellt sich schließlich heraus, daß sie schwanger ist. Die Schwangerschaft verläuft ohne Komplikationen. In dieser Zeit wird in der psychoanalytischen Behandlung nach und nach die Fixierung an ihre Mutter und das Schuldgefühl abgebaut.

Sehen wir uns im folgenden eine andere Fallgeschichte an. Die 32jährige Frau L. kam in die analytische Behandlung. Seit zwölf Jahren war sie verheiratet und hatte erfolglos versucht, schwanger zu werden. Sie hatte sich bereits allen üblichen gynäkologischen und hormonellen Behandlungen unterzogen. Ihr Ehemann war vollkommen gesund. Frau L. war eine kluge, angenehme und intelligente Frau, die an ihre Lebensumstände gut angepaßt und sexuell nicht gestört war. Als Kind war sie an akuter Polyarthritis (Gelenkentzündung) erkrankt, von der eine Herzschwäche zurückgeblieben war. Als sie in Analyse kam, war ihr Herzleiden schon seit längerer Zeit ausgeheilt. Als Kind hatte sie jedoch sehr unter den Einschränkungen gelitten, die ihr durch ihren Gesundheitszustand auferlegt worden waren. Sie hatte eine ältere

Schwester und zwei jüngere Brüder. Schon sehr früh verliebte sie sich in einen Jugendlichen, den sie später auch heiratete. Ihre Ehe war glücklich; ihr einziges Problem war die Sterilität. Anderen Frauen gegenüber fühlte sie sich minderwertig, und ihrem Mann gegenüber hatte sie Schuldgefühle, denn er wünschte sich ein Kind. Nach neun Monaten Analyse, in denen fast ausschließlich ihre Mutterbeziehung thematisiert wurde, wurde sie schwanger. Die Hauptursache ihrer Sterilität dürfte demnach in der präödipalen Phase zu suchen sein. In den ersten Monaten der Behandlung wurde der Patientin bewußt, wie intensiv ihre Mutterbindung, wie groß ihr Penisneid und ihre Rivalität zu den kleinen Brüdern, wie stark auch ihre Eifersucht gewesen war. Es ist deutlich, daß zwischen diesen Themen ein enger Zusammenhang bestand. Bis zur Empfängnis verstrich dann die Zeit in der Analyse ein wenig eintönig. Nach jeder Menstruation kehrte die Klage wieder, die Mutter sei es, die nicht wolle, daß sie Kinder habe, sie selbst habe keine Schuld daran, daß sie steril sei. Dieser Vorwurf entsprach zum Teil der Wirklichkeit, weil ihre Familie ihr wegen ihres Herzleidens von einer Schwangerschaft abgeraten hatte. Manchmal gab sie auch ihrem Vater oder ihrem Mann die Schuld. Aber es gab Träume, die ein starkes Schuldgefühl und Selbstbestrafungswünsche zeigten und die in Beziehung zur schwangeren Mutter standen. Als Frau L. verstand, daß die Vorwürfe, die sie ihrer Mutter machte, im Grunde ihr selbst galten, wurde sie schwanger. Die Mutter, die ihr verbot, schwanger zu werden, war sie selbst – als Mädchen, das versuchte, der Mutter auf magische Weise weitere Schwangerschaften zu verbieten; Versuche, die sich in den Fällen, in denen die Mutter abtrieb, als erfolgreich erwiesen hatten. Sie war «schuld» an ihrer eigenen Sterilität, weil sie Angst hatte, die beschützende Männlichkeit aufzugeben und auf die Befriedigung ihres Grolls gegen die Mutter nicht verzichten wollte. Noch bevor sie bewußt bemerkte, daß sie schwanger war, verrieten ihre Träume, daß sie etwas Wertvolles besaß, das sie behalten und vor der Analytikerin verstecken wollte. Ihre Angst davor, mir die Schwangerschaft mitzuteilen, war die Angst vor der Rache der Mutter, in die sie ihre eigene Angriffslust, die sie gegen sie im Zustand der Schwangerschaft gespürt hatte, hineinprojizierte.

Die Kranke wurde von ihrer starken oralen Fixierung an die Mutter daran gehindert, schwanger zu werden. Diese Fixierung, möglicherweise Folge des Abstillens und des abrupten Liebesentzugs wegen der neuen Schwangerschaft der Mutter und der Geburt des jüngeren Bruders, war nie ganz überwunden worden. Bei der Geburt eines zweiten Brüderchens lebte das gleiche Trauma noch einmal auf. Außerdem war die Mutter sehr oft schwanger und trieb schon fast gewohnheitsmäßig ab. Das Mädchen muß sie aus diesem Grund sehr gehaßt haben. Dieser Haß verhinderte, daß sie sich mit der schwangeren Mutter identifizieren konnte und stand damit der Mutterschaft im Wege. Die Sterilität war außerdem ein Versuch, das Sexualleben der Eltern, das durch die häufigen mütterlichen Schwangerschaften unter Beweis gestellt wurde, auf magische Weise zu verhindern. Dies sollte geschehen, indem sie sich mit der asexuellen Mutter identifizierte, die keine Kinder haben konnte. Zum Schutz vor ihren Schuldgefühlen verleugnete sie ihre Ablehnung der schwangeren Frau und projizierte sie auf die Mutter. Sie behauptete, daß nicht sie ihrer Mutter das Muttersein verbieten wollte, sondern umgekehrt, daß die Mutter und später ihre Analytikerin ihr nicht erlauben würden, ein Kind zu haben. Der Vater trat in ihren Kindheitskonflikten nur selten auf. Er war ein Mann, der in der Familie keine wichtige Rolle spielte. Die Mutter mußte alles machen. Sie widmete sich den Kindern, dem Haus und dem Geschäft. Für die Kinder hatte sie deshalb nur wenig Zeit. Sie wuchsen in einer Atmosphäre auf, in der sie wenig Zuwendung erhielten. Der Vater konnte ihnen nicht viel geben und entzog ihnen noch dazu die Liebe der Mutter, indem er mit ihr schlief und sie schwängerte. Die Patientin rivalisierte ganz offen mit ihm. Sie empfand ihm und ihren Brüdern gegenüber Penisneid, der in ihren Träumen oft als oraler Neid auftauchte. Auch dieser Neid war ein Hindernis für eine Schwangerschaft. Erst als sie die Hoffnung aufgegeben hatte, eines Tages doch noch zu einem Penis zu kommen und die Mutter zu erobern, konnte sie ein Kind haben.

Mit ihrer Schwangerschaft veränderte sich ihre psychische Lage. Zuerst hatte sie dem Vater gegenüber Schuldgefühle, als ob sie ihm den Penis geraubt hätte. In dieser Phantasie setzte sie einerseits den Fötus mit dem Penis gleich und klagte sich damit auch an, die Mutter ihrer sexuellen Beziehungen zum Vater beraubt zu haben. Sie versuchte, ihre infantilen Wünsche nicht mehr durch die Sterilität, sondern durch die Schwangerschaft zu befriedigen. Später erlebte sie in der Analyse nochmals die Trauer, die sie empfunden hatte, als die Mutter sie verließ. Trotz ihres Herzleidens verkraftete sie die Schwangerschaft gut und brachte das Kind ohne Komplikationen, in bester psychischer Verfassung zur Welt. Sie unterbrach dann ihre Analyse, um sie wiederaufzunehmen, weil sich ihr Herzleiden aufgrund des Abstillens rapide verschlimmerte. Ich werde diese Ereignisse und ihre Ursachen später noch beschreiben.

Kommen wir zur nächsten Fallgeschichte: Frau B., eine physisch gesunde Frau, die eher männlich aussieht, ist 35 Jahre alt und seit 12 Jahren verheiratet. Sie kommt wegen einer schweren Depression mit Angstzuständen, Selbstmordvorstellungen und Zwangsimpulsen in die psychoanalytische Behandlung. Sie hat die Zwangsvorstellung, ihre Familienangehörigen töten zu wollen, vor allem ihre beiden Nichten, die bei ihr leben. Sie war nie schwanger gewesen, hatte sich aus diesem Grund auch schon behandeln lassen, hatte das aber, als sie zu mir in die Analyse kam, schon seit längerer Zeit aufgegeben. Die Kranke war das siebte von elf Geschwistern. Die Analyse deckte auf, daß sie zweimal in ihrem Leben eine praktisch identische Reihe von Traumen durchgemacht hatte. Als sie sechs Jahre alt war, starb ihre Mutter, die sie sehr gern gehabt hatte, bei einer Geburt. Von der Mutter verlassen, wandte sie ihre Liebe dem Vater zu, dessen Lieblingstochter sie war. Aber sie wird von ihm enttäuscht, als er ein Jahr später zum zweiten Mal heiratet. Da sie den Vater auf diese Weise verloren hat, versucht sie, sich mit ihm zu identifizieren. Einen großen Teil der Liebe verschiebt sie auch auf ihren Bruder Juan. Später wiederholen sich diese traumatischen Kindheitserlebnisse: Juan heiratet kurz vor ihr. Und wieder ist es nicht sie, die Kinder bekommt, sondern ihre Schwägerin. Alicia, die Frau des Bruders, bekommt zwei Töchter und hat mehrere Fehlgeburten. Alicia stirbt unter dramatischen Umständen an einer Abtreibung. Die Patientin entscheidet darauf, ihren Bruder und die beiden Nichten bei sich aufzunehmen. Unter großen Opfern widmet sie sich der Aufgabe, die Nichten zu erziehen. Später erfährt sie, daß der Bruder eine Geliebte hat. Sie versucht, ihr aus dem Weg zu gehen, so wie sie auch früher der Stiefmutter aus dem Weg gegangen war. Und außerdem ist sie jetzt «der Mann im Haus», in ihren Händen laufen die Fäden zusammen, sie beherrscht den Ehemann und den Bruder. Einige Jahre später wird María, die Frau ihres jüngeren Bruders, schwanger. Die Patientin leidet zu diesem Zeitpunkt kurzfristig an einer Amenorrhö, wenig später beginnt sie, depressiv zu werden. Ihre Depression erreicht dann ihren Höhepunkt, als María entbinden soll.

In der ersten Phase der Analyse war der Haß das eindeutigste Gefühl, das die Kranke zeigte. Sie haßte Alicia, die verstorbene Schwägerin, und konnte ihren Haß auf die Mutter nur schlecht verdrängen. Sie übertrug ihre Feindschaft auf mich. In ihren Nichten, die bei ihr lebten, und in meinen Kindern haßte sie ihre jüngeren Geschwister. Sie hatte Phantasien, in denen sie die Mädchen oder mich tötete, meine Kinder raubte, folterte usw. Aber zugleich konnte sie sich diesen Haß nicht verzeihen. Sie quälte sich mit melancholischen Selbstvorwürfen und hatte Selbstmordphantasien. Das waren ihre aggressiven Wünsche gegen die introjizierte Mutter. Als kleines Mädchen hatte sie sie sehr gemocht. Trotzdem hatte sie, als die Mutter im Wochenbett starb, keinen Kummer gezeigt. In der ersten Zeit der Analyse machte sie sich wegen ihrer scheinbaren Gleichgültigkeit, die die Folge eines Ambivalenzkonfliktes war, melancholisch Selbstvorwürfe. Später äußerte sie sich bewundernd über die Güte ihrer Mutter, lobte, daß sie dem Vater immer entgegengekommen sei, daß sie bescheiden gewesen war, was für Leiden sie ertragen und welche Opfer sie bringen konnte. Unbewußt lehnte sie all diese Eigenschaften als Zeichen weiblicher Schwäche ab. Sie selbst wäre lieber ein Mann gewesen. Als Kind hatte sie einen Leistenbruch gehabt, der sie beim Spielen und Turnen behinderte. Trotzdem konnte sie sich nicht entschließen, den Leistenbruch operieren zu lassen. Sie beschrieb ihn mit den folgenden Worten: «*Ich schämte mich davor, mich vor anderen Frauen auszuziehen, weil ich das Gefühl hatte, ganz anders zu sein als sie. Ich hatte neben meinen Genitalien eine Beule.*» Die «*Beule*» stellte für ihr Unbewußtes einen versteckten Penis dar. Es bestand noch immer die Möglichkeit, daß der Penis eines Tages herauskommen und sie zum Mann machen würde. Erst als sie bereits verlobt war, verzichtete sie kurz vor ihrer Heirat auf diese Phantasien und entschloß sich zu einer Operation.

Sie hatte sich immer eher männlich verhalten. Aktiv, begabt und tatkräftig wie sie war, war sie der «Mann im Hause». In ihrem Sexualleben war sie de facto frigide, aber sie konnte mehr empfinden, wenn sie die männliche Position einnahm. In ihrer Depression hat sie scheinbar die männliche Rolle aufgegeben. Sie verstand nicht mehr, daß sie früher so selbständig sein konnte. Bewußt wünschte sie nichts sehnlicher, als schwanger zu werden. Sie sprach oft davon, sich einer weiteren gynäkologischen Behandlung zu unterziehen. Unter anderem meinte sie, daß ein eigenes Kind ihre Rettung wäre. Aber immer assoziierte sie Geburt mit Tod. Bezeichnend war ihr Versprecher, als sie Weihnachten mit Karfreitag verwechselte und behauptete, Jesus sei am 24. Dezember gestorben. Außerdem brachte sie den Tod des Sohnes mit dem möglichen Tod der Mutter in Verbindung. Sie fragte mich oft nachdrücklich, ob die psychoanalytische Behandlung ihre Sterilität heilen könne. Sie fürchtete, daß ich, als Repräsentantin ihres mütterlichen Über-Ichs, von ihr fordern könnte, schwanger zu werden. Aber während sie von der Zukunft und von ihrer möglichen Schwangerschaft sprach, wurde ihre Depression immer stärker. Sie dachte an Selbstmord, aggressive Vorstellungen beschäftigten sie. Eines Tages phantasierte sie: «*Ich werde mit Hilfe dieser Behandlung schwanger werden, aber ich werde mich trotzdem umbringen.*» Da begriff ich, daß Schwangerwerden für sie bedeutete, die Mutter zu introjizieren und sie von neuem umzubringen, indem sie selbst starb. Ich erklärte ihr, daß keine

Notwendigkeit bestünde, ein Kind zu haben. Ebensogut könne sie auch gesund werden, nützlich und produktiv sein, ohne ein Kind zu bekommen. Die Patientin beruhigte sich sichtlich. Ich deutete auch die Schuldgefühle, die sie für den Tod der Mutter empfand, ihre Angriffslust gegen diese und ihre unbewußte Angst, daß sie bei der Geburt sterben könnte.

Dann begann in der Analyse eine neue Phase. Die Melancholie von Frau B. verschwand praktisch von einem Tag auf den anderen vollständig, und die Patientin begann, die Fixierung an ihren Bruder Juan aufzuarbeiten. Von ihrem Vater war sie durch seine zweite Heirat enttäuscht worden, und sie hatte ihre kindlichen heterosexuellen Gefühle aus dem positiven Ödipuskomplex auf den Bruder übertragen. Die Schuldgefühle für diese Fixierung waren zwar nicht direkt Ursache für ihre Depression, aber sie waren doch mitverantwortlich für die Sterilität. Manchmal sagte sie in der Sitzung: *«Wenn Juan aus dem Haus wäre, könnte ich Kinder haben.»* Diese Vorstellung kehrte auch in den Träumen wieder. Ebenfalls in Träumen äußerte sich die große Enttäuschung, die Juan ihr bereitet hatte, indem er sich nach dem Tod seiner Ehefrau mit einer anderen Frau eingelassen hatte. Für die Kranke wiederholte sich damit die Enttäuschung, die sie als Kind anläßlich der zweiten Heirat ihres Vaters erlebt hatte. Was sich ebenfalls wiederholte, war ihre Ablehnung der Weiblichkeit. Während der Adoleszenz hatte sie den Eindruck gehabt, Juan sei männlicher als ihr Ehemann. Jetzt sieht sie aber, daß auch er kein richtiger Mann ist und daß sie selbst viel aktiver ist und sich im Leben viel besser schlägt als er. Sie erinnert sich, einmal in einer Zeitung gelesen zu haben, daß eine Frau durch eine Operation ihr Geschlecht gewechselt habe. Sie macht die Beobachtung, daß die Frauen in ihrer Familie dem Vater ähnlicher seien als die Söhne und daß sie auch mehr taugten. Während ihrer Depression identifizierte sie sich manchmal mit einer Verwandten, die in einem Anfall von Verrücktheit halbnackt auf die Straße gerannt war und ihre blutigen Monatsbinden herumgezeigt hatte. Diese Frau hatte sich später das Leben genommen. Sie zeigt mit dieser Assoziation einmal mehr, daß für sie eine sehr enge Verbindung zwischen

Weiblichkeit, Verrücktheit und Tod besteht. Neue Erinnerungen und Träume tauchen auf, die mit der Menstruation und zum Teil direkt mit Juan zusammenhängen. Wie ich bereits gesagt habe, starb Juans Frau an den Folgen einer Abtreibung. Die Patientin befürchtet deshalb, daß Juan auch sie menstruieren, abortieren und sterben lassen würde, wenn er die aktivere Rolle in ihrer Beziehung einnähme. Die Fixierung an Juan beinhaltet zwei Gefahren: Zum einen ist es gefährlich, sich ihm hinzugeben, und zum anderen riskiert sie, die Strafe der Mutter auf sich zu ziehen, weil sie ihr Juan, das Vatersubstitut, wegnehmen will. Der erste Konflikt wird einstweilen gelöst, indem sie Juan gegenüber eine aktive Haltung einnimmt. Sie beschützt und beherrscht ihn; und in ihren Träumen kastriert sie ihn. Das zweite Problem ruft in der Analyse einen zähen Widerstand hervor. Sie erlebt in der Übertragung den Wunsch, der Mutter den Vater oder seinen Penis zu rauben: Sie möchte mir etwas wegnehmen, oder sie wehrt diesen Wunsch ab und kehrt ihn um. Dann verdächtigt sie mich, ihr etwas Wertvolles wegnehmen zu wollen. Sie möchte die Analyse abbrechen, weil sie ihr zu teuer erscheint. Zu Geld assoziiert sie Kot und den Penis des Bruders. Sie träumt, sie sei zu mir gekommen, um mir zu sagen, daß sie eine gute Stelle gefunden habe; dann gehe sie weg, und erst als sie schon weit weg sei, fällt ihr auf, daß sie meinen ältesten Sohn mitgenommen habe. Sie träumt weiter, daß sie zurückkommt und mich im Hausflur eines alten Hauses findet. Sie gibt mir das Kind zurück. Die Analytikerin im Hausflur stellt ihre Mutter dar; das Kind sowohl einen Sohn ihrer Mutter als auch den Penis von Juan oder den des Vaters, der größer ist als der ihres Mannes. Der Traum wird gedeutet: Sie möchte die Analyse aufgeben, weil sie fürchtet, ich könnte entdecken, daß sie die Absicht hat, mich zu berauben. Sie möchte eine gute Stelle haben, damit sie Macht (Geld) hätte und eine männlichere Aufgabe übernehmen könnte. Genau so hatte sie sich in ihrer Kindheit – in bezug auf die Mutter – des Platzes des Vaters bemächtigen wollen. In dieser Absicht raubt sie der Mutter oder mir den Penis des Vaters, Juans, oder meines Sohnes. Sie sieht sich gezwungen, diese männliche Haltung einzunehmen, weil sie keine Frau ist wie ihre Mutter oder wie ich; sie hat keine Kinder! Da versucht sie eben, Kinder zu stehlen: Diese Lösung scheitert aber, denn mit dem Raub zerstört sie die Mutter und sich selbst. (Sie führt ihre Krankheit darauf zurück, daß sie die Kinder ihrer verstorbenen Schwägerin bei sich aufgenommen hat.) Es bleibt ihr keine Wahl; sie muß ganz auf ihre Weiblichkeit verzichten, das Geraubte zurückgeben und eine männliche Haltung einnehmen. Als sie verstanden hat, daß ich nicht von ihr verlange, daß sie sich von Juan trennt, schätzt sie mich plötzlich ganz anders ein. Ich komme ihr zwar wohlmeinend vor, aber schwach und unterwürfig; so, wie ihre Mutter war. Nach und nach kommt sie in eine leicht manische Phase. Sie fühlt sich sehr wohl und ist aktiv. Aber sie ist sehr angriffslustig. Sie legt sich beispielsweise mit den Nachbarn an, weil diese die Blumen auf der Terrasse gießen, ohne aufzupassen, daß das Wasser nicht auf den Bürgersteig tropft. Zu diesem symptomatischen Protest sagt sie: sie will nicht, daß man sie naß macht, weil sie nicht wie eine Frau behandelt werden will. Sie möchte die Familie beherrschen und den Platz einnehmen, den früher der Vater innehatte. Unbewußt zweifelt sie aber an ihrer Kompetenz und versteht, wie die Deutung eines biographischen Traumes zeigte, daß sie krank geworden war, weil sie nacheinander die Rolle der Mutter, des Vaters und der beiden Frauen ihres Bruders hat spielen wollen, während sie jetzt den Platz des Schwagers einnehmen möchte, der ein bißchen der Diktator der Familie ist. Sie mischt sich ungebeten in alle Familienangelegenheiten und entfaltet eifrige Geschäftigkeit. Mit den beiden Nichten geht sie noch aggressiver um als vorher, was sich als weiteres Symptom erweist. Sobald sie eine männliche Haltung einnimmt, verstärkt sich ihre Homosexualität. Sie besteht nämlich nicht mehr darauf, daß Juan bei ihr bleibt, aber sie will die Nichten bei sich behalten. Um sich dagegen zu wehren, daß die homosexuellen Gefühle stärker werden, ist sie zu den Mädchen, die für ihr Unbewußtes der Mutter und der Schwägerin entsprechen, sehr aggressiv. In einem Traum sieht sie das ältere der Mädchen in einer provozierenden Haltung auf dem Bett ihrer Mutter schlafen. Die Patientin assoziiert, daß das Mädchen jetzt der verstorbenen Schwägerin sehr ähnlich sei. Dann phantasiert sie, sie habe mich in derselben provozierenden Haltung schlafen gesehen. Zum gleichen Zeitpunkt tauchen aggressive Vorstellungen von schwangeren Frauen auf. Sie glaubt sich zu erinnern, wie seltsam ich ausgesehen hätte, als ich schwanger war. (Dabei hat sie mich in diesem Zustand nie gesehen!) Sie glaubt, ihre Nichten seien an jungen Männern allzu interessiert, obwohl sie ihnen doch eine gute Erziehung hat angedeihen lassen. Sie meint, die Kinder müßten für die Sünden der Eltern büßen und mit den Mädchen würde es ein böses Ende nehmen. Aus ihren Einfällen und ihren Träumen schließe ich, daß sie sehr eifersüchtig war auf ihre Schwägerin, als diese schwanger war. Sie wollte sich für ihre Treulosigkeit rächen, indem sie die beiden Nichten adoptierte, um sie zu verderben.

Die Kranke hat diese Deutung nach und nach verarbeitet, sie sich zu eigen gemacht und änderte ihre Haltung den Mädchen gegenüber. Sie ist nun nicht mehr aggressiv, sondern sie behandelt sie herzlich. Sie nimmt auch wieder eine passivere Haltung ein. Sie fühlt sich sehr wohl und möchte die Analyse aufgeben, weil sie denkt, sie sei geheilt.

Am 1. Juni hat sie die Menstruation bekommen, am nächsten Tag erfährt sie, daß ihr Vater an einer Prostatahypertrophie (krankhafte Vergrößerung der Prostata) schwer erkrankt ist. Sie hat zu diesem Zeitpunkt das elterliche Haus seit zwölf Jahren nicht mehr betreten, weil ihr Vater sich gegen ihre Heirat gestellt hatte. Nun versöhnt sie sich mit ihm und der Stiefmutter. Ihr kommt der Prostatatumor wie eine Kastration des Vaters vor. Sie versteht sich sehr gut mit den Eltern und gestattet es sich zum ersten Mal, mit den Nichten liebevoll umzugehen. Eine der Nichten bemerkte: *«Ich weiß nicht, was mit der Tante los ist. Sie hat sich ganz verändert, sie ist ja weich wie Seide.»* Zu der gleichen Zeit, als sie von der Krankheit ihres Vaters erfährt, erfährt sie, daß ihre Schwägerin María wieder schwanger ist. Das Ausbleiben der Regel Ende Juni beachtet sie nicht. Ihre Krankheit hatte ja mit einer Amenorrhö angefangen, als diese Schwägerin zum ersten Mal schwanger war. Trotzdem beginnt sie, nach und nach an eine

Schwangerschaft zu denken, aber sie weist diese Möglichkeit von sich. In den Träumen tauchen wieder Selbstvorwürfe und eine gewisse Ambivalenz auf, aber die Patientin verschließt sich jeder tieferen Deutung. Sie möchte unbedingt die Analyse beenden. Einige Tage nach meinem Vorschlag, einen Friedmann-Test zu machen, träumt sie, sie sei eilig eine große Treppe heruntergekommen. «*Im Hof sind einige Frauen, die Turnübungen machen. Ich schleiche hinter dem Rücken der Gymnastiklehrerin herein und mische mich unter die Turnerinnen.*» «*Die Treppe rasch herunterkommen*», deute ich als «*die Analyse bald abschließen.*» Das Gebäude erinnert sie an die Frauenklinik. Die Frauen, die Übungen machen, sind Frauen, die gerade gebären, und die Lehrerin ist die Analytikerin. Sie möchte Mutter werden, ohne daß ich sie dabei sehe. Sie entschließt sich dann endlich, einen Friedmann-Test zu machen, und in der letzten Sitzung teilt sie mir den positiven Befund mit. Sie verabschiedet sich freundschaftlich. Zwei Wochen später verliert sie das Kind. Als sie sich erholt hat, kommt sie zu mir. Wir unterhalten uns. Sie gesteht, daß sie die Fehlgeburt wahrscheinlich unbewußt provoziert habe. Sie ist ganz ruhig und gefaßt und hofft, bald wieder schwanger zu werden. Sie gibt zu, daß sie das Kind nicht haben wollte, weil dies ein «*Triumph der Analyse*» gewesen wäre. Ich wollte nicht mehr tiefer in sie eindringen, aber wenn ich ihre letzten Träume noch einmal anschaue, so scheint mir folgendes klar zu sein: Das Kind, das während der Analyse gezeugt worden war, war für sie ein Kind, das sie der Mutter geraubt hatte, wohl auch deshalb, weil die Analyse von einer Tante, einer Schwester der verstorbenen Mutter, bezahlt wurde. Außerdem gönnte sie mir wegen ihrer Ambivalenz die Befriedigung nicht, die für mich ein «*Triumph der Analyse*» gewesen wäre. Während der folgenden Monate sahen wir uns ab und zu und sprachen über die Gründe für ihre Fehlgeburt. Ein Jahr später wurde sie wieder schwanger, genau an meinem Namenstag, wie sie selbst bemerkte. Die Schwangerschaft verlief ohne Komplikationen, und nach vier Jahren bekam sie ein zweites Kind.

Ich fasse die klinische Fallgeschichte von Frau B. zusammen. Als Mädchen ist sie oral an die Mutter fixiert, die sie wegen ihrer

Untreue, die sich in mehreren Geburten manifestiert, haßt. Als die Mutter dann stirbt, fürchtet sie, an diesem Unglück schuld zu sein, das heißt, sie glaubt, sie könnte sie durch Magie, durch die Kraft ihres Hasses, getötet haben. Mutterschaft und Tod sind seither in ihrem Unbewußten eng miteinander verbunden. Weil sie Liebe braucht, wendet sie sich auf weibliche Weise dem Vater zu. Dieser weist sie ab, indem er wieder heiratet. Sie fühlt sich entwertet und nimmt eine männliche Haltung ein, indem sie sich mit ihm identifiziert. Damit wehrt sie gleichzeitig die gefährliche Identifikation mit der toten Mutter ab. Sie schützt sich gegen deren Strafe, die innere Zerstörung und den Tod, und überwindet die Enttäuschung, die sie mit dem Vater erlebt hat. Aber ihre Haltung ist noch nicht endgültig. Für ihren Bruder hat sie weibliche Gefühle. Die Schwangerschaften der Schwägerin und deren Tod infolge einer Abtreibung lassen die kindlichen Erfahrungen nochmals aufleben. Daß sie sich dazu entschließt, ihre sündhaften Phantasien zu verwirklichen und den Bruder mit seinen Töchtern, den Kindern der verstorbenen Schwägerin, zu sich zu nehmen, erschwert ihren Konflikt. Unbewußt meint sie, ein neues Verbrechen begangen zu haben: In der Person der Schwägerin hat sie ihre Mutter von neuem getötet, und zusätzlich hat sie ihr den Ehemann, ihren Bruder, und die Kinder weggenommen. Eine andere Frau hat mit dem Leben bezahlt, und sie hat die Kinder bekommen. Sie mußte sich nicht selbst der Lebensgefahr, die eine Geburt bedeutet, aussetzen. So viel Schuld hat sie auf sich geladen, daß sie sich nur noch mit der Sterilität vor Strafe schützen kann. Die Schwägerin María ist wieder eine mütterliche Figur, die Frau B. aus diesem Grunde liebt und haßt, das heißt, der gegenüber sie ambivalente Gefühle hat. Angesichts des drohenden Verlustes von María (aufgrund der Schwangerschaft), introjiziert sie die Schwägerin und erkrankt an Melancholie.

Ich werde noch einen Fall vorstellen, allerdings sehr verkürzt. Das Material stammt von Dr. Wencelblat, dem ich an dieser Stelle auch sehr danke. Es handelt sich um eine junge Frau, A. N., die 23 Jahre alt und seit drei Jahren verheiratet ist. Sie machte die Analyse wegen ihrer Sterilität, die sie bereits erfolglos durch verschiedene gynäkologische Kuren zu behandeln versucht hatte. Aufgrund der analytischen Behandlung konnte sie die Ursachen ihrer Sterilität verstehen, und sie wurde schwanger. A. N. war das zweite von fünf Geschwistern. Sie wurde wegen einer neuen Schwangerschaft der Mutter abrupt und früh abgestillt. Als sie drei Jahre alt war, kam noch ein Geschwister zur Welt, ein Bruder. Die Menarche hatte sie bereits mit zehneinhalb Jahren. Einige Zeit danach wurde ihre Mutter wieder schwanger. Wegen eines Abtreibungsversuches mußte sie in sehr besorgniserregendem Zustand ins Krankenhaus eingeliefert werden. Als sie wieder gesund war, sah sie voller Schrecken von weiteren Abtreibungsversuchen ab und trug das Kind aus. Sie hatte eine schwere Geburt, es mußte ein Kaiserschnitt gemacht werden. Als die Wehen einsetzten, war A. N. allein mit der Mutter. Diese bat sie, ihr den Nachttopf zu geben und A. N. sah entsetzt, daß sie ihn mit Blut füllte. Nach der Entbindung der Mutter bekam A. N. eine Bauchfellentzündung und mußte sich einem chirurgischen Eingriff unterziehen.

Sie erinnerte sich in der Analyse, wie sie den Vater um den Platz bei der Mutter im Ehebett beneidet hatte. Ihn hatte sie nicht besonders gemocht. Er hatte im Familienleben immer nur die zweite Rolle gespielt. Die Gefühle, die ursprünglich dem Vater gegolten hatten, hatte A. N. auf den älteren Bruder verschoben. Sie liebte es, wie ein Junge mit ihm und seinen Freunden zu spielen. Eigentlich hatte sie sich nie richtig als Frau gefühlt.

Mit der Analyse wurde geklärt, wie sie die Ereignisse ihrer Kindheit erlebt hatte. Es wurde aufgedeckt, daß das jähe Abstillen eine große Enttäuschung gewesen war, die den oralen Neid verstärkt hatte. Sie reagierte darauf mit Feindseligkeit der schwangeren Mutter gegenüber. Die zweite Schwangerschaft der Mutter, ein Jahr später, ließ dieselbe Situation noch einmal aufleben. Wir haben bereits bei Silvia, der Patientin von Edith Jacobson, gesehen, wie sich bei der Geburt von männlichen Geschwistern der ursprünglich orale Neid – sie beneidete die Brüder, weil die Mutter ihnen die Brust gab – in Penisneid verwandelte. Dies geschah auch bei A. N. Sie haßte die schwangere Mutter und phantasierte, den Fötus in ihr zu zerstören. Als ihr Bruder zur Welt kam und die Mutter ihn stillte, haßte und beneidete sie ihn. Später verschob sie diesen Neid auf seinen Penis. Sie schwankte zwischen Versuchen, sich mit den Brüdern zu identifizieren –beneidete sie um ihr Geschlecht – oder verdrängte ihre Rivalität und zeigte sich ihnen gegenüber sehr liebevoll. Als sich die Mutter um die Brüder kümmerte und sie sich verlassen fühlte, versuchte sie, die Mutter ihrerseits zu verlassen und sich mit ihrer Liebe an den Vater zu wenden. Aber er war derart gleichgültig, daß ihr das nicht gelang. Sie verdrängte ihre Gefühle für ihn, und von da an verachtete sie das genitale Leben ihrer Eltern. Sie kehrte zu ihrer frustrierenden und aggressiven Mutter zurück, der sie sich in der Folge demütig unterwarf. Es gelang ihr nicht, sich mit ihr zu identifizieren, denn sie zweifelte daran, ob sie noch Frau sein könne, ob ihre Mutter sie nicht für ihre feindlichen Wünsche gegen sie als Schwangere bestraft habe, indem sie ihre Weiblichkeit zerstörte. Weil sie an ihrer unversehrten Weiblichkeit zweifelte und Angst vor der Rache ihrer Mutter hatte, bestärkte sie ihre männliche Position und betonte den Penisneid. Daß dieser aber sekundär war und sie im Grunde noch immer eine Frau zu sein wünschte, wurde an ihrem Verhalten bei der Menarche erkennbar. Eine ähnliche Reaktion haben wir bereits in anderen Fällen, bei Ana und Berta, beobachtet. A. N. erzählte in der Analyse, daß die Menarche sie nicht erschreckt habe, die Mutter habe ihr bereits erklärt, daß dies geschehen würde. Außerdem freute sie sich darüber, daß sie jetzt so war wie die Mutter, das Dienstmädchen und die anderen Frauen. Das heißt, daß sie ihre Weiblichkeit mit Erleichterung und Freude annahm, als sie begriff, daß ihre Mutter ihr verziehen hatte und ihr erlaubte, Frau zu sein und daß ihre Zeugungsfähigkeit unversehrt war. Aber das änderte sich von Grund auf, als ihre Mutter nochmals schwanger wurde. Die Erkrankung der Mutter als Folge eines gescheiterten Abtreibungsversuchs erfüllte A. N. mit Angst und Schuldgefühlen. Für ihr Unbewußtes entsprach diese Erkrankung der späten Verwirklichung ihrer bösen Gedanken, die sie früher gehabt hatte. Es war, als ob die Mutter versucht hätte abzutreiben und sich dabei Schaden zugefügt hätte, weil

A. N. sich dies als Kind gewünscht hatte, weil sie die Mutter mit ihren Schwangerschaften gehaßt hatte. Daß sie miterlebte, wie die Mutter blutete, als die Wehen anfingen, daß die Mutter ins Krankenhaus eingeliefert werden mußte und daß das Kind durch Kaiserschnitt zur Welt kam, vergrößerte ihr Schuldgefühl und ihre Angst davor, Frau zu sein. Sie bestrafte sich mit der Bauchfellentzündung. Jetzt mußte auch sie eine Unterleibsoperation über sich ergehen lassen. Das war für sie die beste Methode, ihre Schuld abzubüßen. Sie hatte sich für den Kaiserschnitt der Mutter verantwortlich gefühlt, jetzt geschah ihr dasselbe, auch ihr mußte man den Bauch aufschneiden. Nach der Operation mußte ihr die Mutter heiße Klistiere machen, was sehr weh tat. Sie hatte solche Schmerzen, daß die Mutter wiederholt zu ihr sagte: *«Mit diesen Schmerzen hättest Du schon zwei Kinder zur Welt bringen können.»* Die von der Mutter vollstreckte Strafe bestand darin, daß sie sie so leiden ließ, wie sie selbst bei der Geburt gelitten hatte, daß sie dieselben Risiken wie die Mutter einzugehen hatte, ohne daß sie mit dem Glück, ein Kind zu haben und Frau zu sein, entschädigt worden wäre.

A. N. betrachtete die Menarche als Zeichen dafür, daß die kindlichen Aggressionen gegen die Mutter abgebüßt und verziehen seien. Jetzt hätte sie auf ihre männliche Abwehr verzichten können, denn wenn sie den anderen Frauen gleich war, brauchte sie ihren Vater und die Brüder um den Penis nicht zu beneiden. Sie wußte, daß sie später die Früchte des eigenen Geschlechtes genießen konnte. Aber die mißglückte Schwangerschaft der Mutter ließen das Schuldgefühl und die sich daraus ergebenden Ängste wieder in ihr aufsteigen. Sie strafte sich mit der Bauchfellentzündung und suchte wieder Zuflucht bei der männlichen Abwehr. Sie zweifelte an ihrer Fähigkeit, Frau zu sein; und sie fürchtete auch, es zu sein, weil dies das Leid und die Zerstörung bedeutet hätte, die der Mutter real und noch viel mehr in ihrer Phantasie zugestoßen waren. Deshalb wurde sie steril. Indem sie mit ihrem Mann zusammenlebte, ohne Kinder zu haben, konnte sie verleugnen, daß sie ein Sexualleben führte und Handlungen beging, die ihr bei den Eltern so verachtenswert vorgekommen waren. Wenn A. N. einen starken und liebevollen Vater gehabt hätte, der sie gegen ihr unbewußtes Bild der bösen und zerstörten Mutter hätte verteidigen können, wäre ihre Geschichte sicher anders verlaufen. Als sie diese väterliche Figur in ihrem Analytiker gefunden hatte, konnte sie schwanger werden.

Wir werden sehen, welche allgemeingültigen Folgerungen aus den Fallgeschichten gezogen werden können. Ich greife dafür nochmals auf den Fall zurück, mit dem ich dieses Kapitel eingeleitet habe. Ich war von dieser sterilen jungen Frau sehr beeindruckt, weil sie mir bereits in den ersten Stunden ihrer Analyse die wichtigsten Ursachen ihrer Sterilität mitteilte. Sie hatte die intuitive Einsicht, daß ihre Sterilität von dem Konflikt, den sie mit ihrer Mutter hatte, verursacht war. Daß sie von den Schwangerschaften der Mutter *«besessen»* gewesen war, brachte sie mit ihrem kindlichen Versuch in Verbindung, über den Zustand der Mutter Auskunft zu erhalten, indem sie ihr auf den Bauch schlug. Sie erzählte dies jedoch ohne sich bewußt zu sein, daß sie damit die Hauptquelle ihres Konfliktes verriet, nämlich ihren Groll wegen der Schwangerschaften ihrer Mutter und ihre Aggressivität gegen die schwangere Mutter.

Im ersten Traum machte sie die Mutter für ihre Sterilität verantwortlich. Die offensichtlich irrationale Anklage kam aus ihrem Unbewußten und kann in unsere logische Sprache so übersetzt werden: *«Ich schlug auf den Bauch meiner schwangeren Mutter, um ihr zu schaden und den Fötus zu zerstören; sie hat meine bösen Absichten erkannt und verbietet mir deshalb jetzt, wo ich selbst erwachsen bin, schwanger zu werden.»* Das ist aber nur einer der Gründe, weshalb die Mutter dafür verantwortlich zu sein scheint, daß sie steril ist. Im zweiten Traum werden weitere typische Ursachen aufgedeckt. Der erste Teil des Traumes zeigt die orale Unersättlichkeit der Kranken sehr deutlich (der Teig, der unendlich viel Milch aufsaugt). Diese könnte aufgrund eines realen Nahrungsmangels entstanden sein. Die Ursache kann aber auch in der inneren Gier oder dem Mangel an Zuwendung liegen, die vom Säugling benötigt wird und die er in oralen Bildern wahrnimmt. Die Unersättlichkeit wird später oft auf das Genitale verschoben und äußert sich dann als scheinbare sexuelle Unersättlichkeit.

Das zweite Traumsegment zeigt, welche Folgen die erlebten Enttäuschungen mit der Mutter hatten, und wie es sich auswirkt, wenn ein guter Vater fehlt. Die emotionale Unsicherheit zwingt das Mädchen, in erotischer Hinsicht an der Mutter festzuhalten. Es hofft, sie auf diese Weise bewahren und zufriedenstellen zu können. Ein weiteres Detail in der Geschichte dieser jungen Sterilen ist typisch. Viele Wissenschaftler haben es konstatiert, ohne daß jemals versucht worden wäre, es zu erklären. Die junge Frau sagte mir, daß sie am Anfang ihrer Ehe keine Kinder gewollt habe. Erst später, als sie Kinder wollte, habe sie überhaupt bemerkt, daß sie steril sei. Das kann tatsächlich in den Fallgeschichten vieler Steriler beobachtet werden: Zu Beginn ihres Sexuallebens werden verschiedene Verhütungsmittel benützt, und wenn sie dann später wegen ihrer Sterilität den Gynäkologen aufsuchen, sagt er zu ihnen: *«Das kann eben passieren, wenn man in die Naturvorgänge einzugreifen versucht. Mit der Natur ist nicht zu spaßen, und jetzt rächt sie sich.»* Die Frau nimmt diese Erklärung oft unterwürfig an. Auch ich halte sie für richtig, allerdings nur dann, wenn sie durch eine Erläuterung von ihrem mystischen Gehalt befreit wird. Wenn wir den Begriff Natur durch den der Mutter ersetzen – eine symbolische Gleichung, die auch andernorts anzutreffen ist – wird klar, daß sowohl der Gynäkologe als auch die sterile Frau das Problem instinktiv erfaßt haben. Sie versteht, daß sie keine Kinder haben kann, weil sie gegen die Mutter rebelliert hat. Sie wollte nicht, daß die Mutter Kinder empfängt; jetzt rächt sich die Mutter und erlaubt der Tochter nicht, selbst Mutter zu werden.

Die Frau also, die später alles dafür tut, um von der Sterilität befreit zu werden und die bei jeder Menstruation schwer deprimiert ist, war häufig die ersten Jahre ihres Sexuallebens von der Angst schwanger zu werden wie besessen und hat jedesmal sehnsüchtig darauf gewartet, daß ihre Regel pünktlich kommt. Es sieht so aus, als ob schon allein die Vorstellung, jemals schwanger werden zu können, bei ihr die gleiche Angst entfesselt hätte wie später die Sterilität. Das zeigt, daß diese Frauen, schon bevor sie die Sterilität überhaupt festgestellt haben, Schwierigkeiten mit ihrer Zeugungsfähigkeit hatten. Außerdem wird klar, daß die

Schwangerschaft, die offensichtlich jetzt so sehr gewünscht wird, zu einem früheren Zeitpunkt etwas war, wovor sie Angst hatten; dies würde erklären, daß die Frauen, obwohl sie eine Schwangerschaft jetzt bewußt herbeisehnen, unbewußt noch immer alle psychosomatischen Mittel einsetzen, um sie zu verhindern. Daraus schließe ich, daß die Schwangerschaft für diese Patientinnen nicht einfach ein biologischer Vorgang ist, der dazu bestimmt ist, eine Geburt vorzubereiten, sondern daß er für sie die Bedeutung einer großen Gefahr hat. Sie bringt große Leiden mit sich, die bis zur Zerstörung ihrer Weiblichkeit oder gar zum Tod führen können. Wenn sich diese Frauen trotzdem dazu entschließen können, ein Kind zu haben, aber daran scheitern, macht ihnen die Sterilität solche Angst, weil sie sie als Beweis dafür betrachten, daß sie innerlich zerstört sind, was ihnen als gerechte Strafe für ihre infantile Feindschaft erscheint. Die Sterilität ängstigt sie, weil sie Beweis ihrer Schuld ist. Die sterile Frau, die schwanger werden möchte, schwankt oft zwischen zwei Einstellungen, die sie beide gleichermaßen peinigen: Sie fürchtet zu menstruieren, weil das ein Beweis ihrer Sterilität und ihrer Schuld wäre. Sie fürchtet aber ebenso das Ausbleiben der Regel, das Zeichen einer Schwangerschaft, weil dann die Möglichkeit besteht, daß sie ihre Strafe erst jetzt erleiden soll. Deshalb geschieht es häufig, daß eine Frau, die steril war, sich gar nicht freut, wenn sie endlich schwanger geworden ist.

Ein Moment, das m. E. für die Lebensgeschichte steriler Frauen typisch ist, fehlt in unserer «typischen Fallgeschichte», aber ich habe bereits darauf hingewiesen. Es ist das tragische Ereignis in der Kindheit, das das Mädchen glauben macht, sein Haß habe auf magische, allmächtige Weise gewirkt. Ein solches Ereignis gibt es im Leben einiger Patientinnen, die ich vorgestellt habe. Silvia haßte ihre Geschwister und neidete ihnen das Essen, das sie von der Mutter bekamen. Ihr Brüderchen starb an einem tragischen Unfall. Es schnitt sich mit der zerbrochenen Milchflasche in den Finger. Da es stark blutete, brachte die Mutter es zum Arzt. Dieser betäubte es, um die Wunde zu nähen. Das Kind starb in der Narkose. Das heißt, es starb, weil es die Milchflasche nahm, die Silvias

Neid erregt hatte. Frau L. war als Mädchen an einer Arthritis erkrankt und hatte ein Herzleiden. Als sie später ihre Eltern sagen hörte, daß sie wegen ihres kranken Herzens nicht heiraten und schon gar keine Kinder haben sollte, hatte sie das Gefühl, daß ihr Haß gegen die Mutter mit ihrem Sexualleben und ihren Kindern so groß und gefährlich gewesen sein muß, daß Gott (hier durch die Eltern dargestellt) sie so hart bestrafte. Als Mädchen hatte Frau B. die Mutter unbewußt ihrer Schwangerschaften wegen gehaßt. Sie starb bei der Geburt des elften Kindes. Das seiner Mutter beraubte Neugeborene starb ebenfalls, nur wenige Monate später. A. N. hatte in ihrer Kindheit gewünscht, daß ihre Mutter das Kind verliere, oder daß sie sterbe, bevor sie neuen Geschwistern das Leben schenke. Als A. N. schon geschlechtsreif war, wäre ihre Mutter beinahe an einem Abtreibungsversuch gestorben und hatte dann eine überaus schwere Geburt mit Kaiserschnitt. Das Mädchen fühlte sich für das schreckliche Geschehen verantwortlich.

In allen Fallgeschichten von sterilen Frauen, die uns zur Verfügung standen, können bestimmte, typische Momente beobachtet werden. Wenn es auch etwas gewagt erscheinen mag, aus nur fünf Fällen allgemeine Feststellungen abzuleiten, werde ich das, was ich als typisch erachte, in einem Schema darstellen, das selbstverständlich modifiziert werden sollte, sobald neue Erkenntnisse vorliegen.[9]

Name:.....................	*Silvia*	*Frau Z.*	*Frau L.*	*Frau B.*	*A. N.*
Familienkonstellation: Mutter zentral, Vater unwichtig	ja	ja	ja	ja	ja
Frustration in der oralen Phase	ja	—	ja	ja	ja
aufgrund der Geburt jüngerer Geschwister	ja	—	ja	ja	ja
Haß auf die schwangere Mutter	ja	—	ja	ja	ja
Ereignisse, die den Glauben an die Wirksamkeit des Hasses bestätigen	ja	—	ja	ja	ja
Resultat 1.	Die Identifikation mit der schwangeren Mutter wird als gefährlich abgelehnt				
Resultat 2.	STERILITÄT				
Mechanismus, mit dem die erreichte Lösung aufrechterhalten wird.	Infantilität und Vermännlichg	Vermännlichung	Vermännlichung	Vermännlichung	Vermännlichung

Das Schema zeigt, daß wirklich viele der Faktoren in den Krankengeschichten übereinstimmen. In allen treffen wir auf die bekannte Familienkonstellation: Die Mutter ist die zentrale Figur, während der Vater eine relativ unwichtige Rolle spielt. Dieser Konstellation begegnen wir aber bei der Mehrzahl der Neurotiker und Psychotiker, was auch sehr einleuchtend ist. Das kleine Kind ist von seiner Mutter vollkommen abhängig. Sie ist sein einziges Liebesobjekt. Aber weil es so abhängig ist und weil es gezwungenermaßen von ihr enttäuscht wird, richtet sich auch der ganze Haß des Kindes und die sich daraus ergebende Angst auf sie. Ein Kind, das einen Vater hat, der ein zweites Liebesobjekt abzugeben vermag, das ebenso wichtig werden kann wie die Mutter, wird sich viel leichter von der Mutter lösen und es wird besser mit seinen Gefühlen und Ängsten umzugehen verstehen. Wenn es aber in der frühen Kindheit eines solchen Vaters oder eines anderen Ersatzobjektes entbehrt, wird es ihm kaum gelingen, sich aus dieser großen Abhängigkeit zu befreien; es wird später neurotisch.

Zur zweiten Zeile des Schemas: Alle unsere Patientinnen sind während der oralen Phase, das heißt im ersten Lebensjahr, frustriert worden. Dieser Faktor ist für das Bild der Sterilität bereits viel spezifischer, obwohl er ebenfalls häufig bei anderen Störungen anzutreffen ist. In vier Fällen bestand die Frustration in der plötzlichen Entwöhnung wegen einer neuen Schwangerschaft der Mutter. Aber wenn ich von Frustrationen in der oralen Phase spreche, meine ich nicht nur die Fälle, in denen das Kind nicht adäquat ernährt wurde. Es ist sogar möglich, daß die Ernährung aus kinderärztlicher Sicht völlig korrekt ist und daß sich das Kind dennoch frustriert fühlt. Es ist anzunehmen, daß der Säugling Liebesmangel und alle möglichen anderen Störungen auf oraler Ebene, nämlich als Hunger empfindet. Deshalb haßt er die Mutter. Er möchte sie aussaugen, sie aushöhlen und ihr den Körperinhalt, den sie ihm verweigert, mit Gewalt entreißen. Die unbewußten Vorstellungen können später dazu führen, daß das Mädchen glaubt, die Mutter habe ihm die gerechte Strafe zukommen lassen: Sie habe es leergetrunken und sie habe es seiner Fähigkeit beraubt, Kinder zu gebären. Andererseits kann durch die unbewußte Phantasie bei der jungen Frau auch Angst vor der Schwangerschaft ausgelöst werden. Sie fürchtet dann unbewußt, die Mutter könnte sie ihres kostbaren, durch das Kind dargestellten, Inhalts berauben. Bei vier von unseren Patientinnen verbanden sich die orale Frustration und der durch sie ausgelöste Haß außerdem direkt mit dem Bild der schwangeren Mutter, weil die Töchter wegen einer neuen Schwangerschaft der Mutter abgestillt worden waren. Als sie danach die Mutter beim Stillen beobachteten, wurde der Haß noch stärker und rief den Neid auf die Geschwister hervor. Bei einer unserer Kranken, bei Frau Z., war das jedoch nicht der Fall. Man könnte annehmen, daß bei ihr Haß auf die schwangere Mutter nicht vorkommen kann, weil sie die Jüngste war. Helene Deutsch hat aber die Beobachtung gemacht, daß die jüngste Tochter oft geradezu verfolgt ist von der Idee und der Angst, daß ihre Mutter schwanger werden könnte. Weil keine weiteren Geschwister zur Welt kommen, glaubt sie, sie habe das durch die Kraft ihrer bösen Wünsche magisch verhindert. Das traf bei Frau Z. zu. Hinzu kam noch, daß ihre Mutter ihr eigenes Geschlecht verachtete, weil es davon besessen sei, schwanger zu werden. Tragische Begebenheiten im Zusammenhang mit den Schwangerschaften der Mutter beeinflussen die Entwicklung der Tochter wesentlich. Sie sind ein ernstes Hindernis für die Identifikation mit einer Mutter, die ihren Aufgaben gerecht wird. Die Tochter wird in ihrem Glauben an die Wirksamkeit ihres Neides, ihrer Eifersucht und ihres Hasses bestätigt, während die Befürchtung, ihre Liebe sei zu schwach und ihr Wunsch nach Wiedergutmachung nutzlos, sich als richtig erweist. Damit verwandelt sich die Mutterschaft für sie in eine Situation höchster Gefahr: Sie befürchtet, daß sie zur Strafe Opfer desselben Schicksals werden könnte wie ihre Mutter, oder daß ihr gar noch Schlimmeres zustoßen könnte.

In der letzten Zeile des Schemas habe ich *«Infantilismus oder Vermännlichung»* der Kranken aufgelistet. Außer bei Silvia, die einen ausgeprägten hormonellen Infantilismus zeigte, beziehen sich diese Begriffe vorwiegend auf die Charakterhaltung. Ich hätte diese Zeile nicht angefügt, wenn der Aspekt in der einschlägigen Literatur nicht so betont würde, und wenn er nicht irrtümlicherweise sogar oft für die Ursache der Sterilität gehalten würde. Die Frau wird nicht steril, weil sie als geschlechtsreifes Mädchen infantil geblieben ist, beziehungsweise sich vermännlicht hat. Mit ihrer Sterilität schützt sie sich gegen die Gefahren, die die Fruchtbarkeit für sie mit sich bringt. Ebenso ist es mit der Vermännlichung: das Mädchen glaubt, bereits nicht mehr Frau sein zu können und vermännlicht aus diesem Grund. Ich habe davon gesprochen, daß es dem Mädchen nicht gelingt, sich mit der Mutter zu identifizieren. Es wählt dann eine andere Form der Annäherung. Es bleibt Kind oder es versucht, teilweise zum Mann zu werden, je nachdem, ob es glaubt, die Mutter auf die eine oder andere Art bei sich zu behalten oder sie erobern zu können. Die Faktoren, die diese Kranken steril werden ließen, sind natürlich auch bei fruchtbaren Frauen vorhanden. Ich glaube aber, daß sie immer die Fähigkeit zum Mutterwerden, beziehungsweise Muttersein, stören; dies kann sich in psychosomatischen oder psychischen Störungen zeigen. Ich werde nun noch drei weitere Fallgeschichten ins Schema eingliedern, um das zu veranschaulichen. Die Fallgeschichte von Frau M. ist von C. Cárcamo und mir bereits publiziert[10] worden. Frau M. war eine der älteren in einer ganzen Reihe von Töchtern. Ihre Mutter war psychotisch. Nach der Geburt von Frau M. litt sie an schweren Depressionen. Das Neugeborene wurde deshalb von Zuhause weggegeben, zuerst zu einer Amme, später zu einem befreundeten Ehepaar, das selber keine Kinder hatte. Dort war es sehr gut aufgehoben. Erst mit vier Jahren kehrte das Kind nach Hause zurück. Aber die Mutter mochte es nicht. Als das Mädchen weinend nach seiner geliebten Adoptivmutter verlangte, wurde die Mutter böse und bestrafte es. Dann kamen noch mehrere Schwestern zur Welt. Der Vater war ein liebevoller und sanfter Mann. Er bewunderte seine Frau und litt sehr unter ihrer psychotischen Erkrankung. Er war enttäuscht, daß sie keine Söhne hatten. Trotzdem behandelte er seine Töchter gut, er bevorzugte aber ganz eindeutig eine der Schwestern von Frau M. Die Patientin mochte ihren Vater gern, aber sie bemerkte wohl, daß er sie nicht voll unterstützte und sich auch nicht groß um sie kümmerte. Ich werde jetzt nicht detaillierter auf die Kindheitsgeschichte eingehen, sondern die Zwischenfälle aufzählen, die Frau Ms psychobiologische Entwicklung betreffen. Offensichtlich waren sie die psychosomatische Folge ihrer Kindheitskonflikte. Frau M. war sehr verliebt, als sie heiratete, und am Anfang schien auch alles gut zu gehen. Ein Jahr später kam ein Mädchen zur Welt, nach einem weiteren Jahr noch eines; bei diesem war sie enttäuscht über das Geschlecht des Kindes. Einige Jahre später wurde Frau M. wieder schwanger, hatte aber im vierten Monat einen Spontanabort. Diesmal wäre es der Junge gewesen, auf den sie und ihr Mann so sehnlichst gewartet hatten. (Es macht den Anschein, daß sie sich aus Schuldgefühl nicht erlauben konnte, die Mutter zu übertreffen, indem sie einem Jungen das Leben geschenkt hätte.)[11] Kurz nach dieser Fehlgeburt hatte sie eine Bauchhöhlenschwangerschaft und wurde danach vollständig amenorrhoisch. Mit 34 Jahren wurde bei ihr die vorzeitige Menopause diagnostiziert. Als sie in der Analyse ihre infantilen Konflikte aufarbeitete, verbesserte sich ihr psychischer und physischer Zustand, und sie bekam noch einmal die Regel, die jedoch als verspäteter Eisprung diagnostiziert wurde. Sie war mit 41 Jahren in der Menopause.

Wir finden bei dieser Patientin alle als traumatisch beschriebenen Momente wieder. Auch die äußeren Ereignisse, die von der Patientin möglicherweise mit Schuldgefühlen und als Strafe erlebt worden sind, fehlen nicht. Von der Mutter wurde sie gleich nach der Geburt verlassen. Ihrer Amme wurde sie entrissen, später ihrer geliebten Pflegemutter. Sie fand sich bei einer kalten und psychotischen Mutter wieder, die sie ablehnte. Sie wußte auch, daß sie mit ihrer Geburt bei der Mutter eine Depression ausgelöst hatte.

Die nächste Patientin, deren Geschichte ich noch anfügen möchte, wurde von Dr. León Grinberg behandelt, dem ich dafür danke, daß er mir das Material zur Verfügung gestellt hat. Ich werde die Patientin Olga nennen. Sie stammte aus einer armen Familie. Ihr Vater war reizbar und gefühllos, ein schwieriger Mann, der glücklicherweise ihre Erziehung nur wenig beeinflußte. Die Mutter war schicksalsergeben und verbittert. Sie hatte das Kind zwar gern, arbeitete aber in einer Fabrik und konnte sich deshalb nur um das Allernötigste kümmern. Zwei ältere Brüder waren schon vor der Geburt des Mädchens ganz klein gestorben. Die Mutter wurde öfter schwanger und trieb dann immer ab. Als Olga schon in der Pubertät war, fragte die Mutter sie eines Tages, ob sie noch ein kleines Geschwisterchen wolle. Sie bat ihre Tochter indirekt um Erlaubnis, eine Schwangerschaft fortsetzen zu dürfen. Olga protestierte heftig. Die Mutter unterwarf sich dem Entscheid der Tochter und brach die Schwangerschaft ab. Sie starb wenig später an den Folgen dieser Abtreibung im Alter von 37 Jahren. Olga entschloß sich zu einer Analyse aufgrund einer Depression, die mit Zwangsvorstellungen und Beklemmungen einherging. Sie war verheiratet, schätzte ihren Mann und hatte eine Tochter. Nach der Geburt der Tochter hatte sie eine Fehlgeburt gehabt; diesmal wäre es ein Junge geworden. Einen Monat später wäre sie an einer schweren genitalen Blutung fast gestorben. Ihre Ängste und ihre Depression hatten zu diesem Zeitpunkt angefangen. Aber schon vorher hatte sie die fixe Idee gehabt, daß sie das Schicksal ihrer Mutter wiederholen müsse. Sie hatte eine Tochter, die am Leben war, sie würde zwei Jungen gebären, die jedoch nicht leben könnten, und mit 37 Jahren würde sie an einem Abort sterben. Die Fehlgeburt setzte sie mit der Geburt ihres älteren Bruders gleich, der starb, als er noch ganz klein war. Jetzt war sie noch sicherer, daß sich das Schicksal ihrer Mutter bei ihr wiederholen würde. Deshalb schützte sie sich mit einer vorübergehenden Sterilität gegen die Gefahren ihrer Fruchtbarkeit. Als sie die Analyse anfing, wurde sie aber wieder schwanger und erhoffte sich eine unmittelbare magische Schutzwirkung von der Behandlung. Die Schwangerschaft machte Fortschritte, und sie merkte, daß sie sich von ihren infantilen Schuldgefühlen nicht lösen konnte. Jetzt war sie überzeugt, daß sie ein weiteres Mal eine Fehlgeburt haben würde, und zwar schon vor Erreichen des vierten Monates. Sie suchte deshalb ihren Gynäkologen auf, der jedoch nichts Ungewöhnliches feststellte. Aber sie bekam wirklich Blutungen, als sie sich dem 4. Monat näherte. Sie legte sich sofort ins Bett und beschaffte sich die entsprechenden Medikamente. Aber sie verlor das Kind genau an dem Tag, den sie vorausgesehen hatte, nämlich am Tag ihrer vierten ausgebliebenen Regel.

Diese beiden Krankengeschichten sind zusammen mit Fridas Geschichte, die ich im Anschluß erzählen werde, in das folgende Schema eingegliedert.

		STERIL					UNFRUCHTBAR		
Name....................................		*Silvia*	*Frau Z.*	*Frau L.*	*Frau B.*	*A. N.*	*Frau M.*	*Olga*	*Frida*
Familienkonstellation: Mutter zentral, Vater unwichtig		ja	ja	ja	ja	ja	ja	ja	kannte ihre Mutter nicht
Frustration in der oralen Phase...		ja	ja	ja	ja	ja	ja	ja	ja
...aufgrund der Geburt jüngerer Geschwister		ja	—	ja	ja	ja	—	—	—
Haß auf die schwangere Mutter		ja	?	ja	ja	ja	ja	ja	—
Ereignisse, die den Glauben an die Wirksamkeit des Hasses bestätigen		ja	—	ja	ja	ja	ja	ja	Die Mutter verlor bei ihrer Geburt den Verstand
Resultat	1.	Die Identifikation mit der schwangeren Mutter wird als gefährlich abgelehnt							
	2.	Sterilität					Spontanabort. Bauchhöhlenschwangerschaft. Menopause	Spontanaborte. Schwere Blutung	Psychische Unfruchtbarkeit
Mechanismus, mit dem die erreichte Lösung aufrechterhalten wird.		Infantilität und Vermännlichung	Vermännlichung	Vermännlichung	Vermännlichung	Vermännlichung	Vermännlichung	Infantilität	Infantilität

Die letzte Fallgeschichte ist die von Frida.[12] Fridas Mutter war an einer Wochenbettpsychose erkrankt und wurde in eine psychiatrische Klinik eingewiesen, aus der sie nie mehr herauskam. Die Tochter wuchs im Haus der Großeltern auf und hatte eine schwere und traurige Kindheit. Als sie heiratete, wollte sie Kinder haben. Sie wurde auch ohne Schwierigkeit schwanger, kam aber kurz danach in eine große Krise. Sie hatte furchtbare Angst und war so verzweifelt, daß die Ärzte ihr rieten, die Schwangerschaft abzubrechen. Sie waren ernsthaft um ihren Verstand und um ihr Leben besorgt. Dasselbe passierte ihr noch dreimal. Mit Hilfe der eben angefangenen Analyse gelang es ihr dann schließlich, eine Schwangerschaft auszutragen. Aber unmittelbar nach der Entbindung verschlechterte sich ihr Zustand von neuem. Sie hatte wieder Angst, war niedergeschlagen und ließ überall im Hause gebrauchte Binden und mit Exkrementen beschmierte Höschen herumliegen. Sie hatte die Analyse abgebrochen, als sie ihr Kind bekam. Jetzt wandte sie sich von neuem an den Analytiker. Die Symptome bedeuteten zweierlei: Mit dem Vorzeigen ihres Menstruationsblutes wies sie einerseits darauf hin, daß sie nicht schwanger war wie ihre Mutter damals, das heißt, daß sie keinen Grund hatte, verrückt zu werden. Andererseits täuschte sie die Verrücktheit, das heißt die innere Zerstörung, bis zu einem gewissen Grade vor. Sie zeigte ihr Blut und ihre Exkremente, um nicht wie ihre Mutter Geschlecht und Verstand verlieren zu müssen. Damit sagte sie der Welt und dem Schicksal: «*Ich weiß ja, daß ich mit meiner Geburt meine Mutter zerstört habe. Ich habe mich auch schon bestraft, ich bin bereits zerstört und verrückt wie sie.*» Bei Frida gab es keinen Neid auf die kleineren Geschwister und keinen Haß auf die schwangere Mutter. Sie hatte diese ja bereits bei der Geburt verloren. Deshalb bedeutete Mutter zu werden für sie, sich selbst, das heißt den Verstand zu verlieren. Ihre Geschichte läßt folgenden Schluß zu: Das größte Hindernis für das Mutterwerden besteht in der Schwierigkeit, sich mit der eigenen Mutter in der mütterlichen Rolle zu identifizieren, obwohl, wie ich gezeigt habe, auch andere Faktoren eine Rolle spielen. Aus dem Schema, das ich zeige, sollte jedoch nicht der Schluß gezogen werden, daß alle Frauen, die in ihrer Kindheit dramatische Episoden erlebt haben, oder die durch die Geburt eines Geschwisterchens von der Mutter enttäuscht worden sind, schlechte Mütter seien. Das hieße, das Material falsch und zu pessimistisch zu beurteilen. Obwohl die frühe Kindheit die zukünftige Entwicklung beträchtlich beeinflußt, zählen auch die späteren Jahre: Ein verständiger und gütiger Umgang mit dem größeren Kind kann die Folgen der schädigenden Ereignisse der frühen Kindheit lindern. Die Wirkung der traumatischen Erlebnisse hängt außerdem vom Verhalten der Eltern ab. Eine Mutter, die auch dann ihrer kleinen Tochter Liebe und Aufmerksamkeit nicht entzieht, wenn sie wieder schwanger ist, wird nicht die verzweifelte Eifersucht erzeugen, wie eine andere, die in ihrer Bitterkeit und Sorge wegen der neuen Schwangerschaft das Mädchen, oft sogar ohne es selbst zu merken, zurückweist. Auch tragische Ereignisse können vom Kind überwunden werden. Wenn die Eltern nicht das Wohlergehen ihrer lebenden und gesunden Kinder der Sorge um ein krankes unterordnen oder die lebenden dem Schmerz um ein verstorbenes opfern, braucht das Kind nicht unbewußt die ganze Schuld und Verantwortung für das Geschehene auf sich zu laden. Die Mütter der Kranken, über die ich in diesen Fallgeschichten berichtet habe, waren überdurchschnittlich neurotisch und frustrierend, und in der ganzen Umgebung der Mädchen gab es niemanden, der den schädigenden Einfluß dieser Mütter wirksam zu mildern vermocht hätte.

X
SCHWANGERSCHAFT UND GEBURT[1]

Schwangerschaft und Geburt gehören zum Leben einer Frau, es sind Etappen in ihrer normalen psychobiologischen Entwicklung. Man sollte deshalb annehmen, daß diese Vorgänge ihr keine außerordentlichen Schwierigkeiten bereiten. In unserer Gesellschaft war dies aber bis vor kurzem keineswegs der Fall; im Gegenteil, Beschwerden in der Schwangerschaft, Schmerzen, Mühen und Ängste bei der Geburt waren Phänomene, die so häufig auftraten, daß sie als normal, als unvermeidliche Begleiterscheinungen galten. Eine genauere psychologische Betrachtung zeigt aber, daß diese Störungen Reaktionen auf psychische Konflikte sind, und auf der Identifizierung mit Frauen, die in ihrem Selbstverständnis als Frau auch schon gestört waren, basieren.

Margaret Mead kam mit ihren vergleichenden Studien zu dem Schluß[2], daß jede der von ihr untersuchten Gesellschaften ihre festen Vorstellungen von den biologischen Funktionen der Frau hat und daß die meisten Frauen sich auch diesen Vorstellungen entsprechend verhalten. In Kulturen, in denen es als selbstverständlich gilt, daß die Schwangerschaft von Übelkeit und die Geburt von Schmerzen und Gefahren begleitet ist, hat die Mehrzahl der werdenden Mütter diese Beschwerden, schwere Geburten sind dort an der Tagesordnung. In anderen Kulturen dagegen, in denen man die Schwangerschaft nicht für allzu gefährlich hält und sie nicht mit Tabus belegt, verlaufen sowohl Schwangerschaft als auch Geburt leichter, und es gibt weniger Komplikationen. Dieses auf den ersten Blick seltsam erscheinende Phänomen läßt sich mit dem erklären, was ich zu der Problematik der Identifikation mit der Mutter als Schwangerer und Gebärender gesagt habe. Grantly Dick Read macht in seinem Buch *Mutterwerden ohne Schmerz*[3] die Beobachtung, daß Frauen, deren Mütter die Geburt als beängstigend und schmerzhaft erlebt haben und in deren Umgebung das für normal gehalten wurde, später selbst zu schweren Geburten neigen. Ihm ist auch der Nachweis gelungen, daß Frauen, die sehr leicht gebären, oft aus einem Milieu kommen, in dem vom Gegenteil ausgegangen wird. Die reflexologische Schule[4], die sich mit der schmerzlosen Geburt befaßt, vertritt ebenfalls diese Ansicht. Die Unterschiede, die Margaret Mead zwischen ganzen Gesellschaften beobachtet hat, finden sich demnach auch zwischen kleineren Einheiten, zwischen Familien. Es gibt Familien, in denen sich niemand vor einer Schwangerschaft oder einer Geburt fürchtet und in denen die Frauen dann auch weniger leiden als die Frauen, in deren Familien die Angst vor der Weiblichkeit durch ewige Klagen und Ängste der Mütter geschürt wurde. Aber trotz der Unterschiede, die es zwischen den Einzelfällen durchaus gibt: Unsere Gesellschaft gehört zu jenen, in denen die weiblichen Funktionen als etwas Schmerzhaftes und Gefährliches angesehen werden. Freud ist ja auch zunächst von der Vorstellung ausgegangen, die Menarche werde von dem Mädchen als Kastration erlebt. Die Haltung, die eine Frau zu ihrer Weiblichkeit einnimmt, hängt also bis zu einem gewissen Grade von der Umgebung, in der sie aufgewachsen ist, ab. Es kommen aber noch zahlreiche persönliche Faktoren dazu, die das Verhalten letztendlich bestimmen. Dies erklärt, weshalb in der gleichen Kultur und sogar in derselben Familie Schwangerschaft und Geburt von jeder Frau mit einem individuellen Maß an Ängsten und Störungen erlebt wird.

Unsere Gesellschaft hält die Schwierigkeiten, die in der Schwangerschaft und bei der Geburt auftreten, für normal. In jüngster Zeit jedoch sind Untersuchungen veröffentlicht worden, in denen festgestellt wird, daß Schwangerschaftsstörungen und schwere Geburten aufgrund psychischer Konflikte auftreten und psychotherapeutisch zu behandeln sind.

Später werde ich von Read und der reflexologischen Schule sprechen. Zunächst werde ich mich mit einigen Beobachtungen begnügen, die vom psychotherapeutischen Standpunkt aus gemacht worden sind: Flanders Dunbar und R. Squier[5] empfehlen, schwangere Frauen – zusätzlich zur Betreuung durch den Gynäkologen – von einem Spezialisten für Psychosomatik behandeln zu lassen und belegen die Tauglichkeit ihres Vorschlags mit klinischem Material. Salerno[6] beschreibt positive Erfahrungen, die er machte, als er seine Patientinnen gleichzeitig als Gynäkologe und als Psychotherapeut behandelte. Eine seiner Kranken zum Beispiel, die vorher zwölfmal Fehl- oder Frühgeburten hatte, konnte mit seiner Hilfe eine Schwangerschaft glücklich zu Ende führen. Nach meiner eigenen Beobachtung im Krankenhaus waren psychotherapeutische Kurzgespräche (30 Minuten), die während der ganzen Schwangerschaft einmal wöchentlich durchgeführt wurden, sehr hilfreich. Frauen, die früher an schweren Schwangerschaftsbeschwerden gelitten, beziehungsweise zu Spontanaborten geneigt hatten, wurde es dadurch möglich, die Schwangerschaft normal auszutragen.

Eine psychologische Untersuchung kann verschiedene Ursachen für die Schwangerschaftsstörungen aufdecken. Immer aber zeigt das Auftreten der Störung, daß das Kind abgelehnt wird, was durch widrige ökonomische oder soziale Umstände, durch die Lieblosigkeit des Ehepartners oder durch andere Ursachen ausgelöst werden kann. Drei nordamerikanische Autor(inn)en[7] haben während des letzten Weltkrieges eine statistische Erhebung gemacht, die Schwangerschafts- und Geburtsängste von 27 Erstgebärenden zum Gegenstand hat. Die Untersuchung war in einer sozial und ökonomisch äußerst bedürftigen Gegend angesiedelt; ein Teil der werdenden Mütter war ledig, andere lebten allein, weil sie von ihren Ehemännern verlassen worden waren oder weil diese an der Front waren. Praktisch keine der Frauen verfügte über ein eigenes Zuhause und über eine gewisse ökonomische Sicherheit für sich und das Baby. Diese Umstände beeinflußten sichtlich die Störungen und Ängste in der Schwangerschaft. Es gab aber auch in dieser Umgebung Frauen, die ihre Schwangerschaft akzeptierten und mit ihr umgehen konnten. Klein, Potter und Dyk halten diese Frauen für reifere Persönlichkeiten und sie betonen, daß sie aus Familien kamen, die zwar arm, aber emotional stabil gewesen waren. In der Mehrzahl der Fälle jedoch hatte die schwierige ökonomische Lage bereits die Kindheit der Frauen geprägt. Sie vermißten die emotionale Sicherheit, die das Kind so dringend braucht. Deshalb waren die Frauen als Erwachsene nicht fähig, einen Partner zu finden, der ihnen das Mindestmaß an äußerer Stabilität garantierte, das sie gebraucht hätten, um die Schwangerschaft akzeptieren zu können: Es gibt eine Wechselwirkung zwischen ökonomischen und emotionalen Faktoren, die, zusammen mit der Wiederholung von Kindheitssituationen durch die erwachsene Frau, den Ausschlag dafür gibt, wie die Schwangerschaft aufgenommen wird. Während der Schwangerschaft und in der Zeit der Geburt wird im besonderen die frühe Beziehung zur eigenen Mutter wiederholt. Das ist in psychoanalytischen Behandlungen sehr genau beobachtet worden. Helene Deutsch beschreibt dies als das Phänomen der doppelten Identifikation. Die schwangere Frau identifiziert sich mit dem Fötus und erlebt damit noch einmal ihre eigene vorgeburtliche Erfahrung. (Diese Identifizierung haben wir bereits in dem Traum der jungen Sterilen beobachten können.) Außerdem setzt das Unbewußte der schwangeren Frau den Fötus auch für die eigene Mutter und im besonderen für das mütterliche Über-Ich. So wird die ambivalente Beziehung zur Mutter mit dem zukünftigen Kind wieder lebendig. Der Fötus kann aber, wie wir bereits gesehen haben, auch noch etwas anderes repräsentieren. Am häufigsten steht er für etwas, das der Mutter gestohlen worden ist. Dieses «etwas» kann ein Kind sein, das der Mutter gehört, oder der Penis des Vaters, den die Mutter in ihrem Inneren aufbewahrt. Wieder treffen wir auf die frühen unbewußten Phantasien des Mädchens, die besagen, daß es die Mutter ihres kostbaren Körperinhalts beraubt habe (Melanie Klein). Das Wiederaufleben dieser Phantasien während der Schwangerschaft und bei der Geburt ist die Ursache vieler Ängste und somatischer Störungen.

Um dies zu illustrieren, werde ich auf die Geschichten von Patientinnen zurückgreifen, die ich schon in früheren Kapiteln vorgestellt habe. Ich werde noch einmal über Gabriela sprechen, die junge Brasilianerin, die voller Angst vor der Defloration war; über Ana, die auf jeder psychobiologischen Entwicklungsstufe vorerst scheiterte, um dann den Schritt vorwärts tun zu können; über Isabel, die die Kakerlaken phobisch mied, und über Lina, die als Kind ihre Mutter verlor. Außerdem werde ich in knapper Form den Fall von Erica vorstellen, die nach einer kurzen Psychotherapie schwanger wurde.

Nachdem Gabriela ihre Deflorationsangst überwunden und eine sexuelle Beziehung zu ihrem Mann eingegangen war, verspätete sich ihre Menstruation. Sie wollte dies aber nicht als Hinweis auf das Vorliegen einer Schwangerschaft verstehen und weigerte sich, einen Arzt aufzusuchen. Sie sprach davon, die Analyse aufzugeben und in ihr Heimatland zurückzukehren. Sie hatte folgenden Traum: Sie ist in einem Hotel, damit beschäftigt, ihre Sachen für die Rückkehr zu packen. Sie ist sehr in Eile und versucht, einige Sachen in die Reisetasche zu stecken; sie haben aber keinen Platz mehr. Sie ist nervös, weil das Zimmermädchen draußen wartet und sie aus dem Hotel hinaus möchte, ohne daß die andere es merkt. Dann müßte sie ihr kein Trinkgeld geben. Die Reisetasche stellt ihren Uterus dar, die Sachen, die keinen Platz finden darin, den Fötus und den Penis, und das Zimmermädchen die Analytikerin. Für ihr Unbewußtes ist sie noch ein Kind, zu klein, um schwanger zu werden und ein Recht auf Mutterschaft zu haben. Deshalb wird der Uterus als Reisetasche dargestellt, die für so viele Sachen – den Penis des Ehegatten und den Fötus – zu klein ist. Ich hatte Gabriela nur versprochen, mit der Behandlung ihre Deflorationsphobie zu heilen; das heißt, ich wollte ihr nur den Penis ihres Mannes geben. Ihre Schwangerschaft war etwas, was ich ihr nicht schuldete. Sie mußte sie deshalb vor mir verstecken, damit ich nicht von ihr verlangen würde, sie solle mir in Form eines Trinkgeldes zurückerstatten, was sie mir schuldete. Die vollständige Deutung des Traumes wäre also, daß Gabriela voller Angst wünschte, in ihr Heimatland zurückzukehren, damit ich nicht von ihrer Schwangerschaft erfahre und damit sie mir kein «Trinkgeld» zu geben brauche, das heißt etwas, worauf ich ein Recht hätte, weil sie mir das Kind geraubt hat. Der Traum drückt die Angst aus, die die Schwangere vor der Analytikerin-Mutter wegen des geraubten Fötus empfindet. Er erinnert an einen anderen, den Traum, der von der Gymnastikstunde handelte. Frau B., die Träumerin dieses Traumes, reagierte auf die Heilung ihrer Sterilität genau gleich wie Gabriela. Sie wollte nicht untersuchen lassen, ob sie schwanger sei, und an dem Tag, als sie von der positiven Reaktion des Friedmann-Tests erfuhr, brach sie die Analyse ab. Daß die Angst vor der Mutter im Falle einer Schwangerschaft bereits in Träumen aufgetaucht war, bevor der Zustand klinisch festgestellt wurde, erwies sich für die Entwicklung der Schwangerschaften beider Frauen als symptomatisch.

Aus diesem Grund rechnete ich mit somatischen Schwierigkeiten. Frau B. konnte ich leider nicht helfen, weil sie ihre Analyse abbrach, als sich bestätigte, daß sie schwanger war. Gabriela führte ihre Analyse weiter, ihre Schwierigkeiten und Ängste konnten analytisch gelöst werden, ohne daß es zu schwerwiegenden organischen Rückwirkungen gekommen wäre.

Isabel litt unter der gleichen Angst vor der Mutter, die auch bei ihr die Schwangerschaft gefährdete. Sie lebte ja weit weg von ihrer Familie. Die Nachricht von ihrer Schwangerschaft wollte sie der Mutter nicht in einem Brief mitteilen. Sie versteckte ihren Zustand auch so lange es ging vor ihren Landsleuten, denn sie wollte ganz sicher sein, daß die Nachricht nicht verbreitet werde und ihre Familie nicht davon erfahren könne. In einem ihrer Träume wird ihre beste Freundin (sie stellt die Mutter dar) durch eine Indiskretion ihres Ehemannes über ihren Zustand informiert. Isabel sagt darauf wütend: «*Da du nun schon weißt, daß ich ein Kind erwarte, möchte ich es lieber abtreiben*» und rennt aus der Wohnung, in der sie sich mit der Freundin getroffen hat. Sie wird jedoch auf der Treppe von ihr verfolgt. Das war der erste einer ganzen Serie von Verfolgungsträumen. Scheinbar fordert sie im Traum ihre Freundin-Mutter heraus und bedroht sie mit der Abtreibung. Aber dann entwischt sie und wird verfolgt. Das heißt, die Herausforderung ist nur vorgetäuscht. Sie hat Angst, ihre Mutter könnte ihr das Kind wegnehmen, wenn sie erst einmal Bescheid weiß. Ihre erste Reaktion darauf ist, auf das Kind zu verzichten und abzutreiben. Dann aber flieht sie, will das Kind behalten. Einige Wochen nach diesem Traum machte ein Freund sie darauf aufmerksam, daß sie zugenommen habe. Er war ein Landsmann von ihr, und ihre Familie hätte durch ihn von ihrer Schwangerschaft erfahren können. Seine Bemerkung machte sie wütend. In dieser Nacht träumte sie, ihre Schwester liege nach einer Fehlgeburt im Sterben. Ihr Bruder und ihre Mutter standen völlig gleichgültig neben dem Bett. Mit Entsetzen sieht sie die inneren Organe ihrer Schwester zusammen mit dem Blut herausquellen. Am nächsten Morgen spürte sie Schmerzen in der Gebärmutter, die aber glücklicherweise aufhörten, bevor es zum Abort kam. Sie war damals im dritten Monat. Zwei Monate später teilte sie die Neuigkeit ihren Eltern mit. Am darauffolgenden Tag hatte sie eine leichte Blutung.

Im ersten Traum Isabels, in dem ihre Freundin aufgrund einer unbedachten Äußerung ihres Mannes von ihrem Geheimnis erfährt und sie nachher verfolgt, verdichtet sich Isabels Situation als Kind mit der aktuellen. Man sieht, wie wichtig auch die aktuelle Situation für das Auftreten von Schwangerschaftsstörungen ist. In ihrer Kindheit wurde Isabel oft vom Vater gegen die reizbare und nervöse Mutter verteidigt. Aber der Vater einigte sich dann immer mit seiner Frau und überließ die Tochter von neuem der mütterlichen Wut. Das war der Grund, warum Isabel bereits für gewisse Schwangerschaftsstörungen disponiert war. Aber real traten sie auf, weil ihr Ehemann sich so wenig um sie kümmerte, wo doch die Frauen in der Schwangerschaft ohnehin sehr schutzbedürftig sind! Sie fühlte sich wieder hilflos wie ein Kind und vom Vater verlassen. Die Angst vor der Mutter, eine Angst, die heute, wo sie erwachsen ist, nicht mehr real ist, wird verstärkt. Indem die infantile und die aktuelle Situation zu einer verdichtet werden, erscheinen ihre Eltern im Traum als Ehemann und als die beste Freundin, an die sie eine gefühlvolle, aber sehr ambivalente Bindung hatte.

Im zweiten Traum wird die infantile traumatische Situation noch deutlicher. Wieder wird sie auf den aktuellen Konflikt mit dem Ehemann bezogen, der sich angesichts der Gefahren der Schwangerschaft so gleichgültig verhält. Als Mädchen hatte Isabel ihre ödipale Liebe vom Vater auf den Bruder verschoben. Später ersetzte sie ihn durch den Ehemann. Die Schwester im Traum steht für Isabel, der Bruder sowohl für den Ehemann als auch für den Vater. Die Gleichgültigkeit ihres Gatten weckt frühe masochistische Phantasien, in denen Vater und Mutter gemeinsam absolut gleichgültig zulassen, daß sie grausam bestraft wird für ihren Haß und ihre Rivalität gegenüber der Mutter. Die Strafe besteht in der Zerstörung ihrer Weiblichkeit.

Der Fötus symbolisiert ein kostbares Etwas, das der Mutter geraubt worden ist und das die junge Schwangere die Rache der Mutter fürchten läßt. Als letztes Beispiel für diesen Sachverhalt führe ich einen Angstzustand Linas an. Ihre Schwangerschaft war zu diesem Zeitpunkt bereits weit fortgeschritten. Es war Nacht, und Lina war allein zu Hause. Sie hatte im Tresor Geld, das der Vater ihr zur Aufbewahrung übergeben hatte. Plötzlich bekam sie schreckliche Angst. Sie hörte Schritte, ungewohnte Geräusche und sah merkwürdige Schatten. Sie dachte, vielleicht sei etwas Fürchterliches passiert, das Dienstmädchen habe ihren Mann vergiftet und komme jetzt mit ihren Komplizen, um den Tresor aufzubrechen und das Geld ihres Vaters zu stehlen. Lina merkte nicht, daß sie phantasierte; sie glaubte, all dies sei die schreckliche Realität. Die Angstvorstellungen sind in bezug auf ihren Inhalt leicht zu deuten – die Hauptelemente sind bereits bekannt. Wieder begegnen wir dem jungen Ehegatten, der durch mangelndes Interesse für die Schwangerschaft seiner Frau bei ihr den Angstzustand auslöst und alten, infantilen Phantasien zu neuem Leben verhilft. Auch das Dienstmädchen kennen wir bereits, es steht für die erniedrigte Mutter. Lina versucht, ihren Mann in der Phantasie zu entschuldigen. Er kümmert sich nicht um sie, weil die böse und eifersüchtige Mutter ihn vergiftet hat. Aber weshalb und wozu? Der sorgfältig verschlossene Tresor stellt Linas schwangeren Bauch dar, das Geld des Vaters den kostbaren Inhalt, den Fötus, und gleichzeitig den Penis des Vaters. Linas Vater ist abwesend, er hat sie ihren Ängsten überlassen. In Linas Unbewußtem verdichten sich die Gestalt des Vaters und des Ehemannes zu einer einzigen. Die Schwangerschaft bedeutet für sie, der Mutter den Penis des Vaters geraubt zu haben. Solange der Vater in der Nähe ist, fühlt sie sich sicher. Aber sobald sie sich des Schutzes ihres Mannes und des Vaters nicht mehr sicher ist, steigt die Angst vor der Rache der toten Mutter in ihr auf.

Bis jetzt habe ich die schwangere Frau, die versucht, ihren Fötus gegen die Mutter – gegen die Vehinihai, die sich seiner bemächtigen wollen – zu verteidigen, in den Mittelpunkt meiner Betrachtungen gestellt. Häufig wird der Fötus aber auch von der Mutter selbst abgelehnt. Ich habe Helene Deutschs Vorstellung angeführt, nach der die werdende Mutter die Schwangerschaft in einer zweifachen Identifikation erlebt. Sie identifiziert sich mit dem Fötus und projiziert ihre eigene Gier, ihren frühkindlichen Wunsch, die Mutter aufzufressen, auf ihn. Der Fötus repräsentiert aber auch die Mutter, vor deren oraler Rache sie sich fürchtet. Er wird dann als etwas Beängstigendes und Zerstörerisches erlebt, das sie in sich trägt. Die vielen schwangeren Frauen, die fürchten, einem Monstrum, einem abnormalen Wesen das Leben zu schenken, drücken mit dieser Phantasie aus, daß sie ihre eigenen infantilen Wünsche für monströs halten, daß sie sich in ihren fordernden Phantasien, die sich an die Mutter richten, wie Monster vorkommen. Diese Frauen stellen den Fötus im Traum manchmal als Krebs dar (der Fötus zerstört sie mit derselben Grausamkeit und Rücksichtslosigkeit, mit der sie die Mutter zerstören wollten), oder als Spinne (wieder das kleine Mädchen, das die Mutter aussaugen will; oder die Mutter, die es aussaugt durch den Hunger, den sie es in seiner frühen Kindheit hat spüren lassen). Lina beispielsweise träumte während ihrer Schwangerschaft, sie sei im Eßzimmer ihres Elternhauses, zusammen mit ihrer Tante, und sie seien beide über und über mit kleinen Spinnen bedeckt.

Die Frau hat auch Angst, ein Monstrum in die Welt zu setzen, weil sie selbst destruktive Impulse gegen das Kind spürt. In diesem Fall steht der Fötus für den Ehemann, ein Elternteil oder ein

Geschwister, in jedem Fall für etwas, das für das Unbewußte der Frau ihrer eigenen Mutter gehört. In meinen Ausführungen zur Sterilität habe ich gesagt, daß die unfruchtbare Frau ihre Sterilität als Strafe der Mutter auffasse. Wenn eine Frau Angst hat, von dem Fötus innerlich zerstört zu werden, wird sie aber auch die Schwangerschaft als gefährliche Falle, die ihr die Mutter gestellt hat, erleben: Die Schwangerschaft wird ebenfalls zur Strafe. Die Schwangere reagiert darauf normalerweise mit halbbewußten Abortversuchen, auf die starke Schuldgefühle folgen. Isabel wollte zu Beginn ihrer Schwangerschaft reiten. Sie argumentierte, ihr Zustand sei doch etwas Normales, sie sehe keinen Grund, sich zu schonen. Damit wollte sie auch ihre Mutter täuschen und die Schwangerschaft vor ihr geheimhalten. Gleichzeitig bedeutete aber das Reiten für Isabel einen Versuch, eine Fehlgeburt zu provozieren und sich von der gefährlichen Schwangerschaft zu befreien, die sie sich noch vor kurzem so sehnsüchtig gewünscht hatte. Sie nahm dann wirklich an einem Ausritt teil, aber konnte ihn nicht genießen. Plötzlich drängte sich ihr die zwanghafte Vorstellung auf, sie könnte vom Pferd stürzen und sterben. Isabel versuchte aus Angst, unbewußt abzutreiben. Aber es gab keinen Ausweg mehr für sie. Wenn sie das versuchen sollte, bestrafte sie das Schicksal mit etwas noch Schlimmerem, mit dem Tod.

Die eigene orale Frustration, die zur Ablehnung des Fötus führt, kann sich auch in einer trotzigen Weigerung, ihn zu nähren, äußern. Diese Weigerung kann als verspäteter Dialog mit der Mutter gedeutet werden. Es ist, als ob die junge Frau zur Mutter sagte: «*Wie kannst du verlangen, daß ich meinem Kind genug zu essen gebe, wo du mir das Nötigste verweigert hast?*» Isabel drückte dieses Problem mit einer Reihe von Angstträumen aus. Sie träumte in ihrer Schwangerschaft ständig von Leuten, denen sie zu essen geben sollte, obwohl sie sie nicht eingeladen hatte. Oder sie wurde von der Angst gequält, sie könne gern gesehene und wichtige Gäste nicht angemessen bewirten, weil sie nicht über die nötigen Mittel verfügte.

Wenn die Ablehnung des Kindes sehr stark und ausschließlich ist, kommt die Schwangerschaft gar nicht zustande. In den Fällen, wo eine Schwangerschaft vorliegt und die Frau andauernd an Störungen und Beschwerden leidet, stehen zwei entgegengesetzte Strömungen in Konflikt. Die Hauptursache für den Wunsch nach einem Kind ist biologisch. Der mütterliche Trieb fordert diese Befriedigung unmittelbar. Warum ich es für richtig halte, von einem solchen Trieb zu sprechen, habe ich bereits dargelegt. Aber ebenso wie die Liebenden durch die Erfüllung des Sexualtriebes auch andere psychische Bedürfnisse miteinander befriedigen, entspricht auch die Verwirklichung des mütterlichen Triebes als integriertem Bestandteil der weiblichen Sexualität unterschiedlichen Wünschen: Vielleicht möchte die Frau ein Kind, weil sie glaubt, die Mutter damit wiederzugewinnen, und auch, weil sie sich mit ihr identifizieren möchte. Oder sie sehnt sich nach einem Kind, um ihre eigene Fruchtbarkeit unter Beweis zu stellen. Der Kinderwunsch kann ihrem infantilen Wunsch, dem Vater ein Kind zu schenken, entsprechen. Der Fötus kann unbewußt für den ersehnten Penis stehen. Und natürlich wird ihr Wunsch nach Mutterschaft auch von bewußteren oder rationaleren Überlegungen beeinflußt. So kann sie ein Kind begehren, um ihre eigene Kindheit in ihm wiederaufleben zu lassen, aus Rivalität zu anderen Frauen, um ihren Ehemann an sich zu binden, aus Statusgründen oder aus irgendeinem anderen aktuellen Anlaß. Aber im Grunde stammt der Wunsch der Frau, ein Kind zu gebären, aus dem psychobiologischen Bedürfnis nach Verwirklichung aller latenten Fähigkeiten.

Es gibt Frauen, die dies ohne große Schwierigkeiten erreichen. Andere haben damit Probleme. Der Konflikt, den sie mit der Weiblichkeit haben, ließe sich auch als das Aufeinandertreffen verschiedener Strömungen der unbewußten Phantasien beschreiben. Wenn ich die Begriffe verwende, die Melanie Klein in *Neid und Dankbarkeit*[8] einführt, ließe sich die eine Strömung der «*paranoid-schizoiden*», die andere der «*depressiven Position*» zuordnen. Den Penis aufnehmen, den Samen oder den Fötus in sich haben, würde dann für die Frau bedeuten, etwas Geraubtes, das der Mutter gehört, bei sich zu haben. Das heißt auch, die Mutter zu übertreffen und über sie zu triumphieren. Gerade deshalb droht auch die Gefahr, bestraft und zerstört zu werden. Die Rettung kann dann nur darin bestehen, alles zu verleugnen – das wäre die Frigidität –, oder darin, sich vor der Mutter zu verstecken (die Träume von Gabriela, Frau B. und Isabel usw.), oder auch, eine geraubte Schwangerschaft wieder loszuwerden (Frau B. und, wie wir später sehen werden, Ana). Aber diese paranoiden Ängste treten mit dem Wunsch nach Wiedergutmachung in Konflikt. Die Mutter soll durch die eigene Schwangerschaft und eine glückliche Geburt wiederhergestellt werden *(«depressive Position»)*, das Geraubte soll ihr durch die Geburt eines gesunden Kindes wiedergegeben werden. Auf diese Weise soll bezeugt werden, daß die Mutter gut und nachsichtig, der eigene Körper gut und unversehrt ist.

Bei der unfruchtbaren Frau herrschen die paranoiden Ängste vor.[9] Sie schützt sich – je nach ihrer Persönlichkeitsstruktur – entweder gegen das Eindringen des Penis, des Samens oder dagegen, daß sich der Fötus bei ihr einnistet. Mit der Deflorationsphobie errichtet sie ein Hindernis gegen das Eindringen des Penis. Wenn diese Phobie, das erste Hindernis, überwunden ist, kann ihr der Vaginismus als nächstes folgen.

Die Frigidität ist ein weiterer Versuch, die Schwangerschaft abzuwehren, wenn auch nur in der Phantasie. Die frigide Frau glaubt, die gefährlichen Folgen des Sexualaktes vermeiden zu können, indem sie ihn nicht empfindet.

Andere Frauen setzen mit hormonellen Störungen ihre weibliche Potenz, die ihnen so gefährlich scheint, vorübergehend außer Kraft. Am unmittelbarsten wird die Befruchtung durch den Tubenspasmus (krampfhafter Verschluß der Eileiter) verhindert. Während beim Vaginismus und bei der Deflorationsphobie das Hindernis bereits am Scheideneingang aufgebaut wird – das heißt äußerlich –, wird die Befruchtung mit dem Tubenspasmus innerlich, direkt am Organ verhindert. Bei diesem Symptom verbirgt sich hinter der hysterischen Verkleidung eine autistische Haltung, die die Kommunikation mit der feindlichen Umwelt verweigert.

Von ihrem Bedürfnis nach Wiedergutmachung getrieben, wird die sterile Frau schließlich doch schwanger. Aber in der Zeit, in der das Kind in ihr wächst, hat sie das Gefühl, auch ihr Verfolger wachse in ihr; ein Verfolger, der von innen her alles Gute, das sie in sich hat, angreifen wird (vgl. dazu den Traum von der Tochter des Feuers). Frauen, die sich vorher bewußt ein Kind gewünscht haben, werden am Anfang der Schwangerschaft manchmal von einer Angst gequält, deren Intensität oft beeindruckend ist. Wenn die Angstzustände unerträglich werden, versuchen sie, sich mit allen zur Verfügung stehenden Mitteln vom verfolgenden Fötus zu befreien. Ich habe zwei Frauen erlebt, die mit psychiatrischen Gutachten erreicht haben, daß die Schwangerschaft abgebrochen wurde. Bei einer dritten Frau war der Abbruch aufgrund von ständigem Erbrechen, das auf keine andere Weise bezwungen werden konnte, indiziert. Bei zwei weiteren wurde der Embryo praktisch durch die Kraft ihrer Angst zerstört. Aber die häufigste psychosomatische Abwehr gegen die Angst, die durch den stetig wachsenden Fötus ausgelöst wird, ist die Fehlgeburt. Das vorzeitige Ausstoßen des Verfolgers ist oft durch kein ärztliches oder präventives Verfahren zu bremsen.

Wenn aber der Konflikt in bezug auf die Schwangerschaft nicht so stark ist und weniger starke Ängste geweckt werden, äußert er sich auch harmloser. Häufig drückt er sich oral aus, als Übelkeit, Erbrechen oder Eßgelüste. Ein häufiges Symptom analer Art ist die Verstopfung. Es stellt sich natürlich auch die Frage, ob die physiologischen Veränderungen, die die Schwangerschaft mit sich bringt, die große Häufigkeit dieser beiden Symptomarten bewirken, oder ob die psychischen Spannungen, die die Schwangerschaft auslöst, dazu tendieren, sich durch bestimmte Konversionen zu entladen. Freud hat auf die infantilen Theorien aufmerksam gemacht, mit denen sich Kinder die Geheimnisse von Empfängnis, Schwangerschaft und Geburt auf phantastische Weise erklären. Diese Theorien entsprechen jeweils der libidinösen Entwicklungsstufe, auf der sich das Kind gerade befindet. Später fallen sie der Verdrängung anheim, bleiben aber im Unbewußten weiter wirksam. Die häufigste dieser Theorien, die sich in vielen Mythen und Glaubensvorstellungen primitiver Gesellschaften wiederfinden läßt, ist, daß die Frau schwanger wird, indem sie etwas Bestimmtes ißt. Dies bestimmte Etwas symbolisiert im allgemeinen den Penis. Auf der anderen Seite verdrängt das Kind seine Kenntnis von der Existenz der Vagina und verwechselt sie mit dem Anus. Aus diesem Grund und wegen seiner eigenen Empfindungen während des Defäzierens, vermutet es, daß das Kind durch den Anus ausgestoßen werde und setzt es damit dem Exkrement gleich. Es scheint, als ob die häufigen Störungen des Verdauungstrakts – Erbrechen und Verstopfung – aufgrund des Weiterbestehens der infantilen Phantasien im Unbewußten entstünden.

Daß übermäßiges Erbrechen während der Schwangerschaft (Hyperemesis gravidarum[10]) psychogen ist, ist seit langem bekannt. Es ist behandelt worden, indem man die Umgebung der Schwangeren veränderte, eindringliche Gespräche mit ihr führte oder so tat, als ob die Schwangerschaft abgebrochen worden sei. Da mit diesen Mitteln Verbesserungen des Zustandes erreicht werden konnten, lag der Schluß nahe, daß die Störung psychisch verursacht wird. Schwab[11] betrachtete das unbezwingbare Erbrechen schon 1921 als Hungerstreik, mit dem gegen die Schwangerschaft protestiert wird, und den Tod infolge Hyperemesis als Selbstmord. Susanna Hupfer[12] erklärte 1932 das Erbrechen und sein Gegenstück, die übermäßige Eßlust, indem sie darauf hinwies, daß zwischen diesen Störungen und der infantilen Sexualtheorie über die Empfängnis eine unbewußte Beziehung bestehe. Ihrer Meinung nach bedeutet die Hyperemesis die Ablehnung der Schwangerschaft, während mit der Lust zu essen der Wunsch ausgedrückt werde, die Schwangerschaft zu bestätigen; das Schwangerschaftsgelüst sei eine symbolische Wiederholung der Empfängnis. Helene Deutsch war der Auffassung, daß die Schwangere während der ersten Monate der Schwangerschaft mit oraler Ambivalenz auf den Fötus reagiere; sie versuche, ihn durch Erbrechen auszustoßen und ihn sich mit dem Eßgelüst wieder einzuverleiben.

Ich möchte diesen Erklärungen noch etwas anfügen: Offensichtlich sind sowohl das Erbrechen (oder die Übelkeit, die dem Erbrechen vorausgeht) als auch die Eßgelüste Ausdruck des Ambivalenzkonfliktes, den die Schwangerschaft in der Frau hervorruft. Die Eßlust wird als positive Haltung dem Fötus gegenüber gedeutet, nämlich als Bedürfnis, die Schwangerschaft zu bestätigen. Bedeutet aber nicht schon das Vorhandensein dieses Bedürfnisses, daß auch der gegenteilige Wunsch da ist, der Wunsch, den Fötus auszustoßen, oder das auszustoßen, was er für das Unbewußte darstellt? Daß die imaginäre Ausstoßung des Fötus durch den Mund geschieht, hat verschiedene Gründe. Zum einen trifft der Impuls, das Kind auszustoßen, auf den Wunsch der Schwangeren, das Kind zu behalten. Wenn dem nicht so wäre, würde sich das Unbewußte nicht mit dem Versuch, die Schwangerschaft zu unterbrechen, begnügen (dies gilt natürlich nicht für die unbezwingbare Schwangerschaftshyperemesis, die den Arzt veranlaßt, die Schwangerschaft abzubrechen).[13] Der orale Abbruchversuch ist ein symbolischer Protest und dient der Abfuhr der negativen Tendenzen. Wie verschiedene Autoren bemerkt haben, wählt das Unbewußte für seinen Protest den Verdauungstrakt, weil die alten, infantilen Theorien über die Empfängnis noch fortbestehen. Ein weiterer Grund ist meiner Meinung nach die Tatsache, daß die Angst der schwangeren Frau zum großen Teil aus ihren oralen Frustrationen in der frühen Kindheit, aus ihrem oralen Mißtrauen und ihrem Haß auf die Mutter stammt. Außerdem regrediert die Schwangere in der Identifikation mit dem Fötus auf die frühe Kindheit; auch deshalb kommen in den Störungen die Mechanismen zum Tragen, mit denen der Säugling das ablehnt, was ihm unangenehm oder schädlich erscheint, und dies sind Erbrechen und Durchfall. Über den Durchfall werde ich später noch sprechen. Und auch in der Eßlust, dem unstillbaren Hunger, kommt ein äußerst infantiler Zug zum Ausdruck.

Die orale Ablehnung der Schwangerschaft kann sich auch auf andere Organe, zum Beispiel auf den Atemtrakt verschieben. Bei einer schwangeren Frau habe ich beobachtet, daß sie in bestimmten Konfliktsituationen immer stark hustete. Sie hatte eine Rachenentzündung. Die Analyse des Symptomes zeigte aber, daß die Frau versuchte, den Fötus auszuhusten. Isabel verstummte in den ersten Monaten ihrer Schwangerschaft in den Analysestunden. Sie kam pünktlich zur Sitzung, aber sie verbrachte die ganze Stunde schweigend. Erst als wir begriffen, daß sie nicht sprechen konnte, weil sie ihre Analytikerin unbewußt mit ihrer bösen Mutter gleichsetzte, vor der sie ihr Geheimnis der Schwangerschaft bewahren wollte, trat eine Änderung ein. Die Worte zurückzuhalten bedeutete, den Fötus zurückzuhalten, während sprechen, das heißt die Worte entwischen lassen, gehießen hätte, das Kind zu verlieren. Als Linas Schwangerschaft bereits fortgeschritten war, bestand eine Weile die Gefahr einer Frühgeburt. Sie hatte einen Traum: sie hustete, bis sie Teile der Lunge ausspie. Noch im Traum hatte sie starke Schuldgefühle, denn das Ausgespuckte symbolisierte den Fötus.

Aber wenn sich die Ablehnung der Schwangerschaft auch durch Störungen der Atmungsorgane ausdrücken kann, so ist doch der Verdauungsapparat viel anfälliger für diese Art von Störungen. Wenn die Ablehnung des Fötus so intensiv ist, daß das orale Symptom nicht mehr genügt, um die Ängste der Schwangeren zu beruhigen, findet die Schlacht am Ende des Darmes statt. Die Schwangerschaft selbst ist durch diese Symptome viel gefährdeter. Die Verbindungen zwischen Gebärmutter und dem übrigen Eingeweidegeflecht sind so eng, daß sich die Tonusveränderungen des parasympathischen Nervensystems durch die neuromuskulären Verbindungen übertragen. Ein Großteil der volkstümlichen Mittel, mit denen Schwangerschaftsabbrüche provoziert werden sollen, wirkt aus diesem Grund auf die Eingeweide. Hervorgerufen werden Koliken und starker Durchfall, ein hypererregter neuromuskulärer Zustand und Gebärmutterkontraktionen, was zum Abort führen kann. Auch Frauen, die nichts von diesen theoretischen Zusammenhängen wissen, können dies bei sich selbst wahrnehmen. Sie merken, daß jede Unregelmäßigkeit der Darmtätigkeit auf die Schwangerschaft zurückwirkt. Zusätzlich besteht die *«Kloakentheorie»*, nach der das Kind wie das Exkrement auf analem Weg zur Welt kommt, im Unbewußten der erwachsenen Frau weiter fort. Ich glaube, daß darin der Grund dafür liegt, daß Durchfall als Schwangerschaftssymptom weit seltener als die Verstopfung vorkommt. Die Gefahr, den Fötus zu verlieren, ist bei den oralen Symptomen sehr gering. Das Ich nimmt dies wahr und erlaubt den unbewußten Tendenzen, sich durch ein Symptom auszudrücken, ebenso wie es ihnen erlaubt, während des Schlafes im Traum hervorzutreten. In keinem dieser Fälle besteht wirklich die Gefahr, daß diese Symptome in der Realität schwerwiegende Konsequenzen nach sich ziehen. Wenn aber eine Frau durch die Art ihrer Abwehrmechanismen veranlaßt wird, ihre Konflikte auf analer Ebene auszudrücken, ist die Schwangerschaft de facto gefährdet. Wenn die Frau das Kind behalten will, muß sie darum kämpfen: Sie unterdrückt den feindseligen Impuls, das Kind auszustoßen, und bekommt Verstopfung.

Bewußt wünschte Gabriela sehr, ein Kind zu bekommen. Aber ihre dauernde Angst, es zu verlieren, verriet, daß die unbewußten Tendenzen, die die Schwangerschaft ablehnten, von Bedeutung waren. Während der ersten Schwangerschaftswochen hatte sie eine starke Verstopfung. Ihr wurde dann bewußt, daß sie die Verstopfung durch ihr Bemühen, den Fötus festzuhalten, selbst verursachte. Sie litt nämlich an der irrationalen Angst, er könnte ihr während des Defäkierens wie ein Exkrement herausrutschen. Die fixe Idee von diesem Abort entsprang der Angst vor ihrer erbosten und eifersüchtigen Mutter, die ihr das Kind entreißen könnte. Nachdem sie die Verstopfung analysiert hatte, verschwand das Symptom, ein rein psychisches trat an seine Stelle: Sie hatte plötzlich Schwierigkeiten mit älteren Frauen. Sie wußte nicht mehr, wie sie sich ihrem Hausmädchen gegenüber verhalten sollte. Weil diese Frau sie an ihre Mutter erinnerte, empfand sie eine unüberwindliche Abneigung gegen sie. Die Angst vor ihrer Mutter drückte sich jetzt nicht mehr psychosomatisch aus – die Verstopfung als Abwehr gegen den Durchfall –, sondern nahm die Form einer Phobie vor Frauen an, die für sie ihre Mutter repräsentierten.

Wie Impulse, das Kind auszustoßen, mit Verstopfung abgewehrt werden, zeigte sich noch deutlicher bei Erica. Sie kam zu mir, um im Rahmen einiger freundschaftlicher Gespräche abzuklären, ob sie jetzt, in ihrem Alter, noch ein Kind haben sollte. Sie war 35 Jahre alt und hatte eine schwierige Beziehung zu einem Mann, den sie sehr liebte. Im Laufe unserer Gespräche schilderte sie mir eine Masturbationsphantasie, die sie schon als Kind gehabt hatte, und auf die sie in Zeiten, in denen sie genital frustriert war, zurückgriff: Jemand gibt einem Mädchen Rizinusöl zu trinken; es will zur Toilette, doch die ist verschlossen; voller Angst versucht es noch eine Weile, die Exkremente zurückzuhalten, aber schließlich geht das nicht mehr, es kann sich nicht mehr beherrschen und macht in die Hosen. Die Patientin hat in dem Augenblick, wo sie sich die Defäkation vorstellt, einen Orgasmus. Wir haben es hier mit einer masochistischen Rebellionsphantasie zu tun, die sich gegen die Mutter richtet. Die Mutter der Patientin war eine böse und kalte Frau, die in bezug auf die Reinlichkeit sehr übertriebene Anforderungen an das Kind stellte. Die Mutter verlangte, daß es ihr zur voraussehbaren Zeit ein gutes Exkrement gebe. Das Mädchen rächte sich, indem es die Fäkalien zurückhielt, oder indem es diarrhöische, zerstörte Exkremente zum falschen Zeitpunkt von sich gab. Auf ein solches Verhalten läßt die Phantasie schließen; das Rizinusöl stellt die mütterliche Lieblosigkeit dar, die schlechte Nahrung, die die Mutter dem Mädchen aufzwingt und gegen die es aufbegehrt. Erica wollte mit mir verschiedene persönliche Probleme klären; in erster Linie aber kam sie, weil sie im Zweifel war, ob es gut sei, wenn sie angesichts ihrer ökonomisch und sozial bereits hinreichend komplizierten Situation noch ein Kind bekommen würde. Ich hatte jedoch den Eindruck, ihr Entschluß stehe trotz der erwähnten Schwierigkeiten bereits fest. Sie wollte ein Kind, und eigentlich wollte sie nur, daß ich ihren Entschluß billigen sollte. Schon nach wenigen Gesprächen entschied sie sich für ein Kind. Aber kaum war sie schwanger, bekam sie neue Probleme. Sie verliebte sich in den Ehemann ihrer besten Freundin und ging eine sexuelle Beziehung mit ihm ein. Der ersehnte Fötus wurde zum Hindernis, er stand ihrer Liebe im Wege und verhinderte die Heirat mit dem neuen Liebhaber. Wie sich Ericas Einstellungen in bezug auf ihren Ehemann, den Mann der Freundin und die Schwangerschaft veränderten, wird dann verständlicher, wenn wir das komplizierte

Spiel der unbewußten Identifizierungen mitverfolgen, das sie mit diesen Objekten im Laufe ihrer Schwangerschaft vorgenommen hat. Die ursprünglichen Schwierigkeiten mit ihrem Mann hatten damit zu tun, daß er für sie ein mütterlicher Repräsentant war. Die Geschichte ihrer Schwangerschaft und der Geburt liest sich wie eine Neuauflage ihrer kindlichen Masturbationsphantasie. Er schwängert sie, das heißt, er gibt ihr Rizinusöl zu trinken. Danach beschließt er, eine wichtige politische Mission zu übernehmen, für die er ins Ausland reisen muß. Noch während ihrer Schwangerschaft, kurz vor dem errechneten Geburtstermin, wird er sie verlassen. Diese Aufgabe ist ihm sehr wichtig, aber sie ist nicht ungefährlich. Er läßt Erica und das Kind, das geboren werden wird, völlig schutzlos zurück. Auf die Masturbationsphantasie übertragen, entsprach seine Abreise dem sadistischen Akt der Mutter, die sich, nachdem sie ihm Rizinusöl gegeben hat, nicht mehr um das Mädchen kümmert und die Toilettentür verschließt, so daß es den angemessenen Platz für sein Bedürfnis nicht mehr findet. Später werden wir noch sehen, wie sich Erica rächte, indem sie noch einmal ihrer Phantasie folgte. Das Kind kam zu früh, die Entbindung ging unnatürlich schnell vor sich; dem ganzen Geschehen maß Erica so wenig Wert bei, daß man wirklich an die diarrhöische Ausscheidung in ihrer Phantasie erinnert wird.

Andererseits war auch der Fötus für sie ein Mutterersatz. Ein Ersatz allerdings, der sie noch mehr ängstigte als der Ehemann, weil sie mit dem Fötus viel enger zusammenlebte. Sie behalf sich mit dem Ehemann der Freundin, so wie sie in ihrer Kindheit erfolglos versucht hatte, sich dem Vater zuzuwenden. Erica war vier Jahre alt gewesen, als der Erste Weltkrieg ausbrach. Der Vater mußte an die Front und ließ sie allein bei der bösen Mutter zurück. Ihn hatte sie sehr gern gemocht. In ihrer kindlichen Vorstellung war es nicht der Krieg, der sie von ihm trennte, sondern die Mutter, die eifersüchtig war und ihrer kindlichen Liebe für den Vater im Wege stand. Damals muß sie gedacht haben, daß der Vater sie nicht verlassen hätte, wenn es die Mutter nicht gäbe. Der Ehemann der Freundin vertrat den Vater, der Fötus die Mutter, die sie an der vollständigen Verwirklichung ihrer Liebe hinderte.

Sie selbst identifizierte sich auch als Schwangere mit der Mutter, die vom Vater im Stich gelassen worden war, als sie noch klein war. Das war nämlich genau zu dem Zeitpunkt, als ihre fünf Jahre jüngere Schwester zur Welt kam. Wenn Erica sich jetzt von ihrem Mann trennte, nahm sie dem Kind, das sie gebären würde, den Vater weg und wiederholte damit ihre eigene kindliche Situation, in dem sie den Teil ihrer Persönlichkeit, der mit der Mutter identifiziert war, bestrafte. Gleichzeitig erlebte sie das mütterliche Schicksal als Strafe für ihren Haß gegen die Mutter.

Weder in der infantilen noch in der aktuellen Situation verfügte Erica über Objekte, die die Identifikation mit der Mutterschaft hätten begünstigen können. Die infantile, prägenitale Form der sexuellen Befriedigung, an die sie fixiert war, bestimmte die Art und Weise, wie sie sich von der Mutterschaft zu befreien versuchte. Ich habe sie während ihrer Schwangerschaft einige Male gesehen. Außer einer hartnäckigen Verstopfung hatte sie keinerlei Probleme. Im Gegenteil, man hatte den Eindruck, sie verleugne ihren Zustand. Sie lebte weiter, als ob nichts geschehen sei; bis zum sechsten Monat sah man ihr nicht an, daß sie ein Kind erwartete. Sie beschäftigte sich zum Beispiel nicht damit, die Ausstattung für das Baby zu besorgen o. ä. Im sechsten Monat versuchte sie zu defäkieren, nachdem sie wegen ihrer Verstopfung ein leichtes Abführmittel genommen hatte. Plötzlich spürte sie Gebärmutterkontraktionen. Der Arzt verordnete ihr absolute Bettruhe und behandelte sie medikamentös. Von da an kämpfte sie verzweifelt gegen eine vorzeitige Geburt, ein Kampf, der noch einige Wochen aufrechterhalten wurde. Doch dann setzten die Wehen ein – plötzlich und heftig. Das Kind kam so schnell, daß nicht einmal Zeit blieb, bis die Hebamme zur Stelle war. In einer halben Stunde hatte Erica ein Kind zur Welt gebracht, das kaum lebensfähig zu sein schien. Was mir auffiel, war die Ähnlichkeit, die zwischen den Vorgängen in der Schwangerschaft und denen der Masturbationsphantasie bestand. Daß Erica ihrer Schwangerschaft gegenüber scheinbar so gleichgültig war, daß sie ihren Zustand verleugnete, läßt darauf schließen, daß sie selbst daran zweifelte, sie glücklich zu Ende führen zu können.

Unbewußt versuchte Erica, das Kind zu retten, indem sie es mit einer hartnäckigen Verstopfung gegen die Wiederholung ihrer infantilen Handlungsweise, die ein Abort bedeutet hätte, verteidigte. Wir haben bereits gesehen, daß die Tatsache, von ihrem Ehemann geschwängert worden zu sein, für Ericas Unbewußtes bedeutete, ihr Mann habe ihr Rizinusöl zum Trinken gegeben. Aber während sie noch bei mir in Behandlung war, wurde diese Vorstellung der Schwangerschaft von der positiven Übertragung auf eine nachsichtige mütterliche Figur verdrängt, zumal sie sich von mir ermächtigt fühlte, Mutter zu werden. Als sie dann mit ihrem Mann allein war, begann sie, sich zu ängstigen. Sie suchte Zuflucht bei ihrem Geliebten. Aber die Angst wurde immer größer, und je länger sie anhielt, desto mehr lehnte sie die Schwangerschaft ab. Damit näherte sie sich der infantilen Phantasie bis zu dem Punkt, an dem sie aufgrund eines Abführmittels (und hier erscheint das Rizinusöl aus der Phantasie unverhüllt) beinahe eine Fehlgeburt gehabt hätte. Und jetzt beginnt der Kampf gegen dieses Ende, ein Kampf, der vergleichbar ist mit dem, den das verzweifelte Mädchen in der Phantasie ausficht, wenn es sich dagegen wehrt, sich zu beschmutzen. Schließlich stößt sie das Kind wie ein Exkrement aus. Sie wartet nicht bis zum eigentlichen Geburtstermin. Es bleibt nicht einmal mehr Zeit, ins Krankenhaus zu fahren oder auf die Hebamme zu warten – alles geht so schnell wie bei dem Mädchen, das in die Hosen macht und nicht warten kann, bis man ihm die Toilettentür öffnet. Bei Erica war sehr deutlich, daß sie von Anfang an dazu neigte, die Schwangerschaft zunichte zu machen, und daß sie mit ihrer starken Verstopfung versuchte, das Kind vor ihren Ausstoßungsimpulsen zu schützen. Als sie diese Abwehr nicht mehr aufrechterhalten konnte, war sie dauernd in Gefahr, vorzeitig zu gebären – was dann auch geschah. Das ungewöhnliche Tempo, mit der die Geburt der 35jährigen Erstgebärenden vor sich ging, erinnert an die explosionsartige Defäkation des Mädchens in der Phantasie.

Ich werde im folgenden Auszüge aus Anas Fallgeschichte vorstellen, in denen die Beziehung zwischen Durchfall und Abort sehr klar zu Tage tritt. Ich beginne mit den frühesten Kindheitserinnerungen. Diese werde ich wie einen Traum deuten. Der latente Inhalt, den ich damit aufdecke, enthält wichtige, aber verdrängte Erlebnisse und Phantasien in verdichteter Form. Ana erinnert sich, daß sie mit ungefähr vier Jahren bei ihrer Tante das sehr dringende Bedürfnis verspürte zu defäkieren. Da sich die Wohnung ihrer Eltern im gleichen Stockwerk befand, wollte sie nach Hause zurück. Sie hatte jedoch die Wohnungstür noch nicht erreicht, als sie im Flur der Tante fühlte, wie ihr eine harte Kotsäule herausrutschte und auf den tiefroten Teppich fiel. Erschreckt rannte sie aus der Wohnung und versuchte, bei ihren Eltern zu klingeln. Sie kam aber nicht an den Klingelknopf, weil sie noch zu klein war. In diesem Augenblick kam ihr Onkel nach Hause. Er redete liebevoll mit ihr und drückte für sie die Klingel. Viele Jahre später erinnerte sie sich noch lebhaft an zwei Einzelheiten der Episode: An die Empfindung, die ihr das Herausgleiten des Exkrements aus der Hose verursachte, und an die Scham, die sie beschlich, als der Onkel sie ansprach, und sie daran denken mußte: *«Wenn er wüßte, was ich gemacht habe, in welchem Zustand ich seine Wohnung gelassen habe!»* Ein anderes unvergeßliches Erlebnis hatte sie, als sie sechs Jahre alt war. Sie hatte damals hübsche kastanienbraune Zöpfe. Ihre Mutter hatte ihr gesagt, der Friseur würde sie ihr ein wenig schneiden, damit sie besser wüchsen. Aber das war gelogen. Bevor sie protestieren konnte, war das Haar ab. Noch als Erwachsene erinnerte sie sich an ihre Wut auf die Mutter und an ihre Verzweiflung darüber, daß etwas geschehen war, das man nicht wiedergutmachen konnte. Genauso wütend wurde sie, wenn ihre Mutter ihr Einläufe machte. Als sie ungefähr acht Jahre alt war, brachte sie mit einer Bemerkung einmal die ganze Familie zum Lachen: Jemand hatte ihren Vater um ein Taschenmesser gebeten; sie sagte von oben herab: *«Aber der Papa hat doch kein Taschenmesser! Er trägt doch nie Männersachen bei sich.»* Bevor ich diese Erinnerungen deute, muß ich erwähnen, daß das Exkrement für das Mädchen sowohl die Bedeutung des Fötus als auch die des Penis annehmen kann. Anas Erinnerung, daß sie die Wohnung ihres Onkels beschmutzt habe, könnte ein entstellter Ausdruck für die Phantasie sein, daß sie dem Vater (dargestellt durch den Onkel) den Penis gestohlen habe, um mit der Mutter Sexualverkehr zu haben (das Genital der Mutter wird durch den Hausflur mit dem tiefroten Teppich, der zur Wohnung des Onkels gehört, dargestellt). Sie erinnert sich an die Schuldgefühle, weil sie den Onkel angegriffen und beraubt und mit der Tante einen schmutzigen sexuellen Akt gehabt hat. Mit der anderen Erinnerung wirft sie der Mutter vor, sie habe ihr die Exkremente und den Penis mit Gewalt entrissen (die kastanienbraunen Zöpfe). Dasselbe geschieht, wenn die Mutter ihr Einläufe macht.

In dem Teil der Fallgeschichte, den ich schon erzählt habe, haben wir gesehen, daß sie Phantasien hat, in denen sie von der Mutter ausgesaugt und der Exkremente, des gestohlenen väterlichen Penis und der Kinder, beraubt wird. Diese Phantasien waren die Folge ihres eigenen oralen Hasses gegen die Mutter; es war ihr eigener Wunsch, die Mutter auszuhöhlen, und sie hatte Angst, entsprechend bestraft zu werden. Mit ihrer verächtlichen Bemerkung über die Männlichkeit ihres Vaters warf Ana ihm vor, er verteidige sie nicht gegen die Mutter. Sie gab dem Vater zu verstehen, daß sie ihn deswegen und aufgrund ihrer eigenen feindseligen Gefühle als Kastraten betrachte. In Wirklichkeit war ihr Vater ein gütiger Mann, aber schwach und masochistisch. Er unterwarf sich seiner Frau, die im Haushalt das Sagen hatte. Als Ana in der Pubertät war, erkrankte ihr Vater an einer Diarrhö und entwickelte in diesem Zusammenhang verschiedene phobische Symptome. Er konnte nicht mehr zum Friseur, ging nicht mehr ins Theater und mied gewisse Fahrzeuge, denn er hatte immer Angst davor, plötzlich ganz dringend defäkieren zu müssen. Er war der Jüngste von drei Brüdern gewesen und der einzige, der nicht die Universität besucht hatte. Da er keinen männlichen Nachkommen hatte, hoffte er, seine Tochter würde einmal promovieren. Dementsprechend bedeutete für sie zu studieren auch, einen Penis zu erwerben. Bis zu dem Zeitpunkt, als sie ihr Studium an der Universität aufnahm, hatten sie die Phobien ihres Vaters kalt gelassen. In ihrem ersten Studienjahr saß sie eines Tages in einer der hinteren Reihen des Hörsaals und hörte den meistgefürchtetsten Professor. Es ging das Gerücht, daß er ein ausgemachter Feind der weiblichen Studierenden sei. Plötzlich hatte sie ein beklemmendes Gefühl und mußte ganz dringend aufs Klo. Mitten in der Vorlesung stand sie auf und verließ den Hörsaal unter den befremdeten Blicken des Professors und ihrer Mitstudenten. Von da an litt sie an Durchfall – genau wie ihr Vater. Sie bekam ihn immer dann, wenn sie etwas unternahm, was sie sich sehr gewünscht hatte und wovor sie sich gleichzeitig sehr ängstigte. Beispielsweise dann, wenn sie sich mit einem Mann treffen wollte, den sie begehrte, oder wenn sie sich bei wichtigen Leuten oder Behörden vorstellen mußte. Dieses Symptom konnte gedeutet werden: In ihrer Phantasie hatte sie dem Vater den Penis geraubt. Als sie sich jemandem gegenüber sah, den sie für wirklich männlich hielt und der in ihren Augen fähig war, die Mutter zu erobern, hatte sie wieder den Wunsch, ihn zu berauben. Sie brauchte einen Penis, um sich ihrem Vater anzunähern, um ihre Mutter zu verteidigen, um ein Mann zu sein (zumal sie glaubte, nicht Frau sein zu können). Aber im Grunde brauchte sie ihn, um sich mit ihrer Mutter zu vereinigen, die sie gleichzeitig haßte und liebte. Ihr Wunsch, dem Mann, dem sie gegenübertrat, den Penis zu rauben, ihn zu kastrieren, rief die Angst vor Vergeltungsmaßnahmen hervor; sie fühlte sich schuldig und wollte sein Wohlwollen, sie bereute und stieß das Geraubte in Form von Exkrementen wieder aus. Als Frau zu promovieren oder einen interessanten Mann zu erobern, bedeutete, den Professor oder den Liebhaber seines Penis zu berauben. Sie projizierte ihre eigene Angriffslust auf das Objekt, bekam Angst und defäkierte. Die Defäkation diente einerseits der Wiedergutmachung, denn das Geraubte wurde zurückerstattet; sie drückte aber auch ihre Wut aus, denn das Geraubte wurde entwertet zurückgegeben. Nicht die Kotsäule aus der Kindheitserinnerung wurde zurückgegeben, sondern ein zerstückeltes, diarrhöisches Exkrement. Mit ihrer Störung drückte Ana aber auch ihre Identifikation durch Schuldgefühl mit ihrem kastrierten und diarrhöischen Vater aus. Ana hatte sich immer Kinder gewünscht, ein Wunsch, den sie mit ihrer Mutter teilte. Aber sie hatte auch schon immer an ihrer Fruchtbarkeit gezweifelt. Zu Beginn ihrer Ehe war sie wirklich steril gewesen. Danach wurde sie schwanger, hatte aber im zweiten Monat eine Fehlgeburt. Der Abort begann mit einem gewaltigen Durchfall. Im sechsten Monat ihrer zweiten Schwangerschaft befand sie sich in einer schwierigen äußeren Situation. Es sah so aus, als ob sie sich von ihrem zukünftigen Kind trennen und es ein Jahr lang der Pflege ihrer Mutter überlassen müßte. Bewußt stimmte sie mit ihren Angehörigen überein, daß das die beste Lösung sei. Aber kurz nachdem sie sich so entschieden hatte, bekam sie Gebärmutterkontraktionen und Durchfall. Obwohl sie medikamentös behandelt wurde, hatte sie eine Frühgeburt und das Kind starb. Einige Monate später wurde sie wieder schwanger. Wegen der widrigen Umstände wollte sie abtreiben. Aber ihre Mutter bestand darauf, daß sie die Schwangerschaft fortsetze. Sie dachte: «*Es ist ja nicht so wichtig, ich werde ohnehin wieder eine Fehlgeburt haben.*» Und wirklich, im vierten Monat hatte sie einen Abort. Erst als sich die äußere Situation von Grund auf verändert hatte, konnte sie eine Schwangerschaft austragen. Zu diesem Zeitpunkt lebte sie allein mit ihrem Mann, war unabhängig von den Eltern und hatte eine gesellschaftliche Stellung erreicht, die ihr erlaubte, das zukünftige Kind als etwas anzusehen, das sie durch Opfer und eigene Bemühungen erworben hatte. Sie brauchte nicht mehr zu phantasieren, daß sie das Kind der Mutter geraubt hätte.

Ihre Fehlgeburten folgten demselben Mechanismus wie ihre Diarrhö. Der infantile Vorwurf an die Mutter, daß sie sie des Körperinneren beraube – des Penis, der Exkremente, der Kinder –, war zum Teil auf die aggressive Haltung der Mutter ihr gegenüber zurückzuführen, andererseits war er eine Projektion ihres eigenen Wunsches, der Mutter dies anzutun. Das war der Grund, warum der Fötus später für sie sowohl das geraubte Kind als auch die Mutter symbolisierte. Als diese ihr riet, ihr das Neugeborene zu überlassen, faßte Ana das so auf, als ob sie das geraubte Kind zurückverlange. Sie bekam Angst und gab das Geraubte sofort zurück. Gleichzeitig rächte sie sich an ihrer Mutter, indem sie ihr ein durch die Fehlgeburt zerstörtes Kind zurückgab.

Ich fasse zusammen: Wir haben gesehen, daß die schwangere Frau Schutz braucht, weil sie teilweise regrediert. Ihr Zustand weckt auch die frühen Ängste, hauptsächlich die, die sich auf die Mutter beziehen. Die junge Frau hat Angst vor ihrer Mutter, weil sie das Gefühl hat, daß sie ihr das Kind geraubt habe. Es läßt sich aber auch das entgegengesetzte Verhalten beobachten; die junge Frau hängt sehr an der Mutter und wird gefügiger. Sie arbeitet dann dasselbe Problem auf andere Art auf. Die schwangerschaftsbejahenden und schwangerschaftsverneinenden Regungen treten in Konflikt und zeigen sich psychisch und psychosomatisch, indem sie Ängste und typische Störungen hervorrufen. Von den psychosomatischen Störungen treten die oralen und die analen am häufigsten auf. Das Erbrechen und die Eßlust kommen dem unbewußten und unwirksamen Versuch gleich, auf oralem Weg abzutreiben beziehungsweise den Wunsch dazu abzuwehren. Bei der Diarrhö und der Verstopfung gehen der Abortversuch und die Abwehr auf der analen Ebene vor sich. Deshalb sind sie für die Fortsetzung der Schwangerschaft gefährlicher. Wenn es wirklich zu einer Fehlgeburt kommt, haben die unbewußten schwangerschaftsverneinenden Regungen den Sieg davongetragen und auf die betreffenden Organe eingewirkt.

Eine schwierige Schwangerschaft weist auf Konflikte hin. Wenn keine Störungen auftreten, ist dies aber an sich noch kein Beweis dafür, daß die Frau die Schwangerschaft lustvoll akzeptieren kann. Wir sind mit demselben Problem konfrontiert, dem wir schon im Zusammenhang mit der Reaktion der jungen Frau auf die Menstruation begegnet sind. Die Frau, die ihre Weiblichkeit angenommen hat, leidet nicht an ihrer Regel und fühlt sich durch sie nicht erniedrigt. Aber auch die Frau, die aus Angst vor ihrer Weiblichkeit vermännlicht, hat keine Probleme mit der Menstruation. Ihr gelingt es nämlich, sie zu ignorieren, und sie nimmt sie an, weil sie ihre tiefen Ängste und Zweifel beruhigt. Wir haben die schweren Konflikte analysiert, die die Schwangerschaft bei Erica ausgelöst hat: Spannungen, die eine Frühgeburt auslösten und fast den Tod des Kindes verursacht hätten. Von der Verstopfung abgesehen, hatte Erica aber eine äußerst leichte Schwangerschaft. Sie brauchte ihre Aktivitäten in keiner Weise einzuschränken; äußerlich machte sich ihr Zustand erst sehr spät bemerkbar. Im Grunde jedoch war Erica durch die Schwangerschaft in Angst versetzt und versuchte, sie zu leugnen. Ihre Ängste und Zweifel verschob sie auf Probleme, die scheinbar mit Erotik und Liebe zusammenhingen. Die Schnelligkeit, mit der die Geburt ihres Kindes vor sich ging, könnte als vorbildlicher Ablauf eines komplizierten physiologischen Vorganges erscheinen. In Wirklichkeit aber war sie Folge einer neurotischen Entwicklung.

Es gibt wohl keine Schwangerschaft, die von Ängsten und Konflikten ganz frei wäre. Dennoch ist die schwangere Frau normalerweise sehr glücklich und freut sich, weil große Veränderungen bevorstehen und die Schwangerschaft ein Zeichen dafür ist, daß etwas gelingt. Die werdende Mutter ist heiter und ruhig, sie identifiziert sich mit ihrer idealen Mutter und mit ihrem Kind, das sie gut beschützt. In diesem Zustand erlebt sie die engste Verbundenheit, die zwischen zwei Menschen bestehen kann. Zum ersten Mal, seitdem sie zur Welt gekommen ist, ist sie nicht mehr allein.[14] Es ist schwierig, zu beschreiben, welche Gefühle das gegenseitige Geben und Nehmen von Liebe und Schutz auslöst. Man muß schon Dichterinnen zu Rate ziehen, die es verstanden, auszudrücken, was sie empfanden. Ich entnehme die folgende Stelle Simone de Beauvoirs *Das andere Geschlecht*. Sie zitiert darin Cécile Sauvage, die zu ihrem Kind, das sie erwartet, spricht:

«Tu m'appartiens ainsi que l'aurore à la plaine
autour de toi ma vie est une chaude laine
Où tes membres frileux poussent dans le secret.»

Und in einem Brief an ihren Mann schreibt Sauvage: «*Nie habe ich so deutlich gefühlt, daß ich der Erde mit ihren Pflanzen und Säften verschwistert bin. Meine Füße gehen über die Erde wie über ein lebendiges Wesen.*»[15] Interessanterweise beschreibt die französische Schriftstellerin Colette im Zusammenhang mit ihrer Schwangerschaft ebenfalls ein Gefühl, das die Nähe zur Erde, die ja ein mütterliches Symbol ist, ausdrückt. Sie erinnert sich: «*... daß ich, wie in meiner Kindheit, wiederum das Bedürfnis hatte, auf dem Boden im Gras, auf der warmen Erde zu schlafen. Das war meine einzige, eine* *gesunde ‹Sucht›.»*[16] Sie vergleicht die Schwangerschaft mit einem Fest: *«Ich kam in den sechsten, den siebten Monat... Es war die Zeit der ersten Erdbeeren, der ersten Rosen. Kann ich meine Schwangerschaft anders als ein dauerndes Fest nennen? Die Schrecken des Endes werden vergessen, aber ein einziges, langes Fest vergißt sich nicht. Ich jedenfalls habe nichts davon vergessen.»*[17] Aber *«die Schrecken des Endes»*, sind sie wirklich unumgänglich? Ist jede Geburt so schwierig, müssen die Schmerzen so heftig sein, daß sie für die Frauen in unserer Gesellschaft ohne Narkose unerträglich wären?

Die Geburt wird von jeder Kultur anders verstanden: Sie kann als gefährlich oder schmerzhaft gelten, als interessante und befriedigende Erfahrung oder als wichtiges Geschehen, das mit gewissen Risiken verbunden ist. Margaret Mead vertritt die Meinung, die kulturelle Einschätzung der Geburt habe nur wenig mit den wirklichen Gefahren, die der Frau in diesem kritischen Augenblick drohen, zu tun. In unserer Gesellschaft sind die Risiken, denen die Frau bei der Geburt ausgesetzt ist, wie Statistiken zeigen, sehr gering. Margaret Mead sagt: *«Ob das Kindbett als Situation angesehen wird, bei der man sein Leben riskiert, oder als eine, bei der man ein Kind, eine soziale Stellung oder ein Anrecht auf den Himmel erwirbt, ist nicht Sache der tatsächlichen Statistiken über mütterliche Sterblichkeit, sondern der Einstellung, die die Gesellschaft zur Entbindung einnimmt. Jede Behauptung über das instinktive mütterliche Verhalten der Frauen, welche darauf besteht, daß bei dieser einen Sache die biologische Grundlage stärker sei als jede Lernerfahrung, der sich ein weibliches Kind von Geburt an gegegnübersieht, muß mit dieser großen Auswahl von Ansichten über die Geburt rechnen. Man kann nicht so argumentieren, daß die Geburt gleichzeitig ein unerträglicher und ein erträglicher Schmerz sei, eine Situation, vor der alle Frauen natürlicherweise in Furcht zurückschrecken, und eine Situation, die alle Frauen bereit und freudig erwarten, die andächtig ersehnt wird. Wenigstens einer der beiden Aspekte muß als erlernt angesehen werden, und im Lichte des heutigen Wissens scheint es einfacher anzunehmen, daß die Einstellung von Männern und Frauen zur Entbindung komplexe und gegensätzliche Elemente in sich trägt und daß jede Gesellschaft einige davon, zuweilen auch eine Reihe einander widersprechender, herausgreifen und ausarbeiten kann.»*[18] Und welche Einstellung zur Geburt ist in unserer Gesellschaft verbreitet? Die vorherrschende, seit wenigen Jahren allerdings diskutierte Meinung ist, daß die Geburt etwas äußerst Schmerzhaftes sei. Wenn er nicht als Unmensch dastehen will, ist es demnach die Aufgabe des Geburtshelfers, den Schmerz fast um jeden Preis zu vermeiden. Von der schwangeren Frau wird erwartet, daß sie sich ruhig und vertrauensvoll in die Klinik begibt, wenn sie die ersten Schmerzen spürt. Von diesem Augenblick an sollte sie die ganze Verantwortung ihrem Arzt überlassen. Er bestimmt das Vorgehen, und er hat ihr versprochen, daß sie überhaupt keine Schmerzen haben wird. In noch «fortschrittlicherer» Umgebung geht man sogar noch weiter: Der Arzt bestimmt sogar den genauen Zeitpunkt, zu dem die Geburt stattfinden soll. Er bestellt die Frau am vorbestimmten Tag ins Krankenhaus, sie bekommt ein Klistier verabreicht, dann eine Reihe von Spritzen, die den Geburtsvorgang einleiten. Danach wird sie narkotisiert. Wenn sie einige Stunden später halb verwirrt, von Schmerzen geplagt und teilnahmslos aufwacht, wird ihr ein völlig unbekanntes Baby, gebadet und im Sonntagskleidchen, vorgeführt.[19]

Die Frau soll vor den Schmerzen und den Gefahren der Geburt geschützt werden – das ist die rationale Begründung für dieses Vorgehen. Die Entwicklung der modernen Geburtshilfe hat jedoch gleichzeitig zur Folge, daß den Frauen das einmalige Erlebnis, einem neuen Wesen bewußt und aktiv das Leben zu schenken, genommen wird. Der ganze Vorgang soll von dem Geburtshelfer gelenkt werden. Eine sehr interessante Interpretation dieser Entwicklung ist bei Helene Deutsch zu finden: Sie bringt sie mit den infantilen, verdrängten Gebärwünschen der Männer in Verbindung. Die moderne Geburtshilfe, meint sie, sei ein Meisterstück männlicher Effizienz, das der Frau die aktive Teilnahme an der Geburt verunmögliche. Damit werde sie, wenn auch nur auf symbolischer Ebene, auch ihres Monopols beraubt. Der Mann stifte, ohne es zu bemerken, die Frau dazu an, ihrerseits immer tiefer in Bereiche vorzudringen, die er als genuin männlich betrachte. Damit werde die psychosexuelle und soziale Differenz zwischen den Menschen immer weiter verwischt. Die neue Geburtshilfe wäre, folgt man dieser Interpretation, psychologisch mit der Couvade und den Initiationsriten für Jugendliche verwandt, die in vielen primitiven Gesellschaften stattfinden. Mit diesen Riten und Gebräuchen drücken die Männer ihren Neid auf die weibliche Fähigkeit, Leben zu schenken, aus. Gleichzeitig versuchen sie, die Frauen in ihren Funktionen zu ersetzen. Weshalb aber unterwirft sich die Frau diesem Versuch und ist dabei scheinbar zufrieden? Die Frau, die Angst hat vor der Geburt, fürchtet unbewußt den Zorn und die Rachsucht ihrer Mutter. Oberflächlich gesehen, entspricht der Arzt, der alles für sie tut, dem Vater, der sie vor der Wut der Mutter schützt. Aber bei genauerer Betrachtung entdeckt man, daß das bewußtlose Vertrauen, mit dem sich die Frau in die Hände des Arztes gibt, an die kindliche Unterwerfung unter die böse Mutter erinnert. Indem die Tochter sich schwach und aggressionslos gibt, versucht sie, das Wohlwollen der Mutter zu erlangen. Die Frauen überlassen dem Arzt alles, sogar die Festsetzung des Termins, zu dem die Geburt stattfinden, beziehungsweise an dem sie mit einem Klistier eingeleitet werden soll. Unbewußt setzen sie damit das Kind mit dem Exkrement gleich. Sie nehmen von neuem die Position des kleinen Mädchens ein, das der Mutter den Darminhalt gehorsam, in der verlangten Form und zum bestimmten Zeitpunkt, abgibt. Spricht man jedoch eingehender mit den dankbaren Patientinnen, stößt man bald auf rebellische Gefühle gegen diese Behandlung. Lina zum Beispiel hatte mit ihrem Arzt ein Datum vereinbart, an dem sie sich ins Krankenhaus begeben sollte. Die Geburt hätte zehn Tage vor dem errechneten Termin eingeleitet werden sollen. Am Vorabend ließ der Arzt sie aber durch seine Arzthelferin benachrichtigen, daß er mit einem Notfall sehr beschäftigt sei und die Geburt deshalb nicht einleiten könne. Sie solle erst am nächsten Tag ins Krankenhaus kommen. Entrüstet schlief die junge Frau ein und wachte um fünf Uhr morgens mit Wehen wieder auf, die schnell stärker wurden. Um acht Uhr ließ sie sich einweisen und zwang den Arzt damit, ihre Geburt genau zum ursprünglich vereinbarten Zeitpunkt zu betreuen.

Ich glaube aber, es gibt noch einen zweiten Grund für die «Mechanisierung» der Geburt. Die charakteristische Denkrichtung unserer Zeit ist triebfeindlich. Diese Tendenz macht aus einem biologischen Vorgang von eminentem individualpsychologischen Gehalt eine medizinische Operation. Die Parallele dazu bilden die neuen Diäten, bei denen Vitamintabletten anstelle von Gemüse verordnet oder Schlaf und Wachzustand mittels Medikamentenabgabe geregelt werden. Schon der Säugling muß sich dieser Tendenz anpassen: Kaum ist er aus der Schläfrigkeit, die die Vollnarkose der Mutter bei ihm verursacht, erwacht, bekommt er statt der Brust die Milchflasche. Auch wenn sie in einigen Fällen unbestritten notwendig ist, macht die letzte wissenschaftliche Neuerung in der Gynäkologie bereits einen etwas grotesken Eindruck: Der normale, lustvolle Geschlechtsakt wird durch die künstliche Befruchtung der Frau ersetzt.

Unsere heutige Gesellschaft verhält sich dem Geburtsvorgang gegenüber mechanistisch und antipsychologisch. Es gibt jedoch auch die entgegengesetzte Tendenz: So gehen Untersuchungen der Frage nach, inwieweit psychische Prozesse den Ablauf der normalen Geburt beziehungsweise der Geburt, die normal sein könnte, beeinflussen.

Henriette Klein, Howard Potter und Ruth Dyk untersuchten in *Anxiety in Pregnancy and Childbirth*[20] die häufigsten Störungen und Ängste während der Schwangerschaft und der Geburt bei 27 Erstgebärenden, die in einer bestimmten Klinik waren. Es handelte sich durchwegs um Frauen, die ökonomisch und sozial unter äußerst schwierigen Bedingungen lebten. Krieg und Lebensmittelknappheit hatten ihre Lage noch verschärft. Die Studie stützt sich auf umfangreiche Gespräche, die während der Schwangerschaft und nach der Geburt sporadisch mit den Frauen geführt wurden. An der Untersuchung arbeitete auch das Klinikpersonal mit. Es war gut instruiert worden und beobachtete das Verhalten der Kranken sowie besondere Vorfälle während und nach der Geburt. Die Autoren haben das gesamte klinische Material publiziert. Verschiedene schematische Aufstellungen erlauben Schlußfolgerungen darüber, inwieweit die psychische Persönlichkeitsstruktur der betreffenden Frau und ihre Einstellung zur Schwangerschaft deren Entwicklung und den Geburtsvorgang beeinflußt haben. Ich habe gegen diese Ergebnisse nur einen einzigen Einwand: Die Methode, mit der sie ermittelt wurden, gibt zwar verläßlich Auskunft über die Ansichten, die die Frauen äußerten, aber die Hinweise auf unbewußte Einstellungen sind sehr vage. Gerade sie sind aber in allem, was die Akzeptation oder die Ablehnung der Schwangerschaft betrifft, besonders wichtig.

Bevor ich die wichtigsten schematischen Aufstellungen des Buches wiedergebe, werde ich die Bedeutung der von den Autoren gebrauchten Begriffe erklären. Sie sprechen von einer *«guten Geburtsarbeit»* und von einer *«leichten Geburt»*, wenn die Geburt relativ schnell vor sich ging, wenn die Wehen in regelmäßigen Intervallen und gleichmäßig intensiv auftraten, das Kind ohne ernste geburtshilfliche Schwierigkeiten zur Welt kam und der physische Zustand von Mutter und Kind befriedigend war. Sie betrachten die *«psychische Reaktion»* der Mutter während der Geburt als *«gut»*, wenn die emotionale Spannung und Angst nicht zu groß waren und wenn sie sich nicht übermäßig beklagte, wirksam mitarbeitete und die Kontraktionen gut ausnützte. Von einer *«schlechten Geburtsarbeit»* wird dann gesprochen, wenn die Geburt nicht normal verlaufen ist. Eine *«negative psychische Reaktion»* liegt vor, wenn die Haltung der Mutter während der Geburt ein Problem war für die, die ihr beigestanden haben. Außerdem gebrauchen die Autoren die Begriffe einer *«positiven»* oder *«negativen ambivalenten Einstellung»*, wenn die Frau auf ihren Zustand ambivalent reagierte, sie aber entweder zur Akzeptation oder zur Ablehnung tendierte.

SCHEMATISCHE DARSTELLUNG DER PSYCHOSOMATISCHEN BEZIEHUNGEN

Quelle: *Anxiety in Pregnancy and Childbirth*

	bei positiver psychischer Reaktion	bei negativer psychischer Reaktion	Schwere Geburt bei negativer psychischer Reaktion	Schwere Geburt bei positiver psychischer Reaktion	Total
Persönlichkeit:					
stabil............	10	4	0	3	17
labil..............	4	1	4	1	10
Empfängnis:					
Annahme......	5	1	0	0	6
positive Ambivalenz...	2	3	0	2	7
negative Ambivalenz...	5	1	4	2	12
Ablehnung...	2	0	0	0	2
Schwangerschaft: Leicht.........	9	4	1	2	16
Schwer.........	5	1	3	2	11
Gesamt.........	14	5	4	4	27

Die Ergebnisse der Untersuchung sind ziemlich einleuchtend. Durchschnittlich hatten die emotional stabilen, das heißt die reifen Frauen, leichte Geburten. Auch die, deren Schwangerschaft gut verlaufen war, haben ohne große Mühe entbunden. Inwiefern dies dieselben Mütter waren, die die Mutterschaft bewußt akzeptierten, enthüllt uns das folgende Schema. Das einzige, was auf den ersten Blick etwas befremdlich erscheint: Daß die zwei Frauen, die die Schwangerschaft bis zum Schluß vollständig ablehnten, trotzdem eine leichte Geburt hatten. Wir werden das später aufklären. Das zweite Schema enthält alle wichtigen Aussagen über die 27 Frauen.

VOLLSTÄNDIGE DARSTELLUNG DER PSYCHIATRISCHEN UND GEBURTSHILFEKUNDLICHEN ANGABEN
Quelle: *Anxiety in Pregnancy and Childbirth*

Nummer des Falles	Stabile Persönlichkeit	Labile Persönlichkeit	Erwünschte Schwangerschaft	Schwangerschaft mit ambivalenter Reaktion	Ablehnung der Schwangerschaft	Leichte Schwangerschaft	Schwere Schwangerschaft	Leichte Geburtsarbeit	Schwere Geburtsarbeit	Positive Reaktion auf die Geburt	Negative Reaktion auf die Geburt	Großes Kind	Sehr lange Geburtsdauer
1	x		x			x		x		x			
2		x		x		x		x		x			
3	x		x			x		x		x			
4		x			x		x	x		x		x	
5		x			x		x	x		x			
6	x			x		x			x	x		x	x
7		x		x			x		x		x		x
8		x		x			x		x		x		
9	x			x		x		x		x			
10	x			x		x		x		x			
11	x			x			x	x		x			
12	x		x					x		x			
13		x		x			x		x		x		
14	x		x				x	x		x			
15	x			x		x		x			x		
16		x		x			x	x			x		
17	x			x		x		x			x		
18	x			x		x		x		x			
19	x			x		x		x		x			
20		x		x			x		x	x		x	
21		x		x		x			x		x	x	x
22	x		x			x		x		x			
23	x			x		x		x			x		
24		x		x			x	x		x			
25	x			x			x		x	x			x
26	x		x			x		x		x			
27	x			x		x			x	x			x

Dieses Schema läßt gleichfalls die Schlußfolgerung zu: Frauen, die während der Schwangerschaft keine psychischen und psychosomatischen Störungen hatten, gehören zur Gruppe der *«stabilen Frauen»*, das heißt, sie sind psychisch reif. Einige Frauen, die auch zu dieser Gruppe gehören, hatten gewisse Schwierigkeiten.

Mit Hilfe einer gründlicheren Untersuchung könnten die Ursachen derselben sicher aufgeklärt werden. So figuriert zum Beispiel die Patientin Nummer 6 unter den reifen Frauen, die sich ein Kind wünschten. Trotzdem war die Entbindung schwierig, und sie gebar ein totes Kind. Das hätte uns weniger erstaunt, wenn wir gewußt hätten, daß ihre Mutter im Wochenbett gestorben war. Sie selbst war ledig und hatte bis zum 36. Lebensjahr keine einzige sexuelle Beziehung gehabt. Als sie das erste Mal eine sexuelle Beziehung zu einem Mann hatte, wurde sie gleich schwanger. Die Schwierigkeiten traten aber noch viel häufiger bei der Gruppe der «*labilen*» Frauen auf. Die zwei Patientinnen, die die Schwangerschaft bis zum Schluß glattweg ablehnten, gehörten zu dieser Gruppe. Sie hatten schwierige Schwangerschaften, aber leichte Geburten. Möglicherweise war die Leichtigkeit und Schnelligkeit der Geburten Ausdruck dafür, daß sie das Kind ablehnten und sich von ihm zu befreien wünschten; diesem Mechanismus sind wir bereits bei Erica begegnet.

Die Untersuchung konfrontiert uns mit dem Problem, was die Autoren mit «*normal*» meinen. Die Autoren bezeichnen z. B. die Patientin Nummer 6 als reife Persönlichkeit, das soll heißen, sie sei an die Realität gut angepaßt. Die außereheliche Zeugung eines Kindes mit einem Mann, den sie kaum kannte, spricht jedoch nicht gerade für das, was man üblicherweise für «*normal*» hält. Der Mann mußte sie außerdem im Stich lassen, weil er eingezogen wurde. Er ließ sie in einem Zustand völliger Schutzlosigkeit zurück, sowohl emotional als auch ökonomisch. In der letzten Phase ihrer Schwangerschaft war sie sehr verängstigt. Sie war sicher, daß sie bei der Geburt sterben würde. Nachdem sie erfahren hatte, daß sie ein totes Kind zur Welt gebracht hatte, warf sie sich zwanghaft vor, den Tod des Kindes dadurch verschuldet zu haben, daß sie sich nicht genügend geschont habe. Der Ausgang der Schwangerschaft und die Reaktion der Patientin sind auch Hinweise auf neurotische Probleme, die sicher mit dem Tod ihrer Mutter zusammenhängen. Trotzdem scheint mir, daß die Autoren die Patientinnen angemessen einteilen. Sie geben an, daß die Frauen aus sehr armen und instabilen Verhältnissen stammten.

Die Mehrzahl von ihnen lebte – teilweise auch wegen des Krieges – unter äußerst schwierigen Bedingungen. Sie klassifizierten also jene Frauen als *«stabil»*, die auf die Mutterschaft und die verschiedenen inneren und äußeren Schwierigkeiten am besten reagierten. Auch die Begriffe *«leichte Schwangerschaft»* und *«leichte Geburt»* sind als relative Qualifizierungen in bezug auf das ganze Material zu verstehen. Bei den Frauen, die *«leichte»* Schwangerschaften hatten, gab es viele, die sich erbrachen, fast alle litten an Übelkeit, und viele hatten gegen Ende der Schwangerschaft Alpträume, geschwollene Knöchel usw. Alle hatten Angst um ihre eigene Gesundheit und um die ihres Kindes. Die Geburten waren dann *«leicht»*, wenn sie nicht sehr lange dauerten und die Frauen *«gut aufgelegt»* waren, sich nicht allzu viel beklagten. Alle Frauen hatten Schmerzmittel bekommen. *«Normal»* waren die Schwangerschaften und Geburten offenbar in bezug auf das, was bei den 27 Patientinnen beobachtet wurde und was die Autoren im allgemeinen gewöhnt waren. Aber wenn wir berücksichtigen, daß es Schwangerschaften gibt, die ganz ohne Störungen verlaufen und Geburten, die keine Schmerzen verursachen, auch wenn das in unserer Gesellschaft bis vor kurzem nur ausnahmsweise vorkam, sehen wir einmal mehr, daß die Vorstellung von dem, was normal sei und was nicht, sehr relativ und von vielen Faktoren abhängig ist.

Henriette Klein und ihre Mitarbeiter stellten fest, daß ungünstige ökonomische Faktoren in Verbindung mit einem unglücklichen Eheleben die positive Einstellung zur Mutterschaft beeinträchtigen. Frauen, die sich ein Kind wünschten, waren im allgemeinen emotional reif und hatten eine stabile psychische Struktur; hingegen verhielten sich die labilen Frauen der Schwangerschaft gegenüber ambivalent, oder sie lehnten sie ab. Die Frauen, denen Schwangerschaft und Geburt von ihren Müttern, Schwestern oder Freundinnen als glückliche und befriedigende Erfahrungen geschildert worden waren, erwarteten für sich nichts anderes, und ihre Erwartung wurde oft bestätigt. Alle Frauen hatten Befürchtungen und Ängste, die sich auf die Schwangerschaft und auf die Geburt bezogen. Die Angstvorstellungen konzentrierten sich auf den Fötus oder die Schwangere und verschoben sich oft vom einen auf das andere.

Wir haben bereits gesehen, daß die Angst am Anfang einer Schwangerschaft auf Schuldgefühlen und Angst vor der Rache der Mutter basiert, weil die Frau glaubt, sie habe das Kind ihrer Mutter geraubt und sich vor ihrer Rache fürchtet. Die unbewußte Phantasie der erwachsenen Frau, sie habe als Mädchen der Mutter verboten, noch mehr Kinder zu haben, weil sie sie um ihre kreative Fähigkeit beneidete, oder sie habe sie gehaßt, wenn sie doch wieder schwanger wurde, verstärkt das Schuldgefühl. Deshalb ist es jetzt gefährlich, ihren Platz einnehmen zu wollen; das Mädchen von einst setzt sich dem Haß der Mutter aus. Wenn das Mädchen Mutter wird, übernimmt der Fötus außerdem die frühere Rolle des Mädchens; er wird gefährlich, weil er die Gefräßigkeit, Monstrosität und Triebhaftigkeit von ihr annimmt. Derselbe psychische Zustand dauert die ganze Schwangerschaft an, aber Mutter und Fötus passen sich langsam aneinander an, und ihre Einheit wird im Laufe der Schwangerschaft verstärkt. Aufgrund ihrer Ängste und weil ihre Phantasien, Mutter zu werden, in der Kindheit gescheitert sind, hat die Frau vielleicht am Anfang der Schwangerschaft daran gezweifelt, ob sie überhaupt je ein Kind haben könnte. Jetzt beginnt sie das Kind zu fühlen. Wenn sie die Kindsbewegungen spürt, wird aus dem fernen Versprechen eine Realität. Viele Frauen behaupten, daß die zweite Hälfte der Schwangerschaft überhaupt die glücklichste und heiterste Zeit ihres Lebens gewesen sei.

Aber der Friede wird gegen Ende der Schwangerschaft gestört. Natürlich möchten die reifen, realitätsgerechten Persönlichkeitsanteile der Frau, daß das Kind bald kommt. Deshalb beeilt sie sich mit ihren Vorbereitungen und freut sich darauf, daß ihr Kind, das sie zwar heute schon fühlt, das ihr aber noch unbekannt ist, eine sichtbare Realität wird. Aber es gibt auch etwas in ihr, das vor der Geburt zurückschreckt. Allen Entwicklungen der modernen Geburtshilfe zum Trotz sieht es so aus, als ob die Ängste vor der Geburt überhaupt nicht weniger geworden seien. Dabei hat die Medizin, nachdem sie die körperlichen Gefahren für die Gebärende auf ein Minimum reduziert hat, heute sogar den gefürchteten Geburtsschmerz praktisch zum Verschwinden gebracht. Die Angst vor der Geburt hat eben Gründe, die tief im Unbewußten liegen. Jetzt kehren all die irrationalen Ängste, die die Schwangere in den ersten Schwangerschaftswochen gequält haben, wieder. Sie hat den Eindruck, als stünde sie vor einer Abschlußprüfung. Erst nachdem sie das, was sie in sich hat, was sie geschaffen hat, geboren haben wird, wird sie wissen, ob ihr Inneres intakt ist, ob ihre Mutter sie nicht bestraft hat und ob sie selbst dem Kind durch ihre Bosheit nicht geschadet hat. Das ist der negative Grund ihrer Angst. Aber selbst das Glück, das sie in der zweiten Hälfte der Schwangerschaft empfunden hat, behindert jetzt die Geburt und ruft Angst hervor. Nach Helene Deutsch lebt bei der Geburt eines Kindes in der Mutter das Geburtstrauma nochmals auf, und zwar so genau wie überhaupt möglich. Wenn sich die Gebärende mit ihrem Kind identifiziert, erlebt sie die ganze Trennungsangst, ihre eigene Angst vor der Trennung von ihrer eigenen Mutter von neuem. Sie identifiziert sich mit der Hilflosigkeit des Kindes und bedauert, daß sie es nicht länger vor dem Leben beschützen kann. Sie leidet darunter, daß das Kind die Mutter verliert und erlebt die Geburt als Verlust. Die Trennungsangst ist das Schlimmste an der Geburt, und mit ihr müssen wir rechnen, wenn wir wollen, daß die Frauen glücklich gebären. Ich werde nachher zeigen, auf welche Weise das möglich und weshalb das so wichtig ist.

Mit zwei Träumen möchte ich zuerst veranschaulichen, wie Frauen die näherrückende Geburt erleben. Isabel hatte gespürt, wie sich der Kopf des Kindes senkte. In der folgenden Nacht hatte sie einen Traum, aus dem sie angsterfüllt erwachte: Sie sieht ihr Töchterchen, es ist bereits geboren und schläft ruhig in der Wiege. Ihr Mann schüttelt an der Wiege, und sie schimpft mit ihm. Sie will nicht, daß das Kind gestört wird. Nachher badet sie es. Es liegt auf dem Grund der Badewanne, unter dem Wasser, und lächelt mit glücksstrahlendem Gesicht. Isabel denkt im Traum: *«Es sieht zufrieden aus, aber ich muß es herausnehmen, sonst ertrinkt es noch.»* Sie nimmt es heraus und tätschelt ihm den Rücken, damit es das Wasser ausspucken und besser atmen kann. Mit dem Kind ist alles in Ordnung, aber es beginnt zu schrumpfen. Isabel bekommt fürchterliche Angst. Sie denkt, daß ihm nun die Hemdchen, die sie genäht hat, schon zu groß sind. Das Kindchen wird immer kleiner und verschwindet dann ganz. Isabel wacht auf und ist verzweifelt. Der Traum läßt sich leicht deuten: Isabel ist traurig, weil sie ihr Kind verlieren wird. Bei der Geburt wird sie sich von ihm trennen müssen. Sie identifiziert sich mit ihm und fürchtet, es in eine Kindheit zu entlassen, die so unglücklich sein wird, wie die ihre gewesen ist. Das Mädchen, das ruhig in der Wiege schläft, ist der Fötus; es steht auch für sie selbst, für ihren eigenen vorgeburtlichen Zustand, in dem sie zufrieden im Inneren ihrer Mutter war. Ihr Mann, der die Wiege anstößt, ist der Vater, der sich zwischen die Mutter und das Kind drängt und ihre enge und ausschließliche Beziehung nicht länger duldet. Das Mädchen, das unter dem Wasser glücklich lächelt, entspricht Isabels Vorstellung vom fötalen Zustand. Es erinnert an die Kindergeschichten, in denen die ungeborenen Kinder friedlich in einem Teich leben. Isabel weiß, daß sie das Glück der Schwangerschaft nicht mehr verlängern kann, ohne ihr zukünftiges Kind zu gefährden. Trotz ihrer Ängste muß sie das Neugeborene aus dem Wasser nehmen, das heißt, sie muß gebären. Aber sobald sie es herausnimmt, wird das Kind kleiner, die Hemdchen, die sie mit so viel Liebe vorbereitet hat – sie symbolisieren ihre beschützende Liebe –, passen schon nicht mehr. Es wird noch kleiner und bald wird es ganz verschwinden. Isabel drückt damit ihre Angst aus, das Kind zu verlieren: Es zu verlieren an das Leben – es wird größer werden, und sie wird es nicht mehr beschützen können –, oder an den Tod, wenn es die Trennung der Geburt nicht übersteht. In beiden Fällen wird ihre glückliche Einheit mit dem Kind zu Ende sein. Die Konflikte, die Isabel mit der Geburt hatte, wirkten sich auch körperlich aus: Sie hat das Kind mehr als drei Wochen übertragen.

In einem weiteren Geburts- und Trennungstraum identifiziert sich die Mutter stärker mit dem Fötus. Ana träumte nur wenige Tage vor der Geburt: Sie befindet sich im Flur der elterlichen Wohnung, sie ist noch ein Kind. Es ist Nacht und die Eingangstür ist mit einer Kette verschlossen. Jemand ruft. Ohne die Kette zu lösen, öffnet sie die Türe einen Spalt. Eine schreckliche Hexe steht draußen. Wie eine Kralle greift ihre Hand durch den Türspalt nach ihr. Die Hexe will das Mädchen mit Gewalt aus der Wohnung reißen. Schreiend erwacht sie. Die Schlafende sieht sich als Mädchen in der elterlichen Wohnung oder als Fötus, der in der Mutter ist. Sie möchte drinbleiben, aber die Hexe kommt sie herausholen. Das bedeutet, daß sie ihrer Mutter vorwirft, daß sie sie geboren, sich von ihr getrennt hat. Gleichzeitig wird sie selbst jetzt die Mutter-Hexe sein, sie wird das Kind, das sie in sich trägt, herausstoßen müssen. Die Geburtsangst entspricht dem Wiederaufleben der ältesten und archaischsten Angst, die wir kennen, der Angst vor der Trennung von der Mutter. Aber obwohl es sich um eine so ursprüngliche Angst handelt, ist es leicht, mit ihr umzugehen. Das ist wichtig, wenn wir verstehen wollen, wie eine «normale Geburt» ablaufen könnte, und wie wir die vielen Ängste und Störungen vermeiden könnten. Pharmakologen, Narkoseärzte und Gynäkologen sind um das beste Mittel bemüht, mit dem der Gebärenden Schmerzen erspart werden könnten. Bis jetzt sind mehr oder weniger perfekte Methoden gefunden worden, die jedoch alle mit einem gewissen Risiko verbunden sind, denn sie können die Gesundheit des Neugeborenen beeinträchtigen. In seiner Publikation *Prevention of Fetal Anoxia* stellt Nicholson Eastman[21] die Behauptung auf, daß die häufigste Todesursache von Kindern während oder kurz nach der Geburt sowie von nur wenige Tage alten Säuglingen in der Anwendung von Betäubungsmitteln während der Geburt bestehe. Durch die Narkose werde der Sauerstoffgehalt des mütterlichen Blutes reduziert; das kann passieren, wenn die Narkose mehr als drei Minuten dauert oder bei der Periduralnarkose[22]. Bei Frühgeburten sei die Gefahr entsprechend größer. Aber mit der Praxis, die Geburt einzuleiten und die spontane Geburt nicht abzuwarten, sondern ein Datum im voraus zu fixieren, können Rechungsfehler bei der Terminberechnung die Anzahl der Frühgeburten erheblich erhöhen. Und die Geburt, die eingeleitet wird, wird praktisch immer mit Narkose durchgeführt.

Eine weitere gynäkologische Meinung zur Narkose: Stewart Clifford[23] hält die Anoxie (Sauerstoffmangel) für die Todesursache von 60% der verstorbenen Neugeborenen und für eine der bedeutendsten Krankheitsursachen. Der Sauerstoffmangel hat seiner Meinung nach zwei mögliche Ursachen: Er entsteht durch traumatische Beschädigungen der Atmungsorgane während der Geburt oder ist Folge der Geburtsnarkose. Als es noch nicht so üblich war, Betäubungsmittel während der Geburt einzusetzen, weinten und atmeten 90 bis 95% der Neugeborenen von selbst. Heute sind nur noch 75% der Säuglinge in so guter Verfassung. Das sind die körperlichen Schäden, die das Kind bei Anwendung der Anästhesie während der Geburt erleiden kann. Aber es gibt auch psychische Schäden. Der Mutter, die im Augenblick der Geburt nicht bei Bewußtsein ist und das erste Weinen ihres Kindes nicht hört, wird eine Erfahrung genommen, die in höchstem Maße befriedigend ist. Ich habe erklärt, daß die Gebärende Angst hat, sie verliere das Kind, indem sie entbindet. Sie kennt es bis zu diesem Augenblick nicht und empfindet es nur zum Teil als etwas Reales; zum anderen Teil erscheint es ihr als Produkt ihrer Phantasie. Damit sie die irrationalen Ängste und das Trauma ihrer Trennung vom Kind überwinden kann, ist es wichtig, daß sie die Möglichkeit hat, ihre Angstvorstellungen mit der guten und beruhigenden Realität zu vergleichen, und daß sie bei Bewußtsein ist, wenn das Kind zur Welt kommt. Die Nachgeburtsdepression ist bei Frauen, die das erlebt haben, leichter und kürzer, und sie können ihr wirkliches Kind meist besser akzeptieren als jene Mütter, die eine Vollnarkose hatten oder infolge von Hypnose während der Geburt bewußtlos waren. Letztere reagieren auf das Kind fast immer mit Befremden, Gleichgültigkeit und Enttäuschung. Ob und wie weit diese Ablehnung des Kindes im ersten Augenblick seines Lebens in dieser Welt von ihm wahrgenommen wird und ob sie die zukünftige Reaktion der Mutter auf das Kind beeinflußt und die Mutter-Kind-Beziehung dauerhaft beeinträchtigt, kann nicht entschieden werden.

Im Gegensatz zur üblichen Forschungsrichtung, die mit immer weitergehender Perfektionierung der Betäubungsmittel zu erreichen sucht, daß die Gebärende den Schmerz nicht mehr wahrnimmt, hat Grantly Dick Read[24] das Problem ganz anders angepackt. Anfangs wurden seine Arbeiten lächerlich gemacht und ignoriert, aber heute stoßen sie auf wachsendes Interesse und Verbreitung beim Publikum. Read warf die Frage auf, ob es wirklich natürlich und unvermeidbar sei, daß die Geburt Schmerzen verursacht. Eigentlich war es nicht Read selbst, der diese grundlegend neue Fragestellung aufwarf, sondern eine Patientin, die er Jahre zuvor betreut hatte. Während ihrer Geburt, die leicht war und ohne Komplikationen verlief, beklagte sich diese Patientin kaum. Read wollte ihr Chloroform geben, aber sie lehnte entschieden ab. Befremdet fragte er sie nachher, weshalb sie die Hilfe des Betäubungsmittels, das doch ihr Leiden erleichtert hätte, abgelehnt habe. Sie antwortete ihm einfach: *«Ich hatte keine Schmerzen, ich konnte mich nicht beklagen, es muß doch nicht wehtun, nicht wahr, Herr Doktor?»* Seither hat Read versucht, herauszufinden, ob die Geburt wirklich schmerzlos verlaufen könnte. Er hat das Problem sehr eingehend untersucht. Bei all seinen Patientinnen hat er genau beobachtet, wann und unter welchen Umständen sie bei der Geburt zu leiden anfingen, und er kam zu dem Schluß, daß diese Patientin recht gehabt hat: Die Schmerzen sind nicht notwendig. Warum aber tut es dann den meisten Frauen so weh? Weil sie im voraus Schmerzen erwarten! Während ihrer ganzen Kindheit hat man ihnen eingeprägt, Gebären sei äußerst schmerzhaft und gefährlich. Auf diese Weise sei, so Read, eine Art bedingter Reflex zwischen der Wahrnehmung des Geburtsvorganges und der Schmerzempfindung entstanden. Aber welche physiologische Grundlage hat dieser Reflex? Verschiedene Muskelgruppen sind für die Gebärmutterbewegungen verantwortlich. Mit den spontanen, unwillkürlichen Kontraktionen der einen beginnt der Geburtsvorgang. Dadurch wird der Fötus allmählich ausgestoßen. Eine zweite Muskelgruppe schützt den Gebärmutterausgang. Sie sollte während des Geburtsvorgangs locker bleiben, damit das Ausstoßen nicht behindert wird. In einer Umgebung, die psychisch ungünstig auf sie einwirkt, hält die Erstgebärende die Uteruskontraktionen, eine für sie vollkommen neue

Empfindung, für Schmerzen. Der imaginäre, rein subjektive «Schmerz» ruft Angst hervor. Und die Angst wiederum provoziert eine Muskelspannung, die das Ausstoßen, die eigentliche Geburtsarbeit, behindert. Das verursacht dann wirkliche Schmerzen und verlängert die Dauer der Geburt, so daß oft eine Narkose notwendig wird. Die Frau, die verängstigt ist, sich einem unbekannten und schmerzhaften Vorgang ausgeliefert fühlt und die Beherrschung über sich selbst verliert, kann auch das komplizierte Geburtsgeschehen nicht mehr kontrollieren; (so paradox das klingen mag, handelt es sich doch um unwillkürliche Muskeln, die da «kontrolliert» werden.) Die eine Seite der Muskulatur blockiert die Arbeit der anderen, die Entbindung wird schmerzhaft und oft auch gefährlich für Mutter und Kind. Read führt mehrere Fälle an, bei denen die Einstellung der Begleitpersonen die Geburt erheblich beeinflußt hat. Übertriebene Sorge, die effektiv einer Schmerzsuggestion entspricht, Gleichgültigkeit oder das Alleinlassen der Gebärenden verstärken die Angst. Später machten sich dann heftige Schmerzen bemerkbar, und in einigen Fällen wurde sogar die Geburtsarbeit unterbrochen. Wenn die Frau an ihrer psychischen Toleranzgrenze angekommen ist, greift sie oft zu diesem Mittel.

Der Verlauf der Geburt von Isabels Kind veranschaulicht dies. Mit ihren Schwierigkeiten während der Schwangerschaft haben wir uns bereits vertraut gemacht. Als sich aber die ersten Kontraktionen bemerkbar machten, begab sie sich in guter Verfassung in die Klinik. Und am Anfang ging auch wirklich alles gut. Doch dann wurde der Arzt, dem sie sehr vertraute, zu einer Geburt in ein anderes Krankenhaus gerufen. Auch die Hebamme kümmerte sich nicht mehr um sie. Und dann wurde sie sogar allein gelassen. Unerträgliche Schmerzen setzten ein. Sie bekam fürchterliche Angst, begann zu schreien und zu weinen. Zum Schluß war sie vollkommen erschöpft und außer sich. Als der Arzt nach mehreren Stunden zurückkam, war sie verzweifelt und hatte praktisch keine Wehen mehr. Die Tatsache, daß der Arzt nicht da war, daß sie verlassen war, hatte dazu geführt, daß eine Geburt, die ganz normal angefangen hatte, mit Spritzen neu eingeleitet und mit einem ernsten chirurgischen Eingriff, natürlich unter Narkose, beendet werden mußte.

In *Geschlecht und Temperament*[25] erzählt Margaret Mead von einer Geburt bei den Tchambuli. Bei diesem Stamm wird erwartet, daß die Geburt ohne große Komplikationen vonstatten gehe, wenn man nur gewisse Anweisungen genau befolge. Die Gebärende ist nur von Frauen umgeben. Sie soll zwischen den Knien ihrer Tante väterlicherseits in die Hocke gehen. Der Ehemann der Gebärenden sitzt mit dem Medizinmann und seinen Freunden in einem anderen Zimmer und soll dort feierlich auf das Ende der Geburt warten. Im Fall, den Margaret Mead beschreibt, ist der junge Vater ein leichtfertiger junger Mann und vom Ernst des Augenblicks nicht ganz überzeugt. Als seine Frau Tchubukéima das Lachen ihres Mannes und seiner Freunde hörte, unterbrach sie ihre rhythmischen Klagen – die Zeichen dafür waren, daß die Geburt im Gange war – und schlief fest ein. Als die Männer von dieser Komplikation hörten, erschraken sie und wurden ernst. Tchubukéima wachte auf, die Geburt ging normal weiter, bis man im Zimmer der Gebärenden wieder das unverantwortliche Lachen der Männer hörte. Die Frau schrie zuerst noch lauter. Als das nichts nützte, fiel sie nochmals in einen tiefen Schlaf. Die Szene wiederholte sich mehrmals, den ganzen Tag lang. Am Mittag waren die Männer etwas beunruhigt und nahmen magische Praktiken zu Hilfe, die den Geburtsvorgang beschleunigen sollten. Sie hatten aber keinen Erfolg. Die Frauen kamen schließlich überein, daß es an Tchubukéimas Haus liege, das wahrscheinlich verzaubert sei. In einem Haus am anderen Ende des Dorfes würde sie viel besser gebären. Sie zogen dahin – und entfernten sich damit gleichzeitig so weit wie möglich von dem Ehemann und seinem gefährlichen Geschwätz und Gelächter. Sie schlossen sich mit Tchubukéima wieder ein. Sie hockte sich von neuem zwischen die Knie ihrer Tante. Aber jetzt gab es eine neue Schwierigkeit: Die Frauen begannen, die Geduld zu verlieren. Die Tante plauderte fröhlich mit den anderen. In regelmäßigen Abständen wandte sie sich an das wütende Mädchen, das vor ihr kniete und sagte: *«Bekomm jetzt dein Baby.»* Und wieder wurde

Tchubukéima böse und schlief ein. Erst um zwei Uhr morgens, als ihr Mann, jetzt wirklich besorgt, dem Repräsentanten der teuflischen Geister seine «*Kina*» bezahlt hatte, schickte Tchubukéima sich an, ihr Kind zu gebären.

Auch wenn diese Geburt in einer Umgebung stattgefunden hat, die ganz anders ist als die unsere, so ist sie doch ähnlich verlaufen wie die, die wir kennen. Sowohl die Tchambuli-Frau als auch die Europäerin oder Amerikanerin brauchen emotionale Unterstützung, damit sie den Mut zum Gebären finden. Jede fühlt sich allein und fürchtet sich vor ihrer schweren Stunde. Und ob die Unterstützung der Umgebung durch Zauber oder durch die Anwesenheit eines bedeutenden Spezialarztes ausgedrückt wird, spielt eigentlich keine Rolle. Wichtig ist, daß die Frau sich in ihrer Angst nicht verlassen und unverstanden fühlt. Margaret Mead interpretierte die Unterbrechung des Geburtsvorganges der jungen Tchambuli-Frau als Aggression gegen Mann und Tante, und als Versuch, sich wichtig zu machen. Ich dagegen glaube, daß die junge Frau verängstigt und allein gelassen war. Sie wagte es vielleicht nicht, unter diesen Umständen mit der Geburt fortzufahren. Sie mußte unterbrechen, um dadurch Anteilnahme und Sorge bei den Beteiligten zu wecken. Sie sollten mit ihr zusammenarbeiten und sie in ihrer schweren Stunde nicht den schrecklichen Bildern ihres Inneren ausliefern. Aber kommen wir zu Doktor Reads Theorie zurück. Er behauptet, daß sich die Muskeln aus Angst verspannen, was die Ausstoßung aus dem Uterus erschwere und den Schmerz verursache. Die Angst versucht er auszuschalten, indem er der Frau erklärt, was während der Schwangerschaft und der Geburt in ihrem Körper vorgeht. In psychoanalytischen Begriffen heißt dies, daß er der psychischen inneren Realität, die auf irrationalen Ängsten und infantilen sexuellen Repräsentationen von Empfängnis, Schwangerschaft und Geburt beruht, die äußere, gute, beruhigende und rationale Realität entgegenstellt. Die äußere Wirklichkeit wird vom Arzt und der Hebamme vertreten, die die Gebärende vom ersten Augenblick an betreuen und ihr Anweisungen geben, wie sie den Geburtsvorgang wirksam unterstützen kann.

Die reflexologische Schule (Pawlow) mit ihrer psychoprophylaktischen Geburtsvorbereitung hat in den letzten 15 Jahren einen starken Aufschwung erlebt. Nicht nur in sozialistischen Ländern, auch in Frankreich, in Argentinien und anderen Ländern ist sie heute sehr beliebt.

Die Theorie der Reflexologen ist nicht dieselbe wie die von Read[26]. Nach der Theorie der Reflexologen ist der Geburtsschmerz zwar objektiv vorhanden, aber er kann durch psychologische Mittel gehemmt werden. Auch in der Praxis sind die beiden Schulen verschieden: Die Reflexologen ersetzen beispielsweise die Entspannung der Gebärenden bei der letzten Dehnungsphase durch das Hecheln. Gemeinsam ist den beiden Theorien, daß sie die Aufklärung der Gebärenden über die physiologischen Vorgänge für sinnvoll erachten. Dem stimme ich zwar zu, würde aber die Bedeutung der Aufklärung nicht so hoch einschätzen. Auch betonen beide Schulen nachdrücklich, daß es nötig sei, die typische Vorstellung unserer Gesellschaft, die Geburt bringe Schmerzen mit sich, zu revidieren. Während der Schwangerschaft machen sie mit der zukünftigen Gebärenden Übungen, die ihr später bei der Geburt helfen sollen, den Vorgang wirksam zu unterstützen. Durch die regelmäßig stattfindenden Übungsstunden wird außerdem schon vor der Geburt eine belastbare Beziehung zwischen der Frau und denen, die ihr im kritischen Augenblick beistehen werden, hergestellt.

Beide Schulen haben gute Erfolge, solange ihre Vertreter das System nicht wieder zur Routine werden lassen; das heißt, solange die Frauen Gelegenheit haben, ihre Gefühle bei der Geburt, auch ihre Schmerzen, individuell auszudrücken. Gibt es eine Erklärung dafür, daß mit so einfachen Methoden so gute Ergebnisse erzielt werden können? Ich glaube, daß die neue Betrachtungsweise, die Doktor Reads Patientin einnimmt, wenn sie fragt: *«Es muß doch nicht wehtun, nicht wahr, Herr Doktor?»* einen Großteil des Erfolges ausmacht. In der Bibel werden die Schmerzen bei der Geburt als Strafe dafür, daß die Frau die Erbsünde begangen hat, hingestellt. Damit spricht die Bibel das aus, was für die gläubige Frau und für die Atheistin gleichermaßen eine psychische Realität ist: Das Kind wird als Frucht der Sünde betrachtet. Ihm das Leben zu schenken, verdient, bestraft zu werden. Der Geburtshelfer, der den Schmerz für eine unvermeidliche Tatsache hält, aber versucht, ihn durch schmerzstillende und narkotisierende Mittel zu lindern, bedeutet für das Unbewußte der Gebärenden einen Komplizen, der ihr hilft, der gerechten Strafe zu entgehen. Wenn der Arzt hingegen behauptet, der Geburtsschmerz sei nicht natürlich, sondern die Folge von Fehlhaltungen unserer Gesellschaft, spricht er die Frau von der Erbsünde los. Wie wird das erreicht? Die Angst, die normalerweise die Entbindung belastet und die den Circulus vitiosus von Angst, Spannung und Schmerz auslöst, ist die Folge einer Identifizierung aus Schuldgefühl, die die Frau mit der Mutter vornimmt. Es ist, als ob die Mutter ihrer Tochter während der Geburt sagen würde: *«Du wolltest meinen Platz einnehmen und mir meine Kinder rauben. Jetzt hast du es erreicht, aber du wirst leiden, wie ich gelitten habe, als ich dich gebar, oder du wirst sterben, so wie du gewünscht hast, ich solle an der Geburt deiner Geschwister sterben.»* Wenn der Arzt die Notwendigkeit des Schmerzes verneint, repräsentiert er den mit der Tochter verbündeten Vater, der sie beschützt, oder die gute Mutter, die den Drohungen und Verwünschungen der bösen, inneren Mutter Einhalt gebietet. Letztere schüchtert die Gebärende durch blutige und infantile Vorstellungen der Geburt ein. Die Wehen werden unter diesem Einfluß als Zeichen dafür erlebt, daß im Körper etwas Schreckliches passiert. Die rationalen Erklärungen des Arztes sind wie die Stimme der guten Mutter, die einem verängstigten Kind zuredet: *«Laß dich doch von diesem Schatten nicht erschrecken. Das ist kein Gespenst, das ist nur ein Kleidungsstück.»* Natürlich kann die Mutter das Kind damit von seiner Angst vor Gespenstern nicht heilen. Aber sie beruhigt es für den Augenblick. Genauso kann auch die Frau, die vor dem unbegreiflichen und unaufhaltsamen Vorgang in ihrem Inneren zurückschreckt, durch die beruhigenden Erklärungen des Arztes besänftigt werden. Und außerdem gibt ihr der Arzt auch Anweisungen, die ihr bei der Mitarbeit beim Geburtsvorgang wirklich weiterhelfen. Diese Hinweise sind übrigens nichts Neues. Jede gute Hebamme hat sie früher ihren Patientinnen geben können. Aber heute, bei der eiligen Geschäftigkeit und dem unpersönlichen Ton in den modernen Operationssälen, den eingeleiteten Geburten, der Narkose und den Geburtszangen, sind sie weitgehend in Vergessenheit geraten. Solche Anleitungen sind aus verschiedenen Gründen nützlich. Die Frau, die intelligent mitarbeitet, kann den Geburtsvorgang wirklich fördern und beschleunigen. Wenn sie seine Anweisungen befolgt und bemerkt, daß der Fortgang der Geburt dadurch erleichtert wird, fühlt sie sich vom Arzt verstanden. Und wenn sie sich verstanden fühlt, heißt das auch, daß sie das Gefühl hat, ihr sei verziehen worden. Wenn sie wieder aktiv werden kann, überwindet die Frau die tiefste Angst der Geburt, die Angst vor der Trennung vom Kind, die sich mit dem unaufhaltsamen und unvermeidlichen Fortgang dieses Geschehens unerbittlich nähert. Solange sie den Geburtsvorgang passiv erlebt, fühlt sie sich wehr- und schutzlos wie ein Kind. Sie kommt sich vor wie das Opfer unkontrollierbarer Kräfte und Schmerzen, ganz so, wie sie sich als Mädchen ihren schrecklichen inneren Bildern ausgeliefert gefühlt hat. Sie identifiziert sich mit dem Kind und sieht sich in eine kalte und gleichgültige Welt hinausgeschleudert. Wenn sie aber den Anweisungen des Arztes folgt und damit die Entbindung zu einem Stück Arbeit macht, das zwar schwierig ist, aber im Bereich ihrer Fähigkeiten liegt, erlangt sie das Selbstvertrauen zurück. Sie löst die Identifizierung mit dem wehrlosen Kind und wird zur aktiven und tatkräftigen Mutter. Jetzt hat sie keine Angst mehr vor der Trennung vom Kind, weil sie weiß, daß sie es nachher beschützen kann, so wie sie es im Augenblick beschützt, indem sie ihm eine schwere Geburt erspart. Die aktive Beteiligung an der Geburt erleichtert ihr die Überwindung des Trennungstraumas. So kann sie, unter Aufbietung all ihrer Kräfte, aber ohne Angst und Strafe, das heißt ohne Schmerzen, das gewaltige Geschehen der Geburt zu Ende führen. Dieses Vorgehen wird natürlich bei sehr neurotischen Frauen scheitern. Bei den sogenannt *«Nervösen»* ist das Bild der bösen Mutter zu tief verwurzelt, um durch äußere günstige Einflüsse, wenn auch nur vorübergehend, verändert zu werden. Andererseits kann die intensive Angst vor der Mutter auch ein Stimulus sein, der die Geburt beschleunigt. Wie wir bei Erica gesehen haben, kann sie aus diesem Grunde fast schmerzlos gebären.

Meine Schlußfolgerungen: Infolge psychischer Bedingtheiten sind Schwangerschaft und Geburt von Unwohlsein, Furcht und Schmerzen begleitet. Wenn es uns gelingt, gesunde Mädchen, die ihre Weiblichkeit freudig akzeptieren können, mit einem geringen Maß an Angst und Schuldgefühl zu erziehen, können wir hoffen, daß Schwangerschaft und Geburt das werden, was sie für einige Gesellschaften und für einige glückliche Frauen in unserer Gesellschaft heute schon sind: die Verwirklichung ihrer biologischen Fähigkeiten, die vom vollen Bewußtsein darüber begleitet ist, an der größtmöglichen Erfahrung teilzunehmen: ein Wesen in sich getragen, es genährt und ihm das Leben geschenkt zu haben.

XI

PROBLEME BEIM STILLEN[1]

Unter den psychobiologischen Funktionen der Frau, die sich auf das Kind beziehen, nimmt das Stillen hinter der Geburt einen zweitrangigen Platz ein. Es gibt sogar viele Frauen, die darauf verzichten. Beaumarchais' Figaro ruft in der gleichnamigen Oper unwillig aus, die einzige Unannehmlichkeit, der sich die hohen Herren in ihrem Leben nicht entziehen könnten, sei die Geburt. Die gleiche Bemerkung könnte man über die großen Damen machen. Wenn man Beaumarchais' Ausspruch leicht abändert, würde es heißen: Die einzige Mühe, die sich diese Damen machen, ist das Gebären der Kinder. Danach werden sie fremden Frauen überlassen, die sie aufziehen. Lange galt es sogar als unschicklich, die Kinder selbst zu stillen. In vielen europäischen Ländern gehörte es bis zu Beginn unseres Jahrhunderts zum guten Ton, eine Amme zu haben. Man glaubte, Kinder würden nur auf diese Weise angemessen ernährt und gesundheitlich nicht geschädigt werden. Aber indirekt wurde die Gesundheit dennoch beeinträchtigt, denn die emotionale Mutterbindung, die durch das Stillen entsteht, fehlte diesen Kindern. Im Unbewußten eines Säuglings, der von einer bezahlten Amme gestillt wird, können sich leicht zwei entgegengesetzte Mutterbilder festsetzen: Da ist einerseits die gute Mutter der frühen Kindheit, die Amme. Auf der anderen Seite existiert ein böses, frustrierendes Mutterbild, das der wirklichen Mutter entspricht. Heute gibt es keine Ammen mehr, dafür werden Kinder aller sozialen Klassen mit der Flasche großgezogen.

Von den 27 Frauen, die in der Untersuchung Anxiety in *Pregnancy and Childbirth*[2] beobachtet wurden, stillte keine länger als drei Monate. Dem technischen Fortschritt ist es zu verdanken, daß dies dem Säugling körperlich nicht schadet. Daß die künstliche Babymilch der Muttermilch heute häufig vorgezogen wird, hat sicher soziale Gründe; darüber hinaus muß für ein Phänomen, das so häufig auftritt, auch nach psychologischen Erklärungen gesucht werden. Die sozialen Umstände, die für die Anwendung der künstlichen Babynahrung sprechen, liegen auf der Hand: Frauen, die außer Haus arbeiten, haben oft nicht die Zeit, das Baby mehrere Monate lang zu stillen. Wenn sie auf ihren Beruf nicht verzichten wollen oder nicht verzichten können, stillen sie ab. Auf den ersten Blick scheinen die ökonomischen und sozialen Probleme der Mutter, die außer Haus arbeitet, unlösbar. Aber wenn sich die modernen Politiker ebenso aufmerksam um die biologischen Aufgaben der Frau kümmern würden, wie sie in Zeiten der Not und des Wohlstandes um ihre Arbeitsfähigkeit besorgt sind, könnte dieses Problem gelöst werden. In fortschrittlichen Staaten wurden entsprechende Sozialgesetze bereits in Angriff genommen. Nützlich sind beispielsweise Kinderkrippen in den Fabriken, eine andere Möglichkeit wären staatliche Zuschüsse während der Stillzeit. Aber abgesehen von den sozialen Faktoren, auf die ich hier nicht weiter eingehe, gibt es andere, psychische, die nicht weniger wichtig sind. Ich habe davon gesprochen, daß es für unsere Zeit typisch sei, daß sie die Zeugungsfunktionen der Frau desexualisiert, Triebhaftes und Spontanes in Mechanisches und Kontrolliertes umgewandelt wird: Die schmerzlose Defloration durch den Gynäkologen, die eingeleitete Geburt, die Geburt unter Narkose, Medikamente, die das Einschießen der Milch verhindern, und die Ernährung des Säuglings mit der Flasche, das alles ist typisch für diese Tendenz.

Die schädigenden Folgen, die die Flaschennahrung für die Psyche hat, haben wir in unzähligen Analysen Erwachsener kennengelernt. Aber es ist gar nicht nötig, auf dieses Material zu rekurrieren; die orale Unzufriedenheit, Resultat einer Erziehung, die bereits die ersten Wünsche des Kindes frustriert, ist in unserer

Gesellschaft ohnehin ein allseits zu beobachtendes Phänomen. Es ist zum Beispiel sicher kein Zufall, daß gerade in den Vereinigten Staaten, wo die meisten Kinder mit der Flasche großgezogen werden, die Mode aufgekommen ist, Kaugummi zu kauen. Auch das Problem der Rauschgiftsucht ist dort besonders gravierend.

Aber nicht nur das Kind leidet darunter, wenn die Mutter auf das Stillen verzichtet, auch die Mutter selbst erfährt Nachteile dadurch. Das Geburtstrauma wird gewöhnlich nur aus der Perspektive des Kindes beschrieben. Wie ich bereits im vorangehenden Kapitel dargelegt habe, erlebt auch die Mutter ein Trauma.

Helene Deutsch zufolge bietet sich der Frau bei der Geburt eines Kindes die Gelegenheit, das eigene Geburtstrauma aufzuarbeiten. Sie stellt fest, daß Geburtsarbeit und Stillen zusammenwirken. Das Saugen des Säuglings stimuliert die letzten Kontraktionen des Uterus nach der Geburt. Mit dem Beginn des Stillens endet demnach die dynamische Funktion der Gebärmutter: sie gibt ihre Vorherrschaft an die Brust ab. Helene Deutsch glaubt, daß das Stillen der Mutter helfe, das Trauma der abrupten Trennung vom Kind zu überwinden. Darüber hinaus habe es die Aufgabe, die Wirkung des kindlichen Geburtstraumas zu mildern. Beim Stillen wird die Nähe zur Mutter wiederhergestellt. Das Abstillen geht dann langsam vor sich, im Gegensatz zur Geburt, bei der die Trennung plötzlich vollzogen wird. Analysen Erwachsener, die als Kinder nicht gestillt oder sehr plötzlich abgestillt worden sind, decken oft auf, daß das Trauma der Geburt für sie im nachhinein eine übertriebene Bedeutung erlangt hat. Das Fehlen der Brustnahrung und damit der innigen Beziehung zur Mutter kann später beim Erwachsenen zu einem gestörten Verhältnis zu Frauen führen. George Santayana stellt das in *Der letzte Puritaner* mit künstlerischer Intuition dar. Ich zitiere eine Passage, in der das Thema direkt angesprochen wird. Mario, ein optimistischer, glücklicher junger Mann, fragt den Titelhelden des Buches, den nüchternen Oliver: «*‹Übrigens, Oliver, bist du eigentlich mit der Flasche aufgezogen worden oder hattest du eine Amme?› Oliver mußte über die Idee, er könnte eine Amme gehabt haben, lachen... In Amerika gab es gar keine Ammen. Natürlich war er mit der Flasche* *aufgezogen worden. ‹Das hab' ich mir doch gedacht›, rief Mario triumphierend aus, ‹du weißt also gar nicht, was eine Frau überhaupt ist. Du fühlst dich nicht behaglich bei Frauen. Das kommt daher, daß du deine Mutter nie geliebt hast, und sie dich nie richtig geliebt hat. Das macht ungeheuer viel aus. Meine Mutter säugte mich an ihrer eigenen Brust.›»*[3]

Eine Szene, in der zwei Männer miteinander sprechen. Wie wichtig die frühen Erfahrungen mit der Mutter für das ganze Schicksal, insbesondere für die Entwicklung von Liebesfähigkeit und Hingabevermögen gerade bei den Mädchen sind, habe ich in diesem Buch schon wiederholt betont.

Scheinbar gibt es zwischen der Liebe zum Leben und den ersten oralen Erfahrungen einen direkten Zusammenhang. Daß bei den Arapesh Selbstmord praktisch nicht vorkommt, habe ich bereits erwähnt. Die frühe Kindheit des Nachwuchses wird in dieser Gesellschaft so glücklich wie nur möglich gestaltet. Die Babys werden gestillt, wann immer und so lange sie möchten. Bei den Bewohnern der Marquesasinseln hingegen ist Selbstmord häufig. Die Frauen dort geben den Kindern die Brust immer nur so lange wie gerade nötig und sie zeigen dabei keine Gefühle. Ganz ähnlich ist es bei den Mundugumor. Bei ihnen zeigt sich deutlich, was ich an anderer Stelle schon erklärt habe: Wesentlich für das Kind ist nicht nur das Stillen an sich, ebenso wichtig sind die Liebkosungen, die es dabei erhält, die Einstellung der Mutter, die Art, wie sie ihm die Nahrung gibt. Denn obwohl die Mundugumor-Frauen ihre Kinder stillen, behandeln sie sie mit so großer Ablehnung, daß die Mädchen später, als erwachsene Frauen, die eigenen Kinder ebenso zurückstoßen. Die Selbstmordrate ist dort ebenfalls hoch. Die Liebe als solche ist praktisch unbekannt. Der Sexualakt sieht wie ein Kampf zwischen den Geschlechtern aus, und auch das Stillen scheint nicht weit davon entfernt zu sein: Eine schlecht gelaunte Mutter versucht, mit dem Stillen so schnell wie möglich fertig zu werden. Sie gibt dem Neugeborenen die Brust gerade so lange, daß es nicht mehr schreit, wenn sie es absetzt. Der Säugling klammert sich gierig und wütend an die Brust, er verschluckt sich in der Hast, weil er versucht, in der kurzen Zeit das Höchstmaß an Milch zu bekommen. Margaret Mead beschreibt die Folgen dieser frühen Erfahrungen bei den Mundugumor: «*Im späteren Leben wird der Geschlechtsverkehr wie die erste Runde eines Wettkampfes durchgeführt, und Beißen und Kratzen sind wichtige Teile des Vorspiels. Haben die Mundugumor einen Feind gefangen, verzehren sie ihn und lachen, wenn sie nachher davon sprechen. Als ein Mundugumor so wütend wurde, daß sich sein Zorn gegen ihn selbst wandte, stieg er in ein Kanu und trieb den Fluß hinunter, um sich vom nächsten Stamm auffressen zu lassen.*»[4]

Wenn ich von oralen Frustrationen spreche – oder von Frustrationen während der oralen Phase –, heißt das nicht notwendigerweise, daß das Kind nicht gestillt worden sei oder nicht genügend Milch bekommen habe. Ein Kind, das mit der Flasche großgezogen worden ist, kann oral sogar weniger frustriert sein als eines, das lieblos gestillt worden ist. Wenn die Flasche langsam gegeben wird, das Kind dabei zärtlich in den Armen gehalten wird, wenn die Mutter sich nicht scheut, dem Kind ihre Liebe zu zeigen, und wenn sie ihm erlaubt, sich bei ihr wohl zu fühlen, wann immer es das braucht, auch wenn das zwischen den Mahlzeiten der Fall ist, dann braucht die Flaschennahrung nicht frustrierend zu sein. Aber es ist wahrscheinlich beim Stillen doch leichter, das Kind die Nähe fühlen zu lassen. Und was vielleicht für die Entwicklung einer guten Mutter-Kind-Beziehung, die ja erst nach der Geburt in der äußeren Realität zu existieren beginnt, noch wichtiger ist: Die instinktive und spontane Zuneigung der Mutter für das Kind erwacht eher, wenn sie ihm die Brust gibt, als wenn sie es nach komplizierten ärztlichen Vorschriften über geeignete Babynahrung ernährt, die sich anhören, als ob ein Laborexperiment durchgeführt werden soll. Nachdem Spitz[5] das klinische Bild des Hospitalismus beschrieben hat, wird die zentrale Bedeutung der körperlichen Nähe für die gesunde Entwicklung des Säuglings allgemein anerkannt. René Spitz hat die Beobachtung gemacht, daß Säuglinge, die bei längeren Aufenthalten in Heimen oder Krankenhäusern «korrekt», aber ohne Liebe betreut werden, in ihrer psychophysischen Entwicklung schwer gestört werden. Das überzeugendste und spektakulärste

Experiment in diesem Bereich ist jedoch von Professor Harlow in Wisconsin durchgeführt worden.[6] Er trennte einige Rhesusäffchen kurz nach der Geburt von der Mutter, teilte sie in zwei Gruppen und sperrte sie in zwei separate Käfige. Die eine Gruppe teilte den Käfig mit einer «Drahtmutter», die andere war mit einer «Drahtmutter» und einer «Stoffmutter» zusammen.

Die Drahtmutter war ein Apparat mit Milchflaschen, die immer gefüllt waren, und an denen sich die Äffchen leicht selbst bedienen konnten. Die Stoffmutter ist ein von weichem Material überzogenes Gebilde, das schon bald den Geruch der Affen annahm, man könnte auch sagen, das schon bald nach Mama roch. Als die Affen begriffen hatten, wie sie sich mit den Flaschen ernähren konnten, stellte man ein mechanisches Spielzeug als angsterzeugenden Stimulus in beide Käfige. Die Äffchen ohne Stoffmutter rannten nicht, wie vielleicht zu erwarten gewesen wäre, zur Milchflasche, sondern sie zogen sich – wie gelähmt vor Schreck – zurück. Mit der Zeit entwickelten sie ein Verhalten, daß dem frühen Autismus von Kindern, die keinen Kontakt zur Umwelt aufnehmen, sehr ähnlich ist. Die Affen mit der Stoffmutter dagegen flüchteten sich zu ihr. Nachdem sie sich auf diese Weise beruhigt hatten, zeigten sie in ihrem Verhalten zum gefürchteten Spielzeug ein normales, neugieriges und intelligentes Verhalten. Später konnte noch eine weitere Feststellung gemacht werden:[7] Die gut genährten Affen, die anstelle von der richtigen Mutter von einer Art liebevollem Roboter aufgezogen worden sind, zeigten als erwachsene Affen eine schwere Fehlentwicklung: Obwohl die meisten von ihnen die physischen Anzeichen der Geschlechtsreife entwickelt hatten, waren sie nicht fähig, dem anderen Geschlecht gegenüber die Initiative zu ergreifen. Sie wußten nicht, wie sie sich dem Sexualpartner gegenüber verhalten sollten.

Dies Experiment zeigt einmal mehr die Bedeutung des körperlichen Kontaktes und des Stillens für die spätere Entwicklung des Kindes. Trotzdem ist es vor allem in den USA und anderen hochindustrialisierten Ländern kaum mehr üblich, die Kinder zu stillen. Der Wandel in der Ernährung der Kinder wird Probleme mit sich bringen, deren Ausmaß wir überhaupt erst seit kurzer Zeit erahnen. Spitz hat die ersten Verständigungsversuche und die Anfänge des Denkens beim Säugling untersucht. Da sie sich innerhalb der Mutter-Kind-Beziehung abspielen, vermutet er, daß die Tatsache, daß der moderne westliche Mensch den ersten Kontakt mit der Mutter nicht mehr über einen Teil ihrer selbst – über die Brust –, sondern über einen Artefakt – die Milchflasche – aufnimmt, weitreichende Konsequenzen haben wird. Sie wird seine Kommunikationsweise, seine Beziehungen zur Umgebung, die verbalen und nonverbalen Symbole und vielleicht sogar den Denkprozeß selbst verändern.

In Lateinamerika jedoch erwartet man nach wie vor von den Frauen, daß sie die Kinder stillen. Aber es gibt viele Mütter, die an dieser Aufgabe scheitern. Sie erklären, nicht genügend Milch zu haben, glauben, ihre Milch sei nicht nahrhaft genug, oder sie stillen das Kind wegen schmerzhafter Schrunden an den Brustwarzen ab. Vom rein physiologischen Standpunkt aus ist die Produktion der Muttermilch vom Zusammenspiel verschiedener Hormone abhängig. Aber wenn ein biologischer Prozeß so oft scheitert, liegt die Vermutung nahe, daß auch psychische Faktoren dafür verantwortlich sind. Der große Einfluß, den die psychische Verfassung auf die Fähigkeit zum Stillen ausübt, ist – von Ärzten, Laien, und selbst von Personen, die der Psychoanalyse fernstehen – schon länger anerkannt. Der Volksglaube ist schon immer davon ausgegangen, daß der psychische Zustand der Amme für die Milchproduktion entscheidend sei. Die Ärzte gehen wie bei anderen hormonellen Störungen im allgemeinen davon aus, daß die Störung psychisch oder somatisch verursacht werden kann. Dabei bemerken sie nicht, daß das Somatische und das Psychische in Wirklichkeit zwei Aspekte ein und desselben Prozesses sind. Vor kurzer Zeit sind Experimente mit stillenden Müttern durchgeführt worden, die den Einfluß emotionaler Faktoren auf die Milchmenge zeigen sollten.[8] Ich halte diese Experimente allerdings für etwas naiv: Die Mutter, die weiß, daß sie Untersuchungsobjekt ist, reagiert doch nicht mehr natürlich. Außerdem hat man die inneren Erlebnisse der Frau nicht mit berücksichtigt, obwohl diese für sie sicher bedeutender sind, als die äußeren Reize, denen sie vom Leiter des Experimentes ausgesetzt wird. Hier soll mit Hilfe eines Experimentes etwas demonstriert werden, was eigentlich offensichtlich ist. Angehörigen primitiver Gesellschaften, die unsere Hemmungen noch nicht erworben haben, bietet das Stillen nämlich normalerweise überhaupt keine Probleme. Auch bei uns auf dem Land sind Schwierigkeiten beim Stillen sehr selten. Die Frauen in ländlichen Gegenden erlauben sich auch noch, das Stillen libidinös zu besetzen. Häufig wird das jüngste Kind zwei bis drei Jahre an die Brust genommen. Aber auch Frauen aus städtischen Zentren erlangen diese Fähigkeit ohne weiteres wieder zurück, wenn es für das Kind lebensnotwendig ist.

Im zitierten Buch von René Spitz befindet sich eine diesbezügliche Notiz: Ein Mediziner, der Gefangener in einem nationalsozialistischen Konzentrationslager gewesen war, erzählte Spitz, daß keine der internierten Frauen Schwierigkeiten beim Stillen gehabt hätte. Die Frauen wußten, daß die Machthaber die Kinder verhungern ließen, wenn sie sie nicht stillen würden. Die häufigsten unbewußten Ursachen, die das Stillen behindern, lassen sich in zwei Gruppen einteilen:

1. Störungen, die mit der Ablehnung der Mutterschaft zusammenhängen. Die Frau wünscht dann, in der infantilen, fordernden Haltung zu verbleiben.

2. Das Weiterbestehen aggressiver, infantiler Triebregungen gegen die eigene Mutter. In beiden Fällen beruht das Problem auf der oralen Unzufriedenheit der Frau.

Wenn sie Frustrationen dieser Art erlebt hat und es ihr später nicht gelingt, das Kind wie einen Teil ihrer eigenen Person zu behandeln, weigert sie sich unbewußt, dem Kind etwas zu geben, was sie selbst nicht bekommen hat. Auf diese Weise rächt sie sich für das, was ihr angetan worden ist, und sie identifiziert das Kind mit der schlechten Mutter. Oder sie identifiziert sich selbst mit der frustrierenden Mutter, indem sie das Kind so behandelt, wie sie das Verhalten der Mutter in der frühen Kindheit erlebt hat. In der Stillzeit lassen sich dieselben Identifikationstypen, die ich bereits in dem Kapitel über die Psychologie der Schwangerschaft erläutert habe, beobachten. Die unbewußte Wahrnehmung, daß der ungestillte, kindliche Hunger der stillenden Mutter selbst die Ursache dafür ist, daß sie Schwierigkeiten beim Stillen hat, kommt in Ratschlägen, die die junge Mutter von älteren Verwandten hört, zum Ausdruck: Es wird nämlich empfohlen, Kindernahrung zu sich zu nehmen, viel Milch usw.

Auch bei Berta war der Wunsch, die eigenen oralen Bedürfnisse anstelle der des Kindes zu befriedigen, vorhanden. Ich habe bereits erzählt, daß sie sehr stark auf die Mutter fixiert war. In ihrer ersten Schwangerschaft träumte sie: Sie war mit einer Frau im Zimmer und wußte, daß diese Frau sie sehr zum Lachen bringen würde. Später trank sie von den Brüsten der Frau oder umgekehrt, sie wußte es nicht mehr genau. Sie bemerkte, daß ihr Bauch hart und spitz wurde. Sie verstehe nun, warum die Gebärmutter hart werde, dachte sie in dem Traum. Sie sagte sich: *«Das Kind hat eine Erektion.»* Die Assoziationen ergaben, daß mit der Wendung *«zum Lachen bringen»* eine große orale Befriedigung und ein Orgasmus gemeint waren. Ihr Zweifel darüber, ob sie selbst stille, oder ob sie gestillt werde, zeigt ihr Begehren, selbst wieder von der Brust der Mutter zu trinken, anstatt ihr zukünftiges Kind ernähren zu müssen. Sie hatte schon früher während sexueller Erregungen das Hartwerden des Bauches – Gebärmutterkontraktionen – gespürt. Die Gebärmutter und der Fötus nehmen für sie die Bedeutung des Penis an. Die orale Befriedigung des Stillens erregt sie sexuell. Sie bringt damit ihren Glauben zum Ausdruck, ihre Mutter hätte sie gut genährt, wenn sie einen Penis gehabt hätte. Sie lehnt ihre Weiblichkeit ab, weil sie ihr unbewußt die Schuld an der Ablehnung, die sie durch die Mutter erfahren hat, gibt. Berta war auch wirklich mit der Flasche großgezogen worden. Ihr Traum erinnert an Silvias infantilen Glauben, daß dem Säugling ein Pimmelchen wachse und es zum Jungen werde, wenn die Mutter es nur richtig gern habe und ihm genügend Milch gebe. Die Patientinnen bringen damit zum Ausdruck, daß ihr Penisneid und ihre Ablehnung der Weiblichkeit oral verursacht sind.

Bei Berta traten schon kurz nach der Geburt ernste Schwierigkeiten beim Stillen auf. Zu dieser Zeit träumte sie: Zusammen mit ihren Schwestern steht sie auf einer Weide. Die Schwestern gehen weg. Sie gehen zu einer Wiese, auf der Stiere stehen. Sie haben keine Angst. Die Patientin aber bleibt auf der Kuhweide. Bertas Schwestern waren zu dieser Zeit beide sehr glücklich verlobt. Als Kind hatte sie an einer Stierphobie gelitten, bei der die Stiere ihren Vater symbolisierten. Im Traum trennen sich die Schwestern von der Mutter, der Kuh, und finden den Mut, sich dem Mann, dem Stier zu nähern. Berta wagt das nicht. «*Zum Stier gehen*», würde bedeuten, sich in einen Mann zu verlieben, Kinder zu haben, und, letztendlich, diese aufzuziehen. Aber weil sie Angst hat vor dem Stier und vor dem Erwachsenwerden, sehnt sie sich noch immer danach, von der Mutter befriedigt zu werden. Sie bleibt bei den Kühen und kann ihrem Kind nicht genügend Milch geben.

Ein weiterer Fall: Eine junge Frau erkrankt kurz nach ihrer Hochzeit an Melancholie, nachdem ihre Mutter, die eine weite Reise unternehmen will, weggefahren ist. Erst als die Mutter zurückkommt, verbessert sich der depressive Zustand nach und nach, die Frau zeigt aber jetzt agoraphobische Symptome (Platzangst). Sie kann nur noch in Begleitung der Mutter oder ihres Ehemannes auf die Straße. Auch zu Hause kann man sie nicht allein lassen. Einer der beiden muß immer bei ihr sein. Dann wird sie schwanger. Im voraus weiß sie, daß sie das Kind nicht stillen können wird. Und wirklich, sie hat kaum Milch. Der Arzt empfiehlt ihr gewisse Speisen, und sie beginnt, übertrieben zu essen. Später, in ihrer Analyse, erklärte sie mir: «*Es war ganz seltsam. Ich aß sehr viel, aber alles wurde zu Fett. Ich produzierte keine Milch für das Kind.*» Danach wollte sie abnehmen. Es war ihr jedoch nicht möglich, denn bei jeder Diät, die sie anfing, bekam sie von neuem Angstanfälle und Depressionen. In wenigen Worten stellt sich der Krankheitsverlauf so dar: Um den realen Verlust der Mutter aufzuhalten, introjizierte sie sie und bekam Depressionen. Als die Mutter zurückkam, wollte sie es nicht mehr riskieren, sie noch einmal zu verlieren und zwang sie mit der Phobie, ständig an ihrer Seite zu bleiben. Als sie ein Kind bekam, fürchtete sie, nun definitiv erwachsen geworden zu sein und das Anrecht auf mütterlichen Schutz verloren zu haben. Sie verleibte sich die Mutter nun in Form von Nahrungsmitteln ein und weigerte sich, diese als Milch wieder herzugeben. Später nahm das Abmagern für sie die Bedeutung einer Loslösung von der Mutter an.

Die Sehnsucht danach, abhängig bleiben zu dürfen und Muttermilch zu bekommen, ist offenbar so verbreitet, daß sie sogar bei Haustieren vorkommt. Eine meiner Patientinnen erzählte mir, daß ihre beiden Katzen, Mutter und Tochter, gleichzeitig schwanger geworden seien. Für die Tochter war es das erste Mal. Die Mutter entband zuerst, und das junge Katzenweibchen, die Tochter aus dem früheren Wurf, interessierte sich sehr für ihre Halbgeschwister; sie blieb immer in der Nähe der Mutter, und mehrere Male gelang es ihr, die jungen Kätzchen zu verdrängen und bei der Mutter zu saugen. Einige Tage später entband die junge Katze selbst. Für ihre eigenen Jungen zeigte sie jedoch überhaupt kein Interesse. Sie vernachlässigte sie vollständig, wärmte und säugte sie nicht. Wenn sie nicht gerade versuchte, bei der Mutter zu trinken, spazierte sie sorglos und kokett im Garten umher. Ihre Jungen starben trotz der Bemühungen der Besitzer.

Eine infantile Phantasie Anas zeigt, daß gleichzeitig mit dem passiven Verlangen, gestillt zu werden, auch der aktive Wunsch, selbst zu stillen, vorhanden sein kann. Im Alter von sieben oder acht Jahren beobachtete sie einmal, wie ihre Tante dem Baby die Brust gab. Sie war außerordentlich beeindruckt und entwickelte verschiedene Phantasien, in denen das Stillen eine Rolle spielte. An eine erinnert sie sich in der Analyse: Eine Mutter hat sich mit der Tochter zusammen in der Wüste Sahara verirrt; sie sind nahe daran, zu verdursten und beten um ein Wunder, welches dann auch geschieht: Die Brüste beider Frauen füllen sich mit Milch. Sie geben sich gegenseitig die Brust und retten so eine der anderen das Leben. Mit dieser Phantasie versuchte Ana, ihr eigenes Entwöhnungstrauma zu überwinden. Das Abstillen wird in der Phantasie durch die Sahara, einen Ort, wo es überhaupt nichts Flüssiges gibt, symbolisiert. Ana hat sich bei ihrer Entwöhnung wohl sehr verlassen gefühlt. Sie muß es so empfunden haben, als ob sie kurz vor dem Verdursten gewesen wäre. Sie phantasierte, die Mutter würde ihr vielleicht weiter Milch geben, wenn sie ihr die ihre dafür anböte. Als sie bereits erwachsen war, bestand bei ihr unbewußt noch immer der Wunsch nach dieser Entschädigung. An ihre eigene Entwöhnung fixiert, war es schwierig für sie, ihre Kinder zu stillen. Sie hatte wenig Milch, das heißt im Gegensatz zu ihrer infantilen Phantasie, wo die Milchmenge vergütet wird, hatte sie nur wenig Milch und ließ die Kinder *«verdursten»*.

Die eigenen oralen Sehnsüchte können jedoch das Stillen auch erleichtern, wenn es der Mutter gelingt, sich mit dem Säugling zu identifizieren und damit die erlittenen Frustrationen zu überwinden. Eine solche Identifikation mißlingt, wenn das Saugen einen rein erotischen Charakter angenommen oder beibehalten hat. Das Stillen ist dann zu stark homosexuell und inzestuös gefärbt. Bei Ana war das unbewußt, bei Berta vollkommen bewußt der Fall. Homosexualität, Schmutz und Animalität werden unbewußt oft gleichgesetzt. Frauen, die behaupten, nicht stillen zu können, lehnen es oft als unanständig und animalisch ab. Sie enthalten dem Kind eine Befriedigung vor, nach der sie sich selbst noch immer sehnen, die sie sich aber ihres erotischen Charakters wegen nicht erlauben. Wenn bei einer Frau der orale Wunsch ganz an die Mutter fixiert bleibt und wenn das Ich ihn akzeptiert, führt er zu einem bestimmten Typ homosexueller Beziehungen, bei dem sich die ganze sexuelle Aktivität auf das gegenseitige Saugen an den Brüsten und manchmal auf Cunnilingus reduziert. Damit werden aktive und passive Wünsche aus der frühen Mutter-Tochter-Beziehung befriedigt. Anas Phantasie vom Wunder in der Sahara basiert auf denselben Wünschen.

Ich habe gezeigt, daß Schwierigkeiten beim Stillen dadurch verursacht sein können, daß die Frau die unbefriedigte Sehnsucht hat, weiter Kind zu bleiben und gestillt zu werden, und daß sie diese Wünsche ihrer homosexuellen Färbung wegen ablehnen muß. Daneben gibt es auch eine Unfähigkeit zum Stillen, die auf starke oralsadistische Tendenzen zurückgeht. Diese hängen ebenfalls mit der erwähnten oralen Unzufriedenheit zusammen. Frauen, die auf die frühen Enttäuschungen durch die Mutter mit starker Beißlust und dem Wunsch, ihre Brust zu zerstören, reagiert haben, bestrafen sich später beim Stillen der eigenen Kinder dafür, indem sie sich das zufügen, was der eigenen Mutter zugedacht war. Es entstehen schmerzhafte Schrunden an den Brustwarzen, die das Stillen erschweren, und die manchmal zum Abstillen zwingen. Diese Hautrisse sind aber nicht nur eine Strafe. Sie dienen der Frau gleichzeitig als Schutz. Sie erlauben ihr, den Kontakt zum Neugeborenen, der ihrem Unbewußten so gefährlich erscheint, zu vermeiden. Der Säugling reagiert auf die Brust, die ihn frustriert, mit dem Wunsch, sie zu beißen und zu zerstören, weil er selbst das Gefühl hat, vom Hunger, den die Mutter in ihm provoziert, von innen her gebissen und zerstört zu werden. Für ihn ist es, als ob die Mutter ihn beißen würde. Die junge Frau erlebt dann das eigene Kind in der von Helene Deutsch beschriebenen doppelten Identifikation. Einerseits wird es zum gierigen Kind, welches sie selbst einmal war, und andererseits wird es zur grausamen Mutter. Es zu stillen, heißt dann, die Brust seiner grausamen Gefräßigkeit auszusetzen.

Die Schrunden an der Brust stellen aus dieser Perspektive das kleinere Übel dar und sind ein Kompromiß. Indem sie einen kleinen Teil der befürchteten Zerstörung akzeptiert, besticht die Frau ihr Über-Ich und ihre Umgebung: Sie erlaubt sich, auf das Stillen zu verzichten. Bei der Beobachtung von Frauen mit Schrunden an den Brustwarzen hatte ich oft den Eindruck, daß sie sie hauptsächlich durch Unachtsamkeit selbst verursachen. Teilweise ist die Nachlässigkeit unbewußt beabsichtigt. Sie befolgen die Ratschläge der Ärzte zwar wörtlich, aber sie leisten der Entstehung der Schrunden auf andere Weise Vorschub: Sie lassen den Säugling übertrieben lang an der Brust, stecken ihm die Brustwarze nur halb in den Mund oder lassen eine im Entstehen begriffene Verletzung unbehandelt.

Eine Patientin litt während der Stillzeit an sehr schmerzhaften Schrunden mit nachfolgender Brustdrüsenentzündung. Ihre früheste Kindheitserinnerung war folgende: Sie sitzt mit ihrem jüngeren Bruder im Flur, und beide trinken aus vollen Milchflaschen. Es handelt sich um eine Deckerinnerung. Mit ihr wird die gegenteilige, traumatische Erfahrung der Patientin zurückgewiesen. Sie war erst elf Monate alt, als ihr Bruder zur Welt kam, und sie wurde aufgrund der neuen Schwangerschaft der Mutter frühzeitig abgestillt. Später schaute sie dem Bruder oft neidisch beim Trinken zu. Den Jungen stillte die Mutter übertrieben lang. Die Erinnerung, beziehungsweise die Phantasie, drückt aber genau das Gegenteil aus. Die Patientin und ihr Bruder sind beide sehr zufrieden und trinken aus großen Flaschen Milch.

Die Geburt des Bruders nahm ihr nicht nur die Milch, sondern auch die mütterliche Liebe weg, denn die Mutter bevorzugte ihren Bruder. Zeitweilige Depressionen verrieten, daß ihr Haß auch eine oralsadistische Komponente hatte. Ebenso die chronische Parodontose, an der sie seit ihrer Adoleszenz litt, und die erstmals auftrat, kurz nachdem ihre Mutter an einer manisch-depressiven Psychose erkrankt war. Während ihrer Anfälle gab die Mutter der Tochter die ganze Schuld an ihrem Unglück und klagte sie an, den Vater verführen zu wollen. Als die Patientin heiratete, lehnte sie die Mutter bewußt noch immer ab, und in der ersten Zeit ihrer Ehe war sie glücklich. Probleme traten erst nach der Geburt des Kindes auf. Der Charakter der Patientin hatte sich nach der Entbindung von Grund auf verändert. Sie begann, ihre Mutter «zu verstehen», und machte sich Vorwürfe wegen ihrer feindseligen Haltung, die sie ihr gegenüber eingenommen hatte. Das heißt natürlich, sie bekam Angst, weil sie den Platz der Mutter usurpiert hatte. Da sie jetzt ihre Brust dem Angriff des Kindermundes aussetzen mußte, der für sie sowohl ihre eigene orale Aggressivität als auch die der Mutter repräsentierte, mußte sie sich durch die Schrunden vor dem direkten Kontakt schützen. Sie versuchte, das innere Bild der Mutter zu bestechen, indem sie sich mit ihr versöhnte. Damit die Mutter ihr nichts mehr vorzuwerfen hatte und sie nicht mehr zu beneiden brauchte, wurde die Patientin ebenso unglücklich, wie die Mutter gewesen war.

Lina konnte die zweite Nacht nach der Geburt ihres Töchterchens kaum schlafen. In ihren Alpträumen wurde ihr Hündchen «Shugar» von großen bösen Hunden verfolgt, die es beißen und auffressen wollten. Zwei Tage danach bekam sie sehr schmerzhafte Risse in den Brustwarzen. Sie stillte das Mädchen deshalb schon mit zehn Tagen ab. Nur wenig später tauchten phobische Symptome auf. Wenn sie mit dem Kind im Wagen spazierenging, mußte sie Hunde sorgfältig meiden, weil sie Angst hatte, daß sie sich auf den Wagen stürzen und das Kind fressen könnten. Wie läßt sich diese Entwicklung deuten? Die Schrunden machen deutlich, daß ihr Hündchen «Shugar» für ihre Brüste stand. Bereits sein Name bringt es in Verbindung mit etwas Süßem, das die Gefräßigkeit von Kindern weckt. Die gefährlichen Hunde, die «Shugar» fressen wollten, stellten also ihre Tochter dar, die in ihre Brüste beißen und sie verspeisen wollte. Lina war verpflichtet, sich dem Angriff durch die Tochter auszusetzen. Sie hatte Angst, was ihr jedoch nicht bewußt war. Die Angst wurde durch die Schrunden, wirkliche Verletzungen, die ihr der Mund und der Hunger ihrer Tochter beigebracht hatten, ersetzt. Die Schrunden nahmen das, was ihre Tochter ihr antun wollte, vorweg. Damit wurde ihre Angst besänftigt, denn die Verletzungen waren in Wirklichkeit viel ungefährlicher als die Bisse, von denen das Hündchen «Shugar» im Traum bedroht war. Mit dem Zurschaustellen ihres Leidens bestach sie auch ihr Über-Ich, das in der äußeren Welt durch ihren Mann vertreten wurde. Auf diese Weise erreichte sie seine Unterstützung für ihr Vorhaben, auf das gefährliche Stillen zu verzichten. Als aber diese Gefahr vorbei war, bekam sie Schuldgefühle. Sie identifizierte sich nun mit dem Töchterchen, das so frühzeitig entwöhnt worden war. Das Mädchen, das davon bedroht ist, von den Hunden gefressen zu werden, ist sie selbst als kleines Mädchen, das dem verzehrenden Hunger, dem Repräsentanten der frühen oralen Frustration, ausgeliefert ist. (Die phobische Angst, ihre Brust oder das Mädchen könnten von Hunden gefressen werden, ist Ausdruck derselben psychischen Konstellation und desselben Spiels der Identifikationen, wie wir sie beim Mythos vom gebratenen Kind eingehend analysiert haben).

Beide Patientinnen verhinderten mit den Schrunden die gefürchtete Berührung mit dem Kind, weil sie aufgrund der erlittenen Frustrationen während der eigenen Stillzeit Angst vor seiner oralen Aggressivität hatten. Berta war durch vergleichbare Kindheitserlebnisse mit ähnlichen Befürchtungen konfrontiert. Aber sie nahm zu einem anderen Mechanismus Zuflucht. Ihre Träume enthüllten, daß auch sie sich vor der oralen Feindschaft ihres Babys fürchtete. In ihren Träumen wurde es zum Krebs, ein Symbol, das bei ihr die Mutter vertrat. In einem anderen Traum erschien das Kind als Tigerjunges, das sie mit einem Spielzeugtiger in Verbindung brachte, den ihr die Mutter als Kind geschenkt und mit dem sie sich in ihren Kinderspielen identifiziert hatte. Auch hier sehen wir in der Angst vor dem Kind das Resultat der doppelten Identifikation: Das Kind wird zum Krebs (die Mutter) und zum Tiger (die Träumerin in der Kindheit) zugleich. Beide Tiere werden wegen ihrer oralen Angriffslust und Gefräßigkeit gefürchtet. Berta wollte aber stillen. Trotz ihrer Angst und ihrer Abneigung dagegen wollte sie auf diese Aufgabe nicht verzichten. Sie litt unter starkem Penisneid: Milch haben, bedeutete für sie, potent zu sein. Außerdem hatte ihre Mutter nicht stillen können, und sie wollte sie nun übertreffen, ihr zeigen, daß sie imstande war, ihr Kind besser zu nähren. Aber im Grunde entschied sie sich fürs Stillen, damit das Kind sie später nicht hassen würde, so wie sie ihre Mutter gehaßt hatte. Sie konnte ihm jedoch die Brust nicht geben. Sie hatte Angst vor den Angriffen des Krebs-Tigers und sie fürchtete die Nähe, die sie als inzestuös und homosexuell empfand. Sie machte folgenden Kompromiß: Sie kam zu der Überzeugung, ihr Kind trinke zu langsam und pumpte mehrere Monate lang die Milch ab, um sie dem Kind aus der Flasche zu geben.

Die unbewußte Wahrnehmung der eigenen Aggressivität, die die Folge von frühen oralen Enttäuschungen ist, welche wiederum als Angriffe von seiten der Mutter erlebt wurden, kann das Stillen auch noch auf andere Weise beeinträchtigen. Manchmal projiziert die junge Mutter die gefürchtete Bosheit auf die Milch. Die eigene Stillsituation wird wiederholt, und die Milch wird als zerstörerisch und gefährlich erlebt. Aus diesem Grund soll das Kind sie nicht erhalten. Das erklärt, weshalb viele Frauen meinen, ihre Milch sei ungenügend, ja schädlich für das Kind.[9] Wenn es der Frau gelingt, sich über ihre Ängste hinwegzusetzen, und sie ihr Kind erfolgreich stillt, besiegt sie die alten hypochondrischen Ängste und Schuldgefühle. Sie sieht, daß nicht alles, was sie tut, gefährlich und schädlich ist für die anderen.

Wir haben gesehen, wie das Stillen durch verschiedene neurotische Mechanismen erschwert wird. Aber auch das Gegenteil kann passieren. Die Identifikation der Mutter mit dem Säugling spielt beim Stillen überhaupt eine große Rolle. Eine starke orale Fixierung an die Mutter muß das Stillen nicht notwendigerweise erschweren. Die Frau, die sich mit dem Säugling identifiziert, befriedigt ihre passive Lust am Saugen. Gleichzeitig wünscht sie aktiv, das Kind zu säugen, wenn sie sich mit einer idealen Mutter, die das Kind gut ernährt, identifiziert. Auf diese Weise kann die Frau frustrierte kindliche Sehnsüchte befriedigen und dem Kind gleichzeitig etwas geben, was sie selbst nicht bekommen hat. Bei Frauen, denen das gelingt, ist die starke Abneigung gegen das Abstillen einziger sichtbarer Hinweis auf die neurotische Komponente. Isabel hatte das Stillen sieben Monate lang als sehr befriedigend erlebt. Wegen einer akuten Krankheit mußte sie das Kind dann sehr plötzlich entwöhnen. Ängstlich beobachtete sie, wie es auf das, was sie als schwere Frustration betrachtete, reagierte. Das Kind war jedoch aufgehoben in einer liebevollen Umgebung und schon fähig, andere Befriedigungen als die Brust zu finden. Es zeigte keinerlei alarmierende Verhaltensänderungen. Jetzt wurde Isabel traurig. Es verletzte sie, daß ihr Kind sie anscheinend so wenig brauchte. Ihr Befremden war so stark, daß ihr Mann, ein intuitiver psychologischer Beobachter, bemerkte: *«Du tust ja gerade so, als ob das Kind dich abgestillt hätte, und nicht umgekehrt.»*

Auch Frau L. konnte nicht akzeptieren, daß sie abstillen sollte. In den ersten Tagen nach der Geburt hatte sie nur wenig Milch gehabt. Sie war damals noch im Krankenhaus, einer Umgebung, die allgemein das Stillen eher behindert als fördert. Die Krankenschwester (eine Figur, die für sie die Mutter vertrat) hatte gesehen, daß sie sich bemühte und ungeschickt anstellte. Anstatt ihr zu helfen, verlor sie die Geduld und bot ihr an, dem Kind die Flasche zu geben.

Frau L. war aufgrund eines Herzleidens daran gewöhnt, für weniger fähig gehalten zu werden als andere Frauen; sie hatte dies bei ihrer Mutter und ihrer älteren Schwester immer wieder erlebt. Nun sah sie sich erneut von einer mütterlichen, leistungsfähigen Figur besiegt. Sie reagierte auf ihr Scheitern mit einer Depression, die erst dann wich, als es ihr zu Hause, mit Hilfe der Unterstützung und dem Verständnis der unmittelbaren Familienangehörigen, doch gelang, das Töchterchen zu stillen. Als es einige Monate alt war, nahm sie es mit in den Sommerurlaub. Wegen einer Verschlimmerung ihres Herzleidens, die durch eine unbedeutende, aber lästige Krankheit des Kindes verursacht wurde, wies der Arzt sie an, unverzüglich abzustillen. Darauf reagierte sie mit einer schweren Herzdekompensation; psychisch befand sie sich in einem verwirrten, regressiven Zustand. Da die Dekompensation sich trotz ärztlicher Behandlung nicht besserte, ging sie zur Analytikerin und nahm die Behandlung wieder auf. Es erwies sich, daß der auslösende Faktor ihres Zustandes die Entwöhnung ihrer Tochter war. Solange Frau L. gestillt hatte, war sie glücklich und symptomfrei gewesen. Sie identifizierte sich mit dem Töchterchen und realisierte damit etwas, was sie noch nie erlebt hatte: Sie war das einzige, verwöhnte Töchterchen und wurde von einer guten Mutter, die sich nur ihr widmete, gut genährt. Die Entwöhnung veränderte alles, weil sie diese glückliche Identifikation zerstörte. Das Mädchen wurde für ihr Unbewußtes durch das Abstillen von der Neuauflage ihrer selbst zur Rivalin um die Liebe ihres Ehemannes und ihrer Mutter. Das heißt, es wurde zum Bild der mit dem Vater oder dem jüngeren Bruder vereinigten Mutter. Frau L. schwankte zwischen zwei Positionen, die beide gleichermaßen unbefriedigend waren. Sie fühlte sich wie das ausgeschlossene Kind, die ältere Schwester, die durch die Geburt eines neuen Geschwisterchens verdrängt wird. Andererseits identifizierte sie sich, da sie ihre Tochter mit dem Abstillen frustriert hatte, mit einer Mutter, die so böse war, wie sie die ihre empfunden hatte, als sie sie frühzeitig wegen einer neuen Schwangerschaft abstillte.

Die Identifikation mit der guten, nährenden Mutter ist folglich sowohl bei gesunden wie auch bei neurotischen Frauen Grundlage einer guten Stillzeit und einer adäquaten Entwöhnung. Weil die infantilen Wünsche im Unbewußten weiterbestehen, ist das Bild der guten nährenden Mutter asexuell.

Schuldgefühle wegen der phantasierten Attacken gegen die sexuelle Vereinigung der Eltern und die Identifikation mit der Eifersucht des Kindes können die Wirkung haben, daß die Frau ihre Brust zwar problemlos dem Kind anbietet, daß sie aber nach der Geburt ihre sexuellen Wünsche und ihre Orgasmusfähigkeit einbüßt. Oder sie verweigert dem Kind die Brust, da sie für sie nur ein sexuelles Lockmittel ist. In beiden Fällen wird Mutterschaft und Sexualität getrennt, die Figur der Mutter muß heilig und asexuell bleiben. Das Bedürfnis nach dieser Trennung ist auch Grundlage des Kultes der heiligen Jungfrau, deren Bild mit dem Kind für den westlichen Menschen jahrhundertelang das höchste Symbol der Mütterlichkeit war. Derselbe Konflikt führt auch den Helden in Tolstois Kreutzersonate dazu, während der Stillzeit sexuelle Abstinenz zu verlangen. Es gibt auch Gynäkologen, die das vorschreiben, und in vielen primitiven Gesellschaften gibt es ein Tabu, das sexuelle Beziehungen während der Stillzeit verbietet. Der Glaube, daß die Frau in dieser Zeit steril sei, stützt sich auch nicht nur auf die biologische Beobachtung, daß sie in dieser Zeit weniger empfängnisfähig sei, sondern entspricht außerdem dem unbewußten Wunsch, die Mutter solle asexuell bleiben. Diese Sehnsucht ist in unserer frühesten Kindheit verwurzelt; damals gehörten wir noch ganz der Mutter und wir glaubten, daß auch sie nur uns gehöre. Zu jener Zeit haben wir den Vater als Liebesobjekt noch nicht gekannt, aber auch der Vater als Rivale war uns noch fremd. Nach und nach haben wir die Wirklichkeit kennengelernt und sind aus dem Paradies vertrieben worden. Aber tief in uns, auch in uns Erwachsenen, steckt noch immer der alte Wunsch, die Illusion der Kindheit zu bewahren.

Wir haben gesehen: Für die Frau, die ihr Kind nährt, kehrt unbewußt die eigene Stillzeit wieder. Wenn diese glücklich war, wird sie es genießen, die befriedigende Erfahrung mit ihrem Kind zu wiederholen. Wenn sie hingegen sehr beängstigend und konfliktreich war, kann es geschehen, daß alte Erinnerungen im

Unbewußten wieder aktualisiert werden und das Stillen erschweren, oder, falls die Milchproduktion ganz versiegt, verhindern. Aber auch das Gegenteil kann passieren: Die Frau identifiziert sich mit ihrem befriedigten Kind und mit der idealen Mutter und findet somit im Stillen ein adäquates Mittel, um vergangene Frustrationen zu überwinden und alte Ressentiments und Forderungen zu vergessen.

XII
DAS KLIMAKTERIUM
ABSCHLIESSENDE BETRACHTUNGEN

Wir haben die Frau in ihrer Entwicklung von der Geschlechtsreife bis zum Abstillen begleitet, das heißt bis zu dem Zeitpunkt, an dem sie ihre biologische Aufgabe dem Kind gegenüber abschließt. Jetzt begleiten wir sie weiter, bis sie nicht mehr Mutter werden kann und Mutterschaft und Sexualität ihre wechselseitige physiologische Bedingtheit abstreifen. Die Menopause bezeichnet den Zeitraum, der sich an die letzte Periode anschließt, und ist damit genauso klar definiert wie die Menarche. Die psychosomatischen Manifestationen, von denen die Menopause oft begleitet wird und die das gefürchtete Krankheitsbild des «kritischen Alters» ausmachen, tauchen aber nicht unbedingt zu einem ganz bestimmten Zeitpunkt auf. Früher galt eine Frau mit 40 schon als «alt», man erwartete von ihr, daß sie auf vieles verzichten und ein würdiges, resigniertes Leben führen sollte. Sie war in dem Alter, in dem sie oft traurig wurde, Hitzewallungen und Schweißausbrüche bekam – heute würden wir sagen, daß sie an Angstzuständen litt. Vor wenigen Jahrzehnten noch hat Freud dazu geraten, Frauen in diesem Alter nicht mehr in Analyse zu nehmen, weil sie, wie er meinte, psychisch nicht mehr elastisch genug seien, um ihren Zustand zu ihren Gunsten zu verändern. Heute dagegen gilt eine Frau mit 40 noch als jung und selbstverständlich kann sie in diesem Alter auch noch eine Analyse anfangen. Auch wenn eine Frau 50 oder 60 Jahre alt ist, kann sie sich in unserer Gesellschaft noch verwirklichen. Die Alterskrise tritt, wenn überhaupt, später auf. Flanders Dunbar[1] meint, daß uns die weit verbreitete Auffassung, nach der die Involutionspsychose (psychotische Erkrankungen in der Menopause) direkte Folge der mit dem Klimakterium zusammenhängenden Hormonumstellung sei, in absehbarer Zeit so irrational vorkommen werde, wie der noch Ende letzten Jahrhunderts weit verbreitete Glaube, daß Masturbation oder sexuelle Exzesse eine Psychose verursachen könnten. Diese Ansicht wird durch die Tatsache gestützt, daß sich die Involutionspsychose durch Hormonbehandlungen nicht beheben läßt.

In sorgfältigen Untersuchungen konnte außerdem gezeigt werden, daß Frauen, die an dieser Störung leiden, bereits früher an nervösen Störungen gelitten haben. Frauen, die kaum ein Sexualleben hatten, mit Veränderungen schlecht umgehen konnten, wenig Interessen hatten und einen rigiden Charakter haben, werden den Wandel, den das Alter mit sich bringt, schlechter ertragen. Sie leiden daran, daß ihr Körper sich verändert und unter den veränderten Lebensumständen überhaupt. Frauen, die fähig waren, sexuell zu genießen, werden bald feststellen, daß sie diese Fähigkeit, die Teil ihres Selbst ist, nicht verlieren. Im Gegenteil: Wenn sie alt sind, sind sie von den hormonellen Vorgängen nicht mehr abhängig. Im Gegensatz dazu werden aber die Frauen, die zu dieser Genußfähigkeit nicht fähig waren, im Klimakterium mit dem Gefühl konfrontiert sein, die letzte Gelegenheit verpaßt zu haben. Frauen, die einen rigiden Charakter haben, werden die Veränderungen, denen ihr Körper unterliegt und unter denen sie mit zunehmenden Alter immer schon sehr gelitten haben, schlechter vertragen. Und diejenigen, die immer nur sehr eingeschränkte Interessen hatten, werden sich nutzlos vorkommen, wenn der Haushalt, ihr angestammtes Aktionsfeld, an Bedeutung verliert, weil ihre Kinder ausziehen. Vielleicht wenden sie jetzt die ganze Aufmerksamkeit, mit der sie sich um die Familie gekümmert haben, dem eigenen Körper zu und beginnen, sich hypochondrisch selbst zu beobachten. Bei Frauen, die schon immer viele verschiedene Interessen hatten, wird dies ganz anders sein: Sie werden der Tatsache, daß sie die schöpferische

Fähigkeit, Kinder zu kriegen, eingebüßt haben, nur wenig Beachtung schenken, weil sie auch auf anderen Gebieten kreativ sind.

Älterwerden ist immer schmerzlich, besonders für die, die das Leben lieben. Aber «kritisch» wird das Alter nur dann, wenn persönliche und soziale Faktoren in ganz bestimmter Weise zusammenspielen. Aufgrund der konkreten biologischen Veränderungen, die die Frau in dieser Phase ihres Lebens erfährt, werden in ihrem Unbewußten Erfahrungen und psychische Konflikte wieder lebendig, die in Zeiten, in denen sich viel verändert hat, aktuell waren. Helene Deutsch sieht im Klimakterium mit seinen psychischen und somatischen Reaktionen sowohl eine Wiederholung als auch ein Gegenstück der Menarche. Die Frau zweifelt, zögert, hat Angst vor der Zukunft; ihre Sexualität intensiviert sich, zur gleichen Zeit lehnt sie sie heftig ab; sie schwankt zwischen dem Wunsch, allein zu sein, und einem unglaublichen sozialen Tatendrang. Diese Reaktionen erinnern in vielem an die des pubertierenden Mädchens; sogar in den physischen Reaktionen, wie zum Beispiel den häufig auftretenden vasomotorischen Störungen[2], gibt es Ähnlichkeiten. Helene Deutsch meint sogar, daß man ausgehend von den Pubertätsproblemen einer bestimmten Frau ihre Schwierigkeiten im Klimakterium voraussehen könne. Es gibt aber auch einen grundlegenden Unterschied zwischen Menarche und Menopause: Alles, was das Mädchen mit der Menarche erworben hat, verliert die reife Frau in der Menopause. Das bedeutet, daß ein Teil von ihr stirbt, daß ihre Gattungsfunktionen beendet sind. Für die Phantasien, Sehnsüchte und Konflikte des pubertierenden Mädchens ist ein resigniertes «zu früh» typisch. Die Frau in der Menopause hingegen stößt mit ihren Versuchen, ihre Träume zu realisieren, an ein trauriges «zu spät». Daß die Wünsche aus altersbedingten Gründen unerfüllbar sind, macht die Ähnlichkeit und den Krisencharakter beider Lebensphasen aus.

Die psychischen Konflikte des geschlechtsreifen Mädchens sind eine Neuauflage seines ödipalen Ringens. Helene Deutsch zufolge wiederholen sich auch die Konflikte im Klimakterium. Während für die Tochter die verbotene Liebe zum Vater Ursache ihrer Kämpfe, ihres Aufstandes und ihrer Unterwerfung war, leidet die reife Frau darunter, daß sie ihre inzestuöse Liebe zum Sohn oder zu Ersatzobjekten unterdrücken muß. In ihrem Unbewußten hat der Sohn den Platz des Vaters eingenommen, und die Schwiegertochter steht für die Mutter, die sie ausschließt. Aber während das geschlechtsreife Mädchen sich aktiv von seinen inzestuösen Objekten, seinen Eltern, zu trennen versucht, erleidet die ältere Frau passiv den Verlust ihrer Söhne, die darum kämpfen, sich von ihr zu befreien.

Helene Deutsch hält es für unvermeidlich, daß das Klimakterium eine Krise auslöst. Merkmale und Intensität jedoch seien von der psychischen Struktur der betreffenden Frau abhängig, von ihren infantilen Konflikten und davon, was sie in der biologisch aktiven Phase erreicht habe beziehungsweise woran sie gescheitert sei. Therese Benedek vertritt in ihrer Untersuchung über die Menopause, die den suggestiven und umstrittenen Titel *Climacterium: A developmental Phase*[3] trägt, eine andere Meinung. Die Veränderungen des Klimakteriums hätten zwar biologisch eine rückbildende Funktion, erklärt Benedek, trotzdem könnten sie die Frau zu einer besseren Bewältigung von Lebensproblemen und zu progressiver Anpassung stimulieren, wenn ihre Umgebung eine solche Entwicklung begünstige. Wie Helene Deutsch vergleicht sie die Reaktion des geschlechtsreifen Mädchens auf die Menarche mit der der älteren Frau auf die Menopause. Aber sie stimmt mit Helene Deutsch nicht überein, wenn sie behauptet, die Frau verliere in der Menopause das, was sie in der Pubertät bekommen habe. Therese Benedek ist durch Forschungen über psychische Reaktionen der Frau auf die hormonellen Veränderungen während des Menstruationszyklus bekannt geworden. Sie vergleicht den Hormonspiegel im Klimakterium mit dem in der prämenstruellen Phase. Die erwachsene Frau, die die Mutterschaft befriedigend realisiert habe und die Sexualität angemessen genieße, leide, so Benedek, kurz vor der Periode (in der prämenstruellen Phase) praktisch nicht mehr an regressiven Symptomen. Das ist deshalb von Bedeutung, weil während dieser Zeit der Hormonspiegel derjenigen Hormone, die später im Klimakterium ganz verschwinden, vorübergehend absinkt. Die Frau, die keine prämenstruellen Störungen kenne, könne auch ohne Krise und ohne physische Beschwerden in das Klimakterium kommen. Der These von Helene Deutsch hält Benedek entgegen, daß die Frau zwar die biologischen Funktionen der Fortpflanzung verliere, nicht aber die psychisch erreichte Reife und die emotionalen Beziehungen, die sie mit ihrem Partner, ihren Kindern und ihrer sozialen Umgebung verbinden. Sie meint auch, im Gegensatz zu Helene Deutsch, die Desexualisierung der Gefühle gebe der reifen Frau die Gelegenheit, ihre Beziehungen heiterer, frei von Ambivalenz und aufrührenden Konflikten zu gestalten. Auch die Energie, die vorher erotisch gebunden war, kann sie jetzt dafür verwenden, Bindungen neuer Art zu ihrem sozialen Umfeld einzugehen.

Das Schicksal der Frau, die nicht nur älter wird, sondern auch psychisch reifer, und die die Triebe, die auf die Mutterschaft hinzielen, vollständig befriedigt hat, ist vollkommen anders als das der neurotischen Frau: Diese leidet an dem Wissen, das Ziel ihres Geschlechts verfehlt zu haben. Das näherrückende Alter und der bevorstehende Verlust der sexuellen Anziehung erfüllen sie oft mit Angst. Therese Benedek belegt ihre These an klinischem Material. Sie stützt sich außerdem auf verschiedene anthropologische Quellen und vermutet, daß die Reaktion der Frau auf die Menopause zwar das Ergebnis ihrer individuellen Geschichte sei, daß sie aber ebensosehr von der Einstellung, die die Gesellschaft der reifen Frau gegenüber einnimmt, abhänge. In Gesellschaften, in denen die Frau in erster Linie ihrer erotischen Anziehungskraft wegen geschätzt wird, wird der Status der alten Frau anders sein als in den Gesellschaften, in denen das Älterwerden auch neue Möglichkeiten eröffnet, bei denen die größere Erfahrung der älteren Frau von Bedeutung ist, wie das teilweise bei uns der Fall ist.

Bei den Mohawe zum Beispiel fand George Devereux[4] keine Hinweise darauf, daß die Frauen das Klimakterium für deprimierend oder traumatisch halten würden. Die Frauen dort schränken ihr Sexualleben im Alter nicht ein; im Gegenteil, häufig heiraten sie sogar noch. Junge geschiedene Männer mit Kindern heiraten oft Frauen im fortgeschrittenen Alter. Es sind Männer, die von ihren jungen Ehefrauen enttäuscht sind, weil sie sich nicht gut genug um sie und die Kinder gekümmert haben. An der reifen Frau schätzen sie dann die erfahrene Partnerin, die bereit ist, für sie zu sorgen und ihre Kinder aufzuziehen. Der Frau werden in dieser Phase auch die Enkelkinder in Pflege gegeben. In der Menopause wird sie außerdem von Einschränkungen befreit, die vorher in bezug auf ihre Teilnahme am Stammesleben bestanden. Zwar kann sie auch jetzt keine der offiziellen, genau umschriebenen Funktionen, die den Männern vorbehalten sind, erfüllen. Tatsächlich aber spielt sie als ältere Frau eine bedeutende Rolle in der Stammesorganisation. In psychischer Hinsicht macht sie den Eindruck einer gefestigten Persönlichkeit, die sich auf das stützen kann, was sie sich als Jugendliche und als reife Frau erarbeitet hat und beschäftigt sich mit Neuem.

Das Klimakterium muß keinen traumatischen Charakter haben; es gibt Gesellschaften, die es als *«evolutive Phase»* – ich gebrauche den Ausdruck Benedeks – ansehen. Im Gegensatz dazu gilt in unserer Gesellschaft die Frau, die die Menopause ohne Komplikationen und ohne Depressionen erreicht, bereits als Ausnahme. Aus der Häufigkeit, mit der psychosomatische Störungen der weiblichen Zeugungsfähigkeit auftreten, habe ich geschlossen, daß es der heutigen Frau nicht gelingt, ihre Weiblichkeit vollständig zu genießen. Aus der Art und Weise, wie sie auf das Klimakterium reagiert, könnte man die Schlußfolgerung ziehen, daß ihr Leben nicht befriedigend verlaufen sei. Die Reaktion auf die Menopause ist wie ein Test. Sie zeigt an, ob eine Frau das Gefühl hat, ihr Leben sei befriedigend gewesen, oder ob sie unglücklich war. Konnten ihre Triebe und Sehnsüchte erfüllt werden, oder war sie in ihrer Kindheit, Adoleszenz und Reife ständig auf der Suche nach ungeeigneten erotischen Befriedigungen oder Sublimierungen? Leider ergibt dieser Test in unserer Gesellschaft oft ein negatives Resultat. Sicher besteht die Frau, die Mutter werden konnte, diese Probe besser. Aber die volle Befriedigung ist in unserer Gesellschaft fast undenkbar. In ihrem Buch *Mann und Weib*[5], einer anthropologischen Studie über das Leben in den USA, stellt Margaret Mead fest, daß ein Viertel der Frauen, die in das Klimakterium kommen, keine Kinder haben. Aber auch Frauen, die Mütter geworden sind, haben normalerweise nicht mehr als ein, zwei, höchstens aber drei Kinder. Sie behaupten zwar, daß sie nicht mehr Kinder möchten. Man kann aber sicher nicht annehmen, daß ihre mütterlichen Triebe voll befriedigt worden seien. Sie wollen nicht mehr Kinder, weil bereits die Erziehung des einen beziehungsweise der wenigen Kinder unter den gegenwärtigen Umständen so viele Opfer kostet. Die heutige Mittelstandsfamilie ist auf Vater, Mutter und kleine Kinder zusammengeschrumpft. Seit die Kleinfamilie nicht mehr wie früher mit den Großeltern, Schwiegereltern oder einer Tante, einer ledigen Schwester oder einer Witwe zusammenlebt, hilft niemand mehr mit bei der Erziehung der Kinder. Wenn eine Frau und Mutter es sich nicht leisten kann, eine Hilfe zu bezahlen, muß sie auf das Arbeiten und auf die berufliche Laufbahn verzichten. Sie bleibt zu Hause, arbeitet mehr, als wenn sie einem Beruf nachgehen würde, und fühlt sich trotzdem angesichts von Freundinnen, die außer Haus arbeiten und Geld verdienen, entwertet und verunsichert. Später werden die Kinder groß, zu Hause gibt es weniger zu tun, und schließlich gehen die Kinder ganz weg. Der Grund, der sie veranlaßt hat, den Beruf aufzugeben, existiert nicht mehr. Sie ist noch zu jung, um untätig zu bleiben, aber doch schon zu alt, um die Arbeit, die sie Jahre zuvor aufgegeben hat, wieder aufzunehmen oder um noch einmal etwas Neues anzufangen. Es ist nicht so, daß sie wirklich zu alt ist, um noch etwas Neues zu lernen; aber in all den Jahren hat sie sich nie mehr systematisch mit etwas beschäftigt. Die Pflichten haben ihr keine Zeit dazu gelassen. Jetzt hätte sie Zeit im Überfluß, aber ihr Geist verfügt nicht mehr die nötige Disziplin. Sie bleibt allein zu Hause, zum ersten Mal nach all den Jahren ist sie ohne Beschäftigung. Früher sehnte sie sich danach, ein wenig Zeit für sich zu haben. Jetzt weiß sie mit dieser Zeit nichts mehr anzufangen. Der Mann kommt über Mittag oder abends nach Hause, aber der Vormittag und auch der Nachmittag werden lang, scheinen endlos zu sein. Diese einschneidende Lebensphase fällt meistens mit dem Klimakterium zusammen. Margaret Mead ist der Meinung, daß sich die depressiven Reaktionen der Frau nicht so sehr auf die biologische Tatsache der Menopause beziehen, sondern auf die soziale Situation, in der sich viele Frauen unserer Gesellschaft befinden, weil sie zugunsten der Erziehung der Kinder auf etwas Eigenes und auf den Beruf verzichtet haben.

Ich habe bislang die Situation der Frau beschrieben, die Kinder hatte und die auch für ihre Kinder da war. Die Frau, die nicht Mutter werden konnte, reagiert noch stärker auf die Menopause. Sie hat zwar ihren Beruf, viele Möglichkeiten, aus denen sie ihre Befriedigung ziehen kann, und sie ist Teil eines gut funktionierenden sozialen Zusammenhangs.

Gegenstand meines Buches sind aber die tiefen Ängste der Frau: Ihre unbewußte Angst, als Strafe für die Sünden, die sie in der Phantasie begangen hat, physisch beschädigt zu sein. Eine Frau könnte ihre Unschuld am überzeugendsten dann beweisen, wenn sichtbar würde, daß sie nicht bestraft worden ist, das heißt, wenn sie fähig wäre, einem gesunden Kind das Leben zu schenken. Je stärker eine Frau die Mutterschaft auf der bewußten Ebene ablehnt, desto mehr verlangt sie unbewußt nach dem Beweis, unschuldig zu sein. Und um so weniger wird sie diesen Beweis erbringen können, denn sie fühlt sich schuldig und unfähig. Aber so lange die Frau noch nicht in der Menopause ist, hat sie bewußt oder unbewußt während jedes Zyklus die Phantasie, schwanger zu sein. Erst wenn die Menstruation für immer ausbleibt, merkt sie, daß sie ihre Phantasien nicht mehr verwirklichen kann. Sie gehören unabänderlich der Vergangenheit an. Das ist so schmerzlich für sie, daß sie manchmal die Illusion mit allen Mitteln aufrechterhalten will. Ich kannte eine kinderlose Witwe, etwa 60 Jahre alt, die schon seit zehn Jahren in der Menopause war. Sie wies einen späten Verehrer ab, weil sie, wie sie erklärte, Angst hatte, schwanger zu werden.

Es gibt aber auch Ausnahmen. Frauen, die sehr unter einem unerfüllten Sexualleben gelitten haben, sind vielleicht erleichtert, wenn sie ins Klimakterium kommen. Sie fühlen sich dann von jeder Verpflichtung, ihre Weiblichkeit zu erfüllen, befreit. Auch die sehr infantile Frau, die keine Kinder hatte, weil sie das einzige verwöhnte Kind sein wollte, kann das Klimakterium gut ertragen, wenn sie weiterhin von den sie umgebenden Personen umsorgt und beschützt wird. Frauen, die sich ganz darauf konzentriert haben, körperlich attraktiv zu bleiben und Männer zu erobern, leiden mehr darunter, alt zu werden. Wie wir bereits bei der Untersuchung der Frigidität gesehen haben, versuchen sie, die ursprünglich orale Unzufriedenheit mit ihrer sexuellen Gier zu kompensieren. Für sie ist die Menopause eine Katastrophe, weil sie einem unwiderruflichen, endgültigen Abstillen gleichkommt.

Aber warum ist die Frau eigentlich von ihrem Aussehen so abhängig? Nach Freud kompensiert sie mit der Erotisierung des ganzen Körpers ihren Penismangel. Ich betone hier noch einmal, daß es nicht so sehr das Fehlen des Penis ist, das die Frau beunruhigt, sondern die Tatsache, daß sie nicht weiß, was sich im Inneren ihres Körper abspielt. Das macht sie so abhängig von ihrem Äußeren, so darauf bedacht, ihre Schönheit zu vervollkommnen. Wenn sie gut aussieht, das heißt hübsch ist, ist auch ihr Inneres intakt. Wenn sie schön ist, bedeutet dies, daß sie ihre inneren Objekte nicht angegriffen hat und daß sie es deshalb nicht verdient, zur Strafe dafür angegriffen und zerstört zu werden. Schönsein und Liebsein sind für das kleine Mädchen praktisch gleichbedeutend. Die Prinzessin aus dem Märchen ist jung und hübsch, die böse Hexe ist alt und häßlich. Mit Grund wird die Prinzessin geliebt und die Hexe gehaßt. Für die Frau, die jede neue Falte entdeckt, wenn sie in den Spiegel schaut, bedeutet das Altern unbewußt, vom guten und geliebten Mädchen zur gehaßten und häßlichen Hexe zu werden. Sie fühlt sich schuldig, weil sie nicht weiß, wie sie ihre Schönheit bewahren kann. Sie trauert um ihre körperliche Anziehungskraft, einem Teil, der zu ihrer Identität, zu ihrem Ich, einfach dazugehört.[6] Sie erkennt sich selbst nicht mehr. Aber wer ist eigentlich die Hexe? Schneewittchens Stiefmutter ist schön; häßlich und niederträchtig wird sie erst, als das Mädchen zur Frau geworden ist und sie an Schönheit übertrifft. Die Hexe ist das innere Bild der Mutter, der Mutter, die böse geworden ist, weil sie von der Tochter besiegt und all ihrer sexuellen Reize beraubt worden ist und weil ihr der Vater-Prinz genommen wurde. Sie ist mit phallischen Attributen ausgestattet (lange Nase, Besen), weil sie mit dem bösen Penis des Vaters sexuell vereinigt ist. Das Mädchen nimmt in seinen unbewußten Phantasien den manischen Triumph über die Mutter vorweg und verwandelt sie in die alte, böse Hexe, indem es sie angreift, weil es auf alles, was sie hat, neidisch ist. Und böse wird die Mutter in der Phantasie des Kindes wegen all dem, was sie ihr antut.

Wenn die Tochter dann durch die Menarche wirklich zur Frau wird, hat sie Angst vor der Mutter, weil sie sich als Siegerin vorkommt. Die alternde Frau erkennt im Spiegel in ihrem eigenen Gesicht plötzlich die Hexe. Sie fühlt sich genau in dem Maße gehaßt und ausgeraubt, wie sie ihre eigene Mutter innerlich gehaßt und beraubt hat.

Zwei Krankheitsbilder werden bei der Involutionspsychose beobachtet: Paranoia und Depression. Die paranoide Idee, verfolgt und beraubt zu werden, zeigt eine – dem Gesetz der Talion folgende – Identifikation mit der ausgeraubten Mutter, der die Tochter das Geschlecht und den Mann geraubt hat. Die depressiven Vorstellungen der alternden Frau, ihr Leiden, ihre Überzeugung, daß nichts mehr einen Sinn habe und das Leben wertlos geworden sei, drücken aus, daß sie nicht mehr weiterleben will, nachdem sie von dem triumphierenden Mädchen, das in der Gunst des Vaters steht, zur zerstörten Mutter geworden ist, die niemand mehr liebt und nährt.

Mit dem Alter und der Verminderung der Bedeutung der Sexualität kehren die alten homosexuellen Wünsche und Ängste wieder. Hinter dem Aufleben der ödipalen Situation, hinter dem Mann, dem Vater, taucht die Frau auf, die Mutter. Und in dem Maße, wie das Mädchen die Mutter verspottet hat, als es über sie triumphierte, erwachsen wurde, die Mutter verließ und sich dem Mann zuwandte, in dem Maße wird die Mutter jetzt zur Hexe, zur gefürchteten Vehinihai.

Ich werde den kurzen, eindrücklichen Alptraum einer Frau im «gewissen Alter» erzählen. Sie sah nichts anderes als eine Holztüre mit einem Riegel, der ganz langsam zurückgezogen wurde.

Sie war unentschlossen, hatte panische Angst vor dieser Türe, die sich langsam und unerbittlich zu öffnen schien. Wer stand dahinter, wer wollte hereinkommen? Sie wachte in Schweiß gebadet und mit Herzklopfen auf. Die Türe mit dem Riegel erinnerte sie an eine andere, ähnliche Türe, die zu einem alten Haus gehörte, in dem sie sich früher mit ihrem Liebhaber getroffen hatte. Aber hinter dieser Assoziation zur Liebe stand das symbolische Bild für die Angst vor dem Alter. Sie selbst war das alte Haus; der Riegel, der zurückgezogen wurde, war der Penis, der sich von ihr entfernte, der ihr Genital offen und schutzlos zurückließ, der Mutter, die nachkommen würde, ausgeliefert. Daß die Mutter als gefürchtete Hexe kommen würde, folgerte die Träumerin aus der angstvollen Atmosphäre, die das Traumgeschehen beherrschte. Aber die Hexe ist nicht sichtbar. Das nimmt noch eine weitere Angst vorweg, die Angst vor dem Nichts, vor dem Tod, der näherkommt.

Ich habe von den Konflikten und Ängsten, die in der Menopause auftreten, gesprochen, aber auch von den Erfolgen, die zu diesem Zeitabschnitt gehören: Die Frau hat reiche Erfahrungen gemacht, die sie auf heitere Weise genießen kann. Wenn ihr Leben in der Zeit, als sie erwachsen war, befriedigend verlaufen ist, hat sie viele ihrer infantilen Ängste abgebaut. Aber selbst die Frauen, die glücklich waren – mit ihrem Mann und mit ihren Kindern –, lehnen die Menopause häufig ab. Ich schließe daraus, daß sie mit der Realisierung dessen, was sie in der langen Zeit ihres Leben, die biologisch dazu bestimmt war, Kinder zu zeugen, nicht zufrieden sind. Bei den großen Beschränkungen, die die Gesellschaft der Mutterschaft heute auferlegt, ist dies nicht erstaunlich. Die Frau, die in ihren mütterlichen Trieben nicht frustriert bleiben will, sollte den Teil, den sie nicht direkt verwirklichen kann, in entsprechender Form sublimieren.

Sie sollte außer Haus arbeiten, zumal der Haushalt und die Familie heute nicht mehr soviel Energie und Zeit beanspruchen wie früher. Diese Forderung bringt aber unmittelbare soziale Probleme mit sich: Wer hilft der Frau bei der Erziehung der Kinder, und wer beaufsichtigt die Kinder, wenn die Mutter arbeitet?

Wie kann der Zeitplan ihrer Arbeit den Bedürfnissen eines Kindes, das gestillt werden muß, angepaßt werden? Bis diese Probleme durch staatliche Maßnahmen gelöst werden, muß jede Frau individuell nach den für sie passenden Lösungen suchen. Auf eines möchte ich aber ganz deutlich hinweisen: Genauso wenig, wie das befriedigende Sexualleben einer Mutter ihren Kindern schadet – sondern ihre Entwicklung eher fördert –, genauso wenig sind Mutterschaft und Berufsarbeit Aufgabenfelder, die sich in psychischer Hinsicht gegenseitig ausschließen; ich meine, daß sie sich ergänzen. Wenn die Frau um ihrer Kinder willen auf jede soziale Anerkennung, die ihr heute offenstünde, verzichtet, handelte sie wie ihre Großmutter und ihre Mutter. Und die haben die Männer um ihren sozialen Status beneidet. Eine Frau, die ausschließlich Mutter ist, wird mit ihrem Schicksal nicht zufrieden sein, und diese Unzufriedenheit wird auch das Glück ihrer Kinder beeinträchtigen.

Ich habe schon mehrere Male über die Bewohner der Marquesasinseln gesprochen. Dort verhalten sich die Frauen, als ob sie glaubten, ihre sozialen und sexuellen Rechte mit dem Verzicht auf die Freuden der Mutterschaft bezahlen zu müssen. Die Frauen bei uns verhalten sich oft so, als ob sie diese Überzeugung unbewußt teilen würden. Dies erklärt die heute vorherrschende Tendenz, auf die ich schon mehrmals aufmerksam gemacht habe: Daß die triebhaften und lustvollen Komponenten aus allem, was mit der Zeugung zu tun hat, ausgemerzt werden. Anstatt sich der eigenen Natur zu überlassen, versucht man, sie zu lenken und zu unterdrücken – wie ich das für die eingeleitete Geburt und für die Flaschennahrung des Babys schon gesagt habe. Aber die Frau geht in ihrem Verzicht sogar noch weiter: Sie glaubt, zwischen Mutterschaft, sexuellem Genuß und einer befriedigenden und kreativen Arbeit, einer politisch oder sozial wichtigen Tätigkeit, wählen zu müssen. Aber jeder Verzicht hat seine Folgen. Die Frau, die sich soviel versagt, um sich den Kindern widmen zu können, wird verbittert. Mag sein, daß sie ihrem ständigen Vorwurf mit Worten Ausdruck gibt, vielleicht ist sie sich ihrer Haltung auch nicht bewußt und verrät sich nur durch die Gebärden oder durch den

Ton, der in ihrer Stimme liegt. Unzufrieden mit dem Schicksal ihres Geschlechts, wird sie auch mit ihrer Tochter nicht glücklich sein. Sie wird ihr in tausend Formen zu verstehen geben, daß die Frau weniger wert sei als der Mann und daß sie im Leben immer Opfer sein werde. Sie hätte lieber einen Jungen gehabt, der nicht dieses Schicksal hätte erleiden müssen. In all den Fallgeschichten haben wir ja gesehen, wie verhängnisvoll die Folgen sein können, wenn die Mutter die Tochter wegen ihres Geschlechts ablehnt.

Was sollen wir machen? Unsere eigene Kindheit können wir nicht mehr verändern. Wir müssen aber versuchen, unsere Töchter, die Mütter der kommenden Generationen, so zu erziehen, daß sie nicht an diesem Widerspruch zwischen Trieben und Ehrgeiz zu leiden haben. Sie sollen die Männer nicht darum beneiden müssen, daß ihr Weg so eindeutig vorgeschrieben ist. Das heißt, sie sollen allen Grund haben, darüber glücklich zu sein, daß sie Frauen sind. Sie werden ihre Weiblichkeit dann nicht ablehnen, wenn sie begreifen, daß sie sie genießen können, ohne daß sie auf andere Erfolge verzichten müssen. Die Frauen können genauso viel wie die Männer hervorbringen, wenn auch viele ihrer Werke in mancher Hinsicht anders sind als die der Männer: Sie sind nicht Sublimierungen des männlichen Sexualtriebes, sondern des weiblichen, und im besonderen des mütterlichen Triebes.

Wir haben verschiedene psychogene Störungen analysiert, die einen Konflikt, den die Frau mit ihrer Weiblichkeit hat, ausdrücken, und fanden als gemeinsamen Nenner eine bestimmte Familienkonstellation, die den Patientinnen, vor allem in der frühen Kindheit, sehr geschadet hat. Es war das große Verdienst von Freud, die für die psychische Entwicklung des Menschen fast entscheidende Bedeutung des Verlaufs der ersten Lebensjahre entdeckt zu haben. Melanie Klein hat in ihre Untersuchungen noch das erste Lebensjahr mit einbezogen. Sie hat die ganz frühen Prozesse beschrieben, auf ihre Komplexität hingewiesen und gezeigt, daß diese Konflikte in späteren Phasen weiter bestehen. Die These von der grundlegenden Bedeutung der frühen Kindheit für die spätere Entwicklung hat Untersuchungen in verschiedenen Fachgebieten und mit unterschiedlichen Methoden angeregt;

heute ist sie unbestritten. Wenn wir gesunde Töchter erziehen wollen, die mit ihrem Geschlecht einverstanden sind, müssen wir ihnen einen guten Start ins Leben ermöglichen, das heißt, wir sollten ihnen eine glückliche Stillzeit gewähren. Wenn die Frau nicht all die Wärme, Liebe und die Milch – wenn nötig auch mit der Flasche –, die ihre Tochter braucht, geben kann, wenn sie sich ihrem Rhythmus und ihren Bedürfnissen nicht anpassen kann, wird das Mädchen später an den psychischen Folgen dieser frühen Versagungen leiden. Beim Trinken ist der Säugling in der Befriedigung eines vitalen Bedürfnisses ganz abhängig von seiner Mutter. Das hungrige Mädchen soll die ersehnte und nötige Milch bekommen, ohne daß es lange warten und ohne daß es seine Mutter mit ohnmächtigem Wutgeschrei herbeizwingen muß, damit sie ihm das gibt, was es braucht. Wenn es, während es die Milch trinkt, von einem warmen Körper und von sicheren Armen liebevoll gehalten wird, hat es für das ganze Leben etwas Entscheidendes gelernt. Und dies wird in seinem Unbewußten fixiert bleiben. Diese Erfahrung dient ihm als Vorbild für seine persönlichen Beziehungen und für sein Verhältnis zur Welt. Sie wird die Qualität der Liebe zum Vater bestimmen und später erlauben, sich dem Sexualpartner vertrauensvoll hinzugeben, um die glücklichen Erfahrungen der frühen Kindheit auf höherer Entwicklungsstufe zu wiederholen. In der von der Mutter bewußt vollzogenen Handlung, die es befriedigt, hat es den Wert einer solchen Aktivität aus eigener Erfahrung kennengelernt. Und später, wenn von ihm selbst diese Aktivität gefordert wird, kann es sich mit der guten, der aktiven Mutter identifizieren.

Wir sind alle sterblich. Vom Beginn unseres Lebens an regt sich in uns neben dem Lebenstrieb, dem Bedürfnis nach Liebe, der Todestrieb, erkennbar in Haß und Neid. Auch die gute Mutter kann dem Kind deshalb ein gewisses Maß an Frustrationen nicht ersparen. Das Kind kann sie überwinden, wenn sie von vielen guten und glücklichen Erfahrungen aufgewogen werden. Man könnte mir jetzt vorwerfen, ich plädierte dafür, daß die Mutter gleichzeitig arbeiten und dazu noch das Baby übertrieben umsorgen müsse. Ich möchte aber präzisieren, daß ich wirklich vor allem die erste Zeit im Leben des Kindes meine. Die Mehrzahl der Mütter hat das bis heute nicht begriffen. Die vorherrschende Meinung ist, daß vor allem große Kinder die Mutter intensiv brauchen, dabei wäre es oft sogar von Vorteil, wenn diese etwas mehr Unabhängigkeit hätten. Der Säugling aber, so glaubt man, benötige nur saubere Windeln und alle vier Stunden die Milchflasche, die nach der neuesten, von den Kinderärzten zusammengestellten, Formel zubereitet ist. Wenn er zwischen den Mahlzeiten weint, so brauche man ihm keine Beachtung zu schenken, da er sich das sonst zur schlechten Angewohnheit mache. Das Kind braucht aber mehr als nur einen vollen Magen! Es hat noch keinen Zeitbegriff und weiß noch nicht, daß Hunger und Schmerz nicht endlos andauern. Die halbe Stunde, die der Säugling schreit, sind für ihn eine Ewigkeit.

Wenn das Kind größer wird, verlangt es, daß neben der Mutter auch der Vater in Aktion tritt und sich für es interessiert. Es kann seine Zuneigung etwas verteilen und sich nach und nach aus der ursprünglichen totalen Abhängigkeit von der Mutter lösen. Wir leben in einer Welt mit zwei Geschlechtern. Damit sie ihren Platz darin finden, sollten Kinder von Anfang an mit Angehörigen beider Geschlechter Umgang haben. Anhand der Beziehung, die sich zwischen ihnen und dem Vater beziehungsweise der Mutter anbahnt, lernen sie sich selbst in bezug auf das eigene und auch in bezug auf das andere Geschlecht kennen. Für den Erfolg dieses Lernprozesses braucht es aber Eltern, die sich lieben, die es verstehen, die Sexualität zusammen zu genießen und die sich gegenseitig respektieren. Die Tochter einer glücklichen Frau, die von ihrem Mann geliebt wird, wird versuchen, sich mit ihr und den anderen Angehörigen ihres Geschlechts zu identifizieren. Sie wird auch lernen, daß sie in der Persönlichkeit des Vaters, des ersten Mannes in ihrem Leben, eine Ergänzung zu ihrer eigenen sehen kann.

Ich habe in diesem Buch viel von den Auswirkungen des Neides und des Hasses auf die schwangere Mutter und von der Eifersucht auf die jüngeren Geschwister gesprochen. Solche Gefühle sind natürlich nicht ausschließlich; sicher liebt das Kind seine Geschwister und die schwangere Mutter auch. Haß und Neid nehmen schädliche Ausmaße an, wenn das Ich des Kindes noch schwach ist und es diese Gefühle noch nicht bearbeiten kann, oder wenn das Kind noch von der Mutter zu abhängig ist, um sie mit jemandem zu teilen. Beides geschieht, wenn das Kind noch sehr klein ist.

Viele Mütter möchten, daß zwischen ihren Kindern nur ein kleiner Altersunterschied ist. Sie denken, dies sei von Vorteil, weil die Kinder dann zusammen aufwachsen, zusammen spielen und weniger Arbeit machen. Für das kleinere Geschwister mag das ja zutreffen. Das ältere ist ihm von Anfang an Vorbild und wird später zum guten Spielkameraden. Aber für das Größere ist es etwas ganz anderes.

Wir alle hatten am Anfang unseres Lebens das Bedürfnis, das einzige Kind unserer Mutter zu sein, von ihr verwöhnt zu werden. Unsere Kultur schränkt den Säugling vom ersten Augenblick seines Lebens an ein: Sie trennt ihn von der Mutter, er wird nur zu festgelegten Zeiten gewickelt und genährt. Das ist für das Neugeborene so einschneidend, daß es als Kompensation ein Höchstmaß an emotionaler Zuwendung braucht. Das kleine Kind kann seinen bevorzugten Platz nicht ohne heftigen Groll an ein anderes Kind abgeben; es hat das Gefühl, das Opfer einer großen Ungerechtigkeit zu sein. Seine Eifersucht bei der Ankunft eines Geschwisterchens kann es nur dann überwinden, wenn es schon fähig ist, Ersatzbefriedigungen außerhalb der ausschließlichen Mutter-Kind-Beziehung zu finden. Es kommt dazu, daß sich die meisten Mütter zu dem Baby, zum jüngeren Kind hingezogen fühlen. Oft genügt schon die Tatsache, daß die Mutter wieder schwanger ist, daß sie beginnt, das ältere Kind zurückzuweisen. Als erstes wird sie es mehr oder weniger übereilt entwöhnen. Oft bemerkt sie ihre ablehnende Haltung selbst nicht einmal, es fällt ihr nicht auf, daß sie ungeduldiger und strenger geworden ist. Sie stillt das Kind ab und beeilt sich in der Reinlichkeitserziehung, weil sie denkt: Ich muß es schnell großziehen, damit es schon ein wenig weiter ist, wenn das Baby kommt. So verwandelt sie ihr Ein- oder Zweijähriges von einem Tag auf den anderen in das

«Große», das schon vernünftig sei und sich so weit wie möglich selbst genügen sollte. Das Kind versteht diese Veränderung nicht. Das Einzige, was es von Anfang an hellsichtig erfaßt, ist, daß die Mutter es nicht mehr so gerne hat wie früher. Sie weist es zurück, weil sie ein Kind erwartet oder weil es schon da ist. Dem Brüderchen gibt sie die Brust, es darf schreien und sich schmutzig machen. Aber für sie (ihn), das größere (den größeren), hat sie kein Verständnis mehr. Sie (er) wird nicht mehr so geliebt. Das Kind reagiert mit Haß und ist verzweifelt. Das ist der Grund für den Haß, der in den Fallgeschichten immer wieder dokumentiert wird, der Haß auf die schwangere Mutter und auf die jüngeren Geschwister. Wenn wir unseren größeren Kindern dieses Leiden ersparen wollen, müssen wir mit dem zweiten Kind warten, bis das erste vier oder fünf Jahre alt ist. Heute, da es üblich ist, nur wenige Kinder zu haben, und es verbreitet ist, zu verhüten, ist dies ja einfach.

Aber natürlich ist die Entwicklung des Kindes zu einem erwachsenen Mann oder zu einer erwachsenen Frau nicht nur von diesen Faktoren abhängig. Sie besteht in einem komplexen Zusammenspiel von den angeborenen Fähigkeiten, der Erziehung und der sozialen Umwelt. Das Kind ist in die Gesellschaft, von der es beeinflußt wird, integriert, und wird später selbst auf sie Einfluß nehmen. Aber wenn wir ihm in seiner Kindheit eine weitgehende Sicherheit geben, haben wir die Grundlage für eine glückliche Entwicklung gelegt.

Wir leben in einer schwierigen Zeit, in einer Welt, die sich ständig verändert. Wir können unseren Kindern nicht mehr die Sicherheit bieten, die ihnen in vergangenen Zeiten zu bieten war. Dafür haben sie aber auch nicht mehr unter den Be- und Einschränkungen, denen sie früher ausgesetzt gewesen wären, zu leiden. Dank Freud, den Psychoanalytikern und Wissenschaftlern, die durch seine epochemachenden Entdeckungen angeregt worden sind, wissen wir, wie wir den Kindern ein Höchstmaß an innerer Sicherheit vermitteln können. Ich will den Leser noch einmal an das Affenexperiment aus Wisconsin erinnern. Das Äffchen mit der Drahtmutter konnte die Konfrontation mit etwas

Neuem – dem mechanischen Spielzeug – nicht verarbeiten. Es hält das Neue a priori für böse und es hat niemanden, der diesen ersten Eindruck relativiert. Es zieht sich zurück und wird psychotisch. Das Äffchen, das zur Stoffmutter flüchten kann, lernt mit dem Neuen umzugehen. Es verliert die Angst und wird neugierig. Auf menschliche Kinder übertragen würde das heißen: Die Grundlage für die Fähigkeit, sich anzupassen und Neues zu entdecken, wird geschaffen. Aber nur das Äffchen, das von einer richtigen Affenmutter großgezogen wird, kann später einen Partner finden und mit ihm Kontakt aufnehmen. Und wieder auf Menschen übertragen heißt dies: In unserer Welt, in der uns die Zukunft in vielerlei Hinsicht Unbekanntes bringt, kann nur das Kind, das von einer richtigen Mutter – und das heißt an sich auch schon, in der realen Anwesenheit eines Vaters – aufgezogen worden ist, das Leben lieben und ihm gut gerüstet gegenübertreten. Und wenn es ein Mädchen ist, dann wird es morgen auch wissen, wie es sein Wohlbefinden an die nächste Generation weitergeben kann.

ANMERKUNGEN

I. TYPISCHE PROBLEME DER FRAUEN HEUTE

1 Marie Langer spricht von Störungen der Zeugungsfunktionen, Störungen im Zeugungsleben, in späteren Kapiteln von Stadien des Zeugungslebens («*trastornos de las functiones procreativas*», «*vida procreativa*», «*etapas de la vida procreativa*»). Den Begriff «*procreativo*» (die Zeugung, die Fortpflanzung betreffend) übersetze ich im folgenden dann, wenn es um die Störungen der Fruchtbarkeit und der Funktionen im medizinischen Sinne geht, je nach Zusammenhang mit Zeugung, Fortpflanzung oder Fruchtbarkeit. Wenn die Stufen der Entwicklung der Zeugungsfähigkeit angesprochen werden, verwende ich den Begriff «*psychosexuelle Entwicklungsstufen*». (Anm. d. Übers.)

2 Sigmund Freud: «Ein Fall von hypnotischer Heilung nebst Bemerkungen über die Entstehung hysterischer Symptome durch den ‹Gegenwillen›»(1892/1893), *Gesammelte Werke*, Bd. 1, Frankfurt a. M. 1964, S. 1-17.

3 Josef Eisler: «Über hysterische Erscheinungen am Uterus», in: *Internationale Zeitschrift für Psychoanalyse*, Bd. 9, Wien 1923, S. 266-277.

4 Gregory Zilboorg: «Männlich und weiblich. Biologische und kulturelle Aspekte», in: Carol Hagemann-White: *Frauenbewegung und Psychoanalyse*, Basel und Frankfurt a. M. 1979, S. 183-276.

5 Margaret Mead: «Geschlecht und Temperament in drei primitiven Gesellschaften», in: *Leben in der Südsee. Jugend und Sexualität in primitiven Gesellschaften*, München 1965, S. 329-561.

6 Ebenda, S. 397.

7 Es ist bei vielen primitiven Völkern üblich, daß sich der Ehemann nach der Geburt ins Bett legt, Diät hält, und verschiedene Pflegeleistungen beansprucht, als wenn er derjenige gewesen wäre, der das Kind zur Welt gebracht hat. Dieser Brauch wird von den Anthropologen als «*Couvade*» bezeichnet. Man hat diesen für uns so fremden Brauch mit verschiedenen, zum Teil sich widersprechenden Interpretationen zu erklären versucht. Ich glaube, die zutreffendste ist die, nach der der Ehemann die Frau um die Macht, die ihr die Mut-

terschaft über die Kinder verleiht, beneidet. Durch die Imitation des physischen Zustandes der Gebärenden versucht er, sich diese magisch anzueignen. In: *Probleme der Religionspsychologie,* Leipzig und Wien 1919, stellt Theordor Reik wertvolles Material zusammen und gibt auch eine Übersicht über die verschiedenen Theorien. Er kommt zum Schluß, daß sowohl die «*Couvade*» als auch die Initiationsriten das Ziel haben, die Verbindung zwischen Mutter und Kind zu lösen und eine neue an deren Stelle zu setzen, in der der Vater die Mutter ersetzt.

8 Abraham Kardiner: *The Individual and his Society* (1939), New York 1949. Kardiner benutzt im erwähnten Werk auch Material anderer Autoren. Es muß Marie Langer entgangen sein, daß der Teil über die Marquesas-Kultur, den sie ausführlich zitiert, von Ralph Linton geschrieben wurde. (Anm. d. Übers.)

9 Patrilinear heißt, daß der Geschlechtsname und die Güter vom Vater auf die Söhne vererbt werden.

10 Margaret Mead: «Geschlecht und Temperament in drei primitiven Gesellschaften», a.a.O., S. 534.

11 Ebenda

12 Margaret A. Ribble: *The Rights of Infants,* New York 1943.

13 Therese Benedek und Boris B. Rubenstein: *The Sexual Cycle in Women. The Relation between Ovarian Function and Psychosomatic Processes,* Washington 1942.

14 Geschwüre in der Gebärmutter. (Anm. d. Übers.)

II. PSYCHOANALYTISCHE THEORIEN ZUR WEIBLICHEN SEXUALITÄT: EINE LITERATURÜBERSICHT

1 Ich entnehme das Folgende zu großen Teilen Gregory Zilboorg und George W. Henry: *A History of Medical Psychology,* New York 1941.

2 Sigmund Freud: *Einige Bemerkungen über den Begriff des Unbewußten in der Psychoanalyse* (1912), Studienausgabe Bd. 3, Frankfurt a. M. 1982, S. 31.

3 Heinz Hartmann: *Die Grundlagen der Psychoanalyse* (1927), Stuttgart 1972, S. 8.

4 Ebenda, S. 159.

5 An anderer Stelle, zum Beispiel in: *Die «kulturelle» Sexualmoral und die moderne Nervosität* (1908) erklärt Freud die intellektuelle Unterlegenheit der Frau damit, daß ihrer Sexualneugier während der Kindheit mit stärkerem erzieherischem Zwang begegnet wird. Studienausgabe Bd. 9, S. 9-32, Frankfurt a. M. 1982.

6 Sigmund Freud: *Drei Abhandlungen zur Sexualtheorie* (1905), Studienausgabe Bd. 5, S. 37-145, Frankfurt a. M. 1982.

7 Sigmund Freud: *Analyse der Phobie eines fünfjährigen Knaben* (1909), Studienausgabe Bd. 8, S. 9-123, Frankfurt a. M. 1982.

8 Karl Abraham: *Versuch einer Entwicklungsgeschichte der Libido auf Grund der Psychoanalyse seelischer Störungen* (1924), Gesammelte Schriften, Bd. 2, S. 32-102, Frankfurt a. M. 1982. Ich folge bei der Darstellung der Theorie Abrahams der

Zusammenfassung von Richard Sterba: «Theorie der Libido, Einführung in die psychoanalytische Libidolehre», in: *Zeitschrift für psychoanalytische Pädagogik* Bd. 5. S. 49–103, Wien 1931.

9 Sigmund Freud: *Drei Abhandlungen zur Sexualtheorie*, a.a.O., S. 61.

10 Sigmund Freud: *Die infantile Genitalorganisation* (1923), Studienausgabe Bd. 5, S. 235-241, Frankfurt a. M. 1982.

11 Sigmund Freud: *Der Untergang des Ödipuskomplexes* (1924), Studienausgabe Bd. 5, S. 243-251, Frankfurt a. M. 1982.

12 Sigmund Freud: *Einige psychische Folgen des anatomischen Gechlechtsunterschiedes* (1925), Studienausgabe Bd. 5, S. 253-266, Frankfurt a. M. 1982.

13 Sigmund Freud: *Das ökonomische Problem des Masochismus* (1924), Studienausgabe Bd. 3, S. 339-354, Frankfurt a. M. 1982.

14 Sigmund Freud: *Über die weibliche Sexualität* (1931), Studienausabe Bd. 5, S. 273-292, Frankfurt a. M. 1982.

15 Sigmund Freud: *Neue Folge der Vorlesungen zur Einführung in die Psychoanalyse* (1933), Studienausgabe Bd. 1, S. 447-608, Frankfurt a. M. 1982.

16 Ruth Mack Brunswick: «The Preoedipal Phase of the Libido Developement», in: *Psychoanalytic Quaterly*, Bd. 9, S. 293-319, New York 1940.

17 Sigmund Freud: *Die endliche und unendliche Analyse* (1937), Studienausgabe Ergänzungsband, S. 351-392, Frankfurt a. M. 1982.

18 Sigmund Freud: *Neue Folge der Vorlesungen zur Einführung in die Psychoanalyse*, a.a.O., S. 548.

19 Helene Deutsch: *Die Psychologie der Frau*, Bern 1948.

20 Dagegen konstatierte Marie Langer in einem 1984 erschienenen Interview: «*...andererseits kam diese Embryonalgeschichte, die zeigte, daß Freud sich geirrt hatte. Freud hatte gesagt, die Klitoris sei ein verkümmerter Penis; die moderne Embryologie sagt, der Penis sei eine gewucherte Klitoris. Ich weiß nicht, was besser oder schlechter ist, es klingt so oder so schäbig.*» Interview mit Marie Langer von Maya Nadig und Mario Erdheim, in: Hans Martin Lohmann (Hrsg): *Die Psychoanalyse auf der Couch*, Frankfurt a. M. 1984. (Anm. d. Übers.)

21 Karen Horney: «Zur Genese des weiblichen Kastrationskomplexes» (1923), in: *Die Psychologie der Frau*, S. 10-25, Frankfurt a. M. 1984.

22 Karen Horney: «Flucht aus der Weiblichkeit» (1926), in: *Die Psychologie der Frau*, S. 26-42, Frankfurt a. M. 1984.

23 Ebenda, S. 31

24 Karen Horney: «Die Verleugnung der Vagina» (1933), in: *Die Psychologie der Frau*, S. 96-110, Frankfurt a. M. 1984.

25 Josine Müller: «Ein Beitrag zur Frage der Libidoentwicklung des Mädchens in der genitalen Phase», in: *Internationale Zeitschrift für Psychoanalyse* Bd. 17, S. 256-262, Wien 1931.

26 Fanny Hann-Kende: «Über Klitorisonanie und Penisneid», in: *Internationale Zeitschrift für Psychoanalyse* Bd. 19, S. 416-427, Wien 1933.

27 Margaret Mead: «Kindheit und Jugend in Samoa» (1928), in: *Leben in der Südsee. Jugend und Sexualität in primitiven Gesellschaften*, S. 4-153, München 1965.

28 Zur samoanischen Kultur vgl. auch die von Mead abweichende Darstellung

von Derek Freeman: *Liebe ohne Aggression. Margaret Meads Legende von der Friedfertigkeit der Naturvölker,* München 1983. Freemans Darstellung bezieht sich insbesondere auf die hier angesprochene sexuelle Freizügigkeit. (Anm. d. Übers.)

29 Ernest Jones: «Die erste Entwicklung der weiblichen Sexualität», in: *Internationale Zeitschrift für Psychoanalyse* Bd. 14, S. 11-25, Wien 1928.

30 Ernest Jones: «Über die Frühstadien der weiblichen Sexualentwicklung», in: *Internationale Zeitschrift für Psychoanalyse* Bd. 21, S. 331-341, Wien 1935.

31 Melanie Klein: *Die Psychoanalyse des Kindes* (1932), Frankfurt a. M. 1987.

32 Ich gebrauche den Terminus im Sinne psychischer Einverleibung.

33 Sigmund Freud: *Trauer und Melancholie* (1917), Studienausgabe Bd. 3, S. 193-212, Frankfurt a. M. 1982.

34 Vgl. Sigmund Freud: *‹Psychoanalyse› und ‹Libidotheorie›* (1923), Gesammelte Werke Bd. 13, S. 209-233, Frankfurt a. M. 1969.

35 Ich habe diese Literaturübersicht 1951 geschrieben. Seitdem hat Melanie Klein ihre Theorien weiterentwickelt, und ich werde, damit das wichtige neue Konzept des Neides auf die Brust wenigstens erwähnt wird, folgendes anfügen: In ihrem 1955 erschienenen Aufsatz «Neid und Dankbarkeit» kommt Melanie Klein nochmals auf den Neid zu sprechen. Dieses zerstörerische Gefühl taucht bereits in der frühen Mutter-Kind-Beziehung auf und richtet sich gegen die Brust. Die Brust ist für das Kind die schöpferische Quelle all dessen, was ihm fehlt. Wenn es von ihr frustriert wird, nimmt es an, die Brust ernähre sich selbst und enthalte ihm die Milch vor. Deshalb greift es sie in seinen unbewußten Phantasien an und zerstört sie. Des Neides wegen kann es keine Dankbarkeit empfinden. Der primäre Neid ist ohne grundlegendes Studium der unbewußten Phantasien und anderer kleinianischer Konzepte nur schwer verständlich. Er kann jedoch in der Übertragungsbeziehung deutlich beobachtet werden. Vgl. Melanie Klein: «Neid und Dankbarkeit», in: *Das Seelenleben des Kleinkindes,* S. 225-242, Stuttgart 1983.

In meiner Arbeit: «Sterility and Envy», die ich auf dem 20. Internationalen Psychoanalytischen Kongreß vorgestellt habe, habe ich gezeigt, daß dieser Neid die Basis vieler der im Buch beschriebenen Störungen ist. Außerdem habe ich verschiedene Verbindungen zwischen Neid auf die Brust und Penisneid lokalisiert: 1. Wie Melanie Klein bereits 1928 ausführt, begehrt das Mädchen gierig und neidisch die Brust und als Folge dieses Neides auch den Penis. Es glaubt, der Besitz dieses Organes würde es in den Besitz der Brust bringen. Die Intensität des Penisneides ist also der Gier des kleinen Mädchens und seinem Neid auf die Brust proportional. 2. Wenn nun der Neid auf die Brust der Grund ist, daß das Mädchen den Körper der Mutter angreift, wenn es deshalb ihren Gegenangriff befürchtet und wenn es sich gegen seine Angst, in seiner Weiblichkeit zerstört zu sein, wehrt, indem es eine männliche Haltung einnimmt und Penisneid empfindet, dann ist dieser Neid in letzter Instanz die Folge seines Neides auf die Brust. 3. Melanie Klein hat auch gezeigt, daß sich das Mädchen von der Brust ab und dem Penis zuwendet, weil es ihn in seinen Phantasien für eine unerschöpfliche Brust hält. Aber wenn sein Neid auf die

Brust in der Phantasie wurzelt, daß diese sich selbst ernähre und ihm die Milch vorenthalte, dann wird es auch dem Penis gegenüber mit Neid und Eifersucht reagieren. Es wird argwöhnen, daß auch der Penis sich selbst oder die Mutter ernähre. So verwandelt sich der Neid auf die Brust auch direkt in Penisneid.
4. Das Mädchen verfügt überhaupt über kein kreatives Organ weder über eine erwachsene Brust noch über einen Penis. Das ist die Grundlage des Penisneides und Neides auf die Brust. Vgl. Marie Langer: «Sterility and Envy» (1958), in: *The International Journal of Psycho-Analysis* Bd. 39, S. 139-143, London 1958.

III. DAS BILD DER BÖSEN MUTTER

1 Ein großer Teil dieses Kapitels erschien unter dem Titel «Das gebratene Kind und andere Mythen» in der Übersetzung von Mechthild Schabbach auch in: Marie Langer: *Das gebratene Kind und andere Mythen. Die Macht unbewußter Phantasien*, Freiburg 1988.

2 Marie Bonaparte: *Mythes de guerre*, Paris und New York 1946.

3 Ein Fall aus der Klinik: Eine Frau, die ihr wenige Wochen altes Kind stillte, bekam eines Tages, völlig überraschend, krampfartige Schmerzen in den Brustwarzen, die sich bis zur Unerträglichkeit steigerten. Die Schmerzen verschwanden in dem Moment, als sie sie mit einem Ereignis in Verbindung bringen konnte, das sich wenige Stunden zuvor zugetragen hatte. Sie hatte einen Brief erhalten, in dem ihr ihre Mutter mitteilte, daß sie sich nunmehr gezwungen sähe, die finanzielle Unterstützung in Anspruch zu nehmen, die ihr die Tochter vor einiger Zeit angeboten hatte. Die Kranke hat also durch ihr Symptom zum Ausdruck gebracht, daß sie nicht bereit war, zu Lasten ihres Kindes, mit dem sie sich identifizierte und das sie stillte, ihre Mutter mitzuernähren. Darin einzuwilligen, hätte für sie bedeutet, sich von ihrer Mutter auffressen zu lassen. Der Schmerz war das Mittel, mit dem sie die Situation und ihre Abwehr gleichzeitig äußerte. Er verschwand, als ihr seine Bedeutung zu Bewußtsein kam.

4 Von einer sehr wohlhabenden Frau, die im Grunde genommen alles andere als geizig war, berichtete man mir kürzlich, daß sie allmorgendlich aus dem Schrank in der Küche eine Tüte mit Zuckerwürfeln hervorzuholen pflegte, woraufhin sie mit peinlicher Genauigkeit für jeden der zahlreichen Dienstboten einzeln die Stückchen abzählte, die ihnen für den täglichen Verzehr zugebilligt waren. Anschließend soll sie der Köchin ihre tägliche Ration ausgehändigt und den Rest wieder unter Verschluß gebracht haben. Erst schockierte mich dieses Verhalten, das so sehr im Widerspruch zur finanziellen Lage und zum Lebensstandard jener Familie zu stehen schien, bis ich schließlich begriff, daß die Mutter dieser guten Frau aller Wahrscheinlichkeit nach mit ihr in gleicher Weise verfahren war, wenn sie sie als Kind um Bonbons und andere billige Süßigkeiten gebeten hatte.

5 Ein vierjähriges Mädchen, das gerade ein Brüderchen bekommen hatte, stellte dem Vater folgende Frage: *«Wie muß man es anstellen, daß den Babys das Herz stehenbleibt? Reicht es, wenn man es ganz fest an sich drückt?»*

IV. DIE MENSTRUATION

1 Eine umfassende Darstellung der Literatur und die Beschreibung der physiologischen und physiopathologischen Mechanismen, die den verschiedenen Störungen, die im klinischen Teil des Buches untersucht werden, zugrundeliegen, findet der medizinisch interessierte Leser bei Charles Freed und William Kroger: *Psychosomatic Ginecology including Problems of Obstetrical Care*, Philadelphia und London 1951.

2 C.D. Daly: «Der Menstruationskomplex», in: *Imago*, Bd. 14, Leipzig, Wien, S. 11-75, Zürich 1928.
Ders: «The Menstruation Complex in Literature», in: *The Psychoanalytic Quarterly* Bd. 4, S. 304-340, New York 1935.

3 Melitta Schmiedeberg: «Psychoanalytisches zur Menstruation», in: *Zeitschrift für psychoanalytische Pädagogik* Bd. 5, S. 190-202, Wien 1931.

4 Mary Chadwick: «Menstruationsangst», in: *Zeitschrift für psychoanalytische Pädagogik* Bd. 5, S. 184-189, Wien 1931.

5 Alfred Winterstein: «Die Pubertätsriten der Mädchen und ihre Spuren im Märchen», in: *Imago* Bd. 14, S. 199-274, Wien 1928.

6 Wilhelm Liepmann: *Jugend und Eros*, Dresden 1930.

7 Zitiert nach Simone de Beauvoir: *Das andere Geschlecht. Sitten und Sexus der Frau* (1949), Reinbek bei Hamburg 1968, S. 303.

8 Ebenda, S. 304.

9 Anonym: *Tagebuch eines halbwüchsigen Mädchens*, herausgegeben von Hermine Hug-Hellmuth, Leipzig, Wien, Zürich 1921 (neu herausgegeben von Hanne Kulessa, Frankfurt a. M. 1987).

10 Ebenda, S. 118f. und 141.

11 Margaret Mead: «Kindheit und Jugend in Samoa», a.a.O., S. 103.

12 In englischer Sprache nennt das Mädchen seine Periode *«the curse»*, den Fluch. Auch der viel harmlosere Ausdruck des *«Unwohlseins» («indisposición»)* bringt die Menstruation mit Krankheit in Verbindung.

13 Simone de Beauvoir: *Das andere Geschlecht*, a.a.O., S. 304f.

14 Ebenda, S. 305.

15 Heinrich Meng: «Über Pubertät und Pubertätsaufklärung», in: *Zeitschrift für Psychoanalytische Pädagogik* Bd. 5, Wien 1931, S. 173f.

16 Ich danke an dieser Stelle Matilde Wencelblat de Rascovsky, die mir dieses Fallmaterial freundlicherweise zur Verfügung gestellt hat.

17 Die Konversion ist ein Mechanismus der Symptombildung bei der Hysterie. Der psychische Konflikt wird in somatische, motorische oder sensible Sym-

ptome umgesetzt (z. B. Lähmung, Anästhesie oder Schmerzen). Vgl. dazu, wie auch zu anderen psychoanalytischen Fachbegriffen: J. Laplanche und J. B. Pontalis: *Das Vokabular der Psychoanalyse*, Frankfurt a. M. 1972. (Anm. d. Übers.)

18 Karen Horney: «Die prämenstruellen Verstimmungen» (1931), in: *Die Psychologie der Frau*, S. 72-80, Frankfurt a. M. 1984.

19 Die Seborrhö besteht in einer gesteigerten Absonderung der Talgdrüsen. (Anm. der Übers.)

20 Bei einer Vulvovaginitis sind die äußeren Genitalien und die Vagina entzündet. (Anm. der Übers.)

21 Eduardo Krapf: «Contribución al conociemiento de la histeria de conversión», in: Arnaldo Raskovsky (Hrsg): *Patología Psicosomática*, S. 389-430, Buenos Aires 1948.

22 Vgl. meine Ausführung in Kapitel I, Anm. 1. (Anm. d. Übers.)

V. DIE MENARCHE UND IHRE BEDEUTUNG FÜR DIE PSYCHOSEXUELLE ENTWICKLUNG DER FRAU

1 Einige der Fallgeschichten dieses Kapitels sind bereits publiziert worden. Vgl. Marie Langer: «Algunas aportaciones a la psicología de la menstruación», in: Arnaldo Raskovsky (Hrsg): *Patología Psicosomática*, S. 431-453, Buenos Aires 1948.

2 Die Endikronologie ist die Wissenschaft der innersekretorischen Drüsen. (Anm. d. Übers.)

3 Phobie: eine unüberwindbare Angst vor einer real nicht vorhandenen Gefahr oder Angst, deren Ausmaß durch die reale Gefahrensituation nicht gerechtfertigt ist.

4 Karen Horney: «Die Überbewertung der Liebe» (1934), in: *Die Psychologie der Frau*, S. 110-141, Frankfurt a. M. 1984.

5 Vgl. dazu Alfred Winterstein: *Die Pubertätsriten der Mädchen und ihre Spuren im Märchen*, a.a.O.

VI. DIE ANGST VOR DER DEFLORATION

1 Sigmund Freud: *Das Tabu der Virginität* (1918), Studienausgabe Bd. 5, S. 211-228, Frankfurt a. M. 1982.

2 Marie Langer: «El viaje al centro de la tierra», in: *Revista de Psicoanálisis* Bd. 7, Buenos Aires 1949, S. 3-9. Auf Deutsch ist dieser Aufsatz in erweiterter Form erschienen unter dem Titel: «Unbewußte Phantasien und Science-fiction», in:

Das gebratene Kind und andere Mythen. Die Macht unbewußter Phantasien, Freiburg 1988, S. 119ff.
3 Wilhelm Stekel: *Die Geschlechtskälte der Frau* (1910), Berlin und Wien 1927.
4 Ebenda, S. 77.
5 Van der Velde: *Die vollkommene Ehe*, Leipzig und Stuttgart 1928.
6 Sigmund Freud: *Das ökonomische Problem des Masochismus* (1924), Studienausgabe Bd. 3, S. 339-354, Frankfurt a. M. 1982.
7 Sandor Lorand: «Contribution to the Problem of Vaginal Orgasm», in: *The International Journal of Psycho-Analisis* Bd. 20, S. 432-438, London 1939.
8 Das Folgende ist bereits publiziert worden: Marie Langer: «Una sesión psicoanalítica», in: *Revista de Psicoanálisi*, Bd. 8, S. 203-210, Buenos Aires 1951.

VII. DIE FRIGIDITÄT

1 Edmund Bergler: «Unhappy Marriage and Divorce», in: *International Universities Press*, New York 1940. Da mir der englische Originaltext nicht zur Verfügung stand, übersetze ich Berglers Texte aus der spanischen Vorlage.
2 Margaret Mead: *Mann und Weib*, a.a.O.
3 Margaret Mead: «Geschlecht und Temperament in drei primitiven Gesellschaften», a.a.O., S. 490/491.
4 Ebenda, S. 491.
5 Abraham Kardiner, a.a.O., S. 173.
6 Sigmund Freud: *Das Tabu der Virginität* (1918), a.a.O.
7 Sandor Lorand: «Contribution to the Problem of Vaginal Orgasm», a.a.O.
8 Heinrich Racker: «A Contribution to the Problem of Counter- transference», in: *The International Journal of Psycho-Analysis* Bd. 34, S. 313-324, London 1953.

VIII. STÖRUNGEN BEI DER BEFRUCHTUNG

1 Marie Langer gibt an anderer Stelle in diesem Kapitel noch eine genaue Erklärung des Tubenspasmus. (Anm. d. Übers.)
2 Therese Benedek, George C. Ham, Fred P. Robbins und Boris B. Rubenstein: «Some Emotional Factors in Infertility», in: *Psychosomatic Medicine* Bd. 15, S. 485-489, New York 1953.
3 H. Stieve: Die Zentralnervöse Steuerung der Geschlechtsorgane, in: *Medizinische Klinik*, 38. Jg., S. 36-38, Berlin 1942.
—: Nervös bedingte Veränderungen an den Geschlechtsorganen, in: *Deutsche Medizinische Wochenschrift*, 66. Jg., Nr. 34, S. 925-928, Leipzig 1940.
4 Karl Julius Anselmino: «Schwangerschaften nach langjähriger, unbehandelter

Kinderlosigkeit», in: *Geburtshilfe und Frauenheilkunde* Bd. 7/8, Stuttgart 1947, S. 19-33.

5 Das wird auch von Benedek und ihren Mitarbeitern bestätigt.

6 Vgl. dazu Marie Langer und Raúl Park Ochandorena: «El espasmo de las trompas como origen de la esterilidad», in: *Revista de Psicoanálisis* Bd. 10, S. 103-115, Buenos Aires 1953.

7 Ruth Moulton: «The Psychosomatic Implications of Pseudocyesis», in: *Psychosomatic Medicine* Bd. 4, S. 376-389, New York 1942.

IX. STERILE FRAUEN: FÜNF FALLGESCHICHTEN

1 Der Traum läßt sich symbolisch noch weiter ausdeuten: Die Patientin liegt in der Badewanne, das heißt im Inneren eines mit Wasser gefüllten Behälters. Dieses Bild stellt sie selbst im Inneren der Mutter dar. Gleichzeitig steht es auch für ihren Fötus, das Kind, das in ihr ist. Wir sehen hier die typische Identifizierung der Schwangeren mit ihrem Kind. So wie die Mutter ihr nicht erlaubt hat, für unbegrenzte Zeit in ihr zu bleiben und sie bei der Geburt herausgestoßen hat, so wird sie ihr auch nicht erlauben, die Phantasie von der Rückkehr in den Mutterleib durch die Schwangerschaft und die Identifikation mit dem Fötus wieder zu beleben. Der Traum bedeutet also: *«Meine Mutter hat mich nicht lieb gehabt, deshalb hat sie mich hinausgeworfen und deshalb läßt sie mich jetzt keine Kinder haben.»* Im letzten Kapitel habe ich erklärt, weshalb die Phantasie von der Rückkehr in den Mutterleib typisch ist für Erwachsene, die als Kinder lieblos behandelt worden sind.

2 Lewis Robbins: «Suggestions for the Psychological Study of Sterility in Women», in: *Bulletin of the Menninger Clinic,* Bd. 7, S. 41-44, Topeka, Kansas 1943.

3 Gregorio Marañón: *Ginecología endocrina,* Madrid 1935.

4 Die Luteinisierung ist kein Prozeß, der das gesamte Ovar betrifft. Gemeint ist ein Einbluten der Ovulationsstelle und die Entwicklung des Gelbkörpers. Heute weiß man durch neuere endokrinologische Untersuchungen, daß der Syntheseweg der Östrogene im Ovar über Hormonvorstufen läuft, von denen jede Vorstufe eine mehr oder weniger große androgene (vermännlichende) Wirkung hat. Wenn das Enzym C17- Hydroxylase, das zur Synthese der Östrogene erforderlich ist, fehlt, kommt es zu einer unzureichenden Östrogenproduktion, die mit einer Überproduktion von androgen wirkenden Vorstufen einhergeht. Es gibt eine weitere Ursache für die Entstehung von androgenen Stigmata (Bartwuchs, Stimmveränderung, Akne, fettiges Haar, Glatzbildung) durch die Überstimulierung der Nebennierenrinde, die Steroid-Hormone (Corticoide) produziert, welche chemisch und in ihrer Wirkung den Sexualhormonen ähnlich sind. Auch diese Steroidhormone haben wie die östrogenen Vorstufen eine androgene Partialwirkung. (Anm. d. Übers.)

5 Edith Jacobson: «A Case of Sterility», in: *The Psychoanalytic Quarterly,* Bd. 15, S. 330-350 New York 1946.

6 Die Simmonds-Krankheit ist die Folge einer Hypophysenvorderlappeninsuffizienz. Es handelt sich um eine Krankheit mit schleichender Entwicklung, bei der nach und nach die Bildung verschiedener Hormone ausbleibt. Das führt zu verschiedenen Symptomen wie Amenorrhö, Kräftezerfall, Pigmentschwund. (Anm. d. Übers.)

7 Endometriumbiopsie bedeutet: Mikroskopische Untersuchung von Gewebe, das dem Endometrium, der drüsenreichen Schleimhautauskleidung der Gebärmutter, entnommen wird. (Anm. d. Übers.)

8 Diese Fallgeschichte, sowie die beiden folgenden, habe ich in einer gemeinsamen Arbeit mit C. Cárcamo bereits 1944 in der *Revista de Psicoanálisis* publiziert, eine noch vollständigere Fassung ist in Patología Psicosomática erschienen. Vgl. Celes Cárcamo und Marie Langer: Psicoanálisis de la esterilidad femenina, in: Arnaldo Raskovsky (Hrsg.): *Patología Psicosomática,* Buenos Aires 1948.

9 Sowohl in meiner Privatpraxis als auch bei meiner Tätigkeit in einem psychosomatischen Krankenhaus hatte ich später Gelegenheit, weitergehende Beobachtungen anzustellen. Die oft grundlegende Bedeutung der hier angesprochenen Faktoren hat sich hierbei vollkommen bestätigt.

10 Vgl. Celes Cárcamo und Marie Langer, a.a.O.

11 Ich habe bei der Analyse von Träumen Schwangerer oftmals beobachtet, daß die Frau unbewußt das Geschlecht des Kindes wahrnimmt.

12 Persönliche Mitteilung von Dr. D. Liberman.

X. SCHWANGERSCHAFT UND GEBURT

1 Ein Teil dieses Kapitels ist bereits erschienen. Vgl. Marie Langer: «Aspectos psicoanalíticos de algunos trastornos del embarazo», in: Arnaldo Raskovsky (Hrsg): *Patología psicosomática,* S. 455-467, Buenos Aires 1948.

2 Vgl. Margaret Mead: *Mann und Weib,* a.a.O.

3 Grantly Dick Read: *Mutterwerden ohne Schmerz. Die natürliche Geburt*, Hamburg 1953.

4 Vgl. dazu Alfredo Bauer: *Aportes a la práctica del parto sin dolor,* Buenos Aires 1957.

5 Flanders H. Dunbar und Raymond Squier: «Emotional Factors in the Course of Pregnancy», in: *Psychosomatic Medicine,*Bd. 8, S. 161-175, New York 1946.

6 Enrique Salerno: «El aborto espontáneo emocional,» in: Arnaldo Raskovsky (Hrsg): *Patología Psicosomática,* Buenos Aires 1948.

7 Henriette Klein, Howard Potter und Ruth Dyk: «Anxiety in Pregnancy and Childbirth», New York 1950.

8 Melanie Klein: «Bemerkungen über einige schizoide Mechanismen» (1946), in: *Das Seelenleben des Kleinkindes,* S. 131-163, Stuttgart 1983.

9 Vgl. dazu meine Arbeit, Marie Langer: Sterility and Envy, in: *The International Journal of Psycho-Analysis*, Bd. 39, S. 139-143, London 1958.
10 Hyperemesis gravidarum heißt das Schwangerschaftserbrechen, das aufgrund seiner Intensität das Leben der Schwangeren gefährdet. (Anm. d. Übers.)
11 Max Schwab: Die Ursachen unstillbaren Erbrechens, in: *Zentralblatt für Gynäkologie*, Bd. 45, S. 956-958, Leipzig 1921.
12 Susanna Hupfer: Über Schwangerschaftsgelüste, in: *Internationale Zeitschrift für Psychoanalyse*, Bd. 16, S. 105-119, Wien 1930.
13 Heute müssen aus diesem Grund Schwangerschaften nicht mehr abgebrochen werden, da es geeignete Behandlungsmethoden gibt. (Anm. d. Übers.)
14 Eine Patientin konnte wegen einer schweren Agoraphobie das Haus ohne Begleitung nicht mehr verlassen. In der Schwangerschaft war es ihr plötzlich möglich. Der Fötus ersetzte die Begleitung durch die Mutter.
15 Simone de Beauvoir: *Das andere Geschlecht*, a.a.O., S. 488.
16 Ebenda.
17 Ebenda, S. 487.
18 Margaret Mead: *Mann und Weib*, a.a.O., S. 228.
19 Leider gibt es auch einige Reflexologen, die die «schmerzlose Geburt» falsch interpretieren und demselben Weg folgen. Bei ihnen werden Medikamente und Vollnarkose einfach durch Suggestion und Hypnose ersetzt.
20 Henriette Klein, Howard Potter und Ruth Dyk: *Anxiety in Pregnancy and Childbirth*, a.a.O.
21 Nicholson Eastman: «Prevention of Fetal Anoxia», in: *American Journal of Deseases of Children* Bd. 76:6, S. 661-665, Chicago 1948.
22 Die Periduralnarkose ist eine Anästhesie, bei der durch Injektion eines lokalen Schmerzmittels um die Rückenmarkshäute herum eine Schmerzausschaltung in der unteren Körperhälfte bewirkt wird. Der Berührungs- und Tastsinn bleiben dabei erhalten. (Anm. d. Übers.)
23 Stewart Clifford: Fetal Anoxia at Birth and Cyanosis of the Newborn. In: *American Journal of Diseases of Children*, Bd. 76:6, S. 666-678, Chicago 1948.
24 Grantly Dick Read: *Mutterwerden ohne Schmerz*, a.a.O.
25 Margaret Mead: *Geschlecht und Temperament in drei primitiven Gesellschaften*, a.a.O.
26 Vgl. dazu Alfredo Bauer: *Aportes a la práctica del parto sin dolor*, a.a.O.

XI. PROBLEME BEIM STILLEN

1 Ein Teil dieses Kapitels ist unter demselben Titel in der *Revista de Psicoanálisis* erschienen. (Arnaldo Raskovsky (Hrsg): Patología Psicosomática, S. 469-489, Buenos Aires 1948.)
2 Henriette Klein, Howard Potter und Ruth Dyk: *Anxiety in Pregnancy and Childbirth*, a.a.O.

3 George Santayana: *Der letzte Puritaner,* München o. J., S. 493.
4 Margaret Mead: *Mann und Weib,* a.a.O. S. 68.
5 René Spitz: *Nein und Ja. Die Ursprünge der menschlichen Kommunikation,* Stuttgart 1953.
6 Harry Frederick Harlow und R.R. Zimmermann: «The Development of Affectional Responses», in: *Infant Monkeys. Proceedings of the American Philosophical Society* 102, S. 501-509, Philadelphia 1958.
7 Diese Information wurde mir persönlich von Dr. Mirsky mitgeteilt.
8 Michael und Niles Rumely Newton: «The let-down Reflex in Human Lactation,» in: *The Journal of Pediatrics* Bd. 33, S. 698-704, St. Louis 1948.
9 Ich würde nicht ausschließen, daß die ablehnende Haltung der Mutter gegen das Stillen die chemische Zusammensetzung der Milch beeinflussen kann. Bis jetzt gibt es jedoch, so weit ich informiert bin, keine Untersuchungen dazu.

XII. DAS KLIMAKTERIUM: ABSCHLIESSENDE BETRACHTUNGEN

1 Flanders H. Dunbar: «The Menopause and Mental Disorder», in: *Journal of Neurology and Psychopathology,* Bd. 12, S. 337-340, London 1932.
2 Störungen, die sich auf die Gefäßnerven beziehen, zum Beispiel Schwindel, Wallungen, Erröten. (Anm. der Übers.)
3 Therese Benedek: «Climacterium: A developmental Phase», in: *The Psychoanalytic Quaterly* Bd. 19, S. 1-27, New York 1950.
4 George Devereux: «The Psychology of Feminine Genital Bleeding», in: *Journal of Psycho-Analysis* Bd. 16, S. 237-257, London 1950.
5 Margaret Mead: *Mann und Weib,* a.a.O.
6 León Grinberg: *Culpa y depresión,* Buenos Aires 1964.

BIBLIOGRAPHIE

ABRAHAM, Karl: *Versuch einer Entwicklungsgeschichte der Libido auf Grund der Psychoanalyse seelischer Störungen* (1924), Gesammelte Schriften Bd. 2, Frankfurt a. M. 1982, S. 32-102.

ANSELMINO, Karl Julius: «Schwangerschaften nach langjähriger, unbehandelter Kinderlosigkeit», in: *Geburtshilfe und Frauenheilkunde* Bd. 7/8, Stuttgart 1947, S. 19-33.

BAUER, Alfredo: *Aportes a la práctica del parto sin dolor*, Buenos Aires 1957.

BEAUVOIR: Simone de: *Das andere Geschlecht. Sitte und Sexus der Frau* (1949), Reinbek bei Hamburg 1968.

BENEDEK, Therese: «Climacterium: A Developmental Phase», in: *The Psychoanalytic Quarterly* Bd. 19, New York 1950, S. 1-27.

— und Boris B. RUBENSTEIN: *The sexual Cycle in Women. The Relation between Ovarian Function and Psychodynamic Processes*, Washingon 1942.

—, George C. HAM, Fred P. ROBBINS und Boris B. RUBENSTEIN: «Some Emotional Factors in Infertility», in: *Psychosomatic Medicine* Bd. 15, New York 1953, S. 485-498.

BERGLER, Edmund: «Unhappy Marriage and Divorce», *International Universities Press*, New York 1940.

BONAPARTE, Marie: *Mythes de guerre*, Paris und New York 1946.

BONAPARTE, Marie: *Female Sexuality*, Paris 1949.

CHADWICK, Mary: «Menstruationsangst», in: *Zeitschrift für Psychoanalytische Pädagogik* Bd. 5, Wien 1931, S. 184-189.

CLIFFORD, Stewart: «Fetal Anoxia at Birth and Cyanosis of the Newborn», in: *American Journal of Diseases of Children* Bd. 76:6, Chicago 1948, S. 666-678.

DALY, C.D.: «Der Menstruationskomplex», in: *Imago* Bd. 14, Leipzig, Wien, Zürich 1928, S. 11-75.

—: «The Menstruation Complex in Literature», in: *The Psychoanalytic Quarterly* Bd. 4, New York 1935, S. 304-340.

DEUTSCH, Helene: *Die Psychologie der Frau* (1945), Bern 1948.

DEVEREUX, George: «The Psychology of Feminine Genital Bleeding», in: *International Journal of Psycho-Analyis* Bd. 31, London 1950, S. 237-357.

DUNBAR, H. Flanders: «The Menopause and Mental Disorder», in: *Journal of Neurology and Psychopathology* Bd. 12, London 1931/32, S. 337-340.

— und Raymond SQUIER: «Emotional Factors in the Course of Pregnancy», in: *Psychosomatic Medicine* Bd. 8, S. 161-175, New York 1946.

EASTMAN, Nicholson: «Prevention of Fetal Anoxia», in: *American Journal of Deseases of Children* Bd. 76:6, Chicago 1948, S. 661-665.

EISLER, Josef: «Über hysterische Erscheinungen am Uterus», in: *Internationale Zeitschrift für Psychoanalyse* Bd. 9, Wien 1923, S. 266-277.

ENGELS, Friedrich: *Der Ursprung der Familie, des Privateigentums und des Staates, im Anschluß an Lewis H. Morgans Forschungen* (1884), Berlin 1977.

FREED, Charles und William KROGER: *Psychosomatic Ginecology including Problems of Obstetrical Care*, Philadelphia und London 1951.

FREEMAN, Derek: *Liebe ohne Aggression. Margaret Meads Legende von der Friedfertigkeit der Naturvölker*, München 1983.

FREUD, Sigmund: *Ein Fall von hypnotischer Heilung nebst Bemerkungen über die Entstehung hysterischer Symptome durch den «Gegenwillen»* (1892/1893), Gesammelte Werke Bd. 1, Frankfurt a. M. 1964, S. 1- 17.

—: *Drei Abhandlungen zur Sexualtheorie* (1905), Studienausgabe Bd. 5, Frankfurt a. M. 1982, S. 37-145.

—: *Die «kulturelle» Sexualmoral und die moderne Nervosität* (1908), Studienausgabe Bd. 9, Frankfurt a. M. 1982, S. 9-32.

—: *Analyse der Phobie eines fünfjährigen Knaben* (1909), Studienausgabe Bd. 8, Frankfurt a. M. 1982, S. 9-123.

—: *Einige Bemerkungen über den Begriff des Unbewußten in der Psychoanalyse* (1912), Studienausgabe Bd. 3, Frankfurt a. M. 1982, S. 25-36.

—: *Das Tabu der Virginität* (1918), Studienausgabe Bd. 5, Frankfurt a. M. 1982, S. 211-228.

—: *Trauer und Melancholie* (1917), Studienausgabe Bd. 3, Frankfurt a. M. 1982, S. 193-212.

—: *Die infantile Genitalorganisation* (1923), Studienausgabe Bd. 5, Frankfurt a. M. 1982, S. 235-241.

—: *«Psychoanalyse» und «Libidotheorie»* (1923), Gesammelte Werke Bd. 13, Frankfurt a. M. 1969, S. 209-233.

—: *Der Untergang des Ödipuskomplexes* (1924), Studienausgabe Bd. 5, Frankfurt a. M. 1982, S. 243-25.

—: *Das ökonomische Problem des Masochismus* (1924), Studienausgabe Bd. 3, Frankfurt a. M. 1982, S. 339-354.

—: *Einige psychische Folgen des anatomischen Geschlechtsunterschiedes* (1925), Studienausgabe Bd. 5, Frankfurt a. M. 1982, S. 253-266.

—: *Über die weibliche Sexualität* (1931), Studienausgabe Bd. 5, Frankfurt a. M. 1982, S. 273-292.

—: *Neue Folge der Vorlesungen zur Einfühung in die Psychoanalyse* (1933), Studienausgabe Bd. 1, Frankfurt a. M. 1982, S. 447-608.

—: *Die endliche und die unendliche Analyse* (1937), Studienausgabe Ergänzungsband, Frankfurt a. M. 1982, S. 351-392.

GRINBERG, León: *Culpa y depresión*, Buenos Aires 1964.

HANN-KENDE, Fanny: «Über Klitorisonanie und Penisneid», in: *Internationale Zeitschrift für Psychoanalyse* Bd. 19, Wien 1933, S. 416-427.

HARLOW, Harry Frederick und R.R. ZIMMERMANN: «The Development of Affectional Responses», in: *Infant Monkeys. Proceedings of the American Philosophical Society* 102, Philadelphia 1958, S. 501-509.

HARTMANN, Heinz: *Die Grundlagen der Psychoanalyse* (1927), Stuttgart 1972.

HORNEY, Karen: «Zur Genese des weiblichen Kastrationskomplexes» (1923), in: *Die Psychologie der Frau*, Frankfurt a. M. 1984, S. 10-25.

—: «Flucht aus der Weiblichkeit» (1926), in: *Die Psychologie der Frau*, Frankfurt a. M. 1984, S. 26-42.

—: «Die prämenstruellen Verstimmungen» (1931), in: *Die Pychologie der Frau*, Frankfurt a. M. 1984, S. 72-80.

—: «Die Verleugnung der Vagina» (1933), in: *Die Psychologie der Frau*, Frankfurt a. M. 1984, S. 96-110.

—: «Die Überbewertung der Liebe» (1934), in: *Die Psychologie der Frau*, Frankfurt a. M. 1984, S. 110-141.
HUG-HELLMUTH, Hermine (Hrsg): *Tagebuch eines halbwüchsigen Mädchens*, Leipzig, Wien, Zürich 1921. (neu herausgegeben von Hanne KULESSA, Frankfurt a. M. 1987).
HUPFER, Susanna: «Über Schwangerschaftsgelüste», in: *Internationale Zeitschrift für Psychoanalyse* Bd. 16, Wien 1930, S. 105-119.
JACOBSON, Edith: «A Case of Sterility», in: *The Psychoanalytic Quarterly* Bd. 15, S. 330-350, New York 1946.
JONES, Ernest: «Die erste Entwicklung der weiblichen Sexualität», in: *Internationale Zeitschrift für Psychoanalyse* Bd. 14, Wien 1928, S. 11-25.
—: «Über die Frühstadien der weiblichen Sexualentwicklung», in: *Internationale Zeitschrift für Psychoanalyse* Bd. 21, Wien 1935, S. 331-341.
KARDINER, Abraham: *The Individual and his Society* (1939), New York 1949.
KLEIN Henriette, Howard POTTER und Ruth DYK: *Anxiety in Pregnancy and Childbirth*, New York 1950.
KLEIN, Melanie: *Die Psychoanalyse des Kindes* (1932), Frankfurt a. M. 1987.
—: «Bemerkungen über einige schizoide Mechanismen» (1946), in: *Das Seelenleben des Kleinkindes*, Stuttgart 1983, S. 131-163.
—: «Neid und Dankbarkeit» (1957), in: *Das Seelenleben des Kleinkindes*, Stuttgart 1983, S. 225-242.
KRAPF, Eduardo: «Contribución al conocimiento de la histeria de conversión», in: Arnaldo RASKOVSKY (Hrsg): *Patología Psicosomática*, Buenos Aires 1948, S. 389-430.
LAPLANCHE, Jean und Jean-Bertrand PONTALIS: *Das Vokabular der Psychoanalyse* Bd. I und Bd. II, Frankfurt a. M. 1973.
LANGER, Marie: «Algunas aportaciones a la psicología de la menstruación», in: Arnaldo RASKOVSKY (Hrsg): *Patología Psicosomática*, Buenos Aires 1948, S. 431-453.
—: «Aspectos psicoanalíticos de algunos trastornos del embarazo», in: Arnaldo RASKOVSKY (Hrsg): *Patología psicosomática*, Buenos Aires 1948, S. 455-467.
—: *«Problemas psicológicos de la lactancia»*, in: Arnaldo RASKOVSKY (Hrsg): Patología psicosomática, Buenos Aires 1948, S. 469-489.
—: «El viaje al centro de la tierra», in: *Revista de Psicoanálisis* Bd. 7, Buenos Aires 1949, S. 3-9.
—: «Unbewußte Phantasien und Science-fiction», in: *Das Gebratene Kind und andere Mythen. Die Macht unbewußter Phantasien*, Freiburg 1988, S. 119-155.
—: «El mito del niño asado», in: *Revista de Psicoanálisis* Bd. 7, Buenos Aires 1950, S. 389-401.
—: «Das Gebratene Kind und andere Mythen um Eva Perón», in: *Das Gebratene Kind und andere Mythen. Die Macht unbewußter Phantasien*, Freiburg 1988, S. 19-50.
—: Fantasías eternas a la lúz de la Psicoanálisis, (1957) Buenos Aires 1966.
—: *Das Gebratene Kind und andere Mythen. Die Macht unbewußter Phantasien*, Freiburg 1988.
—: *Von Wien bis Managua. Wege einer Psychoanalytikerin*, Freiburg 1986.
—: «Una sesión psicoanalítica», in: *Revista de Psicoanálisis* Bd. 8, Buenos Aires 1951, S. 203-210.
—: und Celes CÁRCAMO: «Psicoanálisis de la esterilidad feminina», in: Arnaldo RASKOVSKY (Hrsg): *Patología psicosomatíca*, Buenos Aires 1948.
— und Raúl PARK OCHANDORENA: «El espasmo de las trompas como origen de la esterilidad», in: *Revista de Psicoanálisis* Bd. 10, Buenos Aires 1953, S. 103-115.
—: «Sterility and Envy», in: *The International Journal of Psycho-Analysis* Bd. 39, London 1958, S. 139-143.
LEWIN, Bertram: «Kotschmieren, Menses und weibliches Über-Ich», in: *Internationale Zeitschrift für Psychoanalyse* Bd. 16, Wien 1930, S. 43-56.
LIEPMANN, Wilhelm: Jugend und Eros, Dresden 1930.
LORAND, Sandor: «Contribution to the Problem of Vaginal Orgasm», in: *The International Journal of Psycho-Analysis* Bd. 20, London 1939, S. 432-438.

LUNDBERG, Ferdinand und FARNHEIM, Marynia: *Modern Woman, the lost Sex,* New York und London 1947.
MACK BRUNSWICK, Ruth: «The Preoedipal Phase of the Libido Development», in: *Psychoanalytic Quarterly* Bd. 9, New York 1940.
MASTERS, William H. und JOHNSON, Virginia E.: *Die sexuelle Reaktion,* Frankfurt 1967.
MARAÑÓN, Gregorio: *Ginecología endocrina,* Madrid 1935.
MEAD, Margaret: «Kindheit und Jugend in Samoa» (1928), in: *Leben in der Südsee. Jugend und Sexualität in primitiven Gesellschaften,* München 1965, S. 4-153.
—: «Geschlecht und Temperament in drei primitiven Gesellschaften», in: *Leben in der Südsee. Jugend und Sexualität in primitiven Gesellschaften* (1935), München 1965, S. 329-561.
—: Mann und Weib. *Das Verhältnis der Geschlechter in einer sich wandelnden Welt* (1950), Reinbek bei Hamburg 1985.
MENG, Heinrich: «Über Pubertät und Pubertätsaufklärung», in: *Zeitschrift für Psychoanalytische Pädagogik* Bd. 5, Wien 1931, S. 167-174.
MOULTON, Ruth: «The Psychosomatic Implications of Pseudocyesis», in: *Psychosomatic Medicine* Bd. 4, New York 1942, S. 376-389.
MÜLLER, Josine: «Ein Beitrag zur Frage der Libidoentwicklung des Mädchens in der genitalen Phase», in: *Internationale Zeitschrift für Psychoanalyse* Bd. 17, Wien 1931, S. 256-262.
NADIG, Maya und Mario ERDHEIM: «Frauen – Leben – Psychoanalyse. Gespräch mit Marie Langer-Glas und Goldy Parin-Matthèy», in: *Die Psychoanalyse auf der Couch,* herausgegeben von Hans-Martin LOHMANN, Frankfurt a. M. 1984.
NEWTON, Michael und Niles Rumely NEWTON: «The let-down Reflex in Human Lactation», in: *The Journal of Pediatrics* Bd. 33, St. Louis 1948, S. 698-704.
RACKER, Heinrich: *Contribucíon al psicoanálisis de la neurosis de transferencia.* Vortrag, gehalten in der Argentinischen Psychoanalytischen Vereinigung, auch in: «A Contribution to the Problem of Counter-transference», in: *The International Journal of Psycho-Analysis,* Bd. 34, London 1953, S. 313-324.
READ, Grantly Dick: *Mutterwerden ohne Schmerz. Die natürliche Geburt* (1944), Hamburg 1953.
REIK, Theodor: *Probleme der Religionspsychologie,* Leipzig und Wien 1919.
RIBBLE, Margaret A.: *The Rights of Infants,* New York 1943.
ROBBINS, Lewis: «Suggestions for the Psychological Study of Sterility in Women», in: *Bulletin of the Menninger Clinic* Bd. 7, Topeka, Kansas 1943, S. 41-44.
SALERNO, Enrique: «El aborto espontáneo emocional», in: Arnaldo RASKOVSKY: *Patología Psicosomática,* Buenos Aires,1948.
SANTAYANA, George: *Der letzte Puritaner,* München o.J.
SCHMIEDEBERG, Melitta: «Psychoanalytisches zur Mensturation», in: *Zeitschrift für psychoanalytische Pädagogik* Bd. 5, Wien 1931, S. 190-202.
SCHWAB, Max: «Die Ursachen unstillbaren Erbrechens», in: *Zentralblatt für Gynäkologie* Bd. 45, Leipzig 1921, S. 956-958.
SPITZ, René: *Nein und Ja. Die Ursprünge der menschlichen Kommunikation,* Stuttgart 1953.
STEKEL, Wilhelm: Die Geschlechtskälte der Frau (1910), Berlin und Wien 1927.
STERBA, Richard: «Theorie der Libido. Einführung in die psychoanalytische Libidolehre», in: *Zeitschrift für psychoanalytische Pädagogik* Bd. 5, Wien 1931, S. 49-103.
STIEVE, H.: «Die Zentralnervöse Steuerung der Geschlechtsorgane», in: *Medizinische Klinik,* 38. Jahrg., Berlin 1942, S. 36-38.
—: «Nervös bedingte Veränderungen an den Geschlechtsorganen», in: *Deutsche Medizinische Wochenschrift,* 66. Jahrg., Nr. 34, Leipzig 1940, S. 925-928.
VAN DER VELDE, Th. H.: *Die vollkommene Ehe,* Leipzig und Stuttgart 1928.
WINTERSTEIN, Alfred: «Die Pubertätsriten der Mädchen und ihre Spuren im Märchen», in: *Imago* Bd. 14, Wien 1928, S. 199 -274.
ZILBOORG, Gregory: «Männlich und weiblich. Biologische und kulturelle Aspekte», in: Carol HAGEMANN-WHITE (Hrsg): *Frauenbewegung und Psychoanalyse,* Basel und Frankfurt a. M. 1979, S. 183-276.
— und George W. HENRY: *A History of Medical Psychology,* New York 1941.